Porto

LA VILLE INVAINCUE

Si Lisbonne lui fait de l'ombre, Porto, la capitale du nord, mérite pourtant un séjour. Cette ville magnifique édifiée en surplomb de l'embouchure du Douro est réputée pour ses ponts imposants, ses monuments historiques et sa production de porto. Au bord du fleuve, le quartier médiéval de la Ribeira est inscrit au patrimoine mondial par l'Unesco. On chemine dans les ruelles pavées en croisant boutiques, cafés, églises et monastères. Halte à l'église baroque de São Francisco et à la cathédrale fortifiée (Sé), au somptueux Palácio da Bolsa (XIXe siècle), ancien marché boursier. On flâne au marché en admirant les étals et en grignotant des spécialités dans la rue. Il est déjà temps de passer au porto, le fameux vin local. Vous pouvez faire provision de bouteilles à la source et profiter de dégustations éclairées. Et surtout, ne boudez pas votre plaisir, testez la délicieuse cuisine locale, généreuse et forte en saveurs, qui met le poisson et particulièrement la morue à l'honneur, ainsi que tous les légumes et les herbes fraîches du soleil. Pour les noctambules, les cafés restent ouverts jusqu'au milieu de la nuit et les discothèques prennent le [illegible] jusqu'au petit matin. Mais il vous reste enc[illegible]ire ! Une croisière sur le Douro, du sh[illegible]utiques de la rue Santa Catarin[illegible] café centenaire, écou[illegible]airie du monde [illegible]

M[illegible] UX
C[illegible]

SOMMAIRE

Le pont Dom Louis. © MIKEL TRAKO - SHUTTERSTOCK.COM

Le tramway de Porto. © FRANCESCO SCATENA

La francesinha est une spécialité typique de Porto. © ROSSHELEN - SHUTTERSTOCK.COM

Rua de Santa Catarina. © KSL - SHUTTERSTOCK.COM

© BONDART PHOTOGRAPHY - SHUTTERSTOCK.COM

Ruelle de Porto. © SEAN PAVONE - SHUTTERSTOCK.COM

Vue sur la vallée du Douro. © DENIS COMEAU- SHUTTERSTOCK.COM

Gare de São Bento. © KIEV.VICTOR - SHUTTERSTOCK.COM

QUAND Y ALLER

JANVIER	FÉVRIER	MARS
5° / 13°	5° / 14°	8° / 16°
	ESSÊNCIA DO VINHO La foire au vin de Porto accueille producteurs et commerçants du monde entier. Dégustations, expositions et concerts de musique.	**FANTASPORTO** Il s'agit du festival international de cinéma de Porto. Très réputé, il existe depuis 1981 et met à l'honneur le fantastique.
$	$	$

JUILLET	AOÛT	SEPTEMBRE
15° / 25°	15° / 24°	14° / 24°
	FESTIVAL DE ROCK VILAR DOS MOUROS (EDP) Cet énorme festival de rock, reconnu comme le Woodstock portugais, est le plus ancien du pays, fondé en 1965 ! Ambiance de folie. **FÊTE DE NOSSA SENHORA DA AGONIA** Une des plus grandes fêtes populaires au Portugal. Direction Viana do Castelo la 3e semaine d'août.	**FESTIVAL INTERNATIONAL DE MARIONNETTES** Pendant une dizaine de jours, place à des pièces de théâtre vivant et de marionnettes qui se déroulent un peu partout en ville.
$ $ $	$ $ $	$ $

On peut se rendre à Porto presque toute l'année. L'océan Atlantique protégeant la ville, le climat est doux : 15 °C en moyenne en hiver ; entre 20 et 25 °C l'été. Cependant, il pleut assez souvent, principalement entre novembre et février. Septembre est l'un des mois les plus favorables, les touristes estivaux sont rentrés et l'océan s'est réchauffé. Pour profiter des fêtes de Porto et vous plonger dans la culture, rendez-vous entre mai et septembre.

AVRIL

9° / 18°

$ $

MAI

11° / 20°

FESTIVAL DES JARDINS
Pendant plus de 4 mois, des jardins éphémères et créatifs sont travaillés, et créés par des jardiniers pleins d'imagination.

$ $

JUIN

13° / 23°

NOS PRIMAVERA SOUND
Pop, rock, musique électronique... Le parc « da cidade », très prisé de la jeunesse, se transforme en une grande scène musicale.

SÃO JOÃO (SAINT-JEAN)
La plus grande fête populaire à Porto, en hommage à saint Jean. Tapes sur la tête à coups de marteau, danses, sardines grillées...

$ $

OCTOBRE

11° / 21°

$ $

NOVEMBRE

7° / 17°

$

DÉCEMBRE

5° / 14°

NOËL

© ANA DEL CASTILLO - SHUTTERSTOCK.COM

Décoration et illuminations traditionnelles, plusieurs petits marchés un peu partout en ville, et défilé original de pères Noël.

$

LES BONNES RAISONS D'Y ALLER

© LUISPORTUGAL - ISTOCKPHOTO.COM

LA VALLÉE DU DOURO

Du fleuve majestueux aux vignes sur les collines, ici, c'est l'apaisement permanent.

L'HOSPITALITÉ

Les Portugais savent recevoir comme il se doit, une bonne bouffée d'oxygène !

© CABEÇA DE MARMORE - SHUTTERSTOCK.COM

LA DÉGUSTATION DU PORTO

Vous voici sur les terres de production du fameux vin, au bord du Douro et dans les caves.

L'ART DE RUE... À CHAQUE COIN DE RUE

Graff, sticker, collage... : le street art est en plein boom ; ouvrez-bien l'œil à Porto.

LA DOUCEUR DE VIVRE

Laissez-vous porter par la quiétude des Portugais, bien que travailleurs, quel bien-être !

LE RÉGAL DES PAPILLES

Pasteis de nata sortant du four, chorizo grillé, poisson frais, *francesinhas*, mmm...

EXPLORER DEUX PARCS NATURELS

Le nord du Portugal est riche d'une biodiversité qui ravira les amoureux de nature.

LES BONNES RAISONS D'Y ALLER

SE PERDRE DANS LES RUES

Le meilleur moyen de découvrir la ville : marcher au gré des rues, avec de bons souliers.

© MARIOGUTI - ISTOCKPHOTO.COM

© MIKEL TRAKO - SHUTTERSTOCK.COM

HISTOIRE ET PATRIMOINE

Porto et le nord témoignent de l'histoire du pays grâce à un riche patrimoine préservé.

DES TRADITIONS BIEN RÉELLES

Les fêtes sont encore bien présentes, la preuve avec les *Santos Populares* en juin

LES 12 MOTS-CLÉS

#AZULEJOS

Les fameux carrelages portugais sont présents sur les façades des immeubles historiques, des églises et de la gare de São Bento qui en est tout sertie. Si au départ l'utilisation des azulejos était chère et réservée uniquement aux panneaux décoratifs, avec le temps et la découpe industrielle des pièces, on a pu habiller les façades des maisons.

© CRISTIANOALESSANDRO - ISTOCKPHOTO.COM

#BACALHAU

Cela veut dire morue en portugais. Elle est cuisinée selon 1 000 recettes pour que l'on ne s'en lasse jamais. C'est aussi le plat traditionnel à Noël qui remplace notre chère dinde. On s'étonnera toujours de l'engouement qu'a suscité ce poisson depuis plusieurs siècles. Cependant, sachez-le, il n'est pas pêché dans les eaux territoriales.

#CAVES À VIN

Sur la rive gauche du Douro, à Vila Nova de Gaia, les caves où vieillit le vin de Porto font partie du paysage, bien que souterrain, de la ville. Elles ne manquent d'ailleurs pas de se signaler avec leurs grands écriteaux. L'ambiance, les arômes de vin émanant des barriques et les dégustations font de leur visite un passage obligatoire à Porto.

© LUISPORTUGAL - ISTOCKPHOTO.COM

#COQ

A force de le voir dans toutes les boutiques, on aurait tendance à croire que le terme « Portugal » vient de *Portus Gallus* (« le port du coq », en latin de cuisine). Pas du tout. En revanche, le coq a bien une légende, celle de Barcelos qui parle d'un pèlerin accusé à tort et qui prouva son innocence par un miracle impliquant... un coq donc.

#FADO

Porto est l'une des villes où s'est développé le fado, une musique mélancolique mêlant voix et guitares portugaises. Il dériverait du chant des troubadours du Moyen Age, ou serait né des chants de marins à l'époque des Grandes Découvertes, imprégnés de leurs aventures et de leur vie sentimentale. Les thèmes abordés relèvent souvent du quotidien.

© SOPOTNICKI - SHUTTERSTOCK.COM

#FOOTBALL

Impossible d'y échapper, c'est presque une religion ici et cela alimente beaucoup de débats voire de disputes au sein des familles. Si vous comprenez le portugais, vous entendrez souvent des conversations à propos des performances des joueurs du FC Porto, surtout les lendemains de match, ou des petits tacles envers le rival national (Benfica).

#PATRIMOINE MONDIAL

Inscrite au patrimoine mondial de l'Unesco depuis 1996, Porto possède un ensemble architectural d'une richesse immense. Une centaine de monuments classés sont visibles dans le centre historique, entre la ville haute, les quartiers de Ribeira et de Miragaia, ou encore le couvent Agostinho da Serra do Pilar, situé sur l'autre rive du Douro.

#PAVÉS

La plupart des villes sont situées sur des hauteurs, avec des rues inextricables, tortueuses et… pavées. La règle d'or de tous les voyageurs est de marcher avec de bonnes chaussures, pas trop glissantes et confortables. Les talons sont à proscrire, au risque de se coincer dans les pavés disjoints qui font le charme des centres historiques.

#PONTS

Au total, six ponts relient les marges du Douro à Porto. Ils sont emblématiques de la ville et font partie de son histoire. Le plus connu est sans doute le pont Luis I, souvent attribué à tort à Gustave Eiffel. Le pont a en effet été dessiné par son associé Teófilo Seyrig. Eiffel, lui, signa le pont ferroviaire Maria Pia, inauguré en 1877.

© ALENA ZHARAVA - SHUTTERSTOCK.COM

#RABELOS

Ces petites barques traditionnelles colorées servaient auparavant à transporter les fûts de vin depuis les vignobles de la vallée du Douro jusqu'aux caves de Vila Nova de Gaia. Aujourd'hui, elles sont utilisées principalement pour effectuer des croisières touristiques d'une heure environ. La plus connue est la « croisière des six ponts ».

#SAUDADE

Un mot presque intraduisible en français (ou dans toute autre langue d'ailleurs), mais ô combien ressenti par les Portugais ! La saudade, c'est l'absence, le regret de ce qui aurait pu être ou de ce qui a été (sans l'idée de remords), la résignation devant ce qui ne pourra jamais venir… C'est aussi le souffle du fado, l'âme du pays tout entier.

#TRIPEIROS

C'est le surnom donné aux habitants de Porto, « les mangeurs de tripes ». Cela provient de l'époque des Grandes découvertes, plus particulièrement de l'expédition de Vasco de Gama. Les Portuans ont fièrement donné toute la viande qu'ils possédaient pour remplir le garde-manger de l'équipage. Il ne leur resta alors plus que les abats pour se nourrir.

VOUS ÊTES D'ICI, SI…

▸ Vous laissez les gens entrer dans le bus par ordre d'arrivée à l'arrêt. Cela implique qu'à votre arrivée à la station vous repériez les personnes déjà présentes.

▸ Vous dites bonjour, bon après-midi et bonsoir et pas juste « ola ». Même dans le langage courant, les Portugais utilisent cette manière de saluer. Il y a toujours un moment de flottement entre le bonjour et le bon après-midi mais en général à partir de midi vous pouvez déjà dire « boa tarde ».

▸ Vous cultivez la patience. Il ne sera pas rare dans un resto de vous faire attendre pour le menu ou l'addition. On vous rassure, vous n'êtes pas devenu transparent ! C'est normal, donc pas d'énervement.

▸ Vous arrêtez de tout remettre en question. Être Portugais, c'est aussi accepter les choses telles qu'elles sont et ne pas chercher la logique là où il n'en y a pas.

▸ Vous changez vos plans à la dernière minute en adoptant le « going with the flow ». Difficile de planifier quoi que ce soit mais cela laisse une certaine liberté…

MON PORTO

RENCONTRE AVEC DELPHINE CALMO, AUTEURE DU GUIDE

Pourquoi avoir choisi Porto ?

Porto, c'est la ville idéale ! C'est la raison pour laquelle elle a été sacrée « meilleure destination urbaine du monde 2022 » par les World Travel Awards, les Oscars du tourisme. Moderne et bien desservie, elle offre tous les avantages d'une ville européenne (restaurants, culture, loisirs) tout en se découvrant facilement à pied. Le coût de la vie relativement bas permet de se faire plaisir. C'est aussi une ville très sûre. Authentique et attachante. Les rues de Porto ont gardé leur personnalité.

Qu'est-ce qui vous a plus particulièrement marquée ?

L'hospitalité et la simplicité des Portuenses. Les habitants de Porto ne sont jamais blasés, jamais stressés. Ils aiment leur ville et adorent recevoir des visiteurs, ils ont le désir de partager leurs meilleures adresses. C'est facile et agréable de rencontrer les habitants de Porto car ils sont curieux et sociables.

Quels sont les endroits à découvrir si on aime sortir des sentiers battus ?

Porto est ville éclectique, lettrée et underground avec un vaste choix. Un Portuan m'a dit : « Si Lisbonne vous conquiert, il faut conquérir Porto ! » Entre les musées, les bâtiments historiques, les caves à vin, le Douro, les bars de la rue de Galerias de Paris, les clubs, le quartier Miguel Bombarda, il y en a pour tous les goûts.

Quels sont les conseils que vous donnez à nos lecteurs ?

Prendre une bonne paire de chaussures, (Porto monte et descend beaucoup) et se fier à son instinct. Suivre les rives du Douro jusqu'à Matosinhos. Déambuler dans le quartier de Foz. Rentrer de l'Atlantique en prenant le tramway historique ou le métro, traverser le pont Dom-Luis et déguster un verre de porto sur les quais de Gaia.

TOP 10

A VOIR / A FAIRE

Il y a tant de choses à voir et à faire à Porto. Entre les musées, les bâtiments historiques, les caves à vin et le Douro, nombreuses sont les options. Chaque quartier regorge de trésors à découvrir. Le meilleur moyen pour visiter la ville depuis le centre, c'est à pied ! Vous combinerez ainsi visite de sites et jolis points de vue sur le Douro. Vous traverserez le pont Dom Luis I pour rejoindre l'autre rive du Douro, vous balader sur les quais de Gaia et déguster un verre de vin de porto. Rejoignez enfin l'Atlantique en prenant le tram, ou à pied s'il vous reste des forces dans les jambes.

© SONIA BONET - SHUTTERSTOCK.COM

88

CASA DO INFANTE

L'un des plus anciens palais romans de Porto où l'infant Dom Henrique serait né. Son musée témoigne de l'histoire de la ville.

© COLECÇA INSTITUTO DOS VINHOS DO DOURO / TERESA SIZA

88

INSTITUTO DOS VINHOS DO DOURO E PORTO

Lieu de référence pour le vin, les fonctionnaires vous expliquent comment sont fabriqués ces précieux liquides. Dégustations.

ESPAÇO PORTO CRUZ

Dégustez le porto d'une des maisons les plus réputées, après une visite originale de découverte de ses secrets de fabrication.

© ESPAÇO PORTO CRUZ.

94

© CARLOS NETO - SHUTTERSTOCK.COM

93

MUSEU SERRALVES

Dans cette magnifique demeure conçue par le célèbre architecte Siza Vieira sont exposés de grands noms de l'art contemporain.

PALÁCIO DA BOLSA

Ce palais de la Bourse, construit au milieu du XIXe siècle, témoigne de la grandeur commerciale du pays à l'époque. Belle visite.

© SHUTTERSTOCK.COM

© SAIKO3P

TORRE DOS CLERIGOS

Cette construction de 76 m de haut est l'une des plus emblématiques de la skyline de Porto. Très belle vue sur toute la ville.

© ILLPAXPHOTOMATIC - SHUTTERSTOCK.COM

PONTE DOM LUIS Ier

C'est le pont incontournable de Porto qui enjambe le Douro à plus de 70 m de hauteur. Il relie la Ribeira à Vila Nova de Gaia.

WORLD OF DISCOVERIES

Interactif, didactique, intéressant. Le musée propose de découvrir l'histoire du Portugal à travers sa puissance navale.

© NEIRFY

SÉ DO PORTO [CATHÉDRALE]

Cette cathédrale vaut le détour avec son intérieur baroque. Son cloître du XIVe siècle présente de beaux tableaux d'azulejos.

© HERACLES KRITIKOS - SHUTTERSTOCK.COM

© WOW - WORLD OF WINE

WOW - THE WORLD OF WINE

Découverte de sept musées dédiés à Porto et sa région, tout en profitant des restaurants, bars et cafés. Une expérience WOW !

TOP 10

SE RÉGALER

Porto possède ses propres spécialités en plus de la cuisine traditionnelle portugaise. Ce sont les francesinhas, la morue ou encore les sardines. Les tascas sont d'excellents endroits pour manger de bonnes quantités à petit prix, tellement que vous partagerez votre plat en deux. La plupart des restaurants proposent des petiscos, tapas version XXL. Dans le centre, sur les quais ou au bord de l'océan, vous choisirez parmi les restaurants de cuisine traditionnelle ou des autres pays, qui satisferont tous les appétits. La cuisine végétarienne se développe de plus en plus. A table !

99

BARRICA BY YOURSPORTO

Laissez-vous séduire par le menu secret en 6 plats concocté par le chef Bruno de Jesus. Un merveilleux voyage gastronomique.

102

DOP

L'un des restaurants du chef Rui Paul, étoilé au Michelin qui revisite la cuisine portugaise avec créativité et générosité.

A CASA DE CHÁ DA BOA NOVA

Restaurant de renom du chef Rui Paula, situé à deux pas de l'océan. On y dégustera d'excellents poissons et fruits de mer.

112

102

ÉLEBÊ CENTRO

Une bonne adresse pour déguster les spécialités liées à la mer. Décoration décontractée et ambiance très accueillante.

102

ERNESTO

C'est la cantine des locaux qui se trouve dans un quartier de plus en plus branché de Porto, entre galeries d'art et théâtre.

© EGI – STOCK.ADOBE.COM

© O COMERCIAL

109

O COMERCIAL - PALÁCIO DA BOLSA

Gastronomie traditionnelle portugaise sous forte influence de cuisine française. Un des secrets les mieux gardés de Porto.

© GALERIA DE PARIS

105

GALERIA DE PARIS

Adresse fascinante avec son décor d'objets anciens. Buffet en journée et le soir spectacle de fado en buvant un verre ou en dînant.

RESTAURANTE ESCONDIDINHO

Ici les plats de la traditionnelle cuisine portugaise régionale sont à l'honneur. Service impeccable, une très bonne adresse.

© RESTAURANTE ESCONDIDINHO

106

© EGI – STOCK.ADOBE.COM

04

FRANCESINHAS AL FORNO DA BAIXA

Ce spécialiste de la francesinha propose une bonne vingtaine de variantes de ce plat incontournable, dont des végétariennes.

© TERRA NOVA

111

TERRA NOVA

Une adresse de choix pour déguster une cuisine à base de produits traditionnels : morue, huîtres, bolinhos de bacalhau (accras).

TOP 5

FAIRE UNE PAUSE

Se retrouver dans un bar pour boire une bière ou un verre de vin fait partie du quotidien des Portuans. Les petites cafétérias traditionnelles côtoient les pâtisseries, les bars, les kiosques et les salons de thé. Après Lisbonne, c'est au tour de Porto de voir fleurir des cafés hipsters.

EN PHOTO

CASA DE CHA SERRALVES 124

Endroit très romantique que les jardins de Serralves pour y déguster, à toute heure de la journée, thés et pâtisseries. Miam !

120 CASA DO LIVRO

Jazz, variétés et vin, voilà ce que renferme ce lieu. La Casa do livro n'est plus une librairie, mais elle a cependant gardé son nom.

123 LADO

Un bar à vin qui a la particularité de proposer des dégustations de vins de Porto et du Douro de petits producteurs.

MAUS HÁBITOS 122

Ambiance bohème dans ce lieu cosmopolite qui mélange arts de la table et de la scène. Lieu de toute l'énergie créative de Porto.

O MURO (LE MUR) 123

Loin des tables pour touristes du quai, dans un décor d'*antiguidades*, vous y dégusterez sardines grillées, morue et bon vin.

TOP 5

(SE) FAIRE PLAISIR

L'artisanat portugais vaut vraiment le détour. Ce sont avant tout des objets pour la maison que vous trouverez comme du linge de maison, des couvertures, de la céramique… Et bien sûr de l'alcool, avec le vinho verde, le vin de Porto, les liqueurs. Pensez à garder de la place dans votre valise !

© JOSÉ OSSWALD

134 O CÂNTARO [SÓNIA MARIA G S OLIVEIRA]

L'artiste Sonia Oliveira crée et vend sur place des bijoux en filigrane, de la vaisselle, des azulejos peints à la main…

128 PORTOSIGNS

Deux espaces qui proposent des produits fabriqués au Portugal : liège, céramique, parfums, confitures, conserves, vins de Porto…

133 LOBO TASTE

Artisanat contemporain pour tous les goûts. Les pièces fabriquées par des artisans ont été choisies par le renommé Paulo Lobo.

131 MERCEARIA DAS FLORES

EN PHOTO

Epicerie moderne qui propose toute une gamme de produits gourmands du Portugal. Vins, fromages, huile d'olive choisis avec soin.

130 GARRAFEIRA DO CARMO

Ce magasin fondé en 1990 propose un choix énorme de bonnes bouteilles, certaines très anciennes et rares. Qualité et variété.

TOP 5

BOUGER & BULLER

Si la configuration de la ville vous fera déjà bien bouger en montant et en descendant les collines, les sports nautiques sont pratiqués sous (presque) toutes leurs formes. Porto est le point de départ du chemin de Compostelle portugais. Sa nature environnante appelle à de belles randonnées.

I SURF PORTUGAL

Ecole de surf ouverte toute l'année pour tous les niveaux. Progression assurée grâce à l'équipe de passionnés compétents.

© I SURF PORTUGAL

139

© VITA BORGES - SHUTTERSTOCK.COM

204

PLAGES

VIANA DO CASTELO

De belles plages, plus ou moins agitées par les vagues proches de Viana do Castelo. Pour se détendre et se balader hors de Porto.

139

© EGI – STOCK.ADOBE.COM

PORTO EXIT GAMES

Parviendrez-vous à sortir de la pièce en moins d'une heure ? Pour cela, à vous de résoudre les énigmes de cet escape game.

PARC ARCHÉOLOGIQUE DE LA VALLÉE DU CÔA

VILA NOVA DE FOZ CÔA

Sublime site classé au patrimoine mondial de l'Unesco pour son art rupestre à ciel ouvert. Ne se visite que sur réservation.

© THE YEATMAN

140

© TAKASHI IMAGES - SHUTTERSTOCK.COM

183

VINOTHÉRAPIE SPA YEATMAN

L'un des meilleurs spas de Porto avec des soins à base de vin et une vue imprenable sur le Douro. De quoi vraiment se détendre.

TOP 5

SORTIR

La vie nocturne de Porto est très animée et se concentre principalement dans le centre. Les rues des bars sont la Rua da Galeria de Paris et la Rua das Oliveiras. Quelle que soit l'ambiance recherchée, chacun y trouvera son compte, entre bars, discothèques, spectacles de fado ou concerts.

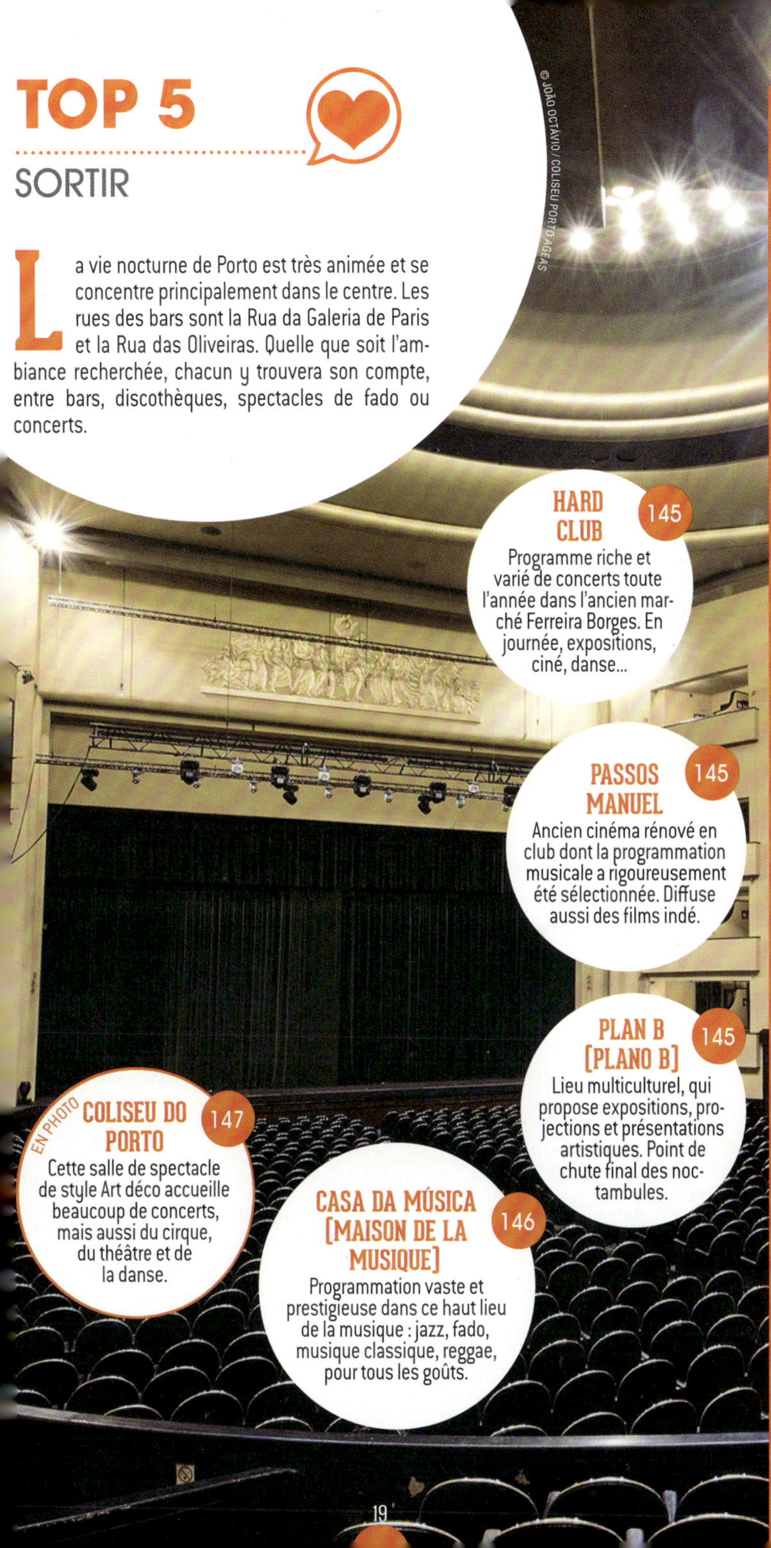

© JOÃO OCTÁVIO / COLISEU PORTO AGEAS

HARD CLUB 145

Programme riche et varié de concerts toute l'année dans l'ancien marché Ferreira Borges. En journée, expositions, ciné, danse...

PASSOS MANUEL 145

Ancien cinéma rénové en club dont la programmation musicale a rigoureusement été sélectionnée. Diffuse aussi des films indé.

PLAN B [PLANO B] 145

Lieu multiculturel, qui propose expositions, projections et présentations artistiques. Point de chute final des noctambules.

EN PHOTO COLISEU DO PORTO 147

Cette salle de spectacle de style Art déco accueille beaucoup de concerts, mais aussi du cirque, du théâtre et de la danse.

CASA DA MÚSICA [MAISON DE LA MUSIQUE] 146

Programmation vaste et prestigieuse dans ce haut lieu de la musique : jazz, fado, musique classique, reggae, pour tous les goûts.

TOP 10

SE LOGER

Si vous voulez être au cœur de l'action, vous choisirez un hébergement plutôt dans le centre-ville ; du côté de la Casa da Música pour le côté branché et shopping. Pour une escapade en amoureux, le quartier de la Ribeira est l'idéal, mais les tarifs sont assez élevés. L'offre d'hébergement est vaste à Porto. Pour les petits budgets, les hostels sont en général très bien, et les pensions parfois un peu vieillottes. Les hôtels, pour la plupart 3 ou 4 étoiles, sont de bon standing mais un peu chers. Un bon compromis reste le quartier de Miragaïa qui dispose d'une offre pour tous les budgets.

© CASA DOS LOIOS BY SHIADU

152

CASA DOS LOIOS BY SHIADU

Cette maison rénovée vaut le détour. Tout est là pour un séjour confortable et se remettre des longues marches dans la ville.

© MOOV HOTELS

155

MOOV HOTEL PORTO CENTRO

Hôtel moderne et plaisant installé dans un immeuble Art déco qui abritait autrefois un cinéma. Service attentionné et efficace.

GRAN CRUZ HOUSE

Un boutique-hôtel à l'atmosphère chaleureuse et accueillante. Toutes les chambres offrent une vue imprenable sur le Douro.

© GRAB_GO-NUNOMICAELO

159

© GRAN CRUZ HOUSE

160

YOTEL PORTO

Hôtel à l'atmosphère futuriste près de la station Trindade et du centre-ville, comptant plus de 100 chambres équipées sur 9 étages.

© PORTO SPOT HOSTEL

RIVOLI CINEMA HOSTEL 157

Cette auberge pour jeunes « intellos branchés » a un goût prononcé pour l'art, le cinéma et les décorations thématiques.

PORTA AZUL GUEST HOUSE 157

Belle maison du XIXe siècle rénovée aux chambres confortables. Accueil des propriétaires qui fait se sentir comme à la maison.

HÔTEL PESTANA VINTAGE PORTO 160

Pour un séjour de luxe en plein centre-ville, dans un bâtiment classé au patrimoine mondial de l'Unesco et avec vue sur le Douro.

THE YEATMAN 163

Hôtel de luxe, installé à côté des caves de Vila Gaia. La vue sur Porto est vraiment sublime. Réservez vite !

EN PHOTO

PORTO SPOT HOSTEL 157

Un *hostel* très à la mode, confortable, avec chambres doubles ou dortoirs. Pour tous les budgets. Cuisine équipée et terrasse.

HOTEL BOA VISTA 162

Hôtel installé depuis 150 ans sur place, face à la mer. Piscine sur le toit, service soigné. Choisir une chambre avec vue sur mer.

VIE QUOTIDIENNE

ALLO ?

▶ **Appeler le Portugal depuis la France** : 00351 ou +351 suivi du numéro.

▶ **Appeler la France depuis le Portugal** : 00 + 33 suivi du numéro de votre correspondant sans le 0.

▶ Les numéros de téléphone fixe sont à 9 chiffres et commencent par un 2, les numéros commençant par un 9 sont des numéros de téléphones portables [*telemóvel*], ceux débutant par un 800 sont des numéros verts gratuits [*linha verde*] tandis que les 808 sont des numéros bleus [*linha azul*] facturés le prix d'un appel normal.
Vous devez peut-être préalablement activer une option [généralement gratuite] en appelant le service clients de votre opérateur. Depuis 2017 le roaming n'est pas surtaxé en Europe. Cela veut dire qu'en théorie vous n'aurez pas de hors forfait en appelant ou en envoyant des messages quand vous êtes au Portugal. Vous pouvez même utiliser votre forfait Internet ! Chaque opérateur fait un peu comme il l'entend donc il vaut mieux se renseigner avant de partir.

ACCESSIBILITÉ

▶ **Voyager avec des enfants en bas âge**. Porto et ses environs conviennent bien aux voyages avec les enfants sur plusieurs aspects. En hôtel, vous pourrez disposer d'un lit pour bébé très facilement, idem pour les sièges enfants dans les voitures de location [à demander lors de la réservation]. Vous rencontrerez quelquefois des locaux spécifiques pour changer les nourrissons. Au restaurant, les enfants sont globalement très bien accueillis tandis que des services de garde d'enfants sont possibles dans certains hôtels. Les enfants bénéficient de tarifs réduits ou de la gratuité dans les musées et les sites touristiques. De nombreuses animations leur sont consacrées. En revanche, sachez que de par la configuration de la ville, il ne sera peut-être pas facile de faire marcher beaucoup votre enfant ni de circuler avec une poussette. Mais ils sont vifs !

▶ **Mobilité réduite.** Malgré ses nombreuses pentes et rues pavées, Porto a fait des efforts en matière d'accessibilité pour les personnes handicapées. La plupart des trottoirs sont abaissés et les passages piétons équipés de signaux sonores pour traverser. A l'aéroport, dans les gares ferroviaires, dans les musées, les hôtels et les centres commerciaux, l'accès handicapé est, ainsi, assez facile avec des places de parking dédiées et des installations spécifiques. Côté transports, le métro est 100 % accessible, la plupart des bus et le funiculaire de Guindais aménagés. Les plages labellisées « Praia accesivel » [plage accessible] garantissent l'accès à la plage pour les fauteuils roulants. Près de Porto : Praia da Foz et Praia do Homem do Leme.

SANTÉ

Les pharmacies sont relativement nombreuses à Porto et facilement repérables à la croix verte

© ORBON ALIJA - ISTOCKPHOTO.COM

© RENATO MARTINHO - ISTOCKPHOTO.COM

qui leur sert d'enseigne. Pour trouver les pharmacies de garde, vous pouvez consulter le site Internet www.farmaciasdeservico.net. Attention, on aura tendance à vous donner des médicaments aux doses d'actifs assez élevées (par exemple Doliprane 1 000 par défaut).

URGENCES SUR PLACE

En cas d'urgence vous pouvez appeler les pompiers au 112. Si c'est nécessaire, on vous emmènera à l'hôpital. Si vous avez besoin de vous rendre aux urgences, préférez celles de l'hôpital Santo António (www.chporto.pt). Un réflexe : contacter le consulat de France. Il se chargera de vous aider, de vous accompagner et vous fournira la liste des médecins francophones. En cas de problème grave, c'est aussi lui qui prévient la famille et qui décide du rapatriement. Pour connaître les urgences et établissements aux standards internationaux : consulter les sites www.diplomatie.gouv.fr et www.pasteur.fr.

SÉCURITÉ

Pour toute urgence, contacter le 112. Porto est une ville tranquille et on peut se balader sans problème, même le soir. Depuis quelques années, la ville s'efforce de sécuriser le centre historique et la population note la différence. Le vol est le danger le plus répandu et vous n'êtes jamais à l'abri des pickpockets. Vérifiez donc les fermetures de vos sacs et évitez absolument de mettre papiers d'identité, portefeuille et sommes d'argent importantes dans la poche arrière de votre sac à dos ! Faites aussi particulièrement attention à ne rien laisser dans vos voitures, car les voleurs fonctionnent à plusieurs et sont plutôt bien organisés. Pour ceux qui se déplacent en voiture, soyez très prudents sur les routes. Pas question de devenir parano cependant, mais il faut juste retrouver un petit peu de la vigilance que l'on perd souvent en vacances !

LGBTQ

Grâce notamment au militantisme d'associations comme Ilga Portugal (www.ilga-portugal.pt) et l'émergence d'un environnement social et culturel plus libre et tolérant, ces dernières années, la situation des homosexuels s'est nettement améliorée. Aujourd'hui, il n'est pas rare de croiser des couples affichant fièrement leur appartenance à la communauté gay. Le Portugal est même l'une des destinations les plus « gay friendly » d'Europe.

AMBASSADE ET CONSULATS

Porto dispose d'une agence consulaire qui se trouve à l'Alliance Française de Porto au 88 rua de Santa Isabel. Il faudra prendre contact par mail (agenceconsulaireporto@gmail.com) pour obtenir un rendez-vous. En cas d'urgence, vous devrez contacter l'ambassade de France qui se trouve à Lisbonne (+351 213 939 100).

POSTE

Au Portugal, les services postaux se nomment Correios sous l'enseigne CTT (www.ctt.pt), représentée par un facteur à cheval et avec clairon. D'une manière générale (hors petites localités), les bureaux de poste sont ouverts du lundi au vendredi de 9h à 18h30. L'acheminement du courrier met finalement assez peu de temps pour la France (en moyenne 3 à 5 jours). Les timbres (*selos*) pour affranchir une lettre (pesant moins de 20 g) ou une carte postale à destination d'un pays de l'Union européenne (excepté l'Espagne à 0,62 €) coûtent 0,80 €. Certaines boutiques de souvenirs et des hôtels en vendent parfois aussi.

MÉDIAS LOCAUX

Les journaux les plus célèbres sont *Público* (www.publico.pt), qui possède un blog d'opinions en ligne pas mal lu (P3), et *Le Díario de Notícias* (www.dn.pt), fondé en 1864 !
Au niveau de la presse hebdomadaire, le journal *Sábado* (www.sabado.pt) a fait son trou sur le marché des news magazines à côté de son concurrent *Visão* (http://visao.sapo.pt/).
En dehors des sites des médias cités ci-dessus, le *Guia da cidade* (www.guiadacidade.pt) vous donnera des informations sur les événements du moment et les attractions touristiques. *Life Cooler* (www.lifecooler.com) parle de lifestyle dans un esprit branché.
Le *Time out magazine* (www.timeout.com/porto) est une bonne option si vous ne savez pas où sortir ou manger, il recense sur son site toutes les nouveautés qui viennent d'ouvrir dans la ville.
Enfin, n'oublions pas le site officiel du tourisme au Portugal (www.visitportugal.com), avec une version en français.

LES PHRASES CLÉS

Bonjour, mon téléphone ne fonctionne pas, pouvez-vous m'aider s'il vous plait ?
Bom dia, o meu telefone não funciona, pode ajudar-me, por favor?

Je ne me sens pas bien, pouvez-vous m'amener à l'hôpital le plus proche ?
Não me sinto muito bem, pode levar-me até ao hospital mais próximo?

Est-ce que vous avez un médecin qui parle français ?
Tem um médico que fala francês?

Je viens de me faire voler mes papiers, où est le poste de Police le plus proche ?
Roubaram-me os papéis, onde está o posto de polícia mais próximo?

Est-ce un quartier dangereux ou je peux y aller sans crainte ?
É uma zona perigosa ou posso ir sem medo?

Avez-vous des timbres pour une carte postale à envoyer en France ? C'est combien ?
Tem selos para enviar um postal para França? Quanto é?

DÉCOUVRIR

Il y a tant de jolies choses à voir et à faire dans la *Cidade Invicta* (ville invaincue) Entre les musées, les bâtiments historiques, les caves à vin et le Douro, les options sont nombreuses. Chaque quartier de Porto regorge de trésors à découvrir. Nous avons découpé la ville en quatre zones : la « ville haute » qui regroupe le centre-ville et la majorité des quartiers à proximité, Ribeira et Miragaia, Foz do Douro et Vila Nova de Gaia, qui n'est pas un quartier à proprement parler mais qui constitue un point de passage obligé à Porto. Le meilleur moyen pour explorer la ville depuis le centre, c'est à pied. Vous combinerez ainsi visite de sites et merveilleux points de vue sur le Douro. Vous traverserez le pont Dom Luis I pour rejoindre l'autre rive du fleuve avant de vous balader sur les quais de Gaia et déguster un verre de vin de Porto. Rejoignez enfin l'Atlantique en tram ou à vélo. Ou marchez s'il vous reste encore quelques forces.

LE PORTO

Sur les terrasses qui longent le Douro, on découvre une multitude de vignobles et cépages utilisés pour la production du vin mondialement connu, le porto. Chaque versant où sont accrochées les vignes, orienté différemment au soleil, subit un microclimat variable qui confère aux cépages des qualités différentes. Ainsi, chaque quinta (exploitation viticole) possède un cépage unique. Qu'est-ce qui différencie le porto des autres vins ? L'ajout d'une eau-de-vie au cours de la fermentation dont il faut remercier les Anglais, l'utilisation unique de cépages de la vallée du Haut Douro et son vieillissement par des œnologues dans les caves situées en face de Porto. Le porto est le premier vin doté d'une appellation d'origine contrôlée, au XVIIIe siècle. Les meilleurs cépages sont des cépages autochtones comme le Touriga Nacional, ou encore le Touriga Francesa pour les cépages rouges ; la Malayasia Final ou l'Esgana Cao pour les cépages blancs.

L'histoire so british du porto

A la fin du XVIIe siècle, Colbert, Premier ministre du roi Louis XIV, empêche la libre circulation des vins français en Angleterre. Ne se laissant pas faire, le roi Charles II d'Angleterre rompt tout commerce avec la France et se tourne vers le Portugal qui produit un petit vin rouge grandement apprécié par les Anglais. Problème : le vin supporte mal le voyage depuis la haute vallée du Douro jusqu'à Porto car il doit parcourir 100 kilomètres avant d'atteindre le port de Porto pour sa traversée vers l'Angleterre.
Un négociant anglais en panne de chiffre d'affaires a la brillante idée de couper le vin avec de l'eau-de-vie de moût. Bien qu'il serait tentant de s'insurger en voyant des noms anglais sur les bouteilles comme Taylor's ou Graham's, ce sont au contraire les plus vieilles marques ! Cet ajout d'eau-de-vie ou de brandy durant la fermentation du vin constitue l'étape clé de ce qui différenciera le porto des autres vins, à partir des années 1850. Cette opération s'appelle le mutage.
Ayant enfin trouvé comment conserver le plus longtemps possible le vin, il en fut produit d'énormes quantités, bien souvent au détriment de la qualité. En 1756, le marquis de Pombal, Premier ministre portugais, décide de réglementer la production et l'export en créant une ébauche de la toute première Appellation d'Origine Contrôlée (A.O.C.) pour le porto. En guise de comparaison, la première A.O.C. française pour un vin naquit en 1936. On élabore une méthode de production, un système de points. On délimite une zone géographique, marquée par des bornes de granit, dont certaines sont toujours visibles. Chaque parcelle de vin est scrupuleusement évaluée selon une classification allant de A (la meilleure) à F (la moins bonne). Plusieurs facteurs entrent en jeu comme l'exposition solaire, la qualité du sol, l'âge du vignoble… Le Douro est ainsi la seule région viticole au monde où il existe une classification totalement hiérarchisée.
Au XVIIIe siècle la qualité n'est toujours pas spécifiquement privilégiée. Pombal veut que la Compagnie qu'il a fondée ait le contrôle sur le transport des chais sur le Douro et sache qui commerce avec qui. La véritable législation de contrôle qualitative surviendra en 1932 sous l'égide de l'Institut des vins du Douro et de Porto (p.88), toujours en fonction.
Depuis le passage éclair des troupes de Napoléon, la France, pas rancunière quand il s'agit d'alcool, est devenue le premier client de porto, mais les meilleurs crus vont chez les Anglais.

Le processus de fabrication du porto : des vignobles du Douro aux caves de Vila Nova de Gaia

Petit lexique du vin : un cépage est une variété de vigne qui donne le raisin. Il peut exister à un seul endroit - on parle alors de cépage autochtone - ou pousser à plusieurs endroits du monde comme ce peut être le cas pour les arbres ou plantes. La majorité des vins sont cultivés au-dessus de 500 m. Le climat dans la vallée du Douro peut se traduire par ce dicton portugais : « 9 mois d'hiver et 3 mois d'enfer », ce qui donne au raisin une grande complexité révélant des vins explosifs et étonnamment riches. Les vignes cultivées sont pour certaines très anciennes, avec un mélange de nombreux cépages qui confère des arômes uniques. Le raisin est acheminé vers les quintas pour y être pressé au pied si la tradition est respectée. Le porto en devenir subit ensuite l'étape de la fermentation jusqu'à ce qu'il atteigne le degré de sucre voulu. En cours de processus, on y ajoute l'aguardente (eau-de-vie) à 77° pour arrêter la fermentation. C'est le mutage. Pour le xérès par exemple, l'eau-de-vie est ajoutée en fin de fer

© BONDVIT- SHUTTERSTOCK.COM

Rabelos sur les rives du Douro.

mentation, mais on ne cherchait pas à obtenir un vin qui supporte les transports comme pour le porto.

Le vin est ensuite acheminé jusqu'aux chais de Vila Nova de Gaia pour y vieillir dans des tonneaux en chêne. Longtemps, le transport s'effectuait sur les rabelos, que l'on peut voir stationnés sur les rives du Douro, entre Porto et Vila Nova de Gaia. Cela demandait beaucoup d'habileté et de courage aux mariniers pour conduire ces grandes barques plates à six rames remontant le fleuve en s'aidant d'une haute voile. Le timonier juché sur sa plateforme s'assurait que les fûts soient le moins secoués.

Dès l'arrivée du vin, les œnologues goûtent le vin et décident de la durée de son vieillissement (sur des périodes plus ou moins longues) et dans quel contenu, en fût de 550 litres ou en gros tonneau de plusieurs milliers de litres dénommé foudre. L'assemblage se fera bien plus tard. Les caves de Vila Nova de Gaia sont donc des maisons de négociants qui possèdent des quintas ou achètent les récoltes aux quintas indépendantes. C'est le cas de la très connue maison Churchill's qui a fait l'acquisition des vignobles Quinta da Gricha (100 hectares sur la rive sud du Douro), Quinta da Rio (20 hectares dans la vallée du Rio Torto), et exploite également la Quinta da Perdiz (30 hectares).

Si un porto ne provient que d'une propriété, il porte le nom Quinta suivi du nom du domaine, par exemple Quinta do Tedo. Les plus grandes maisons à visiter à Vila Nova de Gaia, dont il est bon de souligner qu'elle est la ville avec le plus d'alcool au mètre carré dans le monde, sont **Taylor's** (p.95) où trône fièrement le plus gros tonneau d'Europe de plus de 1 000 litres, Cálem, Ramos Pinto, présentant une petite collection d'affiches publicitaires réalisées par des Français, **Cockburn's** (p.94), **Graham's** (p.94), Sandeman et Ferreira, où le regard est attiré par la petite salle de dégustation décorée d'azulejos. Ou encore l'**Espaço Porto Cruz** (p.94), un centre multimédia qui d'une façon interactive révèle les secrets du porto.

La visite dans les caves du bord du Douro coûte entre 4 et 15 €.

S'y retrouver parmi toutes les sortes de portos, en fût ou en bouteille

L'assemblage complexe et la durée de vieillissement des vins donnent au porto toute sa richesse et sa diversité. De nombreux types de portos existent. Tous les vins de porto vieillissent en moyenne deux ans dans les fûts en chêne. Après cette étape, on retrouve deux sortes de portos. Ceux qui resteront en tonneau, les Rubys, Tawnys - Tawnys avec indication d'âge (10, 20, 30, 40 ans) sont dits vins « oxydatifs. » Ils sont un assemblage de différents vins et millésimes. Ceux qui continuent leur maturation en bouteille sont dits vins « réducteurs ». Parmi eux, les Vintages, vins de race, proviennent d'un seul millésime mais de plusieurs vins et sont gardés en bouteille entre 5 et 50 ans avant d'être ouverts. L'Institut du Vin de Porto est le seul à déclarer un millésime Vintage. Les singles quinta vintages, sont des vins millésimés produits à partir d'une seule et même quinta. Les colheita, restés en fût entre 7 et 50 ans et les Late Bottled Vintages de 4 à 6 ans, sont prêts à être bus dès leur mise en bouteille mais restent conçus avec un seul millésime.

Le porto vieilli en tonneau a une couleur ambre et des arômes torréfiés et d'amande. En revanche, les vins de Porto qui vieillissent en bouteille ont une couleur rouge foncé et une saveur plus fruitée. Le branco est un porto blanc fabriqué à partir de raisins blancs. Jeune, il est sec et clair. En vieillissant, il fonce un peu et devient plus doux.

Vue sur la vallée du Douro.

Comment accompagner le porto ?

Le porto peut être servi directement et n'a pas besoin de temps de pause pour le tanin comme c'est conseillé pour les autres vins. « Il est bon de le servir un peu frais à 12 ou 13 °C, voire un peu plus frais pour les vins blancs et rosés. Il ne faut pas servir les vins rouges trop chauds, car le vin en montant en température va libérer ses arômes et son alcool. On va avoir quelque chose avec un grain beaucoup plus agréable ! », conseil d'œnologue. Le porto *branco* ou *extra seco* se boit frais à l'apéritif, spécialité presque inconnue en France. Le porto rouge se boit généralement avec un fromage fort, au dessert ou en digestif. Un vieux porto s'apprécie comme un excellent vin, on ne laisse pas une bouteille entamée. Considéré comme un vin de dessert ou d'apéritif, on peut réaliser un repas entièrement en servant du porto. On oublie souvent que le porto bien choisi est un vin de luxe, alors n'hésitez pas à montrer à vos convives la qualité gastronomique de ce vin.

Pour s'y retrouver à l'achat, il y a le porto blanc, assez moelleux en apéritif, il s'accorde aussi avec un gâteau. Le porto select est un rouge corsé et fruité qui accompagne les fromages et les desserts au chocolat. Le vintage est le plus cher.

Balade vinicole au fil du Douro

Voici sans doute l'un des plus charmants itinéraires pour découvrir les secrets et les savoirs du porto. Le fleuve Douro, qui prend sa source en Espagne, définit les frontières portugaises et espagnoles au nord de Miranda do Douro (Trás-os-Montes) jusqu'à Barca de Alva. Ensuite, il traverse le Portugal sur plus de 200 km jusqu'à Porto. C'est la région délimitée entre la frontière espagnole et Peso da Régua appelée encore Alto Douro (haute vallée du Douro), qui est liée au vin de Porto et qui a été déclarée patrimoine naturel de l'Humanité en 2001. Elle comprend 250 000 hectares, dont 42 000 sont plantés de vignes.

La route qui longe le Douro, de Peso da Régua jusqu'à Pinhão, vous emmènera au fil des kilomètres percer les mystères du vin qui fait vivre des générations d'hommes et de femmes depuis de longues décennies. En période de vendanges, les quintas sont en effervescence, les routes suivant la courbe du Douro empruntées par des petits camions transportant les grains de raisin qui seront ensuite écrasés au pied pour les quintas les plus proches de la tradition de fabrication du porto. Vous trouverez une multitude de fermes qui proposent des visites et des dégustations. Un conseil, visitez la région du Douro en automne ou au printemps, vous découvrirez des couleurs et une lumière splendides. Le mieux est d'y aller en voiture pour plus de liberté. Le train et le bus sont aussi des options. Beaucoup d'agences de voyage proposent des croisières sur le Douro.

Fûts de porto.

Quelques suggestions sur votre route : **Quinta do Tedo** (p.181) à Vila Seca, une ferme du XVIIIe siècle qui appartient à un propriétaire bourguignon. Vous la trouverez en suivant la direction de Pinhão. Quinta do Seixo, sur la route avant d'arriver à Pinhão, est une ferme moderne qui propose de la dégustation et une vidéo de la visite, avec en prime une vue exceptionnelle sur le Douro. Quinta do Panascal, à 5 minutes en voiture sur la route qui mène à Pinhão, offre la possibilité de la visiter avec des audioguides. L'incontournable dégustation de porto peut être suivie par un repas sur place. En prenant la direction de São João da Pesqueira, la visite des caves **Quevedo** (p.180) vous fera découvrir en hauteur, sur la route, une vue sans pareille sur la vallée du Douro. Quinta das Carvalhas, à l'entrée de Pinhão, est la plus ancienne ferme de porto de la région. Elle dispose d'un immense domaine que l'on peut visiter... en minicar. Marquant la fin de la route, à Pinhão même, la visite à la **Quinta do Bomfin** (p.180), emblématique quinta du Douro, est une visite instructive truffée d'anecdotes historiques. En remontant le Douro, la visite de la **Quinta de Ventozelo** (p.182)offre une vue sur le fleuve à couper le souffle, avec possibilité d'y prendre un repas ou d'y séjourner.

Pour avoir accès aux différentes adresses viticoles de la région, consultez le site www.ivdp.pt

HISTOIRE

Située au nord du Portugal, Porto est réputée travailleuse, ouverte et accueillante. Ancien port important pour les liaisons maritimes, la ville grandit et se développe au Moyen Age, au nord du fleuve Douro. C'est elle qui a d'ailleurs donné son nom au pays. Le village de Cale, installé sur la rive gauche du Douro, était un point de passage important sur la route de Lisbonne à Braga. Le trafic augmentant, un autre village, Portus, s'établit sur la rive opposée du Douro. Portus-Cale devint la capitale du comté de Portucalia. Au XVIIIe siècle, l'économie de Porto se développe grâce au commerce de son vin. La capitale du Nord est aussi célèbre pour la loyauté de ses citoyens assiégés qui ont défendu victorieusement leur ville contre les troupes absolutistes en 1832-1833. Le roi Pedro IV attribue à la ville la maxime « Mui Nobre, Sempre Leal e Invicta » (« noble, invincible et toujours loyale »), mots qui font encore aujourd'hui la fierté de ses habitants.

DÉCOUVRIR

456-880 Porto est prise par le roi wisigoth Théodoric II. La ville sera ensuite occupée par les Maures en 716 qui y restent jusqu'à la Reconquête par le roi Alphonse Ier d'Asturies au milieu du VIIIe siècle. Porto reste alors à l'abandon environ un siècle, avant qu'Alphonse III le Grand repeuple la cité.

906 Thérèse, fille du roi Alphonse VI de Castille-et-Léon, est mariée à Henri de Bourgogne. Ce dernier octroi au roi le « Comté Portucalense » dont la capitale est Porto.

1120 Porto appartient à l'évêque Dom Hugo qui a acquis un vaste territoire. Ce dernier parvient à développer la ville qui grandit au-delà des murailles déjà installées.

MILIEU DU XIVE SIÈCLE Suite à l'expansion de Porto, passage important pour le commerce, une nouvelle muraille de protection est construite autour de la ville.

1355 La décision d'édifier une nouvelle muraille est principalement due à la révolte de l'Infant Dom Pedro contre son père, le roi Dom Alfonso IV. Ce dernier, ayant assassiné la bien-aimée de son fils, a subi sa colère vengeresse. La population, fidèle au roi, a résisté aux attaques de Dom Pedro.

1370 La muraille de protection est enfin achevée ; elle est nommée Fernandina, en référence à Dom Ferdinand qui règne alors.

1383-1385 Porto se retrouve de nouveau au centre des confrontations pour une possible annexion du royaume à la Castille. Le futur roi Dom Joao I (dynastie d'Avis) est soutenu par les habitants. C'est à Porto qu'il épouse, en 1387, Dona Filipa de Lencastre, et que naît leur progéniture, dont l'*Infante* Dom Henrique.

1394-1460

Infante Dom Henrique

Henri le Navigateur, né à Porto, fut une figure très importante dans l'histoire de la navigation et de l'expansion coloniale portugaise. Le prince organisa plusieurs expéditions qui aboutirent à la découverte d'une partie de la côte occidentale africaine, ainsi que des archipels de Madère, des Açores et du Cap-Vert.

© SERGIO TB - SHUTTERSTOCK.COM

Henri le navigateur en tête du Monument des Découvertes à Belem.

DÉCOUVRIR

1414-1415

Dom Henrique lance l'expédition pour Ceuta. Les Portuenses sacrifient toute la viande qu'ils possèdent pour ravitailler le navire. C'est de là qu'est né le surnom de « tripeiros » puisqu'ils n'avaient gardé que des tripes pour se nourrir, qui sont le plat typique de la région de Porto.

XIV ET XVe SIÈCLES

Expansion maritime de la ville

Les Découvertes ont enrichi le Portugal qui est devenu le centre européen du commerce maritime tandis que ses ports, et en particulier celui de Porto, ont connu une époque de fort dynamisme. À Porto s'est développée une grande activité maritime et commerciale, ce qui a propulsé la ville à la tête de l'industrie portugaise de construction navale. Le réseau routier grandit également, ouvrant Porto à de nouveaux axes de commerce et de transport.

VERS 1450-1500

Pero Vaz de Caminha

Cet illustre habitant de Porto faisait partie de la caravelle de Cabral quand elle arriva au Brésil en 1500. Chargé de documenter le périple, Caminha livra au roi de Portugal un récit de voyage de plusieurs pages où il relata de façon très détaillée l'arrivée des Portugais dans ces terres nouvelles. Ce document très riche est une source historique très importante pour connaître l'arrivée des Portugais au Brésil, mais aussi la faune et la flore locales, la vie des indigènes et la mentalité de l'époque. Cette lettre de la découverte du Brésil existe toujours et est conservée dans la Torre do Tombo, à Lisbonne.

1580-1640

Cohabitation mais surtout domination espagnole

Pendant soixante ans, l'Espagne et le Portugal ont été étroitement liés dans leur histoire. Leur union formait le plus grand empire jamais connu. Mais de nombreux conflits ont éclaté pour le trône du Portugal. Porto s'est rangée du côté du Prieur de Crato contre le roi Philippe II d'Espagne.

1640

Restauration de l'indépendance au Portugal

La ville soutient la révolte de Lisbonne qui met fin à l'union de l'Espagne et du Portugal. La Maison de la Monnaie est rétablie à Porto.

1668

L'Espagne reconnaît l'indépendance du Portugal.

XVIIIe SIÈCLE

Le siècle d'or de Porto

La domination espagnole a supposé une forte croissance urbaine et administrative pour Porto. Les deux pays réunis ont attiré les regards du monde entier. Ce fut une ère de grande production artistique et la ville s'est parée de bâtiments au style néoclassique. Le Palais de la Bourse témoigne de la richesse de Porto à cette époque.

1703

Le traité de Methuen établit des relations commerciales entre l'Angleterre et le Portugal. En 1717, la première production anglaise de vin de Porto part de la ville.

1725

L'architecte italien Nicolau Nasoni conçoit plusieurs bâtiments exceptionnels à Porto : la Tour des Clercs, le Palais Freixo ou encore la façade de l'église de la Miséricorde.

© VR2000 - SHUTTERSTOCK.COM

Le Palais Freixo.

29 MARS 1809 — Alors que les troupes napoléoniennes envahissent Porto, le Pont das Barcas, en bois, cède sous le poids d'une foule effrayée qui s'y était précipitée. Les personnes meurent noyées. Le pont suspendu Dona Maria II le remplacera en 1842.

1811 — Deux ans après la tragédie du pont das Barcas, les Français sont repoussés pour de bon, et le roi Joao VI qui s'était exilé au Brésil remonte sur le trône.

1832-1833

Le siège de Porto

Quand Dom Miguel arrive au pouvoir en 1828, le pays plonge dans une guerre civile, opposant les partisans de Dom Miguel à l'ancien roi Dom Pedro IV.

Assiégés pendant dix-huit mois, les Portuenses défendent leur ville contre les troupes absolutistes de Dom Miguel. C'est la victoire.

Dans la continuité, Dona Maria II est adoubée en tant que reine du Portugal.

XIXE SIÈCLE — Porto, libérale et progressiste, est le berceau de nombreux artistes, sculpteurs et poètes.

1820 — Un soulèvement militaire à Porto met fin à la monarchie absolue. Constitution libérale.

14 JANVIER 1837 — Le cœur d'or de Dom Pedro (qui se trouve dans l'église de Lapa) et le surnom d'Invicta (invaincue) sont ajoutés aux Armes de Porto après la signature d'un décret écrit par le Portuense Almeida Garrett (1799-1854) et signé par la reine Dona Maria II.

1886 — Inauguration du pont Dom Luis, le plus célèbre de Porto, dont on doit l'exécution à Théophile Seyrig, ancien associé de Gustave Eiffel.

31 JANVIER 1891

Première tentative de révolution à Porto

A cette époque, le Portugal vit encore sous un système politique monarchiste. Cependant les idées républicaines gagnent en force. C'est à Porto que se déroule la première révolution républicaine qui se terminera, malheureusement, en bain de sang.

Les rebelles se révoltent dans les rues de Porto. Néanmoins, en l'absence de soutien de l'armée et des politiques, la supériorité de la monarchie l'emporte. La mémoire de cette date est immortalisée dans une rue du centre de Porto, Rua 31 de Janeiro.

1899 — Triste année pour Porto qui décline quelque peu, et dont les habitants meurent de la peste bubonique.

1908-1910 — L'interdiction faite au Portugal par les Anglais de relier en Afrique l'Angola et le Mozambique stimule à nouveau le patriotisme républicain qui brûle de renverser la monarchie. Carlos Ier, conscient de l'extrême danger, instaure un régime dictatorial. Mais le peuple ne le voit pas de cette façon et le 1er février 1908 le roi et son fils sont assassinés sur la place du Commerce à Lisbonne. La République sera officiellement proclamée le 5 octobre 1910.

1919 Porto devient capitale du nord du Portugal suite à une tentative d'indépendance du pays. Les républicains mènent alors un soulèvement.

1926 La République est renversée par le coup d'Etat militaire du général Gomes da Costa. Ce dernier fait appel à un professeur d'économie catholique, Antonio de Oliveira Salazar, pour tenter de régler les difficultés financières du pays.

1933

L'État Nouveau (Estado Novo)

D'une certaine façon, on peut dire que le contexte de crise économique mondiale (1929) aide Salazar à mettre en place sa future dictature. En fermant le pays à toute influence étrangère, il réussit à stabiliser la monnaie portugaise, ce que le peuple attendait. Après son élection comme président du Conseil, il crée, en 1933, l'Estado Novo, entouré d'une police politique extrêmement efficace, la PIDE (Police intérieure et défense de l'État). Il enferme son pays et le coupe de toute influence extérieure, maintenant le Portugal dans un mode de vie rural et traditionnel avec une censure implacable. Durant cette période, de nombreuses infrastructures sont malgré tout rénovées à Porto.

1958-1974 La dictature fait de plus en plus d'insatisfaits. Le général Delgado se présente aux élections présidentielles de 1958 en promettant de démettre Salazar de sa fonction de Premier ministre (Salazar tiendra ce poste jusqu'à la fin de sa vie). Le général perd les élections et est assassiné en 1965. Le régime est à ce moment-là enlisé dans une guerre coloniale sans fin. L'armée s'épuise. En 1968, Salazar est frappé d'une hémorragie cérébrale. Marcelo Caetano est désigné pour lui succéder, la dictature se termine par la révolution des Œillets du 25 avril 1974, l'une des plus pacifiques jamais organisées.

1980-1990

La décennie du renouveau

Après une succession de plusieurs gouvernements lors des années précédentes, le Portugal connaît un regain de vitalité. Le pays intègre l'Union européenne en 1986. La capitale Lisbonne se renforce grâce aux aides financières, ce qui se reporte sur les autres villes du pays comme Porto. En 1987, Cavaco Silva, le Premier ministre, met en place une quantité de réformes pour moderniser le pays.

1996 L'Unesco décerne à Porto le statut de patrimoine mondial de l'Humanité grâce à sa grande richesse historique, plus particulièrement dans la vieille ville.

2001 Porto est élue capitale européenne de la culture. On construit alors la « Casa da Musica », grand auditorium, symbole du quartier de Boavista. En décembre, l'Unesco inscrit les vignobles du Alto Douro au patrimoine mondial en tant que « paysage culturel, évolutif et vivant ».

2005 Le début des années 2000 est difficile pour le pays. La situation économique n'est pas brillante et les gouvernements ne sont pas populaires. Tournant politique finalement en février 2005 : José Socrates, ancien secrétaire général du Parti socialiste, devient le nouveau chef du gouvernement, son parti ayant remporté la majorité absolue aux élections législatives. Il s'engage à réformer la fonction publique, dont la lourdeur est difficile à supporter pour le budget étatique, et à créer un « choc technologique » pour stimuler la croissance.

2008 La crise économique frappe le Portugal de plein fouet. Des mesures impopulaires sont prises pour renflouer les caisses de l'État : prime de Noël divisée par 2, ticket modérateur multiplié par 2, autoroutes gratuites qui deviennent payantes…

AUTOMNE 2009 Le PS gagne les élections législatives, mais perd la majorité absolue au parlement. À Porto, Rui Rio est élu pour la troisième fois (et dernière possible) président de la chambre municipale.

2012 L'année est marquée par le mécontentement de la population. Le 15 septembre, une grande manifestation contre la Troïka et les mesures gouvernementales a lieu : un million de personnes protestent dans tout le pays. Comme cela ne suffit pas, le 14 novembre, c'est la grève générale alors que le chômage atteint un niveau record de plus de 15 %.

Porto est élue meilleure destination européenne par l'organisation indépendante European consumers choice, loin devant Lisbonne…

2013 Rui Moreira (indépendant, soutenu par le CDS-PP, parti de droite) devient maire de la ville après les trois mandats de Rui Rio (social-démocrate).

2015 Le monde politique portugais est mis à mal par la crise. Alors que les élections législatives changent la majorité parlementaire, le président de la République, Anibal Cavaco Silva, décide de laisser Pedro Passos Coelho comme Premier ministre. La gauche, désormais majoritaire au Parlement, annonce aussitôt son intention de faire tomber ce nouveau gouvernement. C'est alors que le Bloc de Gauche (parti anti-austérité) s'allie aux socialistes (fait historique !) et renverse donc ce gouvernement. En novembre, Antonio Costa, chef de file du Parti socialiste soutenu par la gauche radicale, est nommé Premier ministre par le président.

24 JANVIER 2016 Marcelo Robelo de Sousa, professeur de droit et ancien commentateur à la télévision, est élu au premier tour président de la République pour un mandat de 5 ans. Bien que de centre droit (PSD), il assure veiller à la stabilité du pays, en n'entravant en rien l'action gouvernementale visant à mettre un terme aux politiques d'austérité menées depuis des années.

2019 En octobre ont lieu les élections législatives qui font couler beaucoup d'encre dans les journaux. Tout d'abord avec le taux d'abstention record de 51 %, mais aussi avec l'arrivée de l'extrême droite à l'assemblée avec le parti Chega et son leader André Ventura (jusqu'à présent, le Portugal était un des rares pays européens à ne pas avoir de sièges pour l'extrême droite à l'Assemblée nationale).

24 JANVIER 2021 Les élections présidentielles se déroulent alors que le pays est reconfiné depuis le 15 janvier. Pour protester contre les propos sexistes du candidat d'extrême droite André Ventura envers la candidate de gauche Maria Matias, des Portugais anonymes et des personnalités publiques affichent sur les réseaux leurs lèvres maquillées en rouge, assorties d'une tirade politique.

Résultats : le président sortant Marcelo Rebelo de Sousa, conservateur modéré, est largement réélu au premier tour, malgré une faible participation de la population (39,3 %).

ARCHITECTURE

Ne vous fiez pas à son apparente austérité, car l'industrieuse Porto renferme bien des trésors, à commencer par son cœur historique offrant un voyage à travers cette cité médiévale qui semble comme agrippée à la falaise : une topographie unique qui donne tout son charme à la belle Porto qui abrite également de superbes édifices baroques aux riches décors d'or et de faïence. Après avoir été un temps néoclassique, la ville s'est transformée en chantre de la modernité, faisant dialoguer l'architecture métallique avec les créations Art nouveau et Art déco. Porto est aussi célèbre pour avoir vu naître les grands architectes Alvaro Siza et Eduardo Souto de Moura, célèbres pour leurs créations lumineuses et épurées dont s'inspire aujourd'hui encore la jeune génération. Cœur industriel du pays, Porto a également vu naître et grandir le design portugais, joyeux trait d'union entre art et artisanat. C'est une ville aux mille facettes qui vous attend !

Du roman au baroque

Le centre historique de Porto vous plonge dans l'urbanisme typique d'une cité médiévale dont vous arpenterez les ruelles étroites, les passages voûtés, les volées d'escalier et les places, telle la Praça Da Ribeira (p.90) aux contours inchangés depuis le XIIe siècle. Au XIVe siècle, la ville et le port ont été protégés par les imposantes « murailles fernandines », dont on peut voir les vestiges. Roman et gothique s'affichent fièrement dans les cathédrales et églises, qui sont autant de symboles de la reconquête idéologique. Dans le Douro et le Minho, la plupart des églises conservent une grande sobriété propre au roman, tandis que dans les grandes villes, les églises gagnent en hauteur et en richesse décorative. A Porto cette évolution est bien visible : la cathédrale, aux allures de forteresse, porte les atours du roman, tandis que l'église San Francisco et sa superbe rosace révèlent la richesse gothique. Indissociable du Portugal médiéval, ne manquez pas dans les environs de Porto, les châteaux de Lamego et Guimaraes aux imposantes silhouettes crénelées. A Porto, la Renaissance s'exprime dans un vocabulaire maniériste comme le montre bien l'église De Grilos avec sa façade, certes austère, mais très scénographiée. A Vila Nova de Gaia, le monastère Da Serra Do Pilar, lui, impressionne par l'originalité du plan circulaire de son église et de son cloître aux 36 colonnes ioniques. La ville se transforme ensuite en foisonnante et exubérante cité baroque. Sous les coups de crayon de l'architecte toscan Niccoló Nasoni, Porto se pare d'or et de faïence. Partout s'affichent les célèbres azulejos - comme sur la façade de l'église Saint-Ildefonse - et les exemples de *talha dourada*, sculptures sur bois doré entourées de colonnes torses et baldaquins. La Torre dos Clerigos (p.86)et son église, œuvres de Nasoni, ont même valu à Porto le qualificatif de « plus baroque des villes portugaises ». Aux alentours de Porto, ne manquez pas la Casa Mateus, le petit Versailles de Vila Real ; et la superbe église Bom Jesus de Braga, avec ses magnifiques jardins et son monumental escalier.

© SOPOTNICKI - SHUTTERSTOCK.COM

Praça da Ribeira.

Du néoclassicisme à l'Art déco

Sous l'influence anglaise, Porto se fait néoclassique. Parmi les grands bâtiments de l'époque, l'Hôpital de Santo Antonio est sans doute le plus beau, mais le plus connu reste la British Factory, vaste édifice néo-palladien. Pour découvrir l'architecture liée aux vins de Porto, rendez-vous dans la vallée du Douro qui abrite de superbes *quintas*, ces grandes propriétés aux façades immaculées trônant fièrement au milieu des vignes, elles-mêmes aménagées en terrasses et gradins grâce à une ingénieuse architecture de pierre ! Puis, renouant avec son sens de

© TRABANTOS - SHUTTERSTOCK.COM

La Cour des Nations du Palacio da Bolsa.

la mise en scène, la ville va orner ses façades d'azulejos, et transformer ses rues en « calçada portuguesa » aux pavés noirs et blancs agencés de façon à créer d'étonnants motifs. Au tournant du siècle, la ville se dote de joyaux de l'architecture métallique. Le Ponte Dona Maria - dessiné par Gustave Eiffel - et le Ponte Dom Luis I (p.90)- avec son double tablier et son arche métallique de 170 m - en sont les célèbres représentants. Et ne vous fiez pas aux sages lignes néoclassiques du Palacio da Bolsa (p.89), car en son sein il renferme la superbe Cour des Nations surmontée d'une étonnante verrière supportée de piliers métalliques apparents. Le début du XXe siècle se fera sous les courbes et les entrelacs de l'Art nouveau dont vous pourrez admirer de très beaux exemples rue Santa Catarina et rue du 31 de Janeiro. Le Café Majestic avec sa façade richement ornementée et ses plafonds décorés, et la Librairie Lello avec sa superbe verrière et sa façade mêlant éléments gothiques et modernistes en sont les plus fiers représentants. Quelques années plus tard, c'est l'Art déco qui va marquer la ville. Le grand architecte de l'époque est José Marques Da Silva à qui l'on doit la Casa Serralves. Sa silhouette rose, mêlant courbes et lignes droites, évoque celle d'un paquebot. Un style que l'on retrouve dans d'autres édifices célèbres de la ville, tels le cinéma Batalha ou le Colisée de Porto (p.147), que l'on reconnaît à leurs hublots et leurs silhouettes qui font penser à des mâts et des ailerons !

Porto contemporain

Le Tribunal da Relaçao do Porto est un bon exemple de ce mélange grandiloquent de modernisme et de classicisme très prisé durant la dictature de Salazar. Durant l'après-guerre, la ville va également se doter de nombreux logements et bâtiments de service adoptant les volumes simples et austères hérités de Le Corbusier. Mais très vite, deux personnalités vont venir casser ces codes modernistes, proposant une architecture à taille humaine, tout en lumière, en sobriété et en élégance : Alvaro Siza et Eduardo Souto de Moura. Les deux hommes ont travaillé ensemble au renouveau de la ville, comme le montre la rénovation de l'Avenida dos Aliados, à la perspective épurée. Ils ont également laissé leur empreinte dans les stations de métro de la ville. Souto de Moura en a réalisé 14, là où Siza s'est « contenté » de la Station Sao Benta, lumineux mélange de verre, acier et béton. Siza a également réalisé l'Ecole d'Architecture de la ville, très bel exemple de rationalisme esthétique, et la Fondation Serralves consacrée à l'art contemporain, étonnante structure de béton et d'acier. Dans les environs de Porto, Souto de Moura a imaginé le stade de la ville de Braga, qu'il a adossé à la paroi rocheuse de la carrière environnante, une illustration parfaite de son minimalisme et du soin apporté au lien avec l'environnement. La Casa da Música (p.146) est, elle, l'œuvre de Rem Koolhaas, qui a imaginé une structure ultra moderne mais truffée de références à l'histoire architecturale du pays : les orgues sont ornés de *talha dourada*, comme à la grande époque baroque, et les décorations en azulejos rappellent les façades du XIXe siècle. Le très futuriste terminal passager de l'aéroport Leixoes, œuvre de Luis Pedro Silva, a, quant à lui, reçu le prix du meilleur building de l'année en 2017 ! Aujourd'hui, Porto vibre au rythme de ses jeunes architectes - dont les élégantes créations sont autant de clins d'œil aux œuvres de Siza et Souto de Moura -, et de ses designers qui trouvent dans l'industrielle et industrieuse cité un merveilleux terrain d'expérimentation pour faire dialoguer art et artisanat !

BEAUX-ARTS

Au fil des siècles, l'ancien hameau de Cale s'est développé en une ville bourrée de charme. Porto attire désormais pour ses monuments, ses ponts et ses vestiges de toutes les époques. Côté lieux d'exposition, le choix est vaste. Parmi ses musées d'exception, le Centre de la Photographie abrite une collection à ne pas manquer. C'est toute l'histoire de la photographie qui se déroule devant vous. Dans un autre esprit, le célèbre Musée Soares de Reis offre un panorama de l'art pictural sur plusieurs siècles. On retrouve ici Francisco Vieira, João Baptista Ribeiro ou encore Aurelia de Sousa. L'avant-garde se donne rendez-vous au Musée d'Art Contemporain de Porto. Situé dans un splendide bâtiment Art déco, il est niché au cœur d'un vaste jardin où il fait bon flâner. Et comme on aime se balader dans Porto, une tournée des galeries d'arts s'impose. Une chose est sûre : le street art accompagnera agréablement votre découverte de Porto.

DÉCOUVRIR

Affirmation de la peinture

La peinture portugaise, soumise à des influences diverses, s'illustre dès le XVe siècle. A partir de cette époque, les églises s'enrichissent de réalisations picturales inspirées de la peinture flamande. Le souci du détail et le recours à la peinture à l'huile sont à mettre au crédit des Flamands. Le plus célèbre peintre portugais, Nuno Gonçalves (1448-1481), a nettement été influencé par le double style flamand et italien. Son polyptyque de São Vincente da Fora est considéré comme la première représentation de groupe et la première peinture psychologique de l'art européen. Ce goût du portrait, manifesté par de riches personnages qui veulent se montrer sous leurs plus beaux atours, amène les peintres portugais à perfectionner leur technique dans la lignée de Nuno Gonçalves. La plus vaste collection de portraits du Portugal se trouve au **mmIPO - Musée de la Misericórdia de Porto** (p.88). En plus de ces 500 portraits, il abrite de précieuses peintures flamandes ainsi que des retables et des sculptures religieuses. Les scènes religieuses sont particulièrement prisées au XVIe siècle. Avec la rapide circulation des images, l'influence flamande se renforce. Une représentation de saint Pierre, réalisée en 1530 par Vasco Fernandes dit Grão Vasco, montre ainsi en arrière-plan un paysage typique du nord de l'Europe. Une autre caractéristique de la peinture portugaise de cette époque réside dans l'impact qu'a pu avoir la découverte du Brésil sur l'imaginaire des artistes. Dans une célèbre représentation de l'Adoration des Rois mages de 1503, Melchior se fait brésilien.

Azulejos, entre tradition et modernité

La peinture sur carreaux de faïence devient au XVIIe siècle un mode d'expression artistique prépondérant. Au XVIIIe siècle, en pleine période baroque, ces carreaux de faïence, souvent bleus et blancs, forment des panneaux évoquant des scènes bibliques, mythologiques ou de vie dans la nature. Au **Musée Soares Reis** (p.85), installé dans l'ancien palais de Carrancas, on trouve de nombreux exemples de ces faïences, ainsi que des peintures et sculptures du XIXe et XXe siècles. A Porto, la chapelle das Almas, construite à la fin du XVIIIe siècle, est célèbre pour ses azulejos. Près de 15 000 carreaux bleus recouvrent entièrement l'extérieur. Cette œuvre signée Eduardo Lait relate la vie des saints. La tradition a été perpétuée dans les rues de Porto par la plus célèbre peintre portugaise actuelle, Joana Vasconcelos. Sa fresque d'azulejos rend hommage à Don Quichotte et Sancho Panza.

Résolument art contemporain

Dans les années 1990, la situation du pays se traduit par une fermeture généralisée des galeries d'art de Lisbonne, exception faite de l'historique galerie ZDB. Peu à peu, Porto canalise la quasi-majorité des galeries portugaises. A la fin des années 1990, Porto dispose d'une offre de lieux d'exposition adaptés au marché qui valorisent un panel d'artistes éclectique. Sa position se confirme avec la création de la Fondation Serralves où siège le musée d'art contemporain. Conçu par l'architecte Siza Vieira, le musée de la fondation a pour but de promouvoir l'art contemporain. On y découvre des œuvres d'art de 1970 à nos jours. Des expositions permanentes et temporaires présentent des artistes contemporains portugais et internationaux, dont une exposition Miró de grande amplitude qui a un retentissement mondial. De la vidéo à l'installation plastique, l'œuvre d'art est présentée sous de multiples formes.

Bombarda, le quartier des arts

Au cœur de la ville Porto, une concentration de galeries d'art a vu le jour autour de la rue Miguel

La Chapelle das Almas entièrement recouverte d'azujelos.

Bombarda. Tous les deux mois, ces espaces organisent un vernissage collectif qui réunit également les galeries proches du Palácio de Cristal et de la place D. Filipa de Lencastre. Pour guider votre balade dans Bombarda, nous recommandons une escale à la Galeria Presença, dédiée à l'art contemporain, sur l'artère principale. Créée dans la période troublée des années 1960, la Galeria Sao Mamede soutient l'art portugais. Fondée en 1993, la Galeria Fernando Santos promeut des valeurs sûres et déniche les valeurs montantes. Les expositions de la galerie sont souvent accueillies par des musées étrangers de renom. La Galeria Nuno Centeno allie art portugais et art international à travers tous les moyens d'expression contemporains. Dirigée par des artistes, A Certain Lack of Cohérence se pose comme une plateforme de la création. De ce fait, son rôle est déterminant dans l'affirmation de Porto sur la scène internationale. Vous n'avez pas encore sélectionné votre hôtel ? La Gallery Hostel combine hébergement et expositions de talents locaux. Et si c'était la parfaite introduction à la sensibilité artistique du nord du Portugal ?

Street art : le cœur battant

Si de nos jours toute excursion dans Porto réserve des découvertes, le street art n'a pas été toujours bien vu. Le maire au pouvoir entre 2000 et 2013 a fait effacer toute forme d'expression artistique présente dans les rues de la ville. Bien entendu, les artistes ne se sont pas laissé impressionner. Aussitôt effacés, aussitôt repeints ! Les plus engagés se sont donné pour mot d'ordre d'inscrire le slogan « Continua a pintar » : continue à peindre. Le maire suivant a remis le street art à l'honneur, en attribuant des espaces dédiés et en passant des commandes aux artistes locaux. Lisbonne a peut-être Vhils, street-artiste de réputation internationale, mais Porto n'est pas en reste. Costah, le maître local, dissémine ses personnages arrondis et souriants sur les murs colorés de la ville. Les fresques abstraites qui animent l'espace urbain sont sûrement signées Hazul, graffeur en exercice depuis plus de vingt ans. De nos jours, le street art fait partie de l'âme de Porto. On le rencontre un peu partout.

A l'époque où le Portugal était moins florissant, l'art urbain a contribué à porter la parole d'un pays frappé par la crise, à exprimer les critiques d'un peuple mais aussi à insuffler de la joie dans des quartiers délaissés. Depuis que la ville de Porto a retrouvé de sa superbe, le street art connaît un regain de vitalité. Les amateurs savent avec quelle rapidité cet art se renouvelle. Le meilleur conseil serait de ne pas oublier de lever le nez durant vos promenades, en particulier dans le centre. Les graffitis se cachent parfois en hauteur. Des murs, ils s'étalent parfois jusque sur des bornes électriques, comme dans les environs de la rua Santa Catarina. En ce qui concerne les collages, de beaux spécimens ornent le quartier de la gare de Sao Bento. Un art en mouvement qui en dit long sur l'énergie qui n'a jamais cessé d'animer Porto !

En 1974, c'est une chanson qui avait donné le signal pour mettre fin à la dictature de Salazar. *Grândola Vila Morena* est désormais devenue un hymne repris de nombreuses fois au Portugal et ailleurs, comme symbole d'opposition et de résistance. Et il n'est pas étonnant qu'une chanson ait été le déclencheur d'un mouvement de révolte dans un pays où la musique rassemble les générations. Au Portugal, la musique est omniprésente dans les cafés, les bars de nuit et les rues. Deux tendances s'expriment : la musique traditionnelle qui comprend la musique folklorique et l'incontournable fado, et la musique moderne, fortement dominée par le rock et par les tendances world music. C'est ainsi que, depuis plus de cinquante années maintenant, le pays a absorbé tous ces sons métissés pour développer sa propre musique. Tendez l'oreille, et vous apprendrez beaucoup sur l'histoire et l'âme de ce pays.

Le fado

La musique portugaise reste avant tout associée au fado. Dérivé du mot latin qui signifie « destin » (*fatum*), ce chant mélancolique à la poésie rugueuse exprime une variété de sentiments liés à l'amour, la mort et l'exil. Ses origines prêtent encore à discussion et nul ne sait bien d'où il vient : goualante de ports, dans une ville où les marins ont découvert le monde entier, évolution locale du chant mauresque, complainte gitane et modulations vocales issues des rythmes brésiliens rapportés ? Un peu de tout cela vraisemblablement. La plus célèbre des *fadistas*, Amália Rodrigues, s'est éteinte en 2000 et a aussitôt été enterrée au panthéon national. De son vivant, elle pouvait émouvoir un auditoire jusqu'aux larmes, tant son chant chargé d'humanité venait souligner le timbre subtil de sa voix. Mais le fado a su évoluer et de nouveaux artistes sont apparus au sein d'une scène pleine de dynamisme et de vitalité. Si Madredeus, et la voix émouvante de sa fantastique chanteuse Teresa Salgueiro, a su propager une excellente relecture folk et world music sur l'ensemble de la planète, la très élégante Cristina Branco ou encore Mariza redécouvrent et font renaître le genre avec une grâce certaine. Mais on peut aussi citer Camané, Dulce Pontes, Bevinda, Mísia, António Zambujo, Anabela Duarte, Ana Moura, que Prince avait lancée et qui a collaboré avec les Rolling Stones, ou encore Antonio Zambujo, aussi célèbre au Brésil que dans son pays. Le fado s'écoute dans les maisons de fado. Le renouvellement musical du genre a aussi engendré une nouvelle génération de maisons de fado. Si le lieu est toujours adapté aux touristes, la qualité s'est améliorée et l'expérience folklorique est devenue plus ludique, si bien que ces endroits sont quelquefois désormais également fréquentés par des Lisboètes, à la recherche d'un peu de l'âme de leur pays. À Lisbonne, la chanteuse de fado Ana Marina

Musiciens de fado.

et le guitariste Duarte Santos ont ainsi créé le Senhor Fado, un lieu accueillant, typique de ce que l'on attend d'une maison de fado moderne. Plus classique, Fado in Chiado propose tous les jours un spectacle d'une heure. Vous pouvez également consulter l'agenda culturel de la ville de Lisbonne où sont annoncés les concerts de chanteurs de fado. En été, il n'est pas rare de trouver des concerts gratuits organisés par la mairie de Lisbonne. De nombreuses *tascas* et des restaurants où il est possible de dîner ou de prendre seulement un verre demeurent toutefois les meilleurs lieux pour en faire la découverte. N'hésitez pas à solliciter les Lisboètes qui seront vos meilleurs conseillers.

Le fado n'est pourtant pas exclusif à Lisbonne. La vieille ville de Coimbra a également développé son propre style : seuls les hommes sont habilités à chanter. Vous les trouverez en dehors des bars, sous les anciens arcs et sur les places de la ville.

© KALINKA GEORGIEVA - SHUTTERSTOCK.COM

Portrait d'Amalia Rodrigués.

La musique classique et le théâtre

Le Portugal a brillé une première fois lors de la période baroque grâce à des compositeurs comme Manuel Rodrigues Coelho, Duarte Lobo et surtout Carlos de Seixas. Figure musicale majeure et plus grand compositeur portugais pour clavecin du XVIIIe siècle, ce dernier était devenu très tôt un organiste talentueux et un pédagogue remarquable. Très prolifique, le compositeur a écrit plus de 700 toccatas. Aujourd'hui, on peut admirer ses œuvres à la Bibliothèque nationale de Lisbonne. Au tournant du XXe siècle, une nouvelle vague de compositeurs est apparue sur les traces du pianiste et compositeur José Vianna da Motta. Luis Freitas de Branco, qui a contribué à la reconnaissance de la musique savante portugaise, mais aussi Fernando Lopes-Graça, Francisco de Lacerda, Ruy Coelho : tous ont participé au rayonnement de la musique de leur pays. Élève de Luis de Freitas Branco, Joly Braga Santos est le plus grand compositeur de sa génération avec la création de six symphonies, plusieurs opéras et de la musique de chambre, mais aussi des musiques de films.

Pour les mélomanes, Lisbonne renferme plusieurs lieux majeurs dédiés à la musique classique. Le Teatro Nacional de São Carlos, la principale salle de théâtre de la ville, a connu son heure de gloire avec les célèbres représentations de *La Traviata* avec la Callas en 1958. Située dans le centre historique sur une petite place pleine de charme, elle propose surtout des spectacles de qualité à un faible coût, comparé aux autres salles d'opéra ailleurs en Europe. Profitez-en, vous pourrez y faire de belles découvertes. Deux autres théâtres d'importance marquent la vie lisboète : le Teatro Nacional Dona Maria II, un théâtre néoclassique situé sur la Praça do Rossio, et le Teatro São Luíz, un théâtre municipal qui développe des activités culturelles plus variées. Le Coliseu dos Recreios est une magnifique salle de concert datant de 1890 qui propose aux Lisboètes des récitals de grands musiciens classiques locaux ou internationaux. Le nouveau Centro Cultural de Belém accueille l'orchestre symphonique de la ville et présente un programme riche et varié, tout comme l'incontournable Fondation Calouste Gulbenkian et son Orchestre Gulbenkian de premier plan. Les amateurs de danse classique ou contemporaine se presseront au Teatro Luís de Camões qui abrite les entrechats de la Companhia Nacional de Bailado. Les propositions artistiques de ce Ballet national, du Centre culturel de Belém et de la Fondation Gulbenkian sont de niveau mondial et permettent d'assister à des spectacles de qualité.

À Porto, la Casa da Música (p.146) (Maison de la Musique) est une salle de concert, dont la construction a été confiée à Rem Koolhaas, et qui a vu le jour en 2005. Situé dans le quartier Boavista, ce bâtiment aux lignes obliques et aux grands volumes est devenu l'une des icônes de la ville. Dans ses deux auditoriums à l'excellente acoustique, la Casa da Música propose des concerts classiques, mais aussi de folk et de jazz.

Le jazz au Portugal

Même s'il reste souvent réservé à une élite, les amateurs de jazz au Portugal ne manquent pas. Si vous cherchez une expérience de jazz classique, le Hot Clube de Portugal est une institution lisboète. Créé en 1948, le club est resté authentique. Dans ce lieu, voisin du club historique emporté par les flammes en 2009, ont été programmés les plus grands musiciens de jazz. Le club est associé à l'école de jazz Luiz Villas-Boas dont sont sortis des musiciens portugais talentueux comme Ricardo Jacinto ou Luís Vicente.

Autre club classique, à la programmation jazz des années 1930 à 1950, le Páginas Tantas s'est imposé comme un club confortable et select. Vous y viendrez pour écouter la musique et vous détendre dans une ambiance tamisée. Autre atmosphère, l'Alface Hall, également dans le Bairro Alto, à seulement une minute à pied du club précédent, est un club très vivant, qui propose chaque soir de la musique jazz *live*. Si ce café-concert ne paie pas de mine, allez-y pour l'ambiance particulièrement chaleureuse. Vous resterez scotché devant d'excellents musiciens qui interagissent avec le public. À la périphérie de Lisbonne, dans la ville de Parede, le SMUP (pour Sociedade Musical União Paredense) propose aussi des concerts intéressants. La programmation du lieu est assurée par le violoncelliste Ricardo Jacinto.

Depuis 2006, le festival Out Jazz permet d'assister à des concerts de jazz gratuits chaque dimanche à partir de mai et jusqu'à mi-septembre. Jazz em Agosto, ou Jazz en août, est un festival à destination des amateurs de jazz, organisé près du Jardin Calouste Gulbenkian. Enfin, si vous recherchez quelque chose d'un peu plus alternatif, rendez-vous au Damas, situé dans la rua da Voz do Operário. Très à la mode, le Damas propose de la musique *live* toute la semaine, axée sur le jazz expérimental. Durant la journée, l'endroit est un restaurant. À proximité de Lisbonne, dans la ville de Cascais, l'EDP Cool Jazz propose plusieurs soirées entre jazz, soul et pop, dans de superbes environnements comme le Parque Marechal Carmona et l'Hipódromo Manuel Possolo.

À l'automne, le festival Jazz ao Centro-Encontros Internacionais est organisé à Coimbra, par une association locale qui gère également le club de jazz Salão Brazil. Cette ville étudiante, située à mi-chemin entre Lisbonne et Porto, est particulièrement active dans la diffusion du jazz au Portugal. En été est aussi organisé le Quebra Jazz Festival par les gérants du bar du même nom.

C'est à Porto qu'il faut aller en décembre pour assister à des concerts de jazz dans le cadre du festival Porta Jazz. Puis, au printemps, vous vous rendrez dans le centre du Portugal, à Portalegre, pour le JazzFest, qui présente tous les ans une programmation innovante et éclectique, qui met en avant la jeune scène portugaise.

Le rock et la chanson

Au-delà du fado, le Portugal a engendré de nombreux artistes intéressants ! On citera, bien sûr, le chansonnier Rui Veloso, dont les textes lyriques et intelligents accompagnent les Portugais au quotidien depuis trois décennies. Le chanteur militant Zeca Afonso a aussi proposé à son public des chansons de révolte qui ont favorisé, à leur manière, la révolution des Œillets. À noter aussi, les Gaiteiros de Lisboa, un collectif qui puise dans le folklore pour un résultat des plus poignant. Danças Ocultas est un original quatuor d'accordéonistes diatoniques dont le directeur artistique n'est autre que Gabriel Gomes, un ancien Madredeus, tout comme Rodrigo Leão qui, lui, réalise une carrière en solo en tant que compositeur de musique contemporaine plutôt inspirée. A suivre également, la discographie pertinente de Maria João et Mario Laginha, la première possède une voix exceptionnelle, le second l'accompagne avec finesse.

Côté rock, les légendaires Xutos e Pontapés aux prestations scéniques enflammées, Santos & Pecadores, reconnaissable à la voix rauque de son chanteur Olavo Bilac, ou UHF, issu de la scène des années 1970, dominent la scène depuis plus de trente ans... GNR (Grupo Novo Rock) est issu de la scène new-wave des années 1980. Tandis que dernièrement la pop-rock d'A Naifa, Blasted Mechanism et ses costumes

© LUISPORTUGAL - ISTOCKPHOTO

Casa da Música de Porto.

venus d'un autre monde, le groupe de musique instrumentale Dead Combo, ou encore The Legendary Tigerman et les Wraygunn et leurs univers atypiques font parler d'eux comme, en son temps, un certain António Variações, personnage original et inclassable, météorite des années 1980. La scène de Porto est vivante et active grâce à Papercutz, First Breath After Coma, Best Youth Coma ou Holy Nothing.

Pour écouter de la musique *live* à Lisbonne, dirigez-vous vers la Galeria Zé dos Bois. À la fois galerie d'art contemporain et salle de concert avec un club en sous-sol, le ZDB dispose d'une bonne programmation internationale. Des pointures comme Thurston Moore de Sonic Youth et Animal Collective y ont déjà joué. Lisbonne est l'un des lieux privilégiés du Portugal pour assister à des festivals de musique en plein air. Le célèbre Rock in Rio Lisboa, inspiré de l'édition du festival du même nom au Brésil, a lieu tous les deux ans. Le Super Bock Super Rock programme aussi les plus grands artistes internationaux sur la plage de Meco, au sud de Lisbonne. De son côté la déclinaison du festival barcelonais NOS Primavera Sound invite les mêmes artistes à Porto, dans un grand parc verdoyant. La sélection oscille entre musique *indie* et stars du hip-hop ou de l'électro.

Hip-hop, kuduro et kizomba, des influences venues d'Afrique

À partir de la seconde moitié des années 1990, es banlieues de Lisbonne comme Cova da Moura ou Chelas, où résident la majorité des immigrés africains des classes populaires, ont commencé à se faire entendre, avec le hip-hop de Da Weasel, Boss AC ou de Conjunto Ngonguenha, pendant que Mind Da Gap émergeait à Porto. Puis au début des années 2000, la nouvelle génération a adopté le kuduro, un genre musical originaire d'Angola qui puise ses influences dans le rap. Les paroles des chansons sont simples et pleines d'humour et de dérision. Elles sollicitent les jambes des danseurs mais aussi leur tête, puisque le kuduro est aussi un coup de gueule social lancé depuis les bidonvilles. Le groupe Buraka Som Sistema incarne avec efficacité le kuduro version portugaise depuis 2006.

Afro-house, kuduro, kizomba, baile funk, fado… : les musiques que l'on entend lorsque l'on sort à Lisbonne rendent l'expérience totalement inédite. Si vous fréquentez les clubs de Lisbonne comme le Dock's Club, vous ne pourrez éviter l'afro-house, de la house teintée de rythmes africains. Il ne s'agit pas d'un style musical proprement lusophone, car on le retrouve en Afrique du Sud et dans d'autres pays d'Afrique anglophone. Une véritable scène de musique électronique africaine a émergé ces dernières années dans la capitale du Portugal. Pour une expérience originale et totalement dépaysante, rendez-vous dans le quartier d'Alcantara au Mwangolé ou au Chiado Club, deux lieux qui invitent à danser une bonne partie de la nuit. Le Havana Soul, un bar assez petit mais authentique, situé le long de la rivière Tejo, propose également une excellente kizomba dans un cadre décontracté. Le Barrio Latino est l'un des lieux de danse les plus courus de Lisbonne. Situé à Santos, le long du Tage, l'un des quartiers les plus animés de la vie nocturne, l'ambiance y est garantie. Barrio Latino offre deux pistes de danse et la musique varie chaque soir. Les jeudis, le club propose souvent des soirées de kizomba. Pour une initiation préalable, le Jazzy Dance Studios, une des écoles de danse les plus populaires de la ville, propose aussi tous les dimanches à partir de 17h ses Sunday Sessions Jazzy, des cours de salsa et de danse africaine.

Musiques électroniques

Les amateurs de jet-set, de paillettes et de musique électronique peuvent explorer les boîtes de nuit de la capitale. MusicBox et Lux Frágil sont deux spots populaires proposant un mélange de succès électroniques internationaux. La renommée de cette dernière réside dans le fait qu'elle est la copropriété de l'acteur américain John Malkovich. Située dans la rua Nova do Carvalho, dans le quartier de Cais do Sodré, MusicBox, c'est à la fois une discothèque, une scène musicale, un salon et un bar réunis dans un même espace. Pour pouvoir passer sa porte en bois, il vous faudra patienter dans une longue file d'attente. L'astuce est alors de venir d'abord au concert de début de soirée. Ce club propose une programmation éclectique, mais assez pointue. Un autre lieu qui propose de la musique intéressante est le Titanic Sur Mer, qui accueille des *live* ainsi que des sets de DJ pouvant durer jusque tard dans la nuit. Le lieu est réputé pour sa samba (pour laquelle il propose des cours) et pour ses ateliers musicaux.

À Porto, le PLANO B (p.145) est l'épicentre de la vie nocturne. Cette ancienne usine textile du quartier de la Baixa, au décor rétro, a été reconvertie en centre culturel polyvalent. Vous y trouverez des concerts, mais aussi des expositions ou des projections artistiques.

En été, le Portugal accueille certains des plus grands événements européens en matière de musique électronique. Dans le genre, Tomorrowland est l'un des festivals les plus connus à travers le monde. Ce festival né en Belgique s'est exporté dans le Parque Oriental da Cidade de Porto en 2019. À Portimão, The BPM Festival possède un programme riche en house et techno underground. Organisé par la radio du même nom, le RFM Somnii se déroule sur la plage de Figueira da Foz et propose pendant trois jours de la house, de la drum'n'bass et du rap. À Viana do Castelo, le Neopop Festival est aussi devenu une référence en proposant des artistes du calibre d'Underworld, Richie Hawtin ou encore Jeff Mills.

LITTÉRATURE

Elle est méconnue, la littérature portugaise, et pourtant il suffit de citer Fernando Pessoa, António Lobo Antunes et l'illustre prix Nobel José Saramago pour voir la pupille du lecteur s'illuminer. Tous trois ont un point commun, et non des moindres, celui d'avoir osé innover stylistiquement. Mais au-delà des mots, c'est le cœur qui parle dans ces œuvres qui ne demandent qu'à être découvertes. Le cœur qui s'incarne dans ce sentiment si particulier, celui qui semble si contradictoire pour un francophone qui ne lui trouve pas de synonyme dans sa langue, la saudade, la « poésie du fado » comme l'appelait Pessoa. Au-delà de cela, la littérature lusophone se pare d'écrivains qui ont voulu mettre en avant l'âme portugaise, l'appartenance à un petit pays qui a su affronter les mers à la découverte de nouveaux mondes. Si un pays se découvre par le biais des livres qui s'y écrivent, c'est d'autant plus vrai ici.

La saudade

Plus qu'une langue, c'est une âme qui incarne la littérature portugaise, celle de la saudade, la « délicieuse nostalgie », selon la définition du dictionnaire, forcément inexacte et incomplète puisque ce terme n'a pas d'équivalent en français. Mais c'est le sentiment, déjà, qui est au cœur des cantigas, ces poésies médiévales comme en écrivit Denis Ier, dit le roi troubadour. Mort en 1325, le souverain laissa derrière lui l'image d'un homme juste et bon, et plus d'une centaine de chants. Au cours du XVe siècle, le lyrisme laisse peu à peu place à la prose mais la réalité s'impose encore sur la fiction, comme en témoignent les chroniques de Fernão Lopes. Son nom apparaît pour la première fois en 1418. Certainement autodidacte, et peut-être issu d'une modeste famille, il endosse pourtant le rôle important d'historiographe officiel et est chargé par le roi Duarte d'écrire l'histoire du Royaume, depuis les origines jusqu'en 1411, date à laquelle il s'arrêtera pour prendre sa retraite. Également responsable des archives royales, il voyage et s'imprègne des histoires de son pays. Si seuls certains fragments de son travail remarquable nous sont parvenus, Fernão Lopes enchante toujours par la grâce de sa langue fleurie. Il est à ce titre reconnu comme le premier auteur portugais.

Le XVIe siècle rime quant à lui avec l'âge d'or de la poésie portugaise et coïncide avec l'expansion du pays, c'est l'époque des grandes découvertes, les navigateurs s'aventurent de plus en plus loin et des contacts sont établis jusqu'en Océanie. Le fougueux Luís de Camões, à qui la légende prête de sulfureuses amours, prend lui aussi la mer en 1553 après avoir quelque peu goûté à la geôle. De Goa il se retrouve exilé à Macao, suite à une satire contre le vice-roi, et c'est là qu'il commence le poème dont chaque Portugais connaît encore aujourd'hui au moins quelques vers, *Les Lusiades*. Dans cette épopée, il chante les exploits de Vasco de Gama, loue la puissance de son pays et convoque aussi bien la mythologie grecque que le dieu chrétien. Bien qu'ayant failli disparaître lors d'un naufrage, le manuscrit est finalement publié en 1572 et est dédié au roi Sébastien Ier dont la mort entraînera le rattachement du Portugal à la couronne espagnole en 1580, c'est-à-dire l'année où, ironie du sort, Luís de Camões perdit la vie. Le poète, qui a également écrit des sonnets amoureux que l'on peut découvrir aux éditions Chandeigne, fut le contemporain de Bernadim Ribeiro (1482-1552), figure majeure du roman pastoral qui, dans son chef-d'œuvre *Menina e Moça*, introduisit la notion de saudade en littérature. La Renaissance vit par ailleurs naître et mourir l'un des pères du théâtre portugais et du théâtre castillan, en effet Gil Vicente maniait les deux langues et les mêlait parfois. Si sa vie est pleine d'énigmes et suscite des recoupements hasardeux, il est de notoriété publique que sa première pièce, *La Visitation* appelée aussi *Le Monologue du vacher*, fut jouée le 7 juin 1502 dans les appartements royaux en célébration de la naissance de Jean III. Tout au long de sa carrière, ses œuvres ponctueront les événements du palais, et sa *Barque de l'enfer* continue de voguer fièrement dans le patrimoine lusophone.

Le déclin puis la Renaissance

Le XVIIe siècle se montre moins flamboyant, le Portugal est toujours sous domination espagnole et le restera jusqu'à la Restauration de 1640, puis viendra l'Inquisition qui s'achèvera quelques années après l'interdiction des autodafés en 1771. Sombre période qui voit les hommes et les livres brûlés sur la place publique, mais dont on peut néanmoins retenir quelques noms, par exemple celui de Francisco Manuel de Melo. Né à Lisbonne en 1608, l'éru dit est issu de noble famille et prend très tôt la tenue militaire. Sa vie s'émaille d'un terrible naufrage, de nombreux emprisonnements, de machinations politiques et amoureuses, et enfin d'un exil qui le conduira au Nouveau Monde, mais jamais l'homme ne se déleste de sa plume et sa nombreuse production témoigne du mouvement baroque. Nous retiendrons en particulier sa pièce *L'Apprenti gentilhomme* qui a peut-être bien inspiré Molière. Son exact contemporain, António Vieira, opte lui pour l'habit ecclésiastique. Prédicateur jésuite, auteur de plusieurs centaines de sermons, incarnant également le mouvement baroque, il a mis son talent au service de la théologie. Certaines de ses œuvres sont disponibles en traduction aux éditions Allia (*Sermon du bon larron*, 2002) et chez Bayard (*Sur les procédés de la Sainte Inquisition*, 2002). Il trouva la mort en 1697 de l'autre côté de l'Atlantique.

Les envolées baroques ne trouvent pas écho chez le religieux Manuel Bernardes (1644-1710) qui, bien que louant l'émotion, leur préfère une écriture classique en accord avec sa vie de reclus contemplatif. Un autre courant, le romantisme, se profile dans les écrits de Francisco Manuel de Nascimento (1734-1819), lui qui a connu deux révolutions : le tremblement de terre de Lisbonne en 1755 qui a pour conséquence l'arrivée au pouvoir du marquis de Pombal, et la Révolution française qu'il vivra lors de son interminable exil à Paris. Plus connu sous le nom de Filinto Elisio, traducteur et poète, il a œuvré à développer l'alliance hispano-française, un peu à son corps défendant, rejoignant après avoir été déclaré hérétique en 1778 un pays qu'il admirait mais regrettant toute sa vie sa patrie qu'il ne put jamais revoir. C'est João Baptista da Silva Leitão, devenu vicomte de Almeida Garrett, qui est véritablement considéré comme le père du romantisme portugais. Il est resté célèbre pour son *Voyage dans mon pays* (1846), pour la poésie orale portugaise qu'il a soigneusement collectée, pour avoir fondé le Conservatoire de Lisbonne, mais également pour ses idées politiques libérales, qu'il partageait avec son cadet Alexandre Herculano (1810-1877) avec qui il créa le club Gremio Literario en 1846.

La seconde moitié du XIXe siècle regarde déjà vers le réalisme, et c'est Júlio Dinis, pseudonyme du médecin Joaquim Guilherme Gomes Coelho, qui incarne le mieux cette transition. De santé fragile, il se consacre très tôt à la littérature, publiant des poèmes dans des revues, mais se fait connaître par ses romans qui s'inspirent de la vie provinciale (*As pupilas do senhor reitor*) ou des origines anglo-irlandaises de sa mère qu'il perdit enfant (*Uma familia inglеza : scenas da vida do Porto*). Comme elle, il

© RIBEIROANTONIO- SHUTTERSTOCK.COM

Statue de Luis de Camões dans la vieille ville de Cascais.

succombera à la tuberculose, à l'âge de 31 ans, laissant à la postérité des écrits qui sont autant le reflet de son caractère aimable que de la réalité qu'il a brièvement vécue. Il n'aura guère eu le temps de découvrir la Génération de 70, mouvement d'avant-garde qui introduisit le naturalisme dans la littérature portugaise. Comme parfois, même entre hommes de lettres, tout commença par une polémique. La Question Coimbrã, du nom de la plus vieille université du pays, opposa les « cheveux blancs » du poète aveugle Feliciano de Castilho (1800-1875) et un groupe de jeunes étudiants qu'il accusa de manquer « de bon sens et de bon goût ». La riposte fut immédiate et portée par Antero de Quental qui soulignait l'importance de retranscrire en mots les grandes transformations que la société était en train de vivre. Si le débat se perdit peu à peu dans des contre-arguments de plus en plus opaques, il fut le point de départ d'une véritable révolution qui s'incarna lors des conférences du Casino données à Lisbonne au printemps 1871, sur lesquelles régna la pensée du français Proudhon. Bien qu'idéaliste et enthousiaste, Antero de Quental se laissa aller au fil des années à ses idées noires et mit fin à ses jours en 1891, cinq ans après avoir publié son chef-d'œuvre, les *Sonetos Completos*. Son ami Eça de Queirós lui survécut à peine une décennie et mourut de maladie à Paris en 1900, lui qui avait tant été influencé par les auteurs français, notamment Flaubert et Zola. Dans *La Capitale*, traduit en 2000 par Actes Sud, il retrace sous couvert de fiction son arrivée à Lisbonne, un récit qui rappelle les *Illusions perdues*…

Le nouvel âge d'or

Le nouveau siècle s'agite et connaîtra de nombreux rebondissements politiques, mais la littérature portugaise quant à elle s'épanouit et donne à lire certains auteurs qui obtiendront une renommée internationale. Il est d'ailleurs question de « Renaissance » quand en 1911 se crée à Porto, autour du poète Teixeira de Pascoaes, un nouveau mouvement littéraire, le saudosismo, terme dans lequel se devine l'insaisissable saudade et que l'on traduit parfois, à nouveau maladroitement, par « nostalgisme ». En opposition au chaos qui agite le pouvoir, ces écrivains veulent se recentrer sur ce qui les réunit et les définit, l'âme portugaise qui s'appuie, également, sur le « sébastianisme », mythe fondateur et éternelle attente de l'homme providentiel. Fernando Pessoa, né à Lisbonne en 1888, se laisse un temps séduire par le pouvoir de cette prophétie mais se lie rapidement à deux autres poètes, Mário de Sá-Carneiro, l'un des chantres du courant symboliste, et Almada Negreiros, artiste moderniste. Ensemble, ils fondent la revue *Orpheu* en 1915 qui, bien qu'elle ne compte que deux numéros, provoque un retentissement considérable, l'opinion se montrant quelque peu choquée par les expérimentations stylistiques et par les allusions pornographiques. Cela ne découragera pas Fernando Pessoa, et tous ses pseudonymes, de collaborer à diverses publications durant les vingt ans qu'il lui restait à vivre, notamment à *Presença* en 1927, revue qui marqua le point de départ du « second modernisme ». D'une personnalité complexe et d'un mysticisme fascinant, l'auteur du *Livre de l'Intranquillité*, devenu *Livre(s) de l'inquiétude* dans la nouvelle traduction de Marie-Helène Piwnik pour les éditions Bourgois en 2018, fut sobrement enterré en 1935 à Lisbonne. Il fallut attendre bien des années pour que son génie soit reconnu. D'autres auront plus de chance et connaîtront le succès de leur vivant, c'est le cas de Vitorino Nemésio (1901-1978) dont *Le Serpent aveugle* est traduit en français dès 1944, mais aussi de José Maria Ferreira de Castro (1898-1974) qui voit en 1938 sa *Forêt vierge* publiée par Grasset dans une traduction de Blaise Cendrars, et qui inaugure avec ce roman le néoréalisme, courant qui perdurera jusque dans les années 1960. Miguel Torga (1907-1995), pour sa part, entre en littérature par le biais de l'autopublication ce qui ne l'empêchera pas de devenir un romancier de première importance.

La poésie, chère au Portugal, connaît un deuxième âge d'or durant la seconde moitié du XXe siècle. Tour à tour les *Cahiers de Poésie*, *La Table ronde*, *L'Arbre* puis *Poésie 1961* réunissent les talents de Jorge de Sena, Sophia de Mello Breyner, David Mourão Ferreira, Ramos Rosa et encore Herberto Helder. Jusqu'à sa mort en 1997, les poèmes d'Al Berto ont ravi les Portugais et son anthologie *O Medo* a été couronnée par le prix du Pen Club en 1988. Autre figure majeure, Nino Júdice est né en 1949 en Algarve, *Un chant dans l'épaisseur du temps* est disponible dans la collection Poésie de Gallimard.

Du côté du roman, la révolution des Œillets de 1974 sonne le glas des codes traditionnels et libère la parole. C'est d'autant plus vrai chez António Lobo Antunes qui s'adonne aux flux de conscience, n'hésite pas à malaxer son récit et à faire découvrir ses histoires du point de vue de plusieurs narrateurs. Récompensée par le Prix Camões en 2007, son œuvre immense s'intéresse au passé, au sien et à celui de son pays. Son premier roman, *Mémoire d'éléphant* (1979), a des accents fortement autobiographiques, échos que l'on retrouve dans *Jusqu'à ce que les pierres deviennent plus douces que l'eau* (éditions Christian Bourgois, 2019) qui encore évoque l'Angola, pays dans lequel l'écrivain exerça la médecine de 1971 à 1973. La mémoire est au centre aussi de l'œuvre de Lídia Jorge, talentueuse auteure qui vit le jour en 1946 et vécut également en Afrique. Ses livres rencontrent le succès, que ce soit au Portugal ou dans les nombreux pays où elle est traduite, comme le démontre l'impressionnante liste de prix dont elle fut récompensée. *Les Mémorables*, à découvrir chez Métailié, nous ramène au temps pas si lointain de la chute de la dictature. Un jeune auteur lui dispute l'affiche. José Luís Peixoto a débuté sa carrière dans le journalisme avant de prendre la voie de l'enseignement, il est désormais écrivain à temps plein. *Sans un regard* (Grasset, 2004) prend place dans le Portugal rural : sous un soleil écrasant un berger se fige et écoute la voix du Diable lui souffler que sa femme lui est infidèle. *La Mort du père* (2013), texte court et dense, confirme tout le talent de Peixoto qui avec *Soufre* en 2017 a consolidé sa place sur la scène littéraire internationale. Mais il serait bien sûr impossible d'évoquer les lettres portugaises sans citer le nom du seul auteur lusophone à avoir obtenu le prix Nobel de littérature, José Saramago. Si son premier roman paraît en 1947, ce n'est que sur le tard qu'il s'autorise le style personnel qui le caractérise tant, des romans denses sans dialogues et très peu de ponctuation, et seulement en 198 qu'il rencontre le succès avec *Le Dieu manchot*. José Saramago a alors 60 ans, obtient plusieurs prix, est encensé par Federico Fellini. Il faut encore patienter une décennie, jusqu'en 1998 pour qu'il soit couronné par la prestigieuse récompense suédoise pour l'ensemble de son œuvre dont nous retiendrons quelques incontournables, publiés au Seuil en France : *L'Année de la mort de Ricardo Reis*, *L'Aveuglement*, *La Lucidité* ou encore *La Lucarne*. L'homme s'est éteint en 2010, laissant derrière lui des romans incomparables et inaliénables.

TOP 10

LECTURE

Des grandes découvertes à la sombre dictature, le Portugal est un pays d'Histoire qui fourmille de petites histoires, populaires et sages. Qu'on l'aime pour son fado ou pour la saudade, pour ses auteurs classiques, Pessoa, Camões, Saramago, ou pour nos surprenants contemporains, chaque lecteur devrait trouver le livre qui le séduira.

DE LA POÉSIE

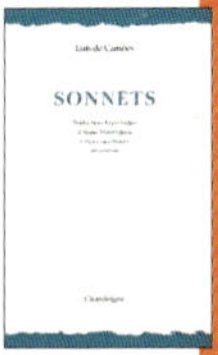

Sonnets. Le Portugal lui doit sa fête nationale et en a fait son plus grand poète : Camões se savoure en édition bilingue.
Luis de Camões, Éditions Chandeigne.

UN ESSAI POUR COMPRENDRE

Mythologie de la saudade. Le secret le mieux gardé du Portugal est la définition de cette étrange mélancolie : tentative d'explication.
Eduardo Lourenço, Éditions Chandeigne.

UNE BANDE DESSINÉE

Le Plus mauvais groupe du monde, l'intégrale. Les irrésistibles tribulations d'un jazz band hors du commun et des doux dingues qui croisent sa route.
José Carlos Fernandes, Éditions Cambourakis.

UN ALBUM POUR LES ENFANTS

Clarinha : un conte des Açores. Clarinha et Martim ne vivent pas sur la même île mais un immense oiseau va bientôt les réunir : poétique et philosophique.
Muriel Bloch et Aurélia Fronty, Éditions Didier Jeunesse.

UN LIVRE D'HISTOIRE

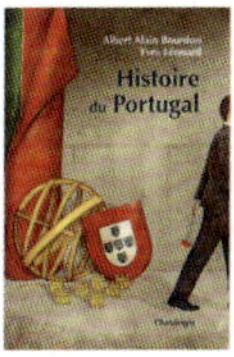

Histoire du Portugal. Dans une nouvelle édition entièrement revue, un ouvrage de fond facile d'accès pour redécouvrir l'Histoire, avec un grand H.
Yves Léonard et Albert-Alain Bourdon, Éditions Chandeigne.

PLUS QU'UN CLASSIQUE

Livre(s) de l'inquiétude. Retraduite et augmentée, cette nouvelle version du célébrissime *Livre de l'intranquillité* est incontournable.
Fernando Pessoa, Éditions Bourgois.

UN ROMAN GRAPHIQUE

Portugal. À la lisière de l'autofiction et avec un humour certain, Cyril Pedrosa dresse le portrait d'un pays qui l'aide à se retrouver.
Cyril Pedrosa, Éditions Dupuis.

POUR LES PETITS ET POUR LES GRANDS

Les Contes du Portugal. Quarante histoires amusantes ou inquiétantes pour découvrir en famille la sagesse populaire portugaise.
Bernard Tissier et Jean-Philippe Dumas, Éditions Chandeigne.

UN PEU DE MUSIQUE

Une histoire du fado. Il est né au Brésil mais c'est au Portugal qu'il a pris son essor, le fado, « destin », est un air qui ne s'oublie pas.
Rui Vieira Nery, Éditions La Différence.

UNE FABLE BAROQUE

Le Dieu manchot. Le premier roman du prix Nobel de littérature est aussi une plongée dans le Portugal du XVIIIe siècle.
José Saramago, Éditions Points.

A L'ÉCRAN

Le Portugal occupe une place singulière, à l'extrême pointe du continent européen, tourné vers l'Atlantique. Alors que les frères Lumières faisaient la loi en Europe, les premières projections de films sur le sol portugais ont eu lieu grâce à une machine inventée par un Britannique, R. W. Paul, comme un premier pas de côté d'un cinéma qui a toujours fait figure d'exception. La production de films y est assez toujours assez maigre : environ une vingtaine par an. Pourtant, le cinéma d'auteur y a toujours fait preuve d'une vigueur remarquable, ce qu'il faut mettre sur le compte d'une politique longtemps volontariste, via des lois ou des concours publics, permettant de financer les projets de cinéastes à l'expression très personnelle. Austérité, économie de moyens, tendance à l'expérimentation, ainsi qu'une certaine propension à la mélancolie semblent souvent être les mots d'ordre d'un cinéma très littéraire, placé sous la figure tutélaire de Manuel de Oliveira.

Enfance d'un art et fin de l'innocence

La première société de production du Portugal, Invicta Film, naît à Porto en 1910. Une mode consistera dans les années 1920 à aller chercher des réalisateurs étrangers, notamment français, pour diriger des productions locales : Georges Pallu, Roger Lion, Maurice Mariaud sont quelques-uns de ces cinéastes qui sont allés voir si l'herbe était plus verte au Portugal et qui ont participé, ce faisant, au développement de son industrie cinématographique. Ce dernier est notamment l'auteur d'*O Fado* (1923), court-métrage inspiré d'un tableau du même titre de José Malhoa. Le début de carrière de Manoel de Oliveira coïncide, à peu de choses près, avec l'arrivée au pouvoir d'António de Oliveira Salazar. Son premier film *Douro, Faina Fluvial* (1931) est consacré à sa ville natale, Porto, et au fleuve qui la traverse, mais se veut déjà une critique du pouvoir militaire et policier. Près de dix ans plus tard, *Aniki-Bóbó* (1942), dont Porto est à nouveau le principal protagoniste au travers des aventures d'un gamin des rues, est son premier long-métrage de fiction, et aujourd'hui l'un des classiques du cinéma portugais. Hasard amusant, l'un des premiers films parlants portugais, *A Canção de Lisboa* (José Cottinelli Telmo, 1933), se veut, ainsi que son titre l'indique, un hymne à Lisbonne et constitue une autre réussite du cinéma de l'entre-deux-guerres. La production soutenue a valu à cette période le surnom d'âge d'or du cinéma portugais. On peut voir dans la prédilection pour les films historiques ou les sujets ayant trait au folklore local l'effet d'une propagande nationaliste discrètement entretenue par le régime de Salazar. Les comédies populaires mettant en scène une population colorée, volontiers gouailleuse, connaissent alors une fortune particulière comme *O Pátio das Cantigas* (Francisco Ribeiro, 1942) situé dans les faubourgs de Lisbonne, preuve qu'un cinéma populaire de qualité subsiste, et qui aura droit à un remake à succès signé Leonel Vieira (2015).

Le Novo Cinema et le début de l'exception portugaise

En réaction à la censure de la dictature, et aux productions lénifiantes qu'elle engendre émerge au début des années 1960 ce qu'on appelle aujourd'hui le Novo Cinema, mouvement inspiré par la Nouvelle Vague française et les velléités émancipatrices qui se font alors jour en Europe. *Les Vertes années* (1963) de Paulo Rocha, réalisateur emblématique du Novo Cinema garde la trace des changements qui touchent alors à la fois la société portugaise et la ville de Lisbonne. Son deuxième film (*Changer de vie*, 1966) évoque en creux la guerre menée par le Portugal en Angola en racontant le retour d'un conscrit dans son village de pêcheurs. La révolution des Œillets en 1974 permet définitivement à un cinéma portugais d'expression personnelle d'échapper à la marge ou aux allusions pour aborder de plein front des thèmes politiques ou s'affranchir des codes du cinéma traditionnel. Les cinéastes portugais, dans le sillage de Oliveira ou de Rocha, deviennent les chouchous des festivals, à l'instar de João César Monteiro, critique devenu réalisateur à l'excentricité sans égale, mais dont la trilogie de Dieu (*Souvenirs de la maison jaune* en 1989, *La Comédie de Dieu* en 1995 et *Les Noces de Dieu* en 1998) est également typique de cette tendance à l'expérimentalisme de certains cinéastes portugais. Comme exemple d'un cinéma hautement littéraire, on citera aussi João Botelho dont l'œuvre se place dès son premier film sous le patronage de Fernando Pessoa (*Moi, l'autre*, 1981) et qui donnera en 2010 une version de

© ANDREA RAFFIN - SHUTTERSTOCK.COM

Maria de Medeiros au 65e Festival du Film de Cannes.

Livre de l'intranquillité ou adaptera ce classique de la littérature portugaise du XIXe siècle qu'est *Les Maia* (2014). Oliveira signe ce qui est parfois considéré comme son chef-d'œuvre, *Non, ou la Vaine gloire de commander* (1990), qui consiste en une exploration ambitieuse du passé militaire du Portugal, et en particulier de ses plus retentissantes défaites, de l'Antiquité aux guerres coloniales. Le producteur Paulo Branco, né à Lisbonne puis installé en France dans le courant des années 1980, joue un rôle essentiel dans l'essor de ce cinéma, il convient de le dire, un peu difficile d'accès. Dans le même temps, l'étranger retrouve Lisbonne, son port, son caractère à part. *Dans la ville blanche* (Alain Tanner), et *L'État des choses* (Wim Wenders), tous deux sortis en 1982, montrent que la ville exerce une attraction nouvelle et mystérieuse. C'est aussi la ville où a choisi de se retirer l'espion incarné par Sean Connery au début de *La Maison Russie* (Fred Schepisi, 1990). Wenders, nullement lassé, rend un nouvel hommage à la ville avec *Lisbonne Story* (1994).

Entre ambitions commerciales et visions d'auteurs

Le septième art continue sur sa lancée dans les années 1990, faisant preuve d'une envie nouvelle, quoique timide, d'un cinéma plus accessible : *Três Irmãos* (Teresa Villaverde, 1994) révèle, la même année que *Pulp Fiction* (Quentin Tarantino), l'actrice Maria de Medeiros que l'on retrouve un an plus tard dans *Adam et Ève* (Joaquim Leitão), dont les 250 000 entrées sont une anomalie au sein de la décennie. C'est cette même Maria de Medeiros qui consacre un film, dans un style hollywoodien, à la révolution des Œillets, *Capitaines d'avril* (2000). Les noms de Pedro Costa, dont la filmographie est largement dédiée aux laissés-pour-compte et immigrés qui peuplent la capitale portugaise, ou de João Pedro Rodrigues viennent s'ajouter à cette longue tradition de lenteur et d'expérimentation, partagée entre réalisme et embardées baroques, hantée par son passé colonial, si caractéristique du cinéma portugais et dont Miguel Gomes reprend le flambeau à la fin des années 2000 avec *Tabou* (2012) ou encore *Les Mille et une nuits* (2015). L'aspect artisanal ou minimaliste de ces films va paradoxalement de pair avec l'ambition de réaliser des œuvres fleuves. *Les Mystères de Lisbonne* (Raoul Ruiz, 2010) en offre une version moins aride en nous plongeant dans une Lisbonne romantique et pleine d'histoires à tiroirs. *Nuit de Chien* de Werner Schroeter (2008) vaut pour la vision fantastique qu'il offre de Porto, campant le rôle d'une ville imaginaire en proie à la violence d'un coup d'État. Les amateurs de fado et d'Amália Rodrigues, immense vedette locale, verront volontiers le film qui lui a été consacré en 2008 par Carlos Coelho da Silva tandis que le succès de *Variações* (João Maia, 2019), biopic du chanteur éponyme mort du sida à 39 ans, semble indiquer à quel point la veine est fructueuse et que le Portugal est désormais mûr pour mettre à nouveau à l'honneur, outre sa tradition « auteurisante », un cinéma grand public.

GASTRONOMIE

Enclavé entre l'Espagne à l'est et l'océan Atlantique à l'ouest, le Portugal a beau être cinq fois plus petit que son voisin, il ne manque pourtant ni de saveurs ni d'audace en cuisine. À commencer par les *petiscos*, la version locale des tapas, qui se déclinent sous toutes les formes en mettant à l'honneur d'excellents produits dont de nombreuses charcuteries comme le *chouriço* ou le *presunto*, un savoureux jambon cru. La cuisine portugaise doit beaucoup au fameux *bacalhau* ou la morue, que les Portugais consomment à toutes les sauces ainsi qu'à une multitude de fruits de mer, de viandes et de légumes. Beaucoup de desserts portugais sont issus de la vie monastique, dont les fameux *pastéis de nata* que l'on peut déguster avec un café ou même du porto, un vin doux dont la réputation a largement dépassé les frontières du pays. En effet, le Portugal a une histoire riche et cosmopolite et sa cuisine a hérité de siècles d'échanges aux quatre coins du monde.

Petiscos et autres charcuteries

Si tout le monde connaît les tapas espagnoles, le Portugal n'a rien à envier sur ce point à son grand voisin et propose de délicieuses petites bouchées et entrées appelées *petiscos*. Le terme vient du portugais *petiscar* qui veut dire « prendre une collation ». On les déguste à toute heure même si généralement ils constituent, comme les tapas, une forme d'apéritif, que l'on dévore dans des *tascas* – comprendre tavernes - ou encore plus précisément dans une *petisqueira*.

On trouvera à la carte beaucoup de produits de la mer comme les incontournables *pataniscas de bacalhau*, des croquettes de morue aux herbes, tandis que les *ovas em azeite de alhos*, plus surprenants, se présentent sous la forme de petites poches d'œufs de poissons sautées à l'huile d'olive avec beaucoup d'ail. On servira un peu de pain grillé (*pao*) pour accompagner une *pasta de sardinhas* – mousse de sardines – bien crémeuse. On choisira également la *salata de polvo* ou salade de poulpe mariné, ainsi que des *berbigão* (coques) ou des *amêijoas* (palourdes) simplement cuites avec un peu d'ail et d'huile d'olive. Côté terre, les *moelas à portuguesa* sont des gésiers de volaille cuits dans une épaisse sauce tomate que l'on déguste avec du pain. Les *caracois à portuguesa*, des escargots à l'ail et au piment, s'invitent très souvent à l'heure de l'apéritif, tout comme les *figado de porco grelhado*, des petits cubes de foie de porc grillés. Les *ovos de cebolada com tomate* pourraient être comparés aux œufs-cocotte servis avec une sauce tomate aux oignons confits. Les *peixinhos da horta*, que l'on pourrait traduire par « petits poissons du potager », ne contiennent pas une once de poisson, mais se présentent sous la forme de beignets de haricots verts. On suppose qu'ils seraient à l'origine des tempuras, introduites au Japon par les missionnaires jésuites portugais. Plus rustique, la *salada de orelha* est une salade d'oreilles de porc bien vinaigrée. On observe également plusieurs types de croquettes comme les *bolinho de feijão branco* aux haricots blancs. Les *bolinhos de chouriço*, qui ressemblent plus à des petits gâteaux au chorizo, sont aussi très prisés.

En effet, la charcuterie, tout comme en Espagne, est une affaire très sérieuse, même si l'on connaît encore assez mal en France les préparations charcutières venues du Portugal. Petit tour d'horizon donc avec l'immanquable *presunto*, qui est le pendant portugais du *jamón* espagnol. Les deux zones de production s'articulent autour de Chaves, dans le nord du pays et Alentejo, dans le sud. Il existe par ailleurs six variétés qui bénéficient de dénominations (IGP ou DOP) : parmi les plus connues on peut citer le *presunto de Barrancos*, le *presunto do Alentejo*

© ROCHARIBEIRO - SHUTTERSTOCK.COM

Pataniscas de bacalhau, croquettes de morue salée.

© TIAGODINHO - SHUTTERSTOCK.COM

Chouriço a Bombeiro, flambé.

ou encore le *presunto de Barroso*. Il constitue évidemment un *petisco* très populaire, tout comme le *chouriço*. Bien qu'assez proche du chorizo espagnol, la version portugaise est parfois fumée. Aussi elle n'est pas automatiquement séchée et donc peut souvent être cuite, dans des ragoûts, des soupes ou même servie grillée par exemple. Le *chouriço à bombeiro* est un *petisco* commun et assez spectaculaire puisqu'il est flambé dans de l'alcool sous les yeux des clients. On retrouve plusieurs variétés comme le *chouriço de carne*, le plus maigre de sa catégorie, alors que le *chouriço corrente* est le plus gras. Le *chouriço de sangue* ou *morcela* est une sorte de boudin noir parfumé au cumin et au clou de girofle. De nombreux *chouriços* portugais bénéficient d'appellations comme le *chouriço doce de Vinhais* ou le *chouriço mouro de Portalegre*. La saucisse blanche, *cacholeira branca de Portalegre*, ressemble à un cervelas alors que la *linguiça* est une saucisse de porc assaisonnée à l'ail et au paprika et fumée. L'*alheira*, saucisse typique du nord-est du pays, peut être préparée à partir de différentes viandes (généralement du porc, du veau, du canard, du poulet, voire même de la caille ou du lapin). Plus surprenante, la *farinheira* est une sorte de boudin blanc fumé confectionné à base de farine de blé et de graisse de porc, d'où sa texture un peu pâteuse. Les plus courageux pourront aussi goûter le *butelo de Vinhais*, aussi appelé *chouriço de ossos*. Comme son nom le laisse entendre, il contient, en plus de la viande de porc, des os et des cartilages. Il est servi généralement après une longue cuisson, accompagné de pommes de terre et de légumes bouillis. Plus délicat, le *lombo enguitado de Portalegre* est une sorte de filet mignon de porc séché alors que la *paia* ressemble un peu à la *pancetta* italienne.

Bien que la production fromagère portugaise reste modeste, on pourra apprécier quelques fromages délicieux, souvent servis sous forme de *petisco* comme les productions à base de lait de brebis que sont le *Queijo Serra da Estrela* bien coulant ou le *Azeitão* à la saveur puissante mais aussi le *Queijo São Jorge*, fromage au lait de vache originaire des Açores.

Les essentiels de la cuisine portugaise

Un repas au Portugal commence souvent par une soupe. Le pays en possède en effet une grande variété. Héritées de la tradition paysanne, on en mange partout, des plus grands restaurants aux plus simples, et pas seulement en hiver. La très rustique *sopa de pedra* (haricots cocos, chorizos, lard et oreilles de porc mijotés dans une cocotte) est un classique, tout comme l'*açorda alentejana* (préparée à base d'ail, de coriandre, d'huile d'olive, de pain, le tout couronné d'un œuf poché) originaire de la région de l'Alentejo. Les *sopa de camarão* (soupe de crevettes), *sopa de grão* (soupe de pois chiches), *sopa de puré de feijão* (soupe de purée de haricots rouges) et *sopa de cação* (soupe légère au poisson) sont également très populaires.

Côté plat de résistance, le Portugal est on ne peut plus réputé pour les produits de la mer. Avec une côte de presque 2 000 km complètement ouverte sur l'océan Atlantique, les poissons et fruits de mer sont légion. Bien sûr, impossible de ne pas citer la fameuse morue ou *bacalhau*. Les Portugais affrétaient des bateaux pour aller la pêcher jusque dans l'Atlantique nord aux confins du Canada et de la Norvège. Une morue de bonne qualité doit être blanche et légère. Si elle est jaunâtre et un peu lourde, elle n'a pas été séchée correctement.

En bref, la morue est une affaire sérieuse au Portugal et on la déguste de mille et une façons. Les principaux plats à base de morue sont le *bacalhau com natas* (la fameuse brandade de morue gratinée), le *bacalhau à brás* (morue émiettée avec une écrasée de pommes de terre, d'oignons, de persil, le tout lié avec des œufs brouillés et décoré d'olives noires), le simple *bacalhau assado* (morue rôtie au four) ou encore le *bacalhau à Gomes de Sá* (une salade de morue et de pommes de terre avec des œufs durs). Plus surprenantes, les *linguas de bacalhau* (langues de morue) sont frites et servies avec une sauce à l'huile d'olive parfumée d'ail et de persil. D'autres recettes à base de poisson comme la *dourada à portuguesa* (daurade au four avec des tomates et des oignons), le *arroz de tamboril* (riz à la lotte et à la tomate), le *peixe escabeche* (tranches de poisson en escabèche) ou la *caldeirada* (poisson cuit à l'étouffée avec des coquillages) sont également plébiscitées. Côté fruits de mer, testez le *choco frito* (seiche frite), les *lulas com camarão* (calamars et crevettes en sauce tomate), les *favas com chocos* (seiches aux fèves) ou encore le *lingueirão à bulhão pato* (couteaux à l'ail et à la coriandre).

Mais cela n'empêche pas les Portugais de préparer la viande à la perfection. On la préfère d'ailleurs fondante et mijotée, plutôt que saignante. Le *lebre à portuguesa* (civet de lièvre à la portugaise), l'*ensopada do cabrito* (ragoût de chevreau), le *frango assado* (poulet grillé au paprika), le *ensopado de borrego* (ragoût d'agneau) et le *arroz de pato* (une sorte de paella de canard au *chouriço*) ne sont que quelques exemples. Commun dans les bistrots, le *bitoque* est une assiette complète comprenant un steak, un œuf au plat, des frites et une salade. Les amoureux de la cochonnaille adoreront le Portugal pour ses nombreux plats à base de porc comme le *cozido a portuguesa* (pot-au-feu), la *feijoada* (un cassoulet de haricots noirs où le canard est remplacé par de la saucisse fumée et du porc) ou plus simplement le *leitão* (cochon de lait cuit au four). Plus sophistiqués, les *lombinhos de porco com castanhas* (filets mignons aux châtaignes). Comme dit précédemment, les *chouriços*, *morcela* et autres *enchidos* (saucisses) sont souvent grillés au barbecue.

Viande ou poisson, il faut choisir ! En fait, pas ici. Le Portugal est passé maître dans les plats mixtes comme le *carne de porco alentejana*, un délicieux ragoût de l'Alentejo mariant porc et palourdes ou la *carne de porco com lulas* (viande de porc aux calamars), et autres *amêijoas na cataplana* (casserole de coquillages qui peuvent être rehaussés de chorizo).

Desserts monastiques et pause café royale

Comme en Espagne, beaucoup de pâtisseries portugaises ont été créées dans les monastères dès le Moyen Âge par des religieuses et des moines et vendues comme moyen de compléter leurs revenus. Bien que les recettes furent améliorées avec le temps grâce à l'introduction de produits venus des Amériques comme la vanille ou le cacao, les recettes sont souvent restées proches de leurs versions de jadis. L'ingrédient principal de ces pâtisseries était les jaunes d'œuf.

En effet le Portugal était connu pour être un important producteur d'œufs, principalement aux XVIIIe et XIXe siècles, car la plupart des blancs d'œuf étaient utilisés dans la production de vin blanc pour purifier l'alcool et filtrer toutes les particules en suspension. Les vignerons se retrouvant ainsi avec un énorme excédent de jaunes d'œuf, ils en faisaient don aux couvents, raison pour laquelle les noms de ces desserts sont généralement liés à la vie monastique et à la foi catholique.

On retrouve donc les spécialités affublées de noms parfois assez comiques comme *barriga de freira* (ventre de religieuse), *papo de anjo* (double menton d'ange), *toucinho do céu* (lard du paradis) et autre *baba de camelo* (bave de chameau). Pas de souci à se faire cependant : le *barriga de freira* est un chausson garni d'une crème d'amande, le *papo de anjo* est un petit baba au sirop, le *toucinho do céu* est un flan aux œufs et enfin la *baba de camelo* n'est qu'une crème au caramel.

Mais comment évoquer la pâtisserie portugaise sans parler des plus que célèbres *pastéis de nata* également appelés *pastéis de Belém* ? Pour ceux qui ne les connaissent pas encore, ces petits flans se composent d'une coque en pâte feuilletée très croustillante garnie d'une crème aux œufs, parfumés avec de la vanille, du citron ou de la cannelle. Cette recette, dont le succès a allègrement dépassé les frontières, semble avoir été créée au XIXe siècle par les religieuses du monastère des Hiéronymites, situé dans la petite ville de Belém, aujourd'hui un quartier de Lisbonne.

Depuis 1837, la boutique Fábrica dos Pasteis de Belém – à la jolie façade en azulejos – a l'exclusivité du nom *Pastel de Belém*, du fait de la fabrication artisanale. Les gourmands n'hésitent d'ailleurs pas à faire la queue pour être servis. La principale différence entre le *pastéis de nata* et le *pastéis de Belém* est avant tout une question d'appellation. Parmi les autres desserts, citons le *bolo de mel da Madeira*, un gâteau au miel et aux noix de Madère, le *bolo de arroz*, un muffin à la farine de riz, le *pudim flan*, un flan aux œufs et au caramel, le *queijada*, un gâteau moelleux au fromage frais de Sintra ou encore la *torta de laranja*, un délicieux gâteau roulé aux oranges. Plus étonnant, le *morgado de amendoa*, originaire de l'Algarve, est un pain de pâte d'amande fourré d'une crème de courge (*gila* en portugais).

© NATALIA MYLOVA - SHUTTERSTOCK.COM

Les célèbres pastéis de nata.

Si le thé est populaire dans le pays, les Portugais raffolent avant tout du café qu'ils appellent parfois *bica*, notamment pour désigner un espresso. Le Portugal s'est longtemps assuré un approvisionnement en café directement de son ancienne colonie du Brésil, aujourd'hui le premier producteur mondial. Les Portugais apprécient également les cafés – le lieu cette fois – où ils peuvent consommer une boisson chaude et des pâtisseries. Parmi les plus somptueux, on peut citer A Brasileira, ouvert à Lisbonne en 1905, le Majestic (p.121) à Porto, ainsi que Cafe A Brasileira, à Braga, ouvert en 1907. Ces cafés datant tous du début du XXe siècle possèdent de superbes décorations Art nouveau qui valent, à elles seules, le détour.

Du vin, mais de Porto

Si les Portugais sont souvent cités parmi les plus gros consommateurs de vin au monde, c'est que le pays ne manque pas de choix en la matière. Vins rouges, blancs, rosés, pétillants, mutés et même « vins verts », il y en a pour tous les goûts. A commencer par le porto. Produit à l'est de la ville éponyme, ce vin muté gagna en popularité au Moyen Âge. Alors que les vins français étaient sous embargo en Angleterre, les vins de la haute vallée du Douro étaient déjà réputés, mais voyageaient mal. Un négociant anglais en panne de chiffre d'affaires eut la brillante idée de les couper avec de l'eau-de-vie de moût. L'affaire était dans le sac. Rien d'étonnant de découvrir les inscriptions Taylor's ou Kopjke sur les bouteilles, ce sont les plus vieilles marques. Une amitié anglo-portugaise qui est ancienne puisque les deux royaumes signèrent un traité d'union en 1373 et le porto faisait bien sûr partie des marchandises les plus communément échangées. Depuis le passage éclair des troupes de Napoléon, la France s'est aussi prise de passion pour le précieux breuvage et est devenue le premier client. Le porto peut être *branco*, c'est-à-dire blanc, et parfois *extra seco* (à boire très frais). Le porto rouge, qui se boit généralement avec un fromage fort, au dessert ou en digestif, est communément un assemblage de diverses années et propriétés (*blend*). Selon son âge, il sera *ruby*, rouge sombre, ou *tawny*, ambré. Les vintages, parfois vieux de plus de 40 ans, sont, bien entendu, les préférés des amateurs. C'est un vin de dessert par excellence.

Autre vin doux prestigieux, le madère est originaire de l'archipel du même nom, au large du Portugal. Très apprécié, comme le porto, par les Anglais, il fut créé à l'origine par accident en mélangeant du vin et – pour une meilleure conservation – de l'eau-de-vie de canne à sucre. L'alcool ainsi produit plut tellement qu'il connut soudain un engouement sans précédent, notamment en Grande-Bretagne mais également aux Etats-Unis, alors colonie britannique, ainsi qu'en Russie ou encore en France. On distingue quatre types : *malvasia* (doux), *bual* (mi-doux), *verdelho* (mi-sec) et *sercial* (sec).

Si le porto et le madère sont les vins portugais les plus connus, ils ne doivent pas éclipser les vins du Douro qui sont remarquables. Les vins de la région de Setúbal sont fameux comme le moscatel, vin de muscat cuit et très sucré, alors que les vins de l'Alentejo, du sud du pays, sont plus denses avec beaucoup de corps. Parmi les vins de la Bairrada, on retrouve de très bons rouges (cépage baga) ainsi que d'excellents *espumante* (vin pétillant).

Plus surprenant, le vin vert ou *vinho verde* ne tire pas son nom de la couleur du vin, mais de sa jeunesse. Partiellement fermenté, il ne titre que de 8° à 11°, contre que 13°-14° pour un vin conventionnel. Blanc ou rouge, il est produit dans le Minho et le Douro et bénéficie, comme le porto et le madère, d'une Denominação de Origem Controlada (DOC). Les *vinho verde* blancs les plus connus sont le Casal Garcia et le Quinta da Aveleda.

Si le vin est donc indéniablement lié à l'histoire du Portugal, d'autres boissons alcoolisées restent très appréciées. La bière (*cerveja*) n'est traditionnellement pas une boisson commune au Portugal, mais elle est devenue avec le temps très populaire. Parmi les bières les plus connues, on peut citer l'Imperial, la Sagres, la Coral ou encore la Super Bock. Côté liqueur, on retrouve la ginja, une liqueur de cerise griotte très parfumée à siroter impérativement dans un petit troquet (*ginjinha*). Moins connu, le medronho est une liqueur d'arbouse, un fruit issu d'un arbre originaire du bassin méditerranéen. Enfin, la licor beirão, produite dans la région de Beira, affiche 22°. Elle est parfumée avec diverses plantes comme l'eucalyptus, la cannelle, la lavande ou encore le romarin.

Tour du monde culinaire en pays portugais

Si le commerce maritime sur la Méditerranée existe depuis l'Antiquité, le Portugal est l'un des premiers pays d'Europe à avoir développé une marine marchande capable de réaliser des traversées maritimes sur de longues distances. Son expansion maritime est telle que le Portugal décide de signer, avec l'Espagne, le Traité de Tordesillas en 1494, où les deux puissances divisent le monde en deux moitiés sur lesquelles elles comptent étendre leur influence. L'Espagne hérite des Amériques et du Pacifique et le Portugal de l'Ancien Monde ainsi que d'une frange de terre en Amérique du Sud, qui deviendra plus tard le Brésil.

Sur cet immense empire, les échanges sont nombreux et les Portugais vont alors importer en Europe des produits rares ou même méconnus. Les épices telles que le poivre, la cannelle, le clou de girofle, la muscade ou encore le gingembre viennent alors d'Inde ou d'Asie du Sud-Est. Le comptoir de Macao en Chine permet aux Portugais de faire découvrir aux Européens le thé qui devient à la mode en Grande-Bretagne dans les années 1660 après le mariage du roi Charles II avec la princesse portugaise Catherine de Bragance. L'orange amère, d'origine persane, était largement cultivée dans le sud de l'Europe depuis son introduction par les Maures au Moyen Âge. Pourtant ce sont les commerçants portugais qui importent les oranges douces en Europe depuis l'Inde au XVe siècle. Un fait qui est resté en mémoire puisque l'orange est aujourd'hui appelée *portokali* en grec, *porteghal* en persan ou encore *portakal* en turc. De nombreuses espèces sont également découvertes dans les Amériques comme le maïs, la pomme de terre, la tomate, le tabac, la vanille, le cacao ou encore le bois-brésil dont la sève rouge sang permettait de faire une teinture très appréciée. Le Brésil était d'ailleurs une colonie très lucrative pour y cultiver des plantes utilisées en Europe comme la canne à sucre ou le café, originaires respectivement d'Inde et d'Éthiopie. Les Portugais sont les premiers Européens à introduire le maïs, venu du Mexique, dans leurs colonies africaines comme le Mozambique, l'Angola et la Guinée-Bissau.

Ainsi le Portugal a essaimé au sein de son empire colonial des produits et un savoir-faire culinaire qui a donné des recettes étonnantes. Ces influences sont par exemple évidentes dans la cuisine brésilienne, qui propose ses propres versions de plats portugais, tels que la *feijoada* et la *caldeirada*. Un mélange de saveurs que l'on retrouve également sur le territoire chinois de Macao sous forme de cuisine dite macanaise. Le mot portugais *canja*, désignant une soupe au poulet à base de riz, un aliment populaire pour les malades, n'est pas sans rappeler le *congee* asiatique, très similaire. Dans la province indienne de Goa, certains plats tels que le *vindalho* – un curry très pimenté – présentent des associations de vinaigre et d'ail, inhabituelles en Inde, mais très communes au Portugal. Enfin les Portugais sont les premiers Européens à fouler du pied le Japon, à Nagasaki, en 1543, et y introduisent par exemple le sucre raffiné, considéré comme un produit de luxe à l'époque. Les seigneurs japonais apprécièrent tellement les spécialités portugaises qu'elles furent adoptées et renommées. C'est ainsi que l'on retrouve les *konpeitō/confeito* (bonbons), le *kasutera/castella* (gâteau éponge), le *karameru/caramel* ou encore le *pan/pão* (pain) dans la langue japonaise.

Ginja, liqueur de cerise griotte servie dans un petit troquet en chocolat.

DÉCOUVRIR

AGENDA

Un assez grand nombre d'événements et de fêtes se déroulent à Porto et dans le nord du pays tout au long de l'année. La majeure partie d'entre eux se concentrent au printemps et lors de la saison estivale, puisque le temps est alors le plus favorable pour des événements de plein air, comme des concerts, des festivals, ou les *romarias*, fêtées un peu partout au Portugal. L'agenda regroupe les événements les plus importants célébrés à Porto et dans le Nord, dans le domaine du cinéma, du théâtre, de la musique, du vin, et de la culture au sens large. Côté sport, vous pourrez assister assez régulièrement à des matches de football au stade du Dragon. Pour les amateurs de course à pied, le marathon de Porto est un événement attendu. Il a lieu généralement au début du mois de novembre. L'agenda en mains, cela orientera peut-être la période de votre venue, dans l'éventualité où l'un des événements indiqués vous donnerait envie d'y participer...

ESSÊNCIA DO VINHO

56 Rua Mouzinho da Silveira
✆ +351 222 088 500
www.essenciadovinhoporto.com
Mi-février. Quatre jours de foire.

La foire au vin de Porto accueille des producteurs et commerçants du monde entier venus partager leur passion du vin. Au programme : dégustations de plus de 3 000 vins différents bien sûr, mais également une cuisine gastronomique élaborée par des chefs étoilés, des expositions sur la thématique, des rencontres susceptibles de créer de futurs partenariats ou d'intéressants échanges, et des concerts de musique. Les activités proposées ont pour but d'offrir au visiteur une expérience complète. Essência Do Vinho se déroule au Palácio da Bolsa.

QUEIMA DAS FITAS

Parque da Cidade
✆ +351 226 076 370
https://queimadasfitasdoporto.pt/
Pendant une semaine, à partir du 1er dimanche de mai.

La fête de la Queima das Fitas (le brûlage des rubans) est née vers 1920, lorsque les carabins en fin de cursus donnaient symboliquement leur dossier académique à leurs camarades qui venaient d'entamer leur dernière année. Au fil des ans, la fête, célébrée aussi dans d'autres villes universitaires (notamment Coimbra), a évolué et actuellement toute la communauté universitaire et son entourage y participent. Au programme chaque année : plusieurs concerts, cortège des étudiants en ville, projections et d'autres activités durant une semaine.

FANTASPORTO

www.fantasporto.com
Fin février, début mars.

Il s'agit du festival international de cinéma de Porto. Ce festival très réputé existe depuis 1981. Fantasporto est consacré aux films de genre fantastique, internationaux et portugais. Durant une petite semaine à la fin février, des longs et courts métrages sont diffusés au célèbre théâtre Rivoli. Un jury se réunit pour décerner une récompense au meilleur film. *Petits meurtres entre amis* de Danny Boyle, *Seven* de David Fincher ont été primés lors des éditions précédentes. Le thriller américain de Sylvia Caminer *Follow Her* a remporté l'édition 2022.

FESTIVAL DES JARDINS

Municipio de Ponte de Lima
PONTE DE LIMA
✆ + 351 258 900 400
Débute le dernier week-end de mai, jusqu'à octobre.

Pendant 4 mois, des jardins éphémères et créatifs sont travaillés, modelés, et créés par des jardiniers pleins d'imagination et de talent. Ces derniers proviennent du monde entier. Une sélection est effectuée en amont du festival, avant que ces structures originales ne soient exposées au public. C'est une manière de défendre le patrimoine naturel de Ponte de Lima, avec un message de protection de l'environnement. Chaque année un thème est à l'honneur. 2023 est placée sous le thème « Jardins sains » 2024 aura pour thème « L'imagination dans l'art des jardins ».

SERRALVES EM FESTA

210 Rua D. João de Castro
✆ +351 808 200 543
www.serralvesemfesta.com/pt

Fin mai, début juin. Peut varier d'une année à l'autre.

Cinquante heures non-stop d'activités culturelles à l'intérieur de la Fondation de Serralves, tel est le programme de Serralves Em Festa. Les visiteurs (plus de 250 000 chaque année !) découvrent des expositions et photographies, participent à des ateliers en famille ou des visites guidées… Incontestablement le plus grand événement d'art contemporain au Portugal. Le tout animé par des concerts nocturnes sur la grande scène installée pour l'occasion. Alors, tenez-vous prêt à profiter le plus d'heures possible que votre curiosité culturelle le permettra...

INTERNATIONAL KEYBOARD FESTIVAL & MASTERCLASS (IKFEM)

VALENÇA DO MINHO
www.ikfem.com

Pendant une semaine mi-juillet. Chaque concert environ 5 €.

Ce festival international du clavier réunit les villes de Tui (en Espagne) et Valença do Minho (au Portugal). De nombreuses activités musicales sont organisées : concerts de musique classique, contemporaine et de jazz. Les plus jeunes peuvent aussi participer à des « master class » pour découvrir les instruments exposés. Un événement qui offre de découvrir de belles musiques et représentations par des passionnés, excellents musiciens et musiciennes.

SÃO JOÃO (SAINT-JEAN)

Dans la nuit du 23 au 24 juin. Partout en ville.

C'est la plus grande fête populaire à Porto, en hommage à saint Jean, qui se déroule au moment du solstice d'été. Pour l'occasion, des milliers de personnes sont dans les rues pour se taper sur la tête à coups de marteaux (factices évidemment), se rencontrer, s'amuser, voir les feux d'artifice, manger des petits plats spéciaux et principalement des sardines grillées. Le tout en participant activement aux jeux populaires. La fête est grande et ne finit pas avant le lever du soleil. Heureusement, le 24 juin est décrété jour férié !

FÊTE DE NOSSA SENHORA DA AGONIA

VIANA DO CASTELO

3e semaine d'août.

La fête de Nossa Senhora da Agonia est l'une des plus grandes fêtes populaires du Portugal. Il s'agit d'un pèlerinage à la chapelle Notre-Dame-de-l'Agonie (Campo de Agonia), à Viana do Castelo, accompagné de foires artisanales, de défilés folkloriques, costumes splendides, corridas (controversées). Le tout saupoudré de la magie d'un splendide feu d'artifice « aquatique ». Sans oublier les « Gigantones », ces grands bonshommes amusants ! Un bel événement.

NOS PRIMAVERA SOUND

Parque da Cidade
www.nosprimaverasound.com

Festival de musique international. Du 7 au 10 juin 2023. A partir de 120 € pour la durée du festival. Voir billetterie.

La programmation s'étend de la pop au rock en passant par la musique électronique. Avec plus de 20 000 visiteurs par jour, le parc « da cidade » se transforme en une grande scène musicale. Pendant 4 jours, musique et bamboche battent leur plein. On s'installe dans l'herbe (si l'on trouve de la place) pour écouter les concerts, ou l'on se rend au bord de la scène se mêler à la foule. Une ambiance de festival de rock comme l'on peut s'y attendre et qui tient toujours ses promesses. Le programme des artistes est annoncé sur la page Facebook de l'événement.

FESTIVAL DE ROCK VILAR DOS MOUROS (EDP)

CAMINHA
https://www.edpvilardemouros.pt/

Fin août. Billet 1 jour : environ 40 €, pass 3 jours : environ 80 €, selon les billetteries.

Cet énorme festival de rock est le plus ancien du pays et le plus important de la péninsule Ibérique, fondé en 1965 ! Beaucoup le considèrent comme un Woodstock portugais où de grands noms du rock, mais aussi de la musique alternative et indie, se succèdent sur scène. Durant 3 jours, à la fin du mois d'août, Caminha est plongée dans une ambiance de folie. Le festival de rock Vilar dos Mouros (EDP) a déjà accueilli U2, The Stranglers, Placebo, Limp Bizkit ou encore Iggy Pop.

petit futé
2023-2024
Porto
Vallée du Douro-Minho
VERSION NUMÉRIQUE OFFERTE
+ PLAN DÉTACHABLE
CITY GUIDE

SE REPÉRER / SE DÉPLACER

Porto est reliée à toutes les grandes villes du Portugal par des trains rapides (www.cp.pt).

En voiture, pour entrer dans Porto, d'où que vous veniez, suivez le panneau « centro » ; c'est long et labyrinthique, mais vous y arrivez. La tarification du billet de bus ou de métro dépend des zones que vous traversez (2-3 pour le centre et 12 pour l'agglomération). Renseignez-vous avant, car en cas d'erreur, les contrôleurs ne seront pas cléments. Ils ne ménagent pas les touristes qu'ils savent être de petits filous lorsqu'il s'agit de ne pas payer son titre de transport. Ce serait dommage de commencer votre visite par une amende.

La meilleure visite de Porto se fait bien sûr à pied. Baladez-vous au gré de vos envies. Il est plaisant de tomber « par hasard » sur les points d'intérêt sans vraiment les chercher. Et c'est vrai qu'au début on peut se sentir perdu puis, comme un ciel qui se dégage, on saisit mieux la structure de la ville.

BEST WESTERN HOTEL INCA
Rua do Pinheiro
Rua de Ricardo Jo
MÃO TRAVESSA
Rua Diogo Brand\~ao
Rua de Cedofeita
ÉLEBÊ CENTRO
OPORTO INVICTUS HOSTEL
MUSEU D'AVÓ
CAFÉ CANDELABRO
LIVRARIA TIMTIMPORTIMTIM (TINTIN POUR TINTIN)
CASA DE LÓ
ERNESTO
PIPA VELHA
HOTEL MALAPOSTA
ADEGA SPORTS BAR
Travessa do Carregal
CAPELA INCOMUM
CAFÉ LUSITANO
Rua da Picaria
Praça de Carlos Alberto
Rua Sá de Noronha
Rua de José Falc\~ao
WINE & BOOKS HOTEL
PÃO DE AÇÚCAR HÔTE
Jardim de Carrilho Videira
Túnel dos Almadas
Rua de Ceuta
Túnel de Ceuta
SOLAR MOINHO DO VENTO
CAFÉ AVIZ
HÔTEL INFA
SAGRES
LEITARIA DA QUINTA DO PAÇO
PORTO DOWNTOWN HOSTEL
PADARIA RIBEIRO
RESTAURANTE MUU STEAKHOUSE
FRANCESINHAS AL FORN
IGREJA DO CARMO
GUEST HOUSE PORTO CLERIGUS
GALERIA DE PARIS
CASA DO LIVRO
GRANDE HOTEL DE PARIS
Rua do Carmo
HARD ROCK CA
GARRAFEIRA DO CARMO
CONFEITARIA PRIMAR
ZÉ BOTA
BOHEME ENTRE AMIS
MAOMARIA
CAFÉ PIOLHO
LIVRARIA LELLO E IRMÃO
CHURRASQUEIRA PAPAGAIO
Rua Doutor Ferreira da Silva
Rua das Carmelitas
PLAN B (PLANO B)
Rua da Restauraç\~ao
LIVRARIA DA BAIXA
Rua de S\~ao Filipe de Nery
MISS'OPO GUESTHOUSE
MISS'OPO BAR-RESTAURANT
Jardim de João Chagas
TORRE DOS CLERIGOS
PETISCARIA SANTO ANTÓNIO
CASA ORIENTAL
Rua de Trás
PORTO GU
ALIBI BY YOURS PORTO-GUESTHOUSE
ALIBI BY YOURS PORTO
Campo dos Mártires da Pátria
CASA DOS LOIOS BY
THE POETS INN
CENTRO PORTUGUÊS DE FOTOGRAFIA
Rua d
DA TERRA-RESTAURANTE VEGETARIANO
FARINHA
CHOCOLATARIA DAS FLORES
O CASEIRINHO
Passeio das Virtudes
Rua das Taipas
MERCEARIA DAS FLORES
ESCAMA
LOJA DAS CONSERVAS
Travessa das Taipas
LIVRARIA CHAMINÉ DA MOTA
CANTINA 32
PORTA 4
Rua de S\~ao Miguel
Viela do Anjo
BARRICA BY YOURSPORTO
LSD (LARGO SÃO DOMINGOS)
Rua da Bair
RESTAURANTE TRAÇA
Rua de Pena
100 M
Rua de Belomonte
Largo de S\~ao Domingos
CASA DA MARIQUINHAS
LOBO TASTE
DOP
CASA PORTO A NOITE

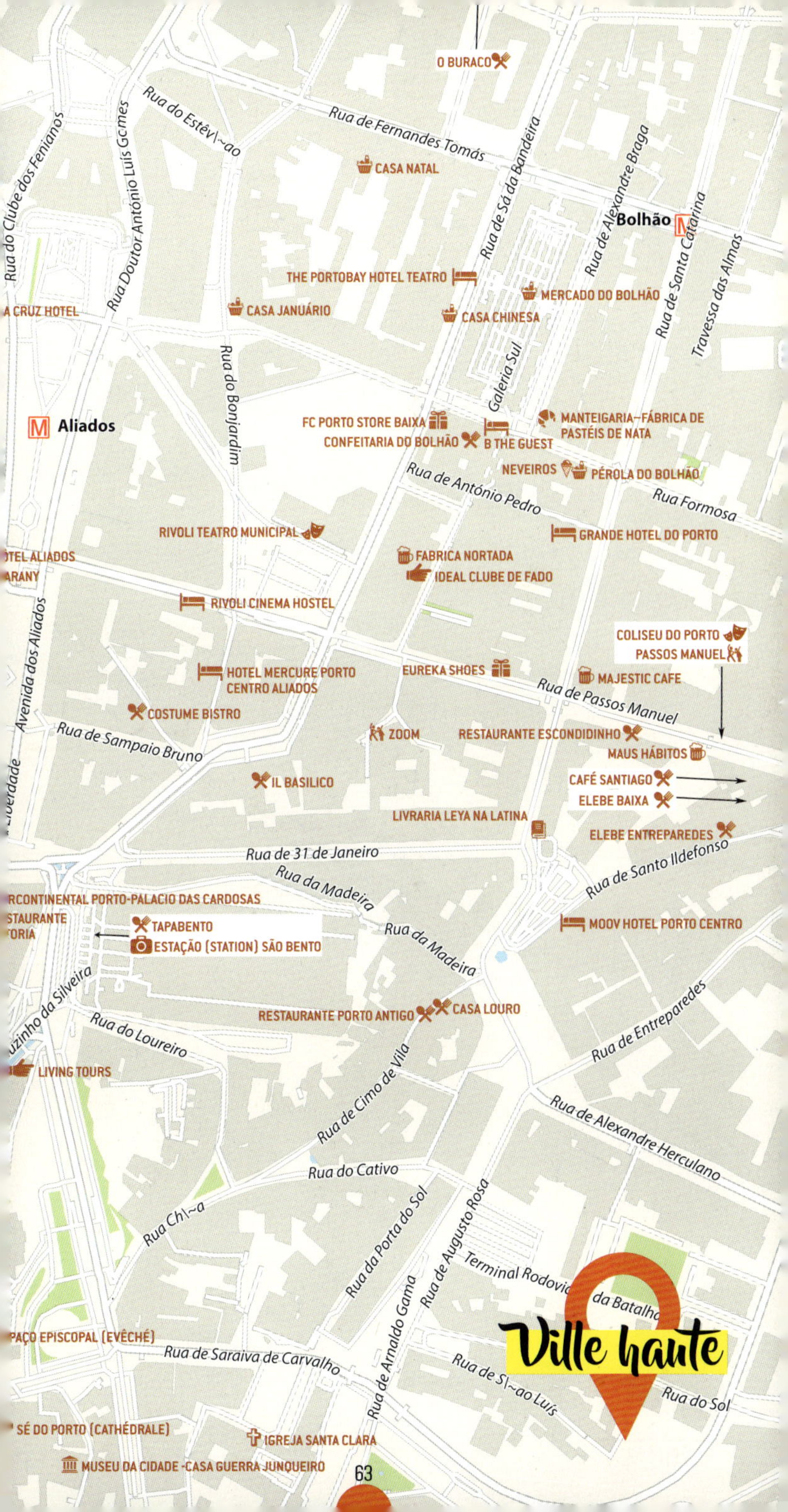
O BURACO
Rua de Fernandes Tomás
Rua do Estév|~ao
CASA NATAL
Rua de Sá da Bandeira
Rua de Alexandre Braga
Bolhão
Rua de Santa Catarina
Travessa das Almas
Rua do Clube dos Fenianos
Rua Doutor António Luís Gomes
THE PORTOBAY HOTEL TEATRO
MERCADO DO BOLHÃO
A CRUZ HOTEL
CASA JANUÁRIO
CASA CHINESA
Rua do Bonjardim
Galeria Sul
Aliados
FC PORTO STORE BAIXA
MANTEIGARIA–FÁBRICA DE PASTÉIS DE NATA
CONFEITARIA DO BOLHÃO
B THE GUEST
NEVEIROS
PÉROLA DO BOLHÃO
Rua de António Pedro
Rua Formosa
RIVOLI TEATRO MUNICIPAL
GRANDE HOTEL DO PORTO
OTEL ALIADOS
ARANY
FABRICA NORTADA
IDEAL CLUBE DE FADO
RIVOLI CINEMA HOSTEL
Avenida dos Aliados
COLISEU DO PORTO
PASSOS MANUEL
HOTEL MERCURE PORTO CENTRO ALIADOS
EUREKA SHOES
MAJESTIC CAFE
Rua de Passos Manuel
COSTUME BISTRO
Rua de Sampaio Bruno
ZOOM
RESTAURANTE ESCONDIDINHO
MAUS HÁBITOS
Liberdade
IL BASILICO
CAFÉ SANTIAGO
ELEBE BAIXA
LIVRARIA LEYA NA LATINA
ELEBE ENTREPAREDES
Rua de 31 de Janeiro
Rua de Santo Ildefonso
Rua da Madeira
RCONTINENTAL PORTO-PALACIO DAS CARDOSAS
STAURANTE
TORIA
TAPABENTO
ESTAÇÃO (STATION) SÃO BENTO
Rua da Madeira
MOOV HOTEL PORTO CENTRO
uzinho da Silveira
Rua do Loureiro
RESTAURANTE PORTO ANTIGO
CASA LOURO
Rua de Entreparedes
LIVING TOURS
Rua de Cimo de Vila
Rua de Alexandre Herculano
Rua do Cativo
Rua Ch|~a
Rua da Porta do Sol
Rua de Augusto Rosa
Terminal Rodovi
da Batalha
Rua de Arnaldo Gama
Ville haute
PAÇO EPISCOPAL (EVÊCHÉ)
Rua de Saraiva de Carvalho
Rua de S|~ao Luís
Rua do Sol
SÉ DO PORTO (CATHÉDRALE)
IGREJA SANTA CLARA
MUSEU DA CIDADE -CASA GUERRA JUNQUEIRO

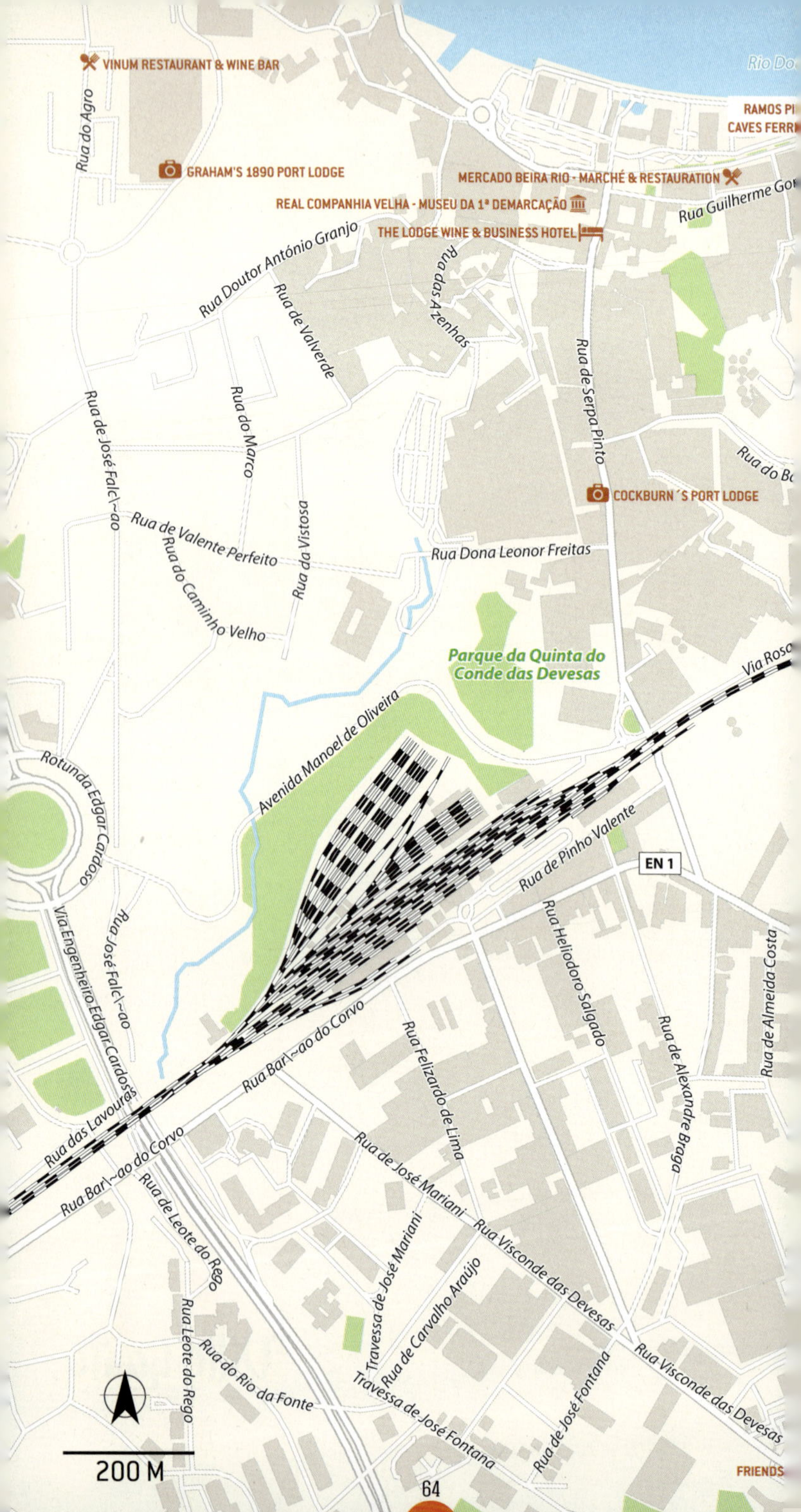
Rio Do
VINUM RESTAURANT & WINE BAR
RAMOS PI
CAVES FERR
Rua do Agro
GRAHAM'S 1890 PORT LODGE
MERCADO BEIRA RIO - MARCHÉ & RESTAURATION
REAL COMPANHIA VELHA - MUSEU DA 1ª DEMARCAÇÃO
THE LODGE WINE & BUSINESS HOTEL
Rua Guilherme Go
Rua Doutor António Granjo
Rua das Azenhas
Rua de Valverde
Rua de Serpa Pinto
Rua do Marco
Rua de José Falc\~ao
Rua do Bo
COCKBURN´S PORT LODGE
Rua da Vistosa
Rua de Valente Perfeito
Rua do Caminho Velho
Rua Dona Leonor Freitas
Parque da Quinta do Conde das Devesas
Via Rosa
Avenida Manoel de Oliveira
Rotunda Edgar Cardoso
Rua de Pinho Valente
EN 1
Via Engenheiro Edgar Cardoso
Rua José Falc\~ao
Rua Heliodoro Salgado
Rua de Almeida Costa
Rua Felizardo de Lima
Rua de Alexandre Braga
Rua Bar\~ao do Corvo
Rua das Lavouras
Rua de José Mariani
Rua de Leote do Rego
Rua Visconde das Devesas
Travessa de José Mariani
Rua de Carvalho Araújo
Rua Leote do Rego
Rua do Rio da Fonte
Travessa de José Fontana
Rua de José Fontana
200 M
FRIENDS

DOURO VELHO
CÁLEM
TÉLÉPHÉRIQUE
SANDEMAN
ROTA DO DOURO
ACALHOEIRO
Jardim do Morro
Av. da República
Rua Rodrigues de Freitas
Calçada da Serra
Rua General Torres
Rua do Pilar
Rua Rocha Le\~ao
Rua Particular Jo\~ao Félix
Rua dos Polacos
Rua Ernesto Silva
Rua Cabo Borges
Alameda da Serra do Pilar
THE BLINI
ITALY CAFFE GAIA
WOW - THE WORLD OF WINE
Rua Fervença
Rua de Mesquita
Rua Cândido dos Reis
Avenida da República
Rua 1º de Maio
Parque Ponte Maria Pia
Rua Luis de
LOR'S
Rua do Jau
General Torres
Rua Elias Garcia
Rua Antero de Quental
THE YEATMAN
Rua Luís de
Via da Misericórdia
Rua do Casal
Rua da Cabaça
Rua de General Torres
Rua Diogo Cassels
Rua José Meneres
Mário Cal
Rua de Cândido dos Reis
Rua 20 de Junho
SPICE ART INDIAN RESTAURANT AND BAR
Rua 14 de Outubro
Câmara de Gaia
Rua \'Alvares Cabral
Conselheiro Veloso da Cruz
Rua das Camélias
Rua Pinto Mour\~ao
Quinta da Boeira
Rua Teixeira Lopes
Rua Doutor Francisco Sá Carneiro
Rua de Ramalho Ortig\~ao
Rua Jo\~ao de Deus
Vila Nova de Gaia
Rua Oliveira e Silva
Rua Pádua Correia
João de Deus
Rua António Correia Carvalho
Rua Marquês Sá da Bandeira
Cemitério de Mafamude
Via de Cintura Interna
EL CORTE INGLÉS
Rua do Colégio de Gaia
Rua Raimundo de Carvalho
da Barro
go Macedo
CLIP HOTEL
Rua dom Pedro V
Rua Parque da República
Jardim Soares dos Reis

Rua da Ponte Nova
Rua das Flores
MMIPO - MUSEU E IGREJA DA MISERICORDIA DO PORTO
Travessa das Taipas
Rua de S\~ao Bento da Vitória
Rua da Vitória
Rua de S\~ao Miguel
SALLE DE DÉGUSTATIONS DES VINS DU PORTUGAL
Largo de S\~ao Domingos
ORPHEU PORTO TAPAS & COCKTAILS
Escadas da Vitória
Rua de Mouzinho da Silveira
Rua de Belomonte
Rua de Sousa Viterbo
Rua de Santa Ana
Rua de o Comércio do Porto
FADO NA BAIXA
Rua dos Mercadores
Rua de S\~ao Jo\~ao
Rua das Flores
INSTITUTO DOS VINHOS DO DOURO E PORTO
HARD CLUB
SOLAR DO PATIO
ESSÊNCIA DO VINHO
Rua de Ferreira Borges
Rua da Bolsa
O COMERCIAL-PALÁCIO DA BOLSA
PALÁCIO DA BOLSA
COOK IN RIBEIRA
HOTEL CARRIS
Jardim da Praça do Infante dom Henrique
Viela das Congostas
Rua do Infante dom Henrique
IGREJA DE SÃO FRANCISCO
PORTOSIGNS
JIMÃO TAPAS E VI
Rua da Alfândega
CASA DO INFANTE
O DESCOBERTAS BOUTIQUE HOTEL
PIMMS CAFÉ
Rua de S\~ao Nicolau
PRAÇA E A CAIS
OPORTO STREET
LADO
GUEST HOUSE DOURO
HÔTEL PESTANA VINTAGE PORTO
WINE QUAY BAR
Cais da Estiva
Rua da Reboleira
MURO DO BACALHAU
FAROL DA BOA NOVA
VINHAS D'ALHO

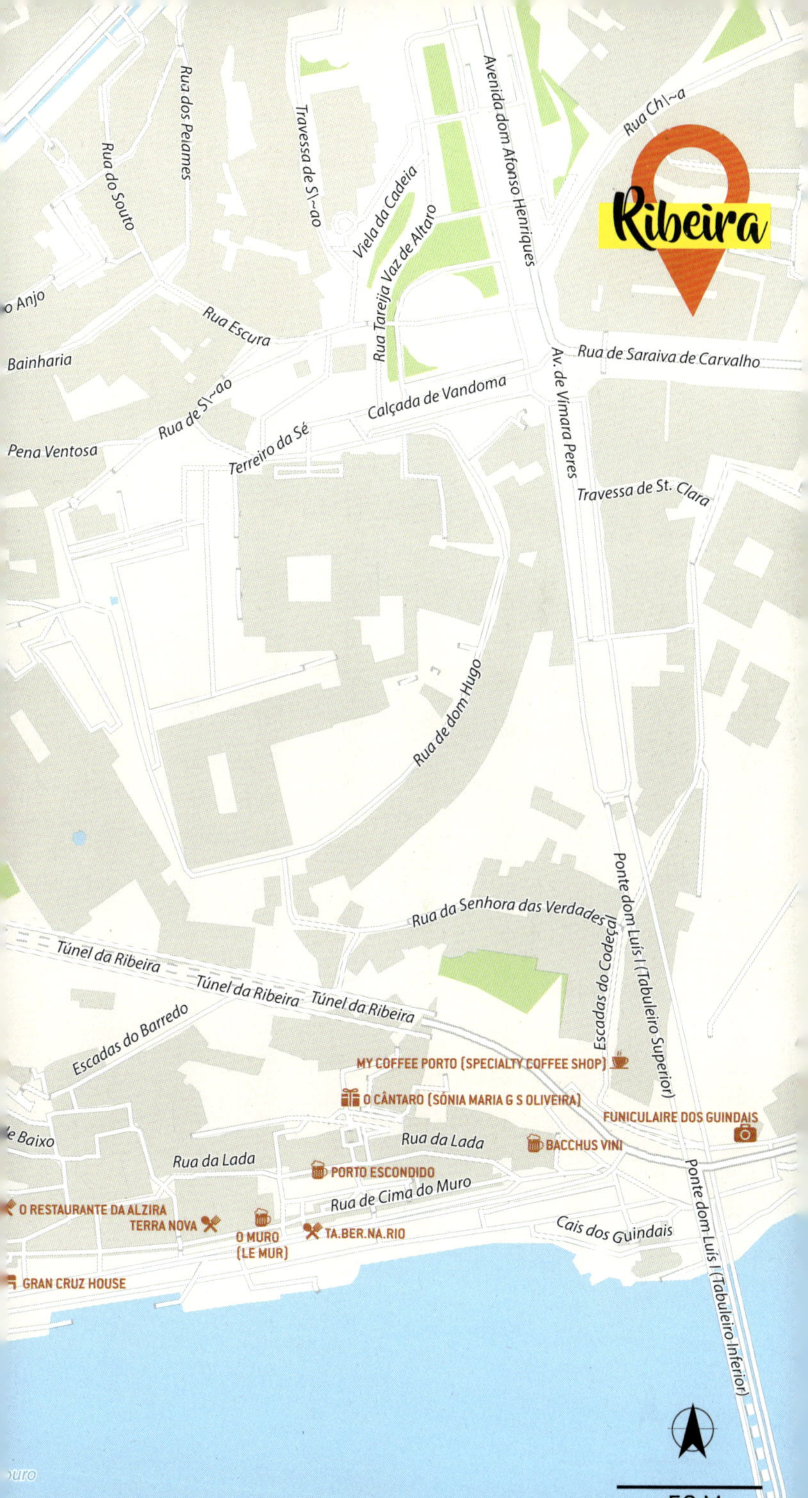

Ribeira
Rua dos Pelames
Rua do Souto
Travessa de S\~ao
Viela da Cadeia
Rua Tareija Vaz de Altaro
Avenida dom Afonso Henriques
Rua Ch\~a
o Anjo
Rua Escura
Bainharia
Rua de S\~ao
Terreiro da Sé
Calçada de Vandoma
Av. de Vimara Peres
Rua de Saraiva de Carvalho
Pena Ventosa
Travessa de St. Clara
Rua de dom Hugo
Rua da Senhora das Verdades
Escadas do Codeçal
Ponte dom Luís I (Tabuleiro Superior)
Túnel da Ribeira
Túnel da Ribeira
Túnel da Ribeira
Escadas do Barredo
MY COFFEE PORTO (SPECIALTY COFFEE SHOP)
O CÂNTARO (SÓNIA MARIA G S OLIVEIRA)
FUNICULAIRE DOS GUINDAIS
e Baixo
Rua da Lada
Rua da Lada
BACCHUS VINI
PORTO ESCONDIDO
Rua de Cima do Muro
O RESTAURANTE DA ALZIRA
TERRA NOVA
O MURO (LE MUR)
TA.BER.NA.RIO
Cais dos Guindais
Ponte dom Luís I (Tabuleiro Inferior)
GRAN CRUZ HOUSE
ouro
50 M

Foz do Douro

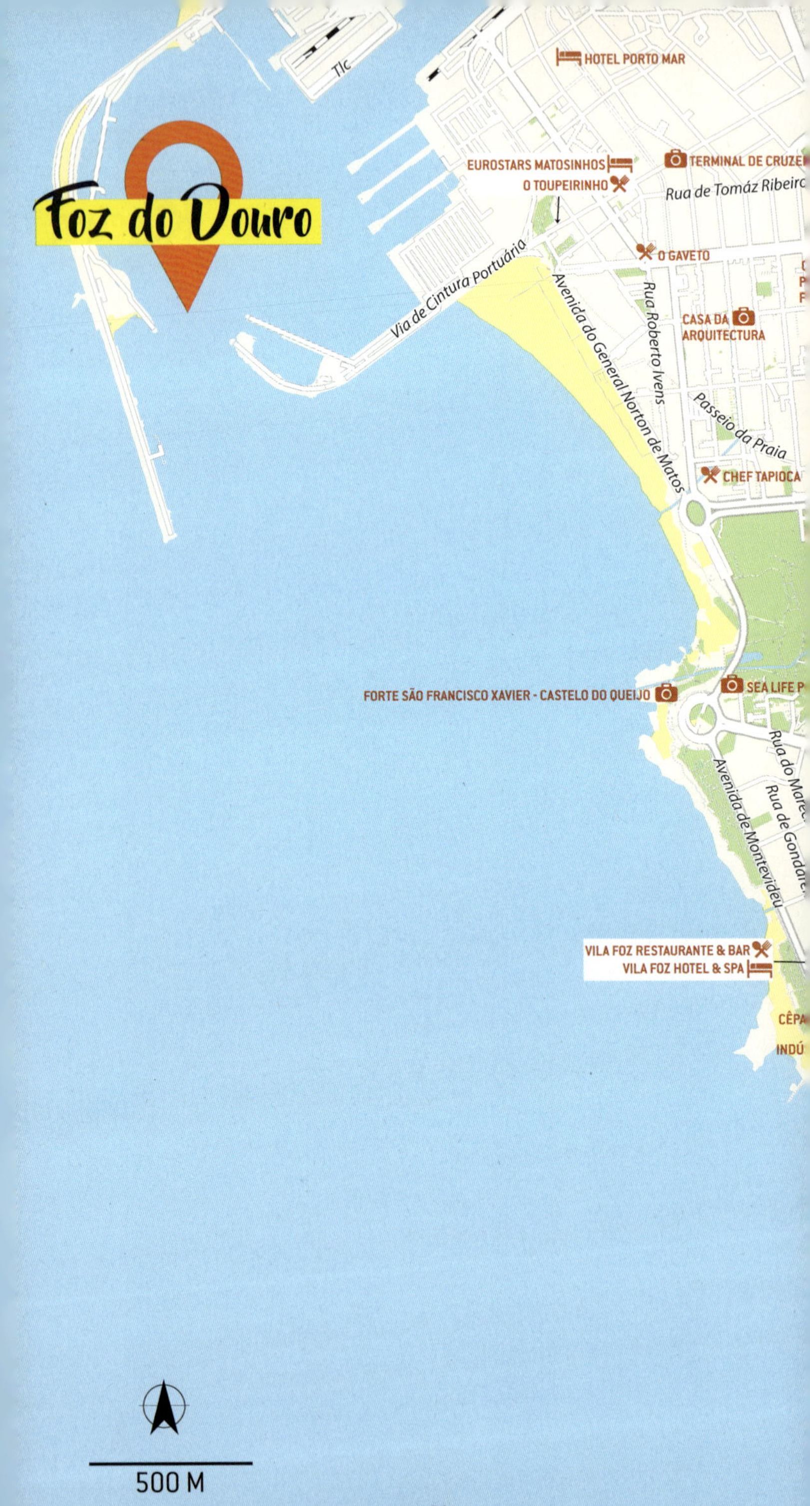

Tlc
HOTEL PORTO MAR
EUROSTARS MATOSINHOS
O TOUPEIRINHO
TERMINAL DE CRUZEI
Rua de Tomáz Ribeiro
O GAVETO
Via de Cintura Portuária
Avenida do General Norton de Matos
Rua Roberto Ivens
CASA DA ARQUITECTURA
Passeio da Praia
CHEF TAPIOCA
FORTE SÃO FRANCISCO XAVIER - CASTELO DO QUEIJO
SEA LIFE P
Rua do Marec
Rua de Gondar
Avenida de Montevideu
VILA FOZ RESTAURANTE & BAR
VILA FOZ HOTEL & SPA
CÊPA
INDÚ
500 M

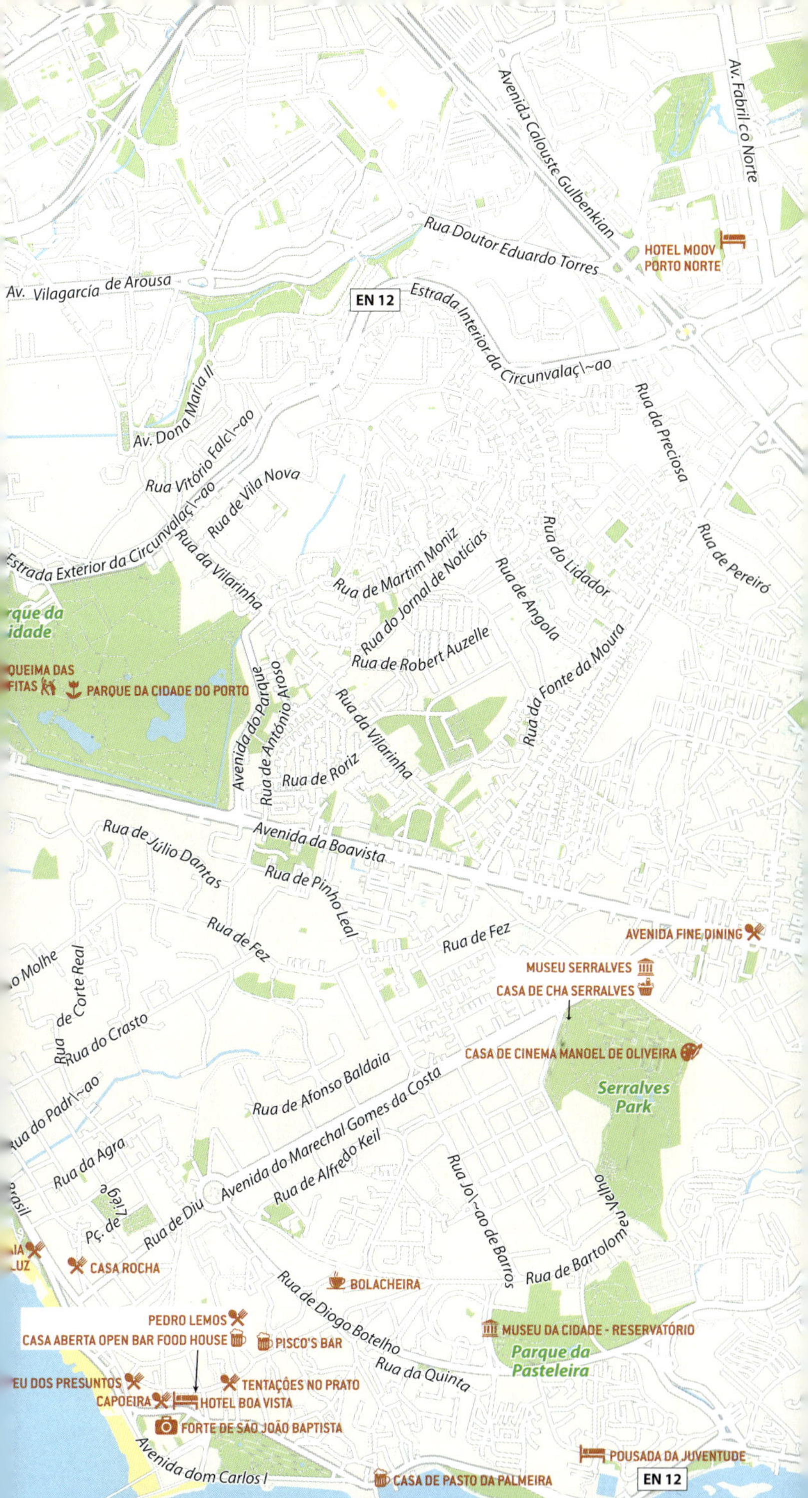
Avenida Calouste Gulbenkian
Av. Fabril co Norte
Rua Doutor Eduardo Torres
HOTEL MOOV PORTO NORTE
Av. Vilagarcía de Arousa
EN 12
Estrada Interior da Circunvalaç\~ao
Rua da Preciosa
Av. Dona Maria II
Rua Vitório Falc\~ao
Rua de Vila Nova
Estrada Exterior da Circunvalaç\~ao
Rua da Vilarinha
Rua de Martim Moniz
Rua do Jornal de Notícias
Rua de Angola
Rua do Lidador
Rua de Pereiró
Parque da Cidade
QUEIMA DAS FITAS
PARQUE DA CIDADE DO PORTO
Rua de Robert Auzelle
Rua da Fonte da Moura
Avenida do Parque
Rua de António Aroso
Rua da Vilarinha
Rua de Roriz
Rua de Júlio Dantas
Avenida da Boavista
Rua de Pinho Leal
Rua de Fez
Rua de Fez
AVENIDA FINE DINING
MUSEU SERRALVES
CASA DE CHA SERRALVES
Rua de Corte Real
Rua do Crasto
CASA DE CINEMA MANOEL DE OLIVEIRA
Serralves Park
Rua de Afonso Baldaia
Avenida do Marechal Gomes da Costa
Rua do Padr\~ao
Rua da Agra
Rua de Alfredo Keil
Rua Jo\~ao de Barros
Rua de Bartolomeu Velho
Pç. de Liège
Rua de Diu
CASA ROCHA
BOLACHEIRA
Rua de Diogo Botelho
PEDRO LEMOS
CASA ABERTA OPEN BAR FOOD HOUSE
PISCO'S BAR
MUSEU DA CIDADE - RESERVATÓRIO
Parque da Pasteleira
Rua da Quinta
EU DOS PRESUNTOS
TENTAÇÕES NO PRATO
CAPOEIRA
HOTEL BOA VISTA
FORTE DE SÃO JOÃO BAPTISTA
Avenida dom Carlos I
POUSADA DA JUVENTUDE
CASA DE PASTO DA PALMEIRA
EN 12

Miragaia
Jardins da Casa Tait
Museu do Carro Elétrico
Jardins do Museu Romântico
Avenida das Tílias
Rua de Jorge Viterbo Ferreira
Rua de dom Manuel II
Jardins do Palácio dos Carrancas
Rua do Rosário
Túnel dos Almadas
Jardim de Carrilho Videira
Rua do Carmo
Jardins do Palácio de Cristal
Lago Do Palácio De Cristal
Jardins da Casa do Roseiral
Alameda de Basílio Teles
Rua da Restauração
Rua do Cristelo
Cais das Pedras
Rua de Azevedo de Albuquerque
Jardim de João Chagas
Hôtel Torel Avantgarde
Rua de Sobre-o-Douro
Parque Municipal das Virtudes
Rua de Monchique
Viaduto do Cais das Pedras
Hôtel Neya Porto
Rua da Bandeirinha
Happy Porto Hostel
Passeio das Virtudes
Rua das Taipas
Rua dos Armazéns
Taberna do Barqueiro
Porto Legends
World of Discoveries
Rua de São Miguel
Rua da Vitória
Rio Douro
Torreão Restaurante
Rua Nova da Alfândega
Rua de Miragaia
Rua do Cais Cavaco
Museu das Marionetas do Porto
Sobre o Rio
Intrigo
Avenida Mestre José Rodrigues
Cais Capelo e Ivens
Rua de Viterbo de Campos
Ribeiredge Guesthouse
Alfândega Nova

PRATIQUE

SE REPÉRER / SE DÉPLACER

DE L'AÉROPORT AU CENTRE-VILLE

L'aéroport de Porto est proche de la ville (11 km) et de ce fait est accessible en métro par la ligne E. Un service de bus (Getbus) vous permet de rejoindre le centre-ville en 25 minutes. Si vous souhaitez prendre un taxi pour ne pas avoir à changer de correspondance, prenez-le dans la zone de départ. Attention à bien vérifier qu'il appartient à l'une des compagnies officielles, certains taxis sont un peu voleurs. Vous pouvez également commander un VTC.

ARRIVÉE EN TRAIN

La compagnie de train du Portugal s'appelle comboios de Portugal (www.cp.pt). Deux gares se trouvent à Porto et permettent de relier les grandes villes du Portugal, de la région du nord, et quelques villes d'Espagne. Vous arriverez probablement à São Bento, la gare centrale. Sinon, il s'agit de Campanhã, à l'est de Porto. Depuis les gares, vous pourrez prendre le métro ou le bus pour vous rendre à votre logement.

ARRIVÉE EN BATEAU

Il n'existe pas actuellement de liaison maritime régulière entre la France et le Portugal. Seules les croisières vous permettront de faire ce type de liaison, avec courte escale, par voie maritime (consulter une agence spécialisée).

TRANSPORTS EN COMMUN

Porto dispose d'un réseau de métros (www.metrodoporto.pt), de bus et de trams. Les métros (6 lignes) fonctionnent de 6h à 1h du matin, à une fréquence entre 4 et 15 minutes. Ils ne desservent pas tous les lieux touristiques. Les bus sont un peu plus aléatoires et peuvent être coincés dans le trafic aux heures de pointe. Ils permettent par exemple de rejoindre Vila Nova de Gaia et d'autres coins non desservis par le métro ou le tram touristique (3 lignes). Pour utiliser les transports, le plus simple et le moins cher, c'est d'acheter la carte Andante Azul (0,60 €, valide un an) et de la charger avec un nombre de trajets spécifiques selon les zones où vous vous rendrez. Par exemple : 10 trajets + 1 offert en Z4, 5 trajets en Z3, etc. Avec une Z4 il est possible de voyager en Z3, pas besoin de racheter un trajet évidemment. Andante 24 vous permet de voyager pendant 24h dans la zone maximale choisie (entre Z2 et Z12). Pour une utilisation illimitée des transports, dans toutes les zones, pendant 24h, cela coûte 7 € ; pendant 3 jours 15 €. Il s'agit de la carte Andante Tour, à destination principale des touristes qui ne veulent pas se prendre la tête (et ils ont bien raison !). Elle est valide dès le premier « compostage » à la borne jaune d'un bus, métro ou tram. Possibilité de charger un Andante Tour sur l'Andante classique. Vous trouverez la carte Andante dans les boutiques Andante (point info de l'aéroport, bornes de métro par exemple), et les gares ferroviaires, entre autres. Avec la Porto Card, les transports sont illimités. Le funiculaire de Guindais relie la Ribeira à la partie haute de la ville pour 2,50 € ; il se prend en face du pont Luis I.

VÉLO, TROTTINETTE & CO

Avec les montées, les descentes, les routes étroites et les pavés, la ville n'est pas vraiment faite pour les vélos, sauf bien sûr pour se balader le long de la côte où, cette fois-ci, c'est tout plat et très bien aménagé pour les vélos. Vous trouverez cependant des compagnies de vélos électriques, trottinettes et scooters à louer.

405 kgCO_2e / personne
Aller-retour Paris-Porto

382 kgCO_2e / personne
Aller-retour Paris-Porto

125 kgCO_2e / personne
Aller-retour Paris-Porto

→ Le calcul de cette consommation CO_2 est fait à partir de Paris, mais l'idée est avant tout de montrer la différence entre les différents moyens de locomotion. Le différence entre chacun garde la même proportion depuis votre point de départ quel qu'il soit également.

Bien qu'il n'existe pas encore les vélos en libre circulation, commencent à fleurir les trottinettes électriques, un peu partout à Porto, mais surtout au bord du Douro, et même jusqu'à Matosinhos. Pour les utiliser, il faut télécharger l'application de la marque de trottinette et suivre les indications.

AVEC UN CHAUFFEUR

Depuis quelques années Uber et les autres compagnies de VTC (Cabify, Blacklane...) se sont installées à Porto.
Jusqu'à présent Uber fonctionne différemment de la France. Vous avez l'option Uber X (le tarif est annoncé à l'avance) et Uber black (un peu plus cher). Les tarifs changent régulièrement donc cela peut être plus avantageux qu'un taxi, ou pas. Vous reconnaîtrez les taxis officiels par leur couleur (noir et vert) et par l'obligation d'afficher leur numéro de licence. Si vous tombez bien, vous arriverez à votre destination en moins de deux car les chauffeurs connaissent la ville comme leur poche. Les tarifs augmentent de 20 % le week-end et les jours fériés entre 21h et 6h. Depuis l'aéroport cela coûte environ 25 € et en centre-ville 6 €.

EN VOITURE

Comme dans toutes les villes importantes du Portugal, la conduite est épuisante et les places sont rarissimes. Une solution consiste à se garer à l'extérieur du centre-ville au Arrabida Shopping, Vila Nova de Gaia, ou encore à l'Edificio América, et d'emprunter les transports en commun. Il existe des parkings sous-terrains pas trop chers comme le Palacio de Cristal (12 €/jour), le Lapa (3 € pour 7 heures) ou encore le Cristal Park (15 €). Dans les zones avec parcmètres (payantes les jours ouvrables de 8h à 20h), vous pourrez stationner 4 heures consécutives maximum. Faites attention car il semble que la compagnie qui contrôle le stationnement soit très vigilante et vous pouvez vous faire emmener votre voiture à la fourrière très rapidement. Attention également, dans certaines zonez résidentielles les places sont réservées aux détenteurs d'une carte de résident.

ACCESSIBILITÉ

L'accessibilité aux transports en commun à Porto est très bonne. Le métro est adapté à 100 % (ascenseurs, rampes d'accès...), comme la plupart des bus et du métro de Guindais. Un bon nombre de sites touristiques facilitent la venue en fauteuil, mais ce n'est pas le cas de l'accès aux églises par exemple. Si vous venez avec un enfant, pensez à prendre une poussette solide.

LES ATTRAPE-TOURISTES

Attention, certains chauffeurs de taxi profitent que vous ne connaissiez pas la ville pour faire des détours et augmenter le prix de la course. Pensez à demander une fourchette de prix au départ et à vérifier qu'ils allument bien le compteur.

LES PHRASES CLÉS

Bonjour, comment puis-je me rendre à...
Bom dia, como posso ir até...

Est-ce loin à pied ? Y a-t-il le métro ou un bus... pour y aller ?
É longe a pé? Há metro ou autocarro.... para ir lá?

Pouvez-vous me montrer cet endroit sur la carte s'il vous plait ?
Pode mostrar-me este lugar no mapa, se faz favor?

Où puis-je acheter les tickets de transport ? Est-ce que je peux payer en carte de crédit ?
Onde posso comprar os títulos de transporte? Posso pagar com cartão?

Où est la sortie ? A gauche, à droite ou tout droit ?
Onde é a saída? À esquerda, à direita ou sempre em frente?

Je suis perdu et je suis en retard, s'il vous plait, aidez-moi ! Merci beaucoup !
Perdi-me e estou atrasado(a), se faz favor, ajude-me! Muito obrigado(a)!

AÉROPORT DE PORTO [AÉROPORT FRANCISCO SÁ-CARNEIRO]

Pedras Rubras
✆ +351 229 432 400
www.ana.pt
Métro E. 2 € billet Z4 [avec la carte rechargeable à conserver 0,60 €]. Environ 30 min jusqu'au centre-ville de Porto.

Il est ultramoderne et plutôt petit car il n'a qu'un seul terminal. De nombreux vols desservent la France : Paris est relié à Porto plusieurs fois par jour par Easyjet, la TAP, Transavia et Vueling. Ryanair propose des liaisons *low cost* vers Porto depuis Beauvais [relié à Paris en bus] et diverses villes de province : Marseille, Lille, Bordeaux, Saint-Etienne et Rodez. Easyjet relie Lyon à Porto, et Transavia propose également des vols saisonniers depuis Nantes.

ESTAÇÃO SÃO BENTO

Praça Almeida Garrett
✆ +351 707 210 220
www.cp.pt

La gare historique de Porto est une attraction en soi, avec ses magnifiques *azulejos* que tout le monde vient voir. Vous observerez aussi sur des pierres alentour des mosaïques « incrustées » dessus, un vrai travail d'orfèvres. Côté transports, on prend surtout des trains de banlieue et régionaux allant plutôt vers le Nord [Braga, Guimaraes…]. Un train la relie à la gare de Campanhã toutes les 20 minutes. Selon la localité de votre hébergement, regardez bien quelle gare est la plus proche… Des consignes à bagages sont disponibles, sur la gauche en entrant.

DOURO RIVER TAXI

✆ +351 223 742 800
https://dourorivertaxi.com/en/home-en
Tous les jours de 10h du matin au coucher du soleil. Un départ tous les quarts d'heure. 3 € par personne l'aller.

Pas envie de passer par un pont pour atteindre l'une ou l'autre rive du Douro ? Descendre puis remonter [ou inversement] ne vous réjouit pas plus que cela, ou vous l'avez déjà fait tant de fois que cela en devient routinier ? Alors prenez le taxi-boat. C'est la manière la plus rapide de traverser le Douro, entre les quais de Porto et ceux de Gaia. A bord d'un bateau inspiré des *rabelos*, vous serez de l'autre côté en moins de 5 minutes ! Cela a cependant un coût. A essayer une fois au moins pour être au plus près du merveilleux Douro.

THE GETAWAY VAN

Rua do Barroco, Leça do Balio - **MATOSINHOS**
✆ +351 229 514 904
www.the-getaway-van.com
Van à partir de 70 €, 7 jours minimum en été. Chauffage central autonome, dépôt de 75 l d'eau potable, wifi gratuit.

Voici une solution originale « 2 en 1 », logement plus transport pour découvrir à partir de Porto la région nord ou tout le Portugal. The Getaway Van propose bien plus qu'une expérience en camping-car, avec ses vans aux couleurs chatoyantes qui invitent à l'aventure. Aménagés pour offrir tout le confort, ce sont des Ford Transit Custom équipés de moteur diesel qui se transforment en logement le moment venu, pourvus d'un panneau solaire pour charger la batterie auxiliaire. Tout équipés pour dormir, cuisiner et se doucher, avec wc. Voyagez en toute liberté !

TURISPRIME

583 Rua do Barreiro
✆ +351 210 410 377
www.turisprime.pt
Ouvert tous les jours de 9h à 20h. A partir d'une vingtaine d'euros pour une voiture éco.

Si vous cherchez à louer une voiture pour vous déplacer, faites appel à cette agence de location située à Porto mais aussi dans d'autres villes du Portugal comme Lisbonne ou Faro. Turisprime propose des véhicules de différentes catégories, allant de la mini à la monospace, en passant par l'automatique. Compétence et efficacité à prix doux. Réservation sur leur site Internet très facile. Attention, comme pour toute location de voiture, il vous faudra une carte de crédit pour laisser une caution. Vérifiez auprès de votre banque.

BUS

✆ +351 226 158 158
www.stcp.pt
Ticket à 2 € sans changement possible. Ticket à la journée, valable 24h : 7 €.

L'agglomération de Porto compte une cinquantaine de lignes de bus, dont 10 environ circulent la nuit. Les plus importantes lignes de bus sont la ligne 502 qui relie Bolhão, Boa Vista et Matosinhos, la 500 qui relie la Ribeira à Matosinhos en longeant la côte et la ligne 202 qui relie le centre de Porto à Boa Vista. Retrouvez une carte interactive très pratique sur le site pour connaître les arrêts et les horaires. Possibilité de prendre un ticket pour un bus touristique Yellowbus ou/et un tramway ancien pour explorer la ville.

FUNICULAIRE DE GUINDAIS

Avenida Gustavo Eiffel
✆ +351 222 080 111
Ouvert tous les jours. Horaires variables, du dimanche au jeudi : 8h-22h, vendredi et samedi : 8h-24h. 4 € le billet.

Ce funiculaire relie la Ribeira en bas du centre historique, près des quais, à la Praça da Batalha, tout en haut de la ville, près du pont et de la cathédrale de Sé. C'est un moyen de transport très pratique quand on est pressé ou fatigué. Mais surtout il offre une vue splendide sur le pont Dom Luis, les murs médiévaux de Porto et les différents chais de Vila Nova de Gaia. Il a été inauguré en 1891 puis rénové une centaine d'années plus tard, en 1994. A faire au moins une fois pour l'expérience unique et son évidente praticité.

PORTO TRAM CITY TOUR

www.stcp.pt
Ticket un voyage sans changement : 3,50 €, 2 voyages le même jour : 6 €, deux jours : 10 €, enfants (4 à 12 ans) 5 €.

Le réseau de tramways de Porto (géré par la STCP) comporte trois lignes en circulation. Ces dernières sont idéales pour une découverte touristique puisque les itinéraires des trams passent aux endroits les plus emblématiques de la ville. La ligne 1 circule entre le centre historique de Porto et le jardin de Passeio Alegre, le long du Douro. La ligne 18 circule entre Massarelos et le Carmo. La ligne 22 circule à travers les rues emblématiques du centre-ville de Porto, entre l'université de Porto et Batalha. Les horaires varient de 8h-9h à 20h-20h30 chaque jour.

MÉTRO

www.metrodoporto.pt
Billet simple : à partir de 1,25 €. Carnet 11 voyages : à partir de 12,50 €. Pass 3 jours : 15 €.

Le métro de Porto compte 6 lignes (de A à F). Pratique pour rejoindre la gare São Bento, l'Avenida dos Aliados, la Casa da Musica ou encore pour traverser le pont Luis I. Il est propre, neuf et assez agréable. Pour les stations dans le centre ville un métro toutes les 5 minutes durant la journée et à chaque 12 minutes à partir de 22h. Pour les autres destinations compter en moyenne entre 15 et 20 minutes pendant la journée et 30 minutes le soir. Les 6 lignes convergent à la station Trindade au centre-ville. La ligne E va jusqu'à l'aéroport.

TÉLÉPHÉRIQUE

143 Calçada da Serra
✆ +351 223 741 440
www.gaiacablecar.com
Ouvert tous les jours. Adulte : 6 € l'aller simple et 9 € l'aller-retour, enfant moitié prix. Famille 22,50 €.

Sur les quais, ou en hauteur, vous ne pourrez passer à côté sans voir ces œufs suspendus dans le vide qui donnent au décor des airs de station de ski. Et pourtant, c'est bien ici à Porto que ce téléphérique transporte depuis février 2011 ses passagers, des quais de Gaia aux Jardins do Morro situés à environ 35 mètres de hauteur. Le tour dure environ 5 minutes, la vue est sublime. Bien pratique pour ceux qui seraient fatigués rien qu'en voyant la montée en zigzag à parcourir pour atteindre à pied le sommet. Expérience originale à vivre.

NORTHROAD – RENT A MOTO & VELO / TOURS

Rua do Infante D. Henrique, 117a
✆ +351 309 968 534
www.northroad.pt
Ouvert tous les jours de 9h à 13h et de 14h à 19h l'été. L'hiver de 10h à 13h et 14h à 18h. Scooter à partir de 20 €.

Située sur les bords du Douro, c'est la boutique tout indiquée pour découvrir la ville en deux-roues. On peut y louer vélos (électriques ou non), tandems, scooters et motos. L'accueil est très sympathique et prodigue des conseils pour organiser une petite balade. Northroad propose aussi des tours à moto guidés ou auto-guidés (à faire de façon autonome et à son propre rythme) de plusieurs jours pour découvrir le Portugal et même partir jusqu'en Espagne avec un guide passionné.

VIEGUINI

7 Rua Nova da Alfândega
✆ +351 914 306 838
www.vieguini.pt
Ouvert de 9h à 19h. Location de vélo : 6 €, 2 heures, 14 € par jour ; tandem : 10 €, 2 heures. Scooter : 30 € par jour.

Située dans le centre historique de Porto, Vieguini est une agence de location de vélos, tandems et scooters, au bon rapport qualité-prix. Pour ceux qui souhaiteraient découvrir la capitale du nord et ses alentours, en suivant idéalement les pistes cyclables très bien aménagées, autrement qu'à pied ou en transports en commun, voici une bonne adresse. Vieguini propose également des balades en vélo en groupe (à partir de 4 personnes). L'équipe est aux petits soins et disponible à toute heure de la journée pour vous aider en cas de problème lors de la location.

QUARTIERS

Porto s'est construite en cercle autour de la cathédrale (Sé). Aujourd'hui, la municipalité se divise en quinze quartiers qui ont donc été habités d'abord dans le centre-ville, puis au fur et à mesure de l'expansion de Porto. Ici, nous avons choisi de regrouper certains quartiers pour une meilleure lecture, ce, en fonction de leur emplacement, et parce que les Portuans eux-mêmes n'évoquent pas systématiquement le nom de certains quartiers pour situer des points de visite intéressants. Vous retrouverez donc ce que nous avons nommé « Ville haute », qui regroupe le centre-ville et la majorité des quartiers à proximité, Ribeira et Miragaia, et Foz do Douro. Vila nova de Gaia ne constitue pas à proprement parler un quartier de Porto. En revanche, cette petite ville s'avère un point de passage presque obligé lors d'un séjour à Porto.

Baixa/Sé : le centre-ville

Pour entrer plus dans les détails, le centre-ville de Porto correspond au vieux quartier de la ville, emblématique avec ses hôtels de luxe et ses nombreux points d'intérêt incontournables. Il regroupe les quartiers de la Sé et Baixa, perchés sur deux collines où se trouvent principalement la cathédrale et la somptueuse librairie Lello. Pour se rendre d'un quartier à l'autre qui n'en forment qu'un dans l'esprit collectif, nous traversons l'Avenida dos Aliados (l'avenue des Alliés, en hommage aux Alliés de la Première guerre mondiale), l'une des plus connues de Porto. Cette avenue, longue de 250 mètres, pavée et piétonne en son centre, relie la Praça do General Humberto Delgado et la Praça da Liberdade toute proche de la gare de São Bento qui borde ce centre-ville. Vous l'aurez compris, l'ensemble de ce quartier évoqué est l'un des lieux les plus touristiques avec de nombreux restaurants, et fréquentés la nuit avec ses bars.

Le quartier d'Idelfonso, dans la continuité du centre-ville, regroupe des petits commerces traditionnels. Il est assez animé grâce à leur présence. Vous ne remarquerez d'ailleurs presque pas le fait de ne plus vous trouver dans ce qui est considéré comme le centre-ville...

L'authenticité de Ribeira et Miragaia

Mais venons-en au plus célèbre et joli quartier (nous vous laissons en juger par vous-même !), classé au patrimoine mondial de l'Unesco, celui que les cartes postales mettent en avant avec la photo de rabelos (barques traditionnelles servant à transporter les fûts de vin) sur le Douro, les maisons colorées en arrière-plan. Il s'agit de la Ribeira. Ses vieilles maisons conservées et ses ruelles qui serpentent jusqu'aux quais du Douro lui donnent tout son charme. Sans manquer le clou du spectacle : le pont Dom Luis. L'effervescence de la Ribeira ne s'arrête presque jamais.

Le quartier de Ribeira.

Miragaia est ce que l'on appelle un labyrinthe à parcourir et des côtes à monter, surtout quand l'on revient de la Ribeira, l'un de ses quartiers voisins. Que cela ne vous décourage pas, car Miragaia possède un grand charme aussi. Entre les rives nord du Douro et le jardim do Carregal, collé au centre historique, Miragaia permet d'échapper aux touristes et de retrouver calme et quiétude, tout en offrant de beaux points de vue sur le Douro. Un quartier tout en couleurs qui fait partie des plus authentiques de Porto. Miragaia est également considéré comme le quartier le plus romantique de Porto.

Les autres quartiers de la « Ville haute »

Entre le centre-ville, Ribeira, Cedofeita et Miragaia, le quartier Vitória, proche de l'université de Porto (sciences et médecine), et presque inséré dans le centre-ville (ici encore, il est rare de nommer le quartier aussi précisément), est traversé par les rues Galeria de Paris et do Almada, connues pour l'animation de leur vie nocturne. Par ailleurs, les rues commerçantes piétonnes sont légion et le quartier toujours en éveil.

Au bout de la Rua Santa Catarina, parmi l'une des rues les plus commerçantes avec ses petites boutiques et ses enseignes plus internationales, nous arrivons au quartier Marquês. Ce dernier appelle à se balader et à se détendre dans l'un de ses deux parcs : jardim da Arca d'Agua et Quinta do Covela.

En continuant à l'ouest, on se dirige vers le quartier de Massarelos. Plus alternatif, Massarelos a vu naître la vague hipster. Dans ce quartier, il est agréable de profiter des jardins du Palácio de Cristal qui offrent une vue à couper le souffle sur le Douro. Néanmoins, après le pont d'Arrábida, le coin est un peu plus défavorisé et le tourisme déconseillé.

© LETHICIA COELHO - SHUTTERSTOCK.COM

Vue sur le Douro depuis les jardins du Palácio de Cristal.

Le quartier de Cedofeita, au nord ouest, se concentre sur la Rua de Cedofeita et la Rua Miguel Bombarda. Cedofeita offre l'expérience du cadre de vie typique portugais, sans que le centre-ville ne soit trop loin. Ce quartier plaît beaucoup aux familles et aux enfants qui s'amusent dans les nombreuses aires de jeux. Cedofeita est aussi connu pour ses galeries d'art et concept stores.

Au nord-ouest, l'avenida Boavista porte le nom du quartier où vivent les riches familles et sont installés les bureaux des grandes entreprises. On y vient principalement pour visiter la Casa da Música, la synagogue et la fondation-musée Serralves, mais aussi pour s'adonner à du shopping de luxe, car les grandes boutiques de luxe se trouvent dans ce quartier. Boavista gagne progressivement en notoriété tout en restant plus calme qu'au centre-ville.

A l'est, entre la Rua João IV et la gare Campanhã, le quartier Bonfim, populaire et étudiant émerge lui aussi peu à peu, sans toutefois être touristique. La plupart des touristes qui y viennent sont ceux descendus à la gare Campanhã au lieu de la centrale São Bento. Pourtant, la scène artistique est grandissante et l'on apprécie le fait de sortir un peu des sentiers battus.

Foz do Douro et Vila Nova de Gaia : direction l'océan

A l'ouest, à l'embouchure du Douro, le quartier de la Foz (Foz do Douro) a fait partie des derniers quartiers habités et intégrés à la municipalité, à la fin du XIXe siècle. Il mélange lieu de vie portugais avec ses maisons traditionnelles, et grande bouffée d'air frais puisque situé au bord de l'océan Atlantique. Foz do Douro constitue un bon équilibre entre présence de locaux et de touristes. Les plus belles plages de Porto vous attendent, ainsi que des balades à pied ou en vélo jusqu'à Matosinhos, port et petite ville de pêcheurs adjacent.

Située sur l'autre rive du Douro, après avoir traversé le pont Dom Luis, vous voici à Vila Nova de Gaia, que certains considèrent comme la petite soeur de Porto. C'est ici que se trouvent les caves où le vin de Porto vieillit en fûts ; une visite dans l'une d'entre elles est un incontournable ! La ville est une bonne option pour se loger à plus bas prix qu'à Porto. Vous y trouverez également trois grands centres commerciaux. Par ailleurs, à l'embouchure du fleuve, à l'ouest, la Praia do Cabedelo do Douro est une belle plage peu fréquentée des touristes, où se baigner, pratiquer des sports nautiques et se détendre. Une réserve naturelle se trouve juste à côté. Enfin, c'est depuis Vila Nova de Gaia que sont prises les plus belles photos carte postale de Porto que nous évoquions en parlant du quartier de la Ribeira.

L e centre-ville est relativement compact, et les nombreuses montées et descentes le rendent relativement difficile à visiter. Prenez surtout votre temps, ce que vous apprécierez au final. Par ailleurs, la visite se fait en deux temps : tout d'abord, vous pourrez explorer la ville haute, la partie la plus historique. Puis, en descendant, vous verrez que la Ribeira est un quartier plus animé et populaire. Au gré de votre visite, peut-être l'omettrez-vous au premier regard, puis, soudainement, il saute aux yeux : le street-art est partout ! L'une des pièces majeures se trouve sur le mur du 5D cinéma, en face du musée World of discoveries. Un visage, gravé dans le mur, vous regarde de son œil avisé. L'artiste Vhils l'a réalisé en utilisant… de la dynamite. Et c'est vraiment de la bombe ! A vous ensuite de repérer les autres œuvres majeures ou cachées, disséminées un peu partout dans la ville.

PRATIQUE

A VOIR / A FAIRE

HORAIRES

Les horaires d'ouverture sont assez similaires aux horaires en France (entre 9h et 19h). Attention, beaucoup de sites historiques ont des horaires d'été et d'hiver. Bien vérifier sur leur site Internet. Ici, pas de pause durant la journée pour faire la sieste comme leurs voisins espagnols. Si vous faites des visites guidées, prenez plutôt la session du matin (surtout en été à cause de la chaleur). Les jours de fermeture sont en général le lundi ou le mardi et les 25 décembre, 1er janvier et Pâques.

A RÉSERVER

Il n'y a pas besoin de réserver en avance pour les musées de la ville. Pour les spectacles de théâtre et certains de fado, cela est en revanche nécessaire. En réservant sur Internet pour certaines activités (visite du FC Porto, World of Discoveries...), vous pourrez bénéficier d'un pass coupe-file. Les tours privés et croisières se réserveront.

BUDGET / BONS PLANS

Les entrées peuvent être gratuites ou avec réductions (jusqu'à 50 %) pour les détenteurs de la Porto Card, un pass vendu dans les offices de tourisme, et à l'aéroport. Elle est valable de 1 à 4 jours. Certains musées sont gratuits les premiers dimanches du mois ou le dimanche matin. C'est en général spécifié sur leur site Internet. Possibilité de visiter les musées gratuitement le jour de la journée internationale des musées (en mai).

LES ÉVÉNEMENTS

Le gros événement de la ville de Porto se passe en juin. On célèbre la Saint Jean (São João) le 23 juin au soir pour le 24, mais il y a des manifestations pendant tout le mois. Les Portugais attendent cela avec impatience dès le mois de mai.

VISITES GUIDÉES

Il existe à Porto des bus panoramiques qui proposent des visites de la ville (Yellow Bus - www.yellowbustours.com, City Sightseeing - www.city-sightseeing.com) mais aussi des tours sur des thématiques plus originales comme des food tours, des tours de street art, des tours dédiés au patrimoine et au vin. Certains sont d'ailleurs gratuits (free tours).

LES PHRASES CLÉS

Bonjour, puis-je avoir deux entrées adultes et un enfant s'il vous plait ?
Bom dia, queria duas entradas para adultos e uma para criança, se faz favor?

Le tarif enfant est jusqu'à quel âge ? Et pour les seniors, est-ce qu'il y a une réduction ?
O preço para criança é até que idade? E para a terceira idade, há descontos?

Est-ce qu'il y a des visites guidées en français ou un audioguide ?
Há visitas guiadas em francês ou audioguiadas?

Combien de temps faut-il pour faire la visite ?
Quanto tempo demora a visita?

J'ai du mal à monter les escaliers, avez-vous un ascenseur ?
Não consigo subir as escadas, tem elevador?

Excusez-moi, pouvez-vous me dire où sont les toilettes ? Merci beaucoup.
Por favor, onde estão as casas de banho? Muito obrigado(a)!

GUIA DA CIDADE

www.guiadacidade.pt

Guia Da Cidade est un site Internet qui regroupe en portugais, en espagnol et en anglais différentes informations sur un grand nombre de villes portugaises. En cliquant sur « Porto », au bas de la page principale, vous aurez accès à plusieurs informations sur les monuments et lieux à visiter, ainsi que toutes les options de loisirs. L'agenda vous indiquera également les événements à venir. Ce site très pratique est en partenariat avec Booking pour réserver votre hôtel. En cliquant sur les activités proposées, vous serez redirigé vers les autres sites partenaires.

PORTO CARD

Porto Welcome Center : 27 Praça Almeida Garrett

https://visitportoandnorth.ecwid.com

1, 2, 3 et 4 jours et avec 2 formules : piéton à partir de 6 € et avec transport à partir de 13 €.

Ces cartes officielles donnent l'accès gratuit et offrent aussi de nombreuses réductions dans plusieurs établissements adhérents.

La carte « piéton » s'utilise dans les musées et les caves à vin de Porto mais aussi dans les services de locations, restaurants, magasins, croisières sur le fleuve, circuits touristiques à Porto et dans toute la région Nord.

Les cartes avec transport permettent d'accéder gratuitement et de façon illimitée aux transports publics. La Porto Card est en vente sur le site web et dans les offices de tourisme officiels de Porto.

IDEAL CLUBE DE FADO

32 Rua do Ateneu Comercial do Porto

✆ +351 915 681 676

www.idealfado.pt

Spectacles tous les jours à partir de 18h, consultez le site web. Avec dégustation d´un verre de vin de porto.

© IDÉAL CLUBE DE FADO

Dans une salle intimiste vous allez (re) découvrir le fado. Loin des maisons de fado qui proposent des spectacles avec dîner, vous écouterez des artistes professionnels chanter la version traditionnelle de ce chant. Idéal Clube de Fado propose de découvrir, pendant une heure, ce chant typiquement portugais. Avec, en préambule, la présentation, en 15 min, de ses particularités. Vous apprendrez comment le fado traditionnel se distingue des autres styles de fado ; des poèmes chantés qui s'adaptent à la mélodie musicale. Un beau moment !

PORTO CONVENTION & VISITORS BUREAU

211 Rua Miguel Bombarda

✆ +351 223 326 751

https://www.portocvb.com/

Une mine de renseignements ; interlocuteurs compétents et francophones.

Fondée en 1995, cette association a pour but de promouvoir le tourisme du nord du Portugal à l'international. Si elle s'adresse prioritairement aux membres, qui sont des entreprises établies dans le pays, vous trouverez sur son site Internet des informations sur les déplacements, les logements, la restauration, les projets à venir. Des articles sur l'actualité des entreprises pourraient aussi vous intéresser. Le site Internet est rédigé en portugais et en anglais.

BLUE DRAGON

251 Rua Alexandre Herculano

✆ +351 222 022 375

www.bluedragon.pt

Tour guidé à vélo à partir de 29 € (3h) ; Segway tour à partir de 34 € (2h) ; tour à pied à partir de 29 € (3h).

Blue Dragon propose plusieurs types de tours guidés pour découvrir les merveilles de Porto. À pied : « Nourriture et vin », « Dégustation et vue », « Le meilleur de Porto ». A vélo : « Tour de la vieille ville », « Street art en vélo électrique ». En Segway : « Le meilleur de Porto », ou encore « Coucher de soleil ». Plusieurs langues pour les visites sont proposées, dont le français. Vous aurez également la possibilité de louer des vélos (classiques ou électriques) si vous souhaitez parcourir Porto en solo. Les guides sont accueillants, souriants et passionnés !

ANETOURS

4524 Avenida Mário Brito ✆ +351 229 942 667
www.anetours.pt
Transferts, tours dans la ville, croisières dans la vallée du Douro, Segway... Tarifs sur Internet.

Cette agence propose des transferts, des visites guidées, ainsi que des excursions organisées depuis Porto, à partir de votre hôtel, en groupe ou personnalisées. Elle propose aussi des séjours thématiques allant de la gastronomie aux vins. Toute l'année sont effectués plusieurs parcours pour visiter les principaux centres d'intérêt ou villes du nord et du centre du Portugal ainsi que différentes croisières pour goûter à la magie de la vallée du Douro.

- **A Porto,** il est possible d'effectuer à pied une visite guidée de la ville historique et des caves à vin de Porto à Vila Nova de Gaia, avec dégustation à la clé bien sûr.
- **Découverte du nord du Portugal, du centre ou même de Lisbonne** avec plusieurs parcours proposés d'une journée, en voiture, minivans et minibus : le Minho historique (Braga et Guimarães), le Minho atlantique (Viana do Castelo, Ponte de Lima et Barcelos), le Douro (Amante, Régua, Pinhão), la Costa de Prata (Aveiro, Bussaco, Coimbra) Coimbra et Fatima, Obidos, Nazaré et Lisbonne. Les chemins de Saint-Jacques-de-Compostelle et Valença do Minho.

Les tours durent une journée durant laquelle vous découvrirez des coins du Portugal où l'on ne pense pas toujours venir de prime abord mais qui méritent vraiment le détour.

- **Services de transport** : transferts de et pour l'aéroport, mariages, réunions, événements, invités VIP et transports entre les villes.
- **Réservation par mail,** par téléphone ou sur le site Internet. Sur ce dernier, vous trouverez le détail des tours proposés. Communication très professionnelle et à l'écoute.

CITYSIGHTSEEING PORTO

✆ +351 225 100 529
www.city-sightseeing.com
Ticket 20 € (9 € enfants de 4 à 12 ans) valable deux jours, 18 € un jour. Audioguide en français.

Le bus touristique rouge réalise deux parcours :

- **La *linha vermelha* (ligne rouge)** va de la statue de l'Infante D. Henrique jusqu'au largo Miguel Bombarda, du centre-ville jusqu'à Foz do Douro. Durée d'environ une heure. Départ toutes les 90 minutes, tous les jours à partir de 9h15.
- **La *linha azul* (ligne bleue)** même point de départ que la rouge va en direction de la Casa Barbot, en passant par 20 points touristiques du centre de Porto, jusqu'aux caves à Vila Nova de Gaia. Durée d'environ une heure. Départ toutes les heures, tous les jours à partir de 9h30.

DOURO ACIMA

Rua dos Canastreiros 40/42
✆ +351 222 006 418
www.douroacima.pt
Croisière de 50 minutes sur le Douro (départ toutes les 30 minutes, 7j/7 de 10h à 18h30) : 15 €. Enfant : 7,50 €.

Douro Acima est une agence spécialisée dans les croisières courtes sur le Douro d'une heure, d'une demi-journée ou d'une journée, à destination de Régua, Pinhão, Castelo de Paiva… Le voyage, certes court mais enivrant, s'effectue sur des *barcos rabelos*, ces bateaux typiques qui servaient à transporter le vin depuis la vallée du Douro jusqu'aux chais de Vila Nova. Il est également possible de déjeuner et de dîner à bord. Les embarquements se font depuis le quai de la Ribeira. Les destinations sont variées et les départs très fréquents.

EFUN TOURS

R. Guilherme Gomes Fernandes 110
✆ +351 910 241 977
http://www.efungpstours.com
Entre 19 et 105 € selon le tour choisi. Voir sur le site Internet. Transfert de et vers l'aéroport.

EFun Tours propose avec sa petite équipe des visites à pied ou en mini-van pour découvrir Porto, la vallée du Douro, Guimarães, Braga ou le Parc national Peneda-Gerês. Le top des tours, sans l'ombre d'un doute, est celui qui comprend la visite de la vallée du Douro, de trois de ses vignobles et d'un déjeuner. Une belle escapade lors d'un séjour à Porto. Parfait aussi pour bien s'imprégner de l'atmosphère de la ville, les visites thématiques à pied (« L'héritage judaïque », « La gastronomie locale »...), la découverte des caves de vin et des endroits emblématiques.

LIVING TOURS

Rua de Mouzinho da Silveira, 352-354
✆ +351 228 320 992
www.livingtours.pt
Porto city tour, Douro tour, Minho tour entre 25 et 95 €. Le guide vient vous chercher à l'hôtel. Promos régulières.

Living tours propose plusieurs types de visites et tours dans la région. Les visites se font en groupe à partir de deux personnes (à part les tours privés), jusqu'à neuf passagers maximum. L'équipe est d'une immense sympathie et parle plusieurs langues. Elle explique l'histoire et la culture des villes visitées et raconte de nombreuses anecdotes. Les repas et dégustations proposés sont excellents et permettent d'échanger avec les autres visiteurs. Une très bonne option pour ceux qui n'aiment pas conduire et préfèrent se faire guider.

OFFICIAL TOURS PORTO

144 Rua de São Victor ✆ +351 916 436 479
www.officialtoursporto.com.pt
Départ à 9h30 ou 14h30. 20 € par personne la balade classique de 3h30-4h. Réservation par mail ou SMS la veille.

Après avoir travaillé en tant que guide sur les bateaux du Douro, la jeune et sympathique Karen, franco-portugaise, ouvre Official Tours pour partager avec les voyageurs de passage sa passion de Porto. La jeune et unique agence officielle de visite guidée à pied, ou walking tour, de la ville propose toute une variété de thèmes pour découvrir la belle Porto : visite classique, food tour pour les gourmands. Les guides connaissent la ville par cœur. Une manière originale et plaisante de prendre ses marques et d'en apprendre davantage sur la ville. Coup de cœur !

RÉTRO-TOURS

✆ +351 222 022 375
https://www.retro-tours.com/fr/
A partir de 110 € par personne, balades en Coccinelle ou Combis des années 1960. Le guide vient vous chercher à l'hôtel.

Amoureux des coccinelles et des kombis des années 1960, avec Rétro-tours on découvre le Nord du Portugal, Porto, la Vallée du Douro, Braga, Guimarães et Coimbra. L'originalité de ces programmes est de remonter le temps au volant de ces véhicules mythiques, avec la possibilité de les conduire ! Accompagné d'un guide francophone, on partage des moments rares, découverte de sites, endroits insolites, visite de domaines viticoles, bons restos ! Une expérience unique pour le plus grand plaisir de tous ceux qui embarquent à bord de ces véhicules.

PORTO FREE WALKING TOUR

Praça General Humberto Delgado
www.freetour.com
Mardi, jeudi, vendredi et samedi à 10h30. Rendez-vous à la statue Almeida Garrett. Participation libre à la fin du tour.

Quoi de mieux que de découvrir les lieux emblématiques de Porto à pied en compagnie d'un local ? Voici ce que vous propose Porto Free Walking Tour. Durant près de deux heures, le guide, passionné, vous racontera autant de faits historiques et d'anecdotes qu'il en connaît. Et cela ne manque pas. Les tours sont en français. Il vous suffit de venir au point de rendez-vous qu'est la statue Almeida Garrett de la praça General Humberto Delgado, et de vous diriger vers la personne tenant un parapluie bleu foncé à la main. Conseillé lors d'une première visite à Porto.

ROTA DA FILIGRANA [ROUTE DU FILIGRANE]

n°41 Travessa Convenção de Gramido
✆ +351 224 660 500
www.rotadafiligrana.pt
Visites des ateliers gratuite sur réservation. Exposition tous les jours de 9h30/10h à 13h et de 14h à 17h30/18h.

Le départ de la route du filigrane se fait de l'office de tourisme de Gondomar, installé dans une belle demeure historique, qui donne sur le fleuve Douro. Ici commence la découverte de cette technique traditionnelle d'orfèvrerie, originaire de la région. Une exposition sur le filigrane donne un avant-goût des visites aux 8 ateliers. Le parcours permet de découvrir le processus artisanal de production. Possibilité d'acheter directement aux créateurs – à bon prix – des pièces uniques.

TOMAZ DO DOURO

8 Praça da Ribeira ✆ +351 222 081 935
www.tomazdodouro.com
Prix et horaires des croisières, réservations et achats de billets au 8 Praça da Ribeira ou sur le site Internet.

Tomaz do Douro propose, depuis plus de 25 ans, des croisières sur le fleuve Douro, à Porto entre les 6 ponts et depuis Porto jusqu'à Barca d'Alva, proche de l'Espagne. Cet opérateur dispose d'une dizaine de bateaux équipés de systèmes modernes de navigation, certains d'entre eux sont des bateaux typiques (*rabelos*) ; vous pourrez avoir ainsi le plaisir de remonter le fleuve comme autrefois. Les amateurs de sensations fortes pourront s'essayer au jet boat. Des équipes à l'écoute qui contribueront à rendre la découverte du Douro inoubliable.

ROTA DO DOURO

438 Av. Diogo Leite
✆ +351 223 759 042
www.rotadodouro.pt
Voir les horaires, tarifs et croisières possibles sur le site Internet.

Cette agence de croisières dispose actuellement de six bateaux, le plus récent date de 2016, mais c'est en 1999 qu'elle commença à proposer des croisières d'une journée avec son premier bateau *Rabelo*, embarcation typique utilisée dans la vallée du Douro. Au-delà des croisières traditionnelles d'une journée sur le fleuve, l'agence organise aussi des programmes de deux ou plusieurs jours avec repas à bord, sur mesure. Un service très attentionné, quelle que soit la croisière choisie pour connaître le Douro. Dans tous les cas, elle laissera un souvenir unique.

TOP TRAVEL PRIVATE TOURS

257 Rua Mainça
✆ +351 917 253 333
Tarifs sur demande.

Une agence très professionnelle qui organise des visites guidées de Porto, du Minho, de la vallée du Douro, d'Aveiro et de Coimbra. Egalement des visites guidées en voiture de luxe (Mercedes classe S ou E). Le sympathique Paula Mucha, le patron et guide, parle parfaitement français. Les tarifs étant complètement différents selon le type de prestation désirée, la meilleure solution reste de contacter l'agence. Vous obtiendrez tous les renseignements nécessaires et planifierez ainsi votre visite guidée. Pour se sentir comme un client privilégié.

TT-3WAYS

290 Av. de Gustavo Eiffel
✆ +351 913 074 570
www.tt-3ways.pt
À partir de 6 € le vélo, 100 € la voiture et la demi-journée (5h) en Vespa 35 €. Ouvert 9h-19h, 20h en haute saison.

Propose des visites guidées de la ville en vélo ou, plus simplement, la location de vélo, y compris à assistance électrique ; voilà une offre écologique, amusante et surtout – vu les pentes – pratique pour découvrir les recoins de la ville en toute autonomie. Des Vespa 1962 et 1968 et voitures vintage sont aussi proposées. Quoi de plus nostalgique, pour certains, que de visiter la ville en « Deudeuche », aux hoquets et au son du moteur refroidi à l'air si caractéristiques ? Plusieurs solutions sont proposées, à l'heure ou à la journée, qui s'adaptent à vos désirs.

TUKTOUR PORTO

✆ +351 915 094 443
www.tuktourporto.com
Tous les jours de 10h à 18h. Au départ de Clérigos, Cáis de Gaia ou de votre hôtel. Réservation conseillée.

Voici une façon plutôt originale de découvrir Porto, en tuktuk 100 % électrique. Au programme, une visite du centre historique, personnalisée et documentée avec un guide francophone. La balade est très agréable sur les rives gauche et droite du Douro. A partir de 20h, Porto by Night, un tour exceptionnel (sur réservation) au départ de votre hôtel, de Clérigos ou des Cais de Gaia pour profiter de la ville et de ses monuments éclairés.

TukTour Porto propose aussi des workshops (azulejos, cuisine, photos, surf, spa) et développe un tourisme créatif et participatif.

YELLOW BUS TOURS

✆ +351 218 503 225 - www.yellowbustours.com
Porto Vintage 18 € ou 20 € 2 jours adulte, 9 € enfant. Yellow City Cruises, 2 jours 28 € adulte, 14 € enfant.

Pratique pour ceux qui n'ont pas un budget trop serré, ceux qui n'ont pas beaucoup de temps à passer en ville et ceux qui ne veulent pas s'embêter avec le réseau de transport en commun ni la marche. La formule est assez complète, avec un même forfait :

- **Bus** : Bus : 2 parcours sont proposés en bus Hop On Hop Off : « Porto historique », durée environ 2 heures et les « Châteaux de Porto ». Le bus « Porto historique » fonctionne de 9h à 18h. Et le « Châteaux de Porto » opère quant à lui de 9h45 à 17h45. Avec un supplément au billet de base, vous pouvez aussi opter pour le combi Yellow City Cruise, qui regroupe dans un seul billet les deux circuits en bus panoramique, croisière des six ponts et une visite des fameuses caves Calem. Une belle option. Les tickets s'achètent directement à bord du bus ou aux nombreux points de vente situés en ville. Les départs s'effectuent à Avenida dos Aliados. Consultez les horaires des circuits sur le site Internet.
- **Croisière des six points :** une croisière les « Ponts de Porto » d'environ 50 minutes sur le Douro. Au départ du Cais de Gaia, le bateau passe au-dessous (ou non loin) des six ponts de la ville. Pas de guide à bord.
- **Caves Calém :** une visite guidée (en français) dans les caves du producteur Calém est aussi possible. Durant la visite, le guide explique le processus de fabrication du vin de Porto, une dégustation est proposée à la fin.
- **Audioguide en français.**
- **Circuits aux alentours de Porto :** le Braga & Guimarães Tour ou Douro Valley & Wine Tour, d'une durée moyenne de 9 heures.

ESTAÇÃO [STATION] SÃO BENTO ★★★

Estação São Bento

Lors de l'arrivée du chemin de fer au Portugal à la fin du XIXe siècle, il a fallu presque trente ans pour réussir à construire la gare ferroviaire au centre de Porto. C'est qu'elle se trouve à l'emplacement du couvent São Bento (XVIe) dont la destruction a été une des illustrations de l'antagonisme millénaire entre les commerçants et les autorités de la ville, et l'Église. D'installations provisoires en démolitions partielles du couvent dont la gare a conservé le nom, elle a été inaugurée en 1916, alors que le premier projet a été présenté en 1887. Après avoir été pendant plus de 50 ans une gare mixte marchandises et passagers, elle n'est aujourd'hui utilisée que pour le transport des passagers, en liaison avec la gare de Campanhã, située 3 km plus au nord (que l'on peut rejoindre en prenant le métro).

C'est un vaste bâtiment considéré comme une des dix plus belles gares du monde (et la plus belle du Portugal) avec sa pendule en fer forgé, mais surtout sa grande salle des pas perdus assez joliment décorée d'azulejos créés par Jorge Colaço en 1914. On y resterait des heures tant il faut de temps pour admirer chaque « tableau » présenté sous nos yeux et, quand on pense avoir fait le tour, on en découvre de nouveaux dissimulés çà et là dans des recoins, pour notre plus grand plaisir. Pour en profiter pleinement cependant, venez en fin de journée quand il y a moins de passage. À voir absolument lors de votre séjour à Porto car c'est un lieu incontournable.

FUNDAÇÃO ANTÓNIO DE ALMEIDA

325 Rua Tenente Valadim
✆ +351 226 067 418
www.feaa.pt

Ouverte du lundi au samedi de 14h30 à 17h30. Entrée gratuite.

Dans la maison même du collectionneur (bâtie dans les années 1920) sont exposés tableaux et mobilier français. L'idée du musée est de présenter la maison dans l'état dans lequel elle était lorsqu'elle était occupée par son créateur, qui était par ailleurs un numismate éclairé. D'où la collection de 966 pièces d'or du IVe siècle av. J.-C. au XIXe siècle conservée dans une salle coffre-fort. Le musée a été inauguré en 1973. Une visite dans un temps passé.

IGREJA SANTA CLARA ★

Largo 1º de Dezembro
✆ +351 223 392 330

Ouverte du lundi au vendredi de 9h à 12h30 et de 14h à 17h30, jusqu'à 16h30 le mardi et le samedi.

L'extérieur assez peu décoré cache un intérieur très baroque, rempli d'autels en bois et en or. C'est un peu écrasant, mais cela vaut néanmoins un petit détour – ne serait-ce que pour admirer les vestiges de l'ancienne muraille de la ville, qui se trouvent à quelques mètres, et la vue sur le Douro. L'église Santa Clara a été construite au début du XVe siècle et rénovée à plusieurs reprises. Elle a été classée monument national en 1910 et fait partie du patrimoine mondial de l'Unesco. Attention, les photos à l'intérieur sont interdites.

Gare de São Bento.

IGREJA DO CARMO ★

Rua do Carmo
✆ +351 222 078 400
Ouverte lundi et mercredi 8h-12h et 13h-18h, mardi et jeudi 9h-18h (17h30 vendredi, 16h samedi, 13h30 dimanche).

© YURY GUBIN

Construite à la fin du XVIIIe siècle sur la place de Gomes Teixeira, en face du rectorat de l'université, l'église des Carmes est de style baroque rococo. Le portail rectangulaire de sa façade principale est surmonté d'un balcon et d'encorbellements richement décorés, avec à son sommet 4 statues représentant les 4 évangélistes. L'intérieur est illuminé par l'autel principal et les chapelles latérales en bois doré à la feuille. Sa façade latérale d'assez de champ pour capter la lumière, qui met en évidence de magnifiques panneaux d'*azulejos*, date de 1912.

JARDINS DU PALÁCIO DE CRISTAL ★★

Rua de D. Manuel II
✆ +351 225 320 080
Ouvert de 8h à 21h d'avril à septembre et de 8h à 19h d'octobre à mars. Entrée gratuite.

© SAIKO3P - SHUTTERSTOCK.COM

Les jardins sont magnifiques et l'on y rencontre beaucoup de jeunes amoureux qui admirent la vue splendide sur le Douro. Un restaurant ouvert jusqu'à 15h se trouve dans le parc, à côté de la mare aux canards et aux paons. De mai à septembre, vous pourrez même vous détendre en pratiquant un cours de yoga gratuit, généralement en fin de matinée. Les jardins sont un agréable endroit où se reposer pendant la découverte de Porto et où voir locaux et touristes se côtoyer.

MUSEU DA CIDADE - CASA GUERRA JUNQUEIRO

32 Rua de Dom Hugo
✆ +351 222 003 689
https://museudacidadeporto.pt/
Ouvert du mardi au dimanche de 10h à 17h30, fermé le lundi. Entrée 4 €. Gratuit le dimanche.

Installé dans une maison du XVIIIe siècle, de style baroque, ce musée abrite les collections de Guerra Junqueiro (1850-1923), l'un des poètes les plus connus de son époque, qui était également journaliste, fonctionnaire et député. Le musée comprend du mobilier portugais, espagnol et flamand, ainsi que des pièces d'argenterie, de céramique et des verreries délicatement ciselées. Une visite intéressante qui fait partie des « musées de la ville » (*museu da cidade*).

MUSEU DA CIDADE - EXTENSÃO DO ROMANTISMO

220 Rua de Entre-Quintas
✆ +351 226 057 032
Ouvert du mardi au dimanche de 10h à 17h30, fermé le lundi. Entrée : 4 €, gratuit le dimanche.

Ce musée, proche du Jardim do Palacio, recrée les ambiances du XIXe siècle bercé par le faste bourgeois de l'époque industrielle en plein essor, lorsque la ville était à son apogée économique. Le roi Carlos Alberto do Piemonte y a vécu des jours paisibles dans un luxe précieux pendant son bref exil au Portugal en 1849. Presque toutes les pièces, redécorées en sa mémoire, sont ouvertes au public, notamment la salle de dessin, la petite chapelle et la chambre où il mourut.

MUSEU DA IMPRENSA [MUSÉE DE LA PRESSE] ★

108, 206 Estrada Nacional ✆ +351 225 304 966
www.museudaimprensa.pt
Ouvert tous les jours de 10h30 à 12h30 et de 14h30 à 18h30. Uniquement l'après-midi le week-end. Entrée 2 €, 1 € réduit.

Ce musée de la presse concentre imprimerie à plomb, presses anciennes et autres machines mécaniques qui servaient autrefois à imprimer les journaux dans tout le pays. La galerie des cartoons et charges possède une sélection de dessins portugais et du monde entier avec un point de vue humoristique. Expositions temporaires fréquentes. Le lieu ressemble à un squat d'artiste car il s'agit d'anciens entrepôts aménagés en musée. Un bar agréable au bord du Douro complète ce centre culturel.

MUSEU FC PORTO

✆ +351 22 508 3352
www.fcporto.pt/pt/museu
Ouvert tous les jours de 10h à 19h. Entrée 12 €, avec la visite du Stade du Dragon 15 €.

Pour tout savoir sur le FC Porto ! La scénographie réussie et interactive permet de revivre les grands moments du club à travers l'histoire du pays, entre répliques de buts et matchs commentés. La salle des trophées est impressionnante. Compter une heure de visite, les supporters des *Dragoes* pourront y passer facilement deux heures. Possibilité également de visiter le stade : vestiaires, bancs du club, salle de conférence, loge présidentielle, mais pas la pelouse qui est interdite au public. Le musée a été inauguré en 2013 pour célébrer les 120 ans du club.

MUSEU MILITAR DO PORTO

329 Rua do Heroísmo
✆ +351 22 536 5514
patrimoniocultural.gov.pt
Ouvert du mardi au vendredi et le dimanche de 10h à 12h30 et de 14h à 17h ; samedi de 14h à 17h. Entrée 3 €.

Le musée militaire de Porto présente une vaste collection (16 000 pièces !) de miniatures (soldats, engins, armes...) et d'objets réels, qui montrent ainsi l'évolution des forces armées de la ville et du pays. Porto a rayonné dans ce domaine durant plus d'un siècle. Une salle est réservée à la révolte du 31 janvier 1891. Le bâtiment où se trouvent les collections fut un temps la résidence de dona Maria. Cette visite plaira à tous les membres de la famille. Elle ne dure pas trop longtemps et s'avère très instructive. Le musée a été inauguré le 21 mars 1980.

MUSEU SOARES DOS REIS ★

Palácio dos Carrancas
✆ +351 223 393 770
www.museusoaresdosreis.gov.pt/
Ouvert du mardi au dimanche de 10h à 18h. Entrée 5 €, réduit 2,50 €, gratuit le 1er dimanche de chaque mois.

Dans le palais dos Carrancas bâti à la fin du XVIIIe siècle, de nombreuses pièces de qualité retiennent l'attention. Au rez-de-chaussée gauche, deux toiles du grand peintre portugais Vasco Fernandes (XVIe). Les salles du second étage sont consacrées à l'art portugais du XIXe siècle. Au troisième étage, enfin, des tableaux plus anciens et des pièces de mobilier. Un bien singulier triptyque est accroché, œuvre de deux peintres du XVIIe siècle (C. Schut et D. Seghers) : une nature morte florale encadre au centre une représentation de saint Ignace de Loyola.

Igreja Santa Clara.

PAÇO EPISCOPAL (EVÊCHÉ) ★

Terreiro da Sé
✆ +351 223 392 330
www.diocese-porto.pt/
Visites de 9h à 13h et de 14h à 18h. Fermé les mercredis et dimanches. Entrée 5 €, 6 € avec la torre de Clérigos.

C'est un vrai palais, mais jamais un roi ne l'a occupé. Maison de l'évêque de Porto, il y réside encore. Le bâtiment a été en travaux pendant plus d'un siècle et l'on y retrouve l'influence baroque de Nicolau Nasoni autant que des éléments néo-classiques de la fin du XIXe. L'escalier principal en granit est particulièrement remarquable. A voir : la Salle du Trône où, contrairement à la dénomination, seuls les évêques de Porto sont intronisés, une très surréaliste Salle aux Miroirs. Point de vue imprenable sur le Douro que le bâtiment domine de ses six étages.

PALACETE RAMOS PINTO (CASA SÃO ROQUE)

2092 Rua São Roque da Lameira
https://www.casasroque.art/en/home/
Ouvert tous les jours de 13h30 à 19h. 8 € le billet, gratuit pour les enfants de -12 ans.

L'histoire de la superbe Casa São Roque (ancienne Casa Ramos Pinto) remonte à 1759 lorsque c'était un manoir et un pavillon de chasse typique de la bourgeoisie de Porto. Le bâtiment a retrouvé son style éclectique d'origine après avoir été laissé à l'abandon pendant de nombreuses années. Il a été restauré et transformé en 2019 en nouveau centre d'art contemporain. Après avoir vu votre exposition, allez vous promener dans le ravissant parc aux eucalyptus géants et centenaires.

QUINTA DE VILAR D'ALLEN

194 Rua do Freito
✆ +351 939 741 741
Ouvert tous les jours, sauf le dimanche, de 10h à 17h. Entrée libre.

Qui aurait pensé qu'une telle quinta se trouve à Porto ? Elle appartient à la famille Allen depuis le XIXe siècle. John Allen était un riche marchand anglais. Le couple de propriétaires vous accueille dans ce domaine, célèbre pour son bosquet de camélias et son architecture paysagiste dont les chemins semblent tracés au hasard. Au fil des saisons, la végétation se transforme et on en prend toujours plein les yeux. Voici donc un petit havre de paix où vous ressourcer. Si vous souhaitez visiter la maison, n'hésitez pas à demander.

SÉ DO PORTO (CATHÉDRALE) ★

Terreiro da Sé ✆ +351 222 059 028
Ouvert tous les jours d'avril à octobre de 9h à 18h30. De novembre à mars de 9h à 17h30. Entrée cloître : 3 €.

L'église forteresse qu'est cette cathédrale vaut bien plus qu'un détour. Son extérieur massif la rend très intéressante, mais sa construction en style roman a évolué au fil du temps. Au XVIIIe siècle, plusieurs transformations ont été réalisées donnant à l'intérieur le style baroque de l'époque. Un autel de plusieurs centaines de kilos d'argent fait partie de ces modifications. Le cloître du XIVe siècle combine un style gothique très épuré et de grands tableaux en azulejos. Son parvis, dominé par la façade du Palais épiscopal, offre une belle vue sur la ville.

TORRE DOS CLERIGOS ★★

Rua São Filipe Nery
✆ +351 220 145 489
www.torredosclerigos.pt
Ouvert tous les jours de 9h à 19h, le dimanche jusqu'à 22h30. Accessible aux PMR. Entrée 7,50 €.

Cette construction de 76 mètres de haut est longtemps restée l'édifice le plus haut du Portugal ainsi que le plus emblématique de la skyline de Porto. Il faut avoir un peu de courage pour monter les 225 marches mais au sommet, la récompense vous attend : vous aurez une très belle vue à 360° sur la ville. Deuxième bonne nouvelle : vous constaterez vu du haut que ce ne sont pas les gargotes qui manquent aux alentours pour se remettre de l'effort. Admirez devant vous les 49 cloches grandioses. Celles-ci contribuent au carillon le plus moderne du pays contrôlé par ordinateur et datant de 1995. Ne repartez pas sans découvrir la collection de la Fraternité des Clercs composée de belles œuvres d´art sacré et sans avoir visité l'une des plus belles églises de la ville, la première au Portugal à la construction en forme ovale. Observez sa coupole, la conjugaison des couleurs de la talha (boiserie dorée sculptée) avec le marbre, illuminée par la lumière provenant des fenêtres en hauteur. Cet ensemble architectural du XVIIIe siècle de style baroque est dû à l'Italien Nicolau Nasoni qui s'est affirmé comme architecte avec cette œuvre. Il deviendra par la suite une figure qui marquera l´architecture de la ville de Porto, à découvrir au musée de la Torre, tout comme des expositions temporaires. Du XVIIIe siècle datent également les deux magnifiques orgues à tuyaux qui se conjuguent face à face. L´acoustique exceptionnelle de l'église fait vivre aux visiteurs, tous les jours à midi, un moment inoubliable. Un lieu incontournable !

La Tour des Clercs de Porto.

© SAIKO3P

CASA DO INFANTE ★

Rua da Alfândega, 10
✆ +351 222 060 435
Ouvert du mardi au dimanche de 10h à 17h30. Entrée : 4 €, gratuit moins 14 ans et plus 65 ans.

La légende dit que c'est dans cette maison que serait né l'infante Dom Henrique, également connu comme Henri le Navigateur. Mais le lieu a un autre intérêt historique : c'est un des plus anciens palais romans de Porto, construit en 1325, et utilisé par la couronne de Portugal à partir du XIVe siècle. Les pièces présentées par le musée (vestiges archéologiques et sublimes mosaïques) en racontent l'histoire. Une visite intéressante qui plaira à tous les membres de la famille, parents comme enfants, aux curieux et aux passionnés d'histoire.

IGREJA DE SÃO FRANCISCO ★★

Rua do Infante D. Henrique
✆ +351 222 062 100
https://ordemsaofranciscoporto.pt
Tous les jours de 9h à 18h, 19h en avril et octobre, 19h30 en mai et juin, 20h de juillet à septembre. Entrée : 8 €.

Eglise initialement gothique, son intérieur est connu pour constituer l'un des plus beaux ensembles baroques rococo du Portugal, une grande démonstration de boiseries dorées et sculptées à l'infini, l'ensemble est très impressionnant. On remarque l'arbre généalogique de Jésus-Christ (sur la gauche en rentrant). En face de l'entrée principale, on peut également visiter un petit musée d'Art sacré et la crypte, remplie de milliers de tombeaux de nobles du VIIe au XIXe siècle et décorés de têtes de morts (à noter : la vitre avec le tas d'ossements au sol). Ambiance.

INSTITUTO DOS VINHOS DO DOURO E PORTO ★

27 Rua de Ferreira Borges
✆ +351 254 320 130
www.ivdp.pt
Ouvert du lundi au vendredi de 11h30 à 12h et de 14h à 18h. Visite guidée : 5 €. Large offre de vins en vente.

L'Institut a pour mission la régulation de la qualité et de la quantité de vins produits chaque année. Il contrôle la production, l'usage des appellations d'origine du vin de Porto ainsi que ceux du Douro. Sur place l'équipe explique consciencieusement aux visiteurs, en termes œnologiques, la fabrication de ce précieux liquide, du raisin à la bouteille, du porto nouveau au vintage de 50 ans, du rouge ruby au blanc lagrima. Visite des lieux et dégustation possible (payante).

MMIPO - MUSEU E IGREJA DA MISERICORDIA DO PORTO ★

15 Rua das flores
✆ +351 220 906 960
www.mmipo.pt
Ouvert de 10h à 18h30 d'avril à septembre, 17h30 d'octobre à mars. Entrée : 10 € adulte (7 € avec la Porto Card).

Situé en plein centre historique de Porto, dans un édifice qui fut le siège de l'institution de charité « Santa Casa da Misericórdia de Porto » du XVIe siècle jusqu'en 2015, année où il a été transformé en musée. Un lieu agréable à la visite, qui dispose de 7 salles, dans lesquelles les œuvres sont bien mises en valeur. L'ex-libris des collections présentées par le musée est la fameuse œuvre *Fons Vitae* (source de vie), de première importance dans la peinture flamande, datant de 1515-1517 et dont l'auteur serait Colijn de Coter. Le tableau, peinture à l'huile sur chêne liège, est impressionnant : il mesure 2,67 mètres de haut par 2,10 mètres de large et occupe le centre d'une salle qui lui est dédiée. L'objectif du musée est de faire connaître l'histoire de l'institution et ses œuvres. La salle des bienfaiteurs, entre autres, vaut la peine qu'on s'y attarde pour découvrir l'histoire sociale de la ville. La dimension des tableaux y est déterminée en fonction des dons reçus. L'église juxtaposée, datant du XVIe siècle, fait aussi partie du musée, son orgue et ses azulejos sont notables. De la façade du nouveau bâtiment, réalisée au XVIIIe par l'architecte Nicolau Nasoni lorsque l'église menaçait de s'effriter, émerge une sculpture monumentale, sorte de dragon ou serpent qui pencherait son cou vers la rue. La galerie des bienfaiteurs, où ont lieu des expositions temporaires, est un exemple de l'architecture de la ville à base de verre et de fer.

MUSEU DAS MARIONETAS DO PORTO

61 rua de Belomonte
✆ +351 220 108 224
www.marionetasdoporto.pt
Mercredi à vendredi : 14h-18h ; samedi-dimanche : 11h-13h et 14h-18h. Entrée : 3,50 € ; visite guidée sur résa : 10 €.

La compagnie du Teatro de Marionetas do Porto existe depuis 1988. Elle a ouvert un musée présentant une collection de 50 marionnettes autour de l'œuvre de João Paulo Seara Cardoso écrivain, scénariste, fondateur et directeur artistique du théâtre. Marionnettes et autres objets utilisés dans les spectacles embarquent le visiteur dans un voyage narrant l'histoire de ce type de théâtre. À faire avec les enfants ou seul. On peut même tester des marionnettes.

MUSEU DO CARRO ELÉTRICO

51 Alameda Basílio Teles
✆ +351 226 158 185
www.museudocarroelectrico.pt
Ouvert lundi de 14h à 18h, mardi à dimanche de 10h à 18h. Entrée 8 €, enfants 4 €.

Dans ce musée sont exposées plusieurs anciennes voitures du tramway de Porto, ainsi que d'autres objets liés au transport. Une fois par an, début mai, les véhicules sortent du musée pour défiler dans les rues de Porto. Voici une visite intéressante pour les passionnés de transports des temps anciens, mais qui plaira aussi aux plus jeunes qui découvriront dans quoi roulaient leurs aïeux. C'est ludique, bien agencé et expliqué. Et l'accueil est souriant et disponible. Un musée original qui vous transportera dans un autre pan historique de Porto.

LES PLAGES DE PORTO

Pas besoin de sortir de la ville pour faire trempette. Grimpez dans le bus 500 au niveau de la Praça de Ribeira. Il longe la côte jusqu'à Matosinhos, à une petite dizaine de kilomètres au nord du centre-ville. Et là, les plages succèdent aux criques. Descendez quand l'une d'entre elles vous plaît. La vue du port peut en décourager certains, mais rassurez-vous, la qualité de l'eau est très bonne, ce qui n'était pas le cas il y a quelques années. Un peu plus loin, Espinho (à 20 km au sud de Porto) est une grande station balnéaire, avec tout ce qui va avec.

PALÁCIO DA BOLSA ★★★

Rua Ferreira Borges
✆ +351 223 399 000
Ouvert tous les jours. De novembre à mars : 9h-13h et 14h-17h30 ; d'avril à octobre : 9h-18h30. Entrée : 10 €.

Ce palais de la Bourse a été construit au milieu du XIXe siècle dans un style néoclassique édifiant, pour recevoir les réunions de la première association commerciale de Porto. Il a été construit pour en mettre plein la vue à l'époque des expositions universelles. Belle et opulente curiosité qu'est le salon arabe, immense salle décorée de boiseries et stucs de bois exotique des colonies portugaises de style mauresque. La salle du restaurant, abritée sous une verrière immense, présente en ornement d'amusants écussons des pays commerçant avec le Portugal à l'époque.

PONTE MARIA PIA ★

Ponte de Maria Pia

Véritable icône de Porto, construit par Gustave Eiffel, c'est le plus ancien pont à arche existant dans la ville, qui reliait les deux rives du Douro entre Porto et Vila Nova de Gaia ; du premier pont suspendu, il ne reste que deux obélisques du côté de la Ribeira, car il fut remis à neuf au début des années 1990. Aujourd'hui fermé au trafic pour des raisons de sécurité, ce pont a fonctionné durant 114 ans après son inauguration par le roi Dom Luis et la reine D. Maria Pia en 1877. Il est un peu plus en amont du Pont D. Luis Ier.

Palácio da Bolsa.

PONTE DOM LUIS I ER ★★★

Avenida Gustave Eiffel

Cet admirable pont en arche à deux tabliers, inauguré le 31 octobre 1886 après six années de travaux, n'est pas signé par Gustave Eiffel, mais par son disciple et associé Teófilo Seyrig. Voici un ouvrage incontournable du panorama de Porto qui ne passe pas inaperçu. Le pont Dom Luis Ier fut construit en remplacement d'un pont suspendu à câbles vieux d'une bonne vingtaine d'années, lui-même successeur du Pont des barques datant de 1806. Très semblable au viaduc ferroviaire de Maria-Pia que l'on trouve un peu plus en amont du fleuve, il enjambe le Douro à plus de 70 mètres de hauteur, reliant le vieux quartier historique de la Ribeira à celui de Vila Nova de Gaia, véritable cave à vin du Portugal. Durant sa construction, il était appelé « Pont Luis 1er » dans les journaux de l'époque. La tradition était en effet de ne pas mentionner les titres royaux mais d'utiliser « le petit nom » des parrains des ouvrages d'art pour marquer la proximité des souverains avec le peuple, comme par exemple le pont Maria Pia (et non de Dona Maria Pia). On raconte que, comme le roi n'avait pas daigné se rendre à l'inauguration de l'ouvrage qui lui était dédié, le peuple de Porto décida de marquer sa distance en conservant son titre dans la dénomination, au contraire de la tradition. Le pont a été inauguré en deux temps : tablier supérieur en 1886 et tablier inférieur en 1888. Cette œuvre superbe est inscrite au patrimoine mondial de l'UNESCO.

La traversée à pied des 395 mètres de l'étage supérieur du pont est une expérience visuelle assez inoubliable, bien que déconseillée à ceux qui sont sujets au vertige (empruntez alors le tablier inférieur qui lui ne mesure « que » 175 mètres de long). Le plus simple pour atteindre le second tablier est d'emprunter le funiculaire Dos Guindais que l'on trouve à l'extrémité du pont, côté Ribeira. Une fois arrivé sur l'autre rive, en altitude, un téléphérique permet de regagner le niveau du fleuve et de s'attaquer, pourquoi pas, à la visite des caves à vin de Porto. Depuis quelques années, le tablier supérieur est fermé aux voitures. Le métro, les cyclistes et les piétons ont le droit de l'utiliser. La Saint Jean est aussi célébrée ici à Porto : pour terminer la fête en beauté, après moult événements et joyeuses festivités en ville et des régates de *rabelos*, un gigantesque feu d'artifice est tiré du pont. Si vous êtes dans la région à cette époque de l'année, il va sans dire que c'est bel et bien là qu'il faut se rendre : le cadre superbe doublé d'un spectacle de son et lumière est inoubliable !

PORTO LEGENDS

Rua Nova da Alfândega
✆ +351 910 120 128
www.portolegends.com

Spectacle de mardi à dimanche à 14h et 18h. Durée : 45 min. Entrée : 12 €. Réservation sur le site.

Porto Legends - the Underground Experience est un spectacle virtuel qui immerge le visiteur dans les secrets et les légendes, réelles ou mythiques, de la cité *invictus* qu'est Porto. Le travail de recherche historique de Joel Cleto, de création virtuelle du studio OCUBO, la direction artistique de Nuno Maya et les voix narratrices de Pedro Abrunhosa (auteur portugais) et de Jeremy Irons (acteur) sont remarquables. Le mystère mérite d'être gardé pour que vous viviez l'expérience dans sa totalité. Versions en français, anglais, espagnol et portugais.

A PRAÇA E A CAIS DA RIBEIRA ★★★

Praça da Ribeira

C'est sur cette place et le long des quais du Douro que les restaurants et bars déplient leurs tables pour que les clients puissent apprécier la vue des beaux ponts de Porto et des bateaux, tout en sirotant un verre. C'est l'un des lieux les plus emblématiques et jolis de la ville. Au centre de la place, cachée au milieu des parasols des restaurants, se dresse une belle sculpture de José Rodrigues, artiste renommé d'origine angolaise, mais qui a adopté la ville de Porto.

WORLD OF DISCOVERIES ★

106 Rua de Miragaia
✆ +351 220 439 770
www.worldofdiscoveries.com

Ouvert du mardi au vendredi de 10h à 18h, le week-end de 10h à 19h. Les tickets sont moins chers si achetés en ligne.

Préparez-vous pour un voyage interactif. Ce musée propose à ses visiteurs de découvrir l'histoire du Portugal à travers le prisme de sa puissance navale. Les premières salles présentent notamment les différents navires utilisés et la vie à bord ainsi que les grands hommes qui ont fait l'histoire grâce à des écrans et de globes tactiles, des maquettes et des reproductions grandeur nature. C'est ensuite à bord d'une barque et équipé d'écouteurs que l'on navigue à travers les siècles à la découverte des continents. Idéal en famille. Restauration sur place.

Pont Dom Luis.

CASA DA ARQUITECTURA ★

456 Av. Menéres
✆ + 351 222 404 663
www.casadaarquitectura.pt/
Ouvert tous les jours de 10h à 19h, jusqu'à 20h samedi et dimanche. Fermé le lundi.

La Casa da Arquitectura, c'est une maison riche, subtile, avec de nombreux détails architecturaux à découvrir. C'est aussi le lieu de travail d'une équipe d'architectes. Il y a une boutique dans laquelle on peut acheter des objets et des meubles design, des œuvres d'art ainsi que de nombreux ouvrages ayant pour thème l'architecture. Des expositions temporaires ont lieu tout au long de l'année, des tours thématiques sont également proposés pour découvrir le patrimoine architectural. Consultez le programme en ligne. Indispensable pour les amateurs d'architecture.

CASA DE CINEMA MANOEL DE OLIVEIRA

873 Rua De Serralves ✆ +351 226 156 584
www.serralves.pt
Ouvert du lundi au vendredi de 10h à 18h, le week-end jusque 20h. Entrée : 12 € (parque de Serralves + Casa do cinema).

Cette maison, projet de l'architecte Siza Vieira, a été conçue pour abriter l'héritage du cinéaste Manoel de Oliveira. Elle a enfin ouvert en 2019 après de nombreuses années de différends quant à l'usage des lieux. Intégrée dans le parc de Serralves, cette maison a pour but de promouvoir le cinéma portugais. Vous y trouverez une exposition permanente sur le cinéaste portugais mis à l'honneur, Manoel de Oliveira, des archives et des expositions temporaires ou encore des conférences.

CONSERVAS PINHAIS FACTORY TOUR

700 Av. Meneres
✆ +351 222 434 275
www.conservaspinhais.com
Visite, en français, de 90 minutes avec dégustation des conserves. Consultez les horaires et réservez sur le site web.

La visite documentée, interactive et très didactique de cette sardinerie familiale centenaire vous permettra de découvrir l'histoire et le processus de production des conserves de poissons Pinhais, depuis l'arrivée des sardines à la mise en boîte entièrement artisanale. Ici, tout est fait manuellement. Pour finir votre visite, vous échangerez avec le personnel en profitant d'une dégustation. Visite en français avec une guide très sympathique. A ne pas rater.

FORTE DE SÃO JOÃO BAPTISTA ★

Esplanada do Castelo
✆ +351 262 750 244
Ouvert du lundi au vendredi de 9h à 12h et de 14h à 17h.

Ce fort fut édifié au XVIe siècle pour défendre la côte et la Foz do Douro. Il était aussi utilisé pour stocker des fournitures de la ville. C'est ici qu'a débuté la résistance contre les invasions napoléoniennes en 1808. Le fort est actuellement la propriété de la délégation régionale de l'Institut de Défense nationale. Son dôme est en forme d'hexagone. Le portail d'entrée (pont levier, corridor...) fut construit par l'ingénieur Reinaldo Oudinot au XVIIIe siècle.

FORTE SÃO FRANCISCO XAVIER - CASTELO DO QUEIJO

Praça de Gonçalves Zarco
✆ +351 226 181 067
Ouvert du mardi au dimanche de 13h à 17h en hiver et de 13h à 18h en été. Entrée : 0,50 €.

Le « Château de fromage » ne doit pas son nom à une quelconque faiblesse mais à la forme des rochers sur lesquels il a été bâti au XVIIe siècle (1662). Son but principal fut de protéger la côte contre les attaques des pirates nord-africains et les invasions espagnoles. Entouré d'un fossé vous observerez ses postes de garde dans les coins. Il abritait la résidence du gouverneur de l'époque et une chapelle. Il arrive qu'y soient présentées des expositions temporaires.

MUSEU DA CIDADE - RESERVATÓRIO

122 Rua Gomes Eanes de Azurara
✆ +351 22 605 7000
museudacidadeporto.pt
Ouvert du mardi au dimanche de 10h à 17h30, fermé le lundi. Entrée : 4 €, gratuit le dimanche.

Situé dans le Parque da Pasteleira, dans une ancienne réserve d'eau, le Reservatório a été réhabilité en 2017 par les architectes Alexandre Alves Costa et Sérgio Fernandez. Dans ce lieu, c'est l'histoire des femmes, du fleuve, de ses rues et monuments qui est racontée. Le public est invité à « jouer » avec des éléments matériels et naturels qui témoignent de l'évolution de la ville. Difficile de décrire l'expérience proposée avec des mots, il faut s'y rendre pour comprendre.

MUSEU SERRALVES ★★★

Rua Dom João de Castro, 210
✆ +351 226 156 500
www.serralves.pt
Entrée 20 €. Ouvert de 10h à 18h, d'avril à septembre de 10h à 19h tous les jours.

Dans une magnifique demeure conçue par le célèbre architecte contemporain Siza Vieira, les œuvres sont accrochées avec beaucoup de savoir-faire et de réflexion en prenant en considération la clarté, l'information et l'espace du lieu. Le musée offre des espaces modulables et adaptables aux différentes expositions avec un ingénieux jeu de lumière. Tout est étudié dans le moindre détail, des dessins des toilettes jusqu'aux rampes des escaliers.

Dehors, le Parque de Serralves (18 ha) vient prolonger le plaisir de l'œil : projet de Jacques Gréber de 1932, il commence par un jardin à la française avant de descendre en une succession de bassins carrés entourés de buis taillés. On débouche alors sur un petit panorama dominant un lac miniature pourvu d'un îlot, où la végétation est soigneusement livrée à elle-même dans son désordre maîtrisé. Au passage, une visite s'impose à la « Casa de Serralves » qui domine le parc. Son architecture art déco des années 1930, dont l'un des auteurs est l'architecte français Charles Siclis, la place dans le réseau des maisons les plus remarquables du monde. La fondation organise également des concerts et des projections d'art vidéo.

Fin mai, début juin, est organisé « Serralves em festa », 50h de programmation gratuite et non-stop de musique, théâtre, danse dans les jardins et le musée. Également dans cet espace, une librairie avec un fonds documentaire très intéressant dans les domaines des arts. Une cafétéria à l'étage propose un vaste buffet tous les midis. Un lieu incontournable !

PARQUE DA CIDADE DO PORTO

Estrada Interior da Circunvalação

Conçu par l'architecte paysagiste Sidónio Pardal, le Parque da Cidade de Porto est l'un des plus grands parcs urbains du Portugal, avec ses 83 ha et 10 km de chemins. Il est parfaitement intégré au paysage de Porto, avec une faune et une flore diversifiées. Vous découvrirez notamment le Pavilhão da água construit lors de l'exposition universelle de 1998 et déplacé ici, l'aquarium Sea Life Center. Il est bordé par le Queimódromo de Porto d'où part et arrive le marathon de Porto.

SEA LIFE PORTO

1 Rua Particular do Castelo do Queijo
✆ +351 226 190 400
https://www.visitsealife.com/porto/
Ouvert tous les jours de 10h à 18h, le week-end jusqu'à 19h. Entrée : 15,50 €, enfants jusqu'à 12 ans : 10,50 €.

Sea Life Porto est un aquarium géant comme on peut en trouver dans toutes les grandes villes européennes. L'extérieur peut paraître peu affriolant, mais il y a plusieurs attractions de qualité à découvrir à l'intérieur, dont le tunnel transparent où circulent les requins, les tortues, ou encore les raies. L'aquarium accueille certaines espèces en voie d'extinction qui ne peuvent retourner dans leur habitat naturel car elles ne sauraient malheureusement pas survivre. Une visite qui fera découvrir une partie du monde marin aux enfants.

TERMINAL DE CRUZEIROS

Rua do Godinho
✆ +351 229 990 700
Visites guidées dimanche de 9h30 à 12h selon la saison. Se renseigner. Entrée 5 €. Tarif réduit 3,50 €. Gratuit -12 ans.

Inaugurée en juin 2015, l'œuvre de l'architecte Luís Pedro Silva se dresse comme une immense nef blanche au milieu de la mer et s'étire comme un ruban géant sur le môle sud d'accès au port de commerce de Leixões. Le bâtiment a plusieurs fonctions : terminal des passagers pour les paquebots de croisière qui font escale ; centre de recherche scientifique tourné principalement vers la protection de l'environnement. Le point d'orgue de son architecture est l'immense toit-terrasse circulaire et incliné. Attention, l'accès ne peut se faire qu'à pied (1 km A/R).

CÁLEM ★

344 Avenida Diogo Leite
✆ +351 223 746 660
www.calem.pt

Ouvert tous les jours de 10h à 18h, de novembre à avril ; tous les jours de 10h à 19h, de mai à octobre. Visite : 15 €.

Cette maison incontournable fondée par Antonio Alves Cálem en 1859, ouvre les portes de ses caves historiques pour une visite instructive, qui explique tous les secrets de la fabrication du Porto suivi d'un parcours multimédia. Le parcours reste sensiblement le même que dans les autres maisons de vin mais les amateurs ne s'en plaindront pas. Les horaires des visites en français sont disponibles à l'accueil. Bien sûr, dégustation de porto rouge et blanc en fin de visite. Le porto ruby est fantastique. Quel sera votre préféré ?

CASA DA IMAGEM

608 Rua de Soares dos Reis
✆ +351 969 607 812
www.casa.fmleao.pt

Visite sur rdv et avec un guide. Durée : une heure, 1,50 € par personne.

Soucieux des problématiques liées aux relations entre les humains et la technologie, ce musée a pour but de montrer l'impact des photos sur la société et propose une lecture des images de façon pédagogique lors de divers ateliers. L'exposition permanente permet de découvrir des archives de la seconde moitié du XXe siècle : des photos du nord du Portugal, pour la plupart des négatifs de pellicule (500 000 !) ; une collection d'appareils photo et de matériel de développement d'époque (laboratoire photo). Des incontournables de l'histoire de la photographie.

CAVES FERREIRA

70 Avenida Ramos Pinto
✆ +351 223 746 106
www.sograpevinhos.com

Ouvert tous les jours de 10h à 12h 30 et de 14h à 18h. Visite en français : 17 €.

Ferreira est une marque à l'âme portugaise. Grâce à la force de l'héritière du groupe au début du XIXe siècle, la maison a grandi et gagné en prestige. Dona Antonia était une figure connue dans la région. Seule, cette dame de fer a vaincu plusieurs problèmes qui menaçaient à l'époque les vignes et la production du porto. Aujourd'hui la marque appartient à un groupe portugais et Dona Antonia décore les bouteilles des portos Reserva, très appréciées des Portugais. Moins fréquentée que les célèbres autres caves mais peut-être plus authentique.

COCKBURN'S PORT LODGE ★

346 Rua Serpa Pinto
✆ +351 913 007 950
www.cockburns.com

Ouvert tlj de 9h30 à 17h30, 18h en été. Visites guidées, dégustation de vins de Porto à partir de 15 € sur réservation.

C'est le plus grand chai du centre historique de Vila Nova de Gaia. 6 518 barriques de porto vieillissent sous ses énormes toits. Il est également un des seuls chais possédant sa propre équipe de tonneliers. Ses portos, vieillis en fûts et foudres de chêne, sont régulièrement contrôlés et goûtés par une équipe hautement qualifiée d'œnologues et de dégustateurs, jusqu'à ce qu'ils atteignent le pic idéal de maturité. L'objectif est d'atteindre l'équilibre parfait qui fait la renommée de ce vin de Porto. La taille du lieu vous impressionnera, une visite unique.

ESPAÇO PORTO CRUZ ★

23 Largo Miguel Bombarda
✆ +351 220 925 401
www.espacoportocruz.pt

Ouvert tous les jours de 11h à 23h30. Fermé le lundi. Visites guidées et dégustations de vins de Porto.

L'Espace Porto Cruz est un lieu d'information, d'exposition et d'expériences d'harmonisation entre les vins et la gastronomie portugaise. Il offre aux visiteurs une nouvelle vision du vin de Porto, jeune et créative. De façon moderne et interactive, on découvre les secrets de la vallée du Douro et du vin de Porto ainsi que le Porto Cruz qui plaira à tous. Après la visite, essayez le restaurant gastronomique DeCastro Gaia au 3e étage et surtout le *rooftop* Terrace Lounge 360° pour un cocktail avec une vue incroyable sur Porto accompagné d'un bon DJ.

GRAHAM'S 1890 PORT LODGE ★

141 Rua do Agro
✆ +351 223 776 484
www.grahams-port.com

Ouvert tlj de 9h30 à 17h30, 18h en été. Visites guidées et dégustations sur réservation. A partir de 18 €.

La maison Graham's, fondée en 1820 par deu[x] frères écossais, William et John Graham, es[t] aujourd'hui une marque reconnue comme l'u[n] des grands noms du vin de Porto. Depuis 197[0] elle est la propriété de la famille Symington ave[c] cinq autres labels de vin de Porto (Cockburn's Warre's, Dow's, Quinta do Vesuvio et Altano Les caves Graham's offrent une vue imprenab[le] sur la ville historique de Porto depuis la sal[le] de dégustation. Afin d'accompagner au mieu[x] la dégustation d'un bon vin de Porto, le Vinu[m] restaurant & Wine Bar propose snacks et repa[s]

PLAGES ★★

En été, les plages de Gaia sont prisées par les baigneurs. L'eau n'est pas très chaude (environ 19 °C), mais la qualité est bonne. Les plus intéressantes sont : La Madalena ; Miramar, connue pour sa chapelle du XVIIe siècle ; Aguda (plus au sud). Pour vous rendre au bord de l'océan, empruntez le tram 1 qui vous offrira par la même occasion un splendide voyage pour les yeux. De nombreux bars se trouvent également au bord des plages, afin de vous rafraîchir et de profiter du lieu. Les surfeurs apprécieront la confrontation avec las ondas (les vagues).

TAYLOR'S ★

Rua do Choupelo, 250
✆ +351 223 742 800
www.taylor.pt

Ouvert tous les jours de 11h à 18h. Visite avec audioguide en 12 langues possibles : 15 €.

Cette cave appartient aux propriétaires de l'hôtel de luxe Yeatman. Ici, on a une très belle vue sur Porto ! Le programme a un peu changé depuis quelques années. Désormais, un audioguide vous accompagne pour la visite des caves Taylor's, détaillant à merveille les étapes de fabrication du vin de Porto et l'histoire de la vallée du Douro. Le tour a été organisé comme un véritable musée avec projection de petits films, photographie, peintures... Au terme de la visite, la (presque obligatoire) dégustation des portos de la maison. Un bon moment œnologique.

© NOMAD PAWS - SHUTTERSTOCK.COM

Plages.

À VOIR / À FAIRE

REAL COMPANHIA VELHA - MUSEU DA 1ª DEMARCAÇÃO

.4B Alameda da Rua de Serpa Pinto
✆ +351 222 448 501
www.museurealcompanhiavelha.pt

u mardi au vendredi 10h30-18h30, samedi de 1h à 13h, dimanche 14h-18h30. Musée : 5 €. Musée + test Porto : 12 €.

n espace musée-vinothèque situé sur le quai e Gaia, aligné, finalement, avec les autres caves vin. Ici, on vous propose de visiter le musée de plus ancienne entreprise de vins : Real Companhia Velha. Une exposition permanente au ez-de-chaussée vous fait parcourir l'histoire de ette entreprise, du vin de Porto, ses relations vec les acteurs majeurs (marquis de Pombal par xemple)... le tout au travers d'objets et d'éléments teractifs. Dégustation de vins au premier étage.

WOW - THE WORLD OF WINE ★

39 rua do Choupelo
✆ +351 220 121 200
https://wow.pt/fr/

Ouvert tous les jours de 10h à 1h. Tarifs, horaires des musées et restaurants à consulter sur le site web.

Voici le tout nouveau lieu culturel et gastronomique de Porto, ouvert au printemps 2021, sur l'autre rive du Douro, à Vila Nova de Gaia. Dans ce quartier en pleine reconstruction, l'idée est de proposer aux visiteurs, dans un même espace 7 musées dédiés à Porto et sa région (vin, liège, chocolat, histoire, anthropologie, mode et textiles), tout en profitant des 12 restaurants, bars et cafés mélangeant tradition et modernité. Très belle vue sur Porto depuis l'immense terrasse. Il y a de fortes chances pour que vous en repartiez avec ce mot à la bouche : WOW !

SE RÉGALER

Les gens de Porto sont surnommés les *Tripeiros* (mangeurs de tripes). Cette dénomination remonterait à 1415, année durant laquelle Henri le Navigateur préparait son expédition vers Ceuta au Maroc. Les habitants de Porto lui avaient envoyé leur meilleure viande et gardé pour eux-mêmes les abats. L'autre spécialité de Porto, c'est la délicieuse et calorique *francesinha*, la cousine du croque-monsieur, additionnée de charcuterie et d'une sauce piquante. Certains restaurants proposent une version végétarienne mais cela reste rare ; n'hésitez pas à demander. Dans la rua Cima de Vila, abondance de restaurants populaires très bon marché ; le soir, préférez l'ambiance de la Ribeira. Et si celle-ci vous semble trop touristique, traversez donc le pont Dom Luis Ier vers Vila Nova de Gaia. Assis sur la rive du Douro, un verre de porto dans la main, vous pourrez admirer le merveilleux panorama de « Porto by night ».

PRATIQUE

SE RÉGALER

HORAIRES

Les restaurants traditionnels sont plutôt ouverts pour le déjeuner et le dîner avec un break au milieu. Ici on ne mange pas trop tard et en général les cuisines ferment autour de 14h le midi et 22h le soir. Les restaurants ouverts récemment sont souvent ouverts en continu de 12h à 22h voire 23h. Le lundi est le jour de fermeture pour la plupart. Heureusement il reste quelques établissements ouverts ce jour-là. En août, la plupart des Portugais partent en vacances et vous trouverez beaucoup d'établissements fermés. C'est parfois un peu frustrant.

BUDGET / BONS PLANS

Pour manger pas cher, il vous faudra aller dans des petits restaurants de quartier où vous pourrez bien déjeuner pour environ 15 € par personne. Les restaurants de type tapas, bar à vin, cuisine internationale sont souvent plus chers. Avec boisson, il vous faudra plutôt compter une vingtaine d'euros par personne.

EN SUPPLÉMENT

Dans chaque restaurant, on vous fera payer le couvert, c'est-à-dire le pain souvent accompagné d'olives et de fromage. Si vous n'y touchez pas, on ne vous le comptera pas. Vous pouvez d'ailleurs dire dès le départ que vous n'en voulez pas et on le retirera de la table. Le pourboire n'est pas automatique au Portugal, mais il est bien sûr toujours le bienvenu.

C'EST TRÈS LOCAL

Même si cela tend à disparaître, on trouve encore des restaurants où sur le menu il est mentionné « dose » et « demi-dose ». A moins de vouloir partager le plat, on vous conseille vivement de prendre une demi-dose, sous peine de vous retrouver avec une portion géante.

A ÉVITER

Ici on ne demande pas de carafe d'eau dans les restaurants. On vous regardera bizarrement ou on vous apportera directement une bouteille d'eau (payante). Dans les cafétérias, sachez qu'au comptoir se trouve en général des verres et une carafe à la disposition de tout le monde.

FUMEURS

La législation est la même qu'en France, normalement on ne fume pas dans les restaurants, même si certains espaces peuvent être encore aménagés pour les fumeurs.

LES ATTRAPE-TOURISTES

Dans certains endroits il y a des restaurants à touristes. Ils disposent d'une terrasse ou d'une jolie vue mais la qualité n'est pas au rendez-vous, surtout par rapport au prix. Ils ont en général des rabatteurs. Sans être des arnaques totales, cela ne vaut pas vraiment le coup car les bons restaurants de confiance n'ont pas besoin de rabatteurs.

LES PHRASES CLÉS

Bonjour, je voudrais réserver une table pour deux personnes pour ce midi ou ce soir.
Bom dia, queria reservar uma mesa para duas pessoas para o meio-dia ou esta noite.

Avez-vous un menu en français ou en anglais ?
Tem uma ementa em francês ou inglês?

Je suis végétarien, y a t-il des plats sans viande ?
Sou vegetariano(a), há pratos sem carne?

Je n'ai vraiment plus faim mais avez-vous une carte des desserts ?
Não tenho mais fome, mas posso ver a carta das sobremesas?

Puis-je avoir l'addition s'il vous plait ? Je peux payer par carte ou en espèces ?
Pode trazer a conta, por favor? Posso pagar com cartão ou em líquido?

C'était très bon, nous reviendrons. Merci et à bientôt.
Estava muito bom, voltaremos. Obrigado(a) e até à próxima!

ADEGA VILA MEA €

62 Rua dos Caldereiros
✆ +351 222 082 967
Ouvert du mardi au samedi de 12h à 15h et de 19h30 à 22h30, le dimanche à midi. Lundi fermé. Entre 10 et 20 € le plat.

Une gargote familiale et touristique qui sert différents plats en portions, en demi-portions ou en quart de portions. Attention, c'est très copieux, les demi-portions sont plus que suffisantes sauf si vous êtes affamé. Le *arroz de polvo* (riz de poulpes) est délicieux tout comme la morue à la plancha. Les poissons grillés valent également le coup de fourchette. On trouve aussi de la viande à la carte comme les réputées joues de porc cuisinées généreusement par la patronne. C'est simple, copieux et bon marché. Parfait pour faire une pause déjeuner.

ARVORE DO MUNDO €

228 Rua Duque de Loulé
✆ +351 223 244 513
Ouvert le mercredi de 12h30 à 16h ; jeudi, vendredi, samedi de 12h30 à 15h30 et de 19h30 à 23h. Menu déjeuner 10 €.

C'est un plaisir de déjeuner ou dîner dans ce charmant petit restaurant végétarien/végétalien. Dans une ambiance tamisée et zen, vous dégusterez des plats délicieux, bien travaillés. La carte est variée et les produits sont tous de qualité. Essayez le hamburger végan ou les lasagnes aux légumes, c'est un régal. La présentation est superbe. Le service est excellent, il règne une bonne ambiance et les serveurs sont polyglottes. Les prix sont très raisonnables. Une bonne adresse pour ceux qui ne mangent pas de viande ou ont envie de goûter la cuisine végétarienne.

ALIBI BY YOURS PORTO €

135 Rua dos Caldeireiros
✆ +351 917 188 402
https://alibi.yoursporto.com/
Du lundi au samedi de 11h à 23h. Dimanche fermé. Comptez en moyenne 40 € le repas. Le Winebar est ouvert de 11h à 20h.

Ce restaurant est situé au rez-de-chaussée d'un immeuble classé au patrimoine de l'UNESCO. Aux étages, une accueillante maison d'hôtes du même propriétaire. Un lieu chaleureux avec un petit jardin à la vue imprenable sur le centre historique. Côté cuisine, qualité et créativité sont les mots d'ordre pour séduire les yeux et les papilles : des viandes maturées, le poulpe, la morue entre autres s'invitent à table, grillés au charbon de bois (Josper), quelle saveur ! Service irréprochable, le lieu idéal pour un bon repas qui marquera le séjour.

BARRICA BY YOURSPORTO €€

25 Rua de São Miguel 25 ✆ +351 915 541 027
Ouvert du mardi au samedi de 19h30 à 23h30. Comptez en moyenne 65 € le repas.

Laissez-vous séduire par le menu secret en 6 plats concocté par le chef Bruno de Jesus. Dans une ambiance intimiste et élégante, c'est un merveilleux voyage gastronomique dans l'histoire de la cuisine contemporaine portugaise qui attend vos cinq sens. Poissons et viandes sont remarquablement cuisinés et les classiques sont revisités avec une grande finesse. Service très professionnel. On vous conseille l'accord mets et vin mais vous pourrez aussi faire votre choix parmi la belle sélection de vins en étant guidé par les excellents conseils du sommelier.

BUGO ART BURGERS €

598 Rua de Miguel Bombarda
✆ +351 226 062 179
https://bugoartburgers.eatbu.com/
Ouvert dimanche, lundi, mardi le midi. Mercredi et jeudi 12h30-15h, 19h30-22h30, 23h30 vendredi et samedi. Environ 15 €.

Sans doute l'un des meilleurs endroits de la ville pour manger des hamburgers gourmets. Dans une ambiance jeune et design, on peut se laisser tenter par le burger *Porto e Serra* composé de poulet, d'oignons confits au vin de Porto, et de fromage da Serra. Le restaurant propose aussi des versions végétariennes à base de galettes de pois chiches et champignons, très savoureuses. Attention la maison est réputée, et très fréquentée par la jeunesse de Porto. Il n'est pas rare d'y faire la queue pour avoir une table. C'est plutôt bon signe !

CAFÉ SANTIAGO €

226 Rua Passos Manuel
✆ +351 222 055 797
www.cafesantiago.pt
Ouvert de 12h à 23h. Fermé le dimanche. Comptez entre 8 et 10 € pour un plat.

L'adresse incontournable pour manger une des meilleures *francesinha* de la ville. Élu en 2011 et 2014 par la revue « Time out », meilleure *francesinha* parmi vingt autres restaurants. Un nouveau vote a eu lieu courant 2015, mais celui-ci ouvert à tous : une urne a été placée dans le centre-ville avec pour consigne de voter pour la meilleure *francesinha* en ville... et Santiago l'a emportée haut la main ! A tester les yeux fermés pour ceux qui ont de l'appétit et qui n'ont pas peur du gras ! Arrivez 30 minutes avant votre appétit, on y fait la queue tous les jours.

CANTINA 32 €€

32 Rua das Flores
✆ +351 222 039 069
https://www.cantina32.com/en/
Fermé le dimanche. Service midi et soir. Compter en moyenne 25 € le repas.

Situé dans la rua das Flores au n° 32, son entrée passerait presque inaperçue sans sa belle porte verte en fer forgé. A l'intérieur, la décoration à la fois rustique et vintage crée une ambiance décontractée et chaleureuse. Loin d'être une cantine comme son nom le ferait croire, ici la cuisine – à base de produits traditionnels – surprend par l'originalité de sa présentation et la mise en valeur des saveurs. Ne passez pas à côté des excellentes frites qui pourraient concurrencer les Belges. Ambiance sympathique. Très bien pour un dîner entre amis.

CASA DA MÚSICA RESTAURANTE €€

604-610 Avenida da Boavista
✆ +351 220 107 160
www.casadamusica.com
Ouvert du lundi au jeudi de 12h30 à 15h et de 19h30 à 23h, jusqu'à minuit vendredi et samedi. 25 € par personne.

Cuisine d'auteur proposée par le chef Artur Gomes dans une ambiance contemporaine et design au septième étage de la Casa da Música. Le restaurant est vraiment spécial et difficile à classer, car, pour un prix raisonnable, on a droit à des plats inspirés et dignes des grands restaurants. En fin de repas, on ira jeter un œil sur la belle vue sur Porto depuis la terrasse. Une adresse plus que conseillée dans un cadre splendide. Service professionnel et souriant.

A CASA GUEDES ROOFTOP €

130 Praça Poveiros
✆ +351 221 142 119
www.casaguedes.pt
Du dimanche au jeudi de midi à minuit, vendredi et samedi jusqu'à 1h. A partir de 5 € le sandwich.

En trois mots : typique, authentique et unique ! Un petit restaurant qui ne paye pas de mine, mais qui cache derrière son bar, les meilleurs sandwichs de la ville. L'adresse est plébiscitée par les locaux, et cela se voit à la file d'attente de 13h. Servis au bar, ou sur des petites tables, on découvrira de très bons sandwichs à base de viande ou fromage. Également quelques plats de la région de Porto, comme la *francesinha* proposée par la maison. La soupe verte ouvrira à merveille les appétits. Excellente sangria. Service impeccable. Vous en redemanderez.

CASA LOURO €

80 Rua Cimo de Vila
✆ +351 222 012 367
www.tascacasalouro.eatbu.com/
Ouvert du lundi au samedi de 9h à 20h.

La Casa Louro est destinée aux amateurs de vraies charcuteries portugaises, de fromages et de sardines. Ici on paye son plat en le pesant ! Accompagnez le tout d'un verre de *vinho verde* savamment conseillé par l'équipe du restaurant. Les plats servis comme des portions à partager forment alors une table généreuse où l'on pioche ce qui donne envie. Une adresse à conseiller pour ceux qui recherchent une traçabilité des produits servis, presque de la ferme à l'assiette. Ambiance sympathique dans une petite rue de Porto. Prix sages.

CASA PORTO A NOITE €€

170 Rua dos Mercadores
✆ +351 222 010 774
Ouvert de midi à 22h. Le jeudi ouvert de 20h à 22h. Fermé le dimanche. Menu à 7 €.

A deux pas de la Sé, en contrebas, dans une ruelle typique, vous tomberez alors sur la Casa Porto a Noite. C'est un petit établissement convivial et pas cher, le premier menu est à 7 €. Les plats sont présentés à l'assiette ou dans leur plat de cuisson qui rappellent qu'ici la cuisine est typiquement portugaise. A toute heure de la journée, venez déguster des saveurs salées ou sucrées toutes plus alléchantes les unes que les autres. Le soir, vous entendrez des airs de fado. Ambiance familiale. Service souriant et impeccable. Le personnel parle français.

COSTUME BISTRO €€

17 Travessa dos Congregados
✆ +351 222 015 015
costume-bistro.thefork.rest/fr FR/
Ouvert du lundi au vendredi 12h-15h/19h30-23h. Samedi soir 19h30-23h. Comptez 30 € par personne.

Il est situé dans une ruelle un peu cachée en plein centre, non loin de la belle avenue Dos Aliados. A l'entrée, un bar annonce une décoration moderne très différente des traditionnels restaurants ou tascas des alentours. La salle du fond, haute de plafond et aux murs de granit, présente une décoration sobre aux tons dorés et noirs qui crée une ambiance sophistiquée et intimiste pour déguster une cuisine fusion à l'influence internationale. On pourra également se régaler des classiques de la cuisine portugaise. Service élégant et ambiance feutrée.

CHURRASQUEIRA PAPAGAIO €

30A Travessa do Carmo
✆ +351 222 084 855
Ouvert tous les jours sauf le lundi de 11h30 à 15h30 et de 18h30 à 23h30. Plat du jour à partir de 5 €.

Ambiance « chez papi », mais qualité assurée. Le service est attentionné et professionnel. La *picanha* (viande de bœuf) grillée est excellente et servie accompagnée de riz, haricots noirs, salade et *farofa* (farine de manioc cuite), très copieux. Du côté des desserts, ils sont faits maison, comme la mousse au chocolat. Une belle diversité des plats servis sans chichis. Un petit prix, pour un grand repas. Ne boudez pas s'il vous faut attendre un peu pour recevoir vos plats, cela peut arriver en cas de forte affluence. Pas de CB, prévoir du cash.

DA TERRA - RESTAURANTE VEGETARIANO €

249 Rua Mouzinho da Silveira
✆ +351 223 199 257
www.daterra.pt
Ouvert tous les jours de 12h à 15h et de 19h à 22h30. Buffet à volonté 11,50 €.

Que vous soyez végétarien avéré ou omnivore, DaTerra vous plaira à coup sûr. Il s'agit d'une franchise de restaurant végétarien-végan qui propose midi et soir un buffet à volonté de plats sans viande, poisson ni oeufs. Détrompez-vous si vous pensez ne pas bien manger. Les plats sont colorés, savoureux, et rassasiants. Par exemple : tofu mariné, mini burritos aux légumes, soupe du jour, pomme de terres, mini feuilletés aux champignons, riz, couscous... Possibilité de prendre à emporter.

CONFEITARIA DO BOLHÃO €

339 Rua Formosa ✆ +351 223 395 220
www.confeitariadobolhao.com
Ouvert du lundi au vendredi de 6h à 20h, le samedi de 7h à 19h. Menu simple autour de 6 €. Menu complet 7,40 €.

Cette *confeitaria*, très connue des Portuenses, est une pâtisserie avec une salle de restaurant. La vitrine et l'étal, où sont présentées un nombre impressionnant de gourmandises et pâtisseries, donnent envie de tout manger. Il faudra pourtant faire un choix sans doute difficile... Ici, c'est le lieu parfait pour une petite faim à petit budget. Côté restaurant (tables rondes en marbre blanc, murs couverts de miroirs), optez pour un repas avec soupe aux légumes, poisson ou viande, et bien sûr une pâtisserie traditionnelle à accompagner d'un blanc du Douro.

SE RÉGALER

DAMA PÉ DE CABRA €

5 Passeio de São Lázaro
✆ +351 223 196 776
Ouvert de 9h30 à 15h30 en semaine, vendredi et samedi service de 19h30 à 22h en plus du midi. Fermé dimanche et lundi.

La Dama Pé de Cabra est un petit restaurant à la salle intérieure moderne et tout en longueur qui propose des plats servis dans un esprit brunch. On choisira ainsi plusieurs petites portions plutôt qu'un grand plat roboratif. La cuisine est réalisée à base de produits locaux et l'on peut déguster du pain maison, des sandwichs toastés, des assiettes de fromages et de charcuterie. Laissez-vous tenter par l'un des gâteaux présentés sous cloche. Egalement un petit déjeuner à la carte le matin accompagné de thé ou de café. Bonne carte des vins. Service impeccable.

DOP €€€

18 Largo de S. Domingos
✆ +351 222 014 313
https://www.doprestaurante.pt/
Ouvert 7j/7 de 12h30 à 15h30 et de 19h30 à 23h sauf dimanche et lundi midi. Menu memoria ou mar 115 € par personne.

Installé dans un édifice du XIVe siècle bien restauré, cet établissement design et cosy est l'un des restaurants du célèbre et talentueux chef Rui Paula, étoilé Michelin en 2016. Il revisite la cuisine portugaise avec beaucoup de créativité. La tenue du service, la généreuse carte des vins, la qualité des produits et le cadre minimaliste appuient sans faillir l'inventivité singulière du chef qui viendra probablement vous saluer. Les serveurs sont d'excellent conseil. Une merveilleuse adresse pour un repas gastronomique de haute voltige à Porto.

ERNESTO €€

85 Rua da Picaria
✆ +351 222 002 600
Ouvert tous les jours de 12h à 15h et de 19h15 à 21h45. Le lundi midi uniquement. Comptez 20-25 € le repas.

Une institution depuis 1938. Ce restaurant fut acheté par Ernesto Pereira, le père de l'actuel propriétaire Reinaldo. C'est la cantine des locaux qui se trouve dans un quartier de plus en plus branché de Porto entre galeries d'art et théâtre. Trois salles dont une micro-terrasse à l'étage très agréable quand il fait beau. Dans l'assiette c'est frais, préparé avec générosité et amour comme depuis toujours. Les poissons sont très bien cuisinés et, si vous hésitez, on vous conseillera avec beaucoup de patience et de gentillesse. Vins au verre et bons desserts maison.

ELEBE ENTREPAREDES €€

35/39 Rua de Entreparedes
✆ +351 221 126 603 - www.elebe.pt
Ouvert tous les soirs de 19h à 23h, fermé le mardi. A partir de 30 € le repas sans boisson. Réservez à l´avance.

Le dernier des restaurants éLeBê vous surprendra par sa décoration sophistiquée, confortable et moderne faisant penser à un jardin intérieur. Côté cuisine, la carte vous embarque pour un voyage gastronomique dans les différentes régions du Portugal. À la cuisine traditionnelle s'ajoute une note internationale voire exotique qui rend chacun des choix difficile ! Parmi les classiques de la maison : beefsteak à la cocotte de la grand-mère, une recette de famille. Et quelques plats végétariens. Service attentif pour un dîner parfait.

ÉLEBÊ CENTRO €€

94 Rua da Conceição
✆ +351 222 011 651 - www.elebe.pt
Tous les soirs de 19h à 23h, fermé le mercredi. Comptez 25 € le repas sans boisson. Groupes jusqu´à 40 personnes.

En 2015 Pedro Torres qui a grandi dans le milieu de la restauration ouvre son deuxième restaurant à Porto cette fois avec son frère et propose une cuisine différente du éLeBê Baixa. Ici, la décoration décontractée crée une ambiance accueillante où il est agréable de dîner. Au rez-de-chaussée un des murs fait office de cave à vin et en expose de nombreuses références. On sert essentiellement du poisson frais, crustacés et fruits de mer. Une bonne adresse pour déguster les spécialités liées à la mer. Le personnel est très sympathique en plus d'être polyglotte.

ÉLEBÊ BAIXA €€

118 -120 Rua Santo Ildefonso
✆ +351 222 032 455 - www.elebe.pt
Ouvert lundi, mercredi et jeudi de 19h à 23h. Vendredi, samedi, dimanche de 12h à 15h et de 19h à 23h. A partir de 35 €.

L'établissement présente deux niveaux, avec un bar au rez-de-chaussée pour prendre confortablement l'apéro avant de monter se restaurer au premier étage. La bonne gastronomie traditionnelle revisitée dans sa présentation vous fera voyager au cœur des saveurs des produits locaux : saucisse de perdrix de chasse, carpaccio de cerf, cocotte de gambas, filet de bar aux amandes côtoient les plus traditionnels riz de baudroie et plats de morue. Sur commande, peuvent être servis des plats typiques de la gastronomie du nord du Portugal, comme le riz de « Pica no chão ».

éLeBê
restaurantes

'is restaurants pour trois fantastiques voy-
:s gastronomiques au cœur de la cuisine
iditionnelle portugaise à la découverte des
eurs locales. Une cuisine revisitée est
posée au éLeBê Baixa, les notes exotiques
éLeBê Entreparedes viendront surprendre
papilles et si vous avez envie de poisson ou
ts de mer, c´est au éLeBê Centre que vous
vous régaler ! Tous les produits utilisés sont
s et de qualité. Belle sélection de vins, ambi-
e accueillante et moderne. Le plus dur est
'hoisir le restaurant !

www.elebe.pt

ESCAMA €€

203 Rua Mouzinho da Silveira
✆ +351 913 595 551
https://escamaporto.com/

Ouvert tous les jours de 12h30 à 15h et de 19h à 23h. Compter 25 € le repas, entrée, plat et dessert sans boisson.

Dans ce restaurant vous dégusterez une cuisine moderne et éclectique autour de la mer dans une ambiance chaleureuse. Poissons et crustacés comme les huîtres, le thon, le turbot ou le bar sont confectionnés pour surprendre vos papilles avec des saveurs cosmopolites. Laissez-vous tenter par les 4 ou les 6 moments selon votre appétit, la surprise sera d'autant plus savoureuse. Un plat végétarien et un de viande font partie aussi de la carte, qu'une belle sélection de vins complète à merveille. Une expérience inédite avec un service attentionné.

FRANCESINHA CAFÉ €€

946 Rua da Alegria
✆ +351 912 653 883

Ouvert midi et soir. Fermé dimanche et lundi. Entre 10 et 15 € par personne.

Bien que l'établissement soit un peu excentré, il vaut le déplacement pour déguster l'une des meilleures *francesinha* de Porto, récompensée comme telle pendant plusieurs années consécutives. Ne vous laissez pas avoir par une présentation simple dans l'accueil, les saveurs sont bien présentes. Egalement des petits paninis pour casser la croûte et une bonne sélection de bières pour ceux qui désirent accompagner leur plat. Accueil sympathique, produits de qualité, cadre moderne et bien entretenu. Une jolie adresse conseillée plutôt pour le déjeuner.

FRANCESINHAS AL FORNO DA BAIXA €

160 Rua de Almada
✆ +351 912 551 855

Ouvert tous les jours de midi à 23h. Francesinha à partir de 8 €.

Ce spécialiste de la francesinha propose une bonne vingtaine de variantes de ce plat incontournable à goûter lors de votre séjour à Porto, dont des végétariennes ! La décoration sur les murs permet de progresser en portugais, mais avec l'accent de Porto (vous comprendrez mieux une fois sur place...). Service attentif et efficace. Une bonne adresse pour découvrir ce plat désormais emblématique de la ville. S'il vous reste de la place, craquez pour un bon dessert maison.

LSD (LARGO SÃO DOMINGOS) €€

78 Largo de São Domingos
✆ +351 910 298 589

Ouvert tous les jours de 12h30 à 15h30 et de 19h30 à 23h. Autour de 20 € le plat.

Rien d'hallucinogène dans la carte de ce restaurant ! 56 places à l'intérieur et une esplanade pour une trentaine de convives. La tradition portugaise des plats est revisitée de la plus belle manière qui soit, originale et subtile. Les vins proposés subliment cette cuisine créative. La décoration, du mobilier jusqu'aux couverts de qualité en matériaux nobles, donne un délicieux sentiment de raffinement. On peut, au calme, en apprécier toutes les finesses. L'impeccable service est au diapason. Une très jolie surprise en plein centre de Porto.

MÃO TRAVESSA €

38 Rua de Miguel Bombarda
✆ +351 917 610 666

Fermé dimanche et lundi. Crêpe à partir de 3 €, galette à partir de 6,50 €.

Une crêperie à Porto. Mais pas uniquement. Différents encas sont proposés, depuis la bruschetta jusqu'aux plats plus traditionnellement portugais (soupes, salades composées, sardines, calamars, etc.) en passant par les tapas. Les crêpes et les galettes sont confectionnés suivant des recettes et les méthodes qu'on ne renierait pas à Dinan. C'est bon, rapide, frais et pas cher. Service très cordial. En sortant, on n'oubliera surtout pas d'emporter quelques succulentes *bombocas* qui ressemblent à des meringues chocolatées aux différents parfums.

MARIA MORCONA €€

92 Rua dos Bragas
✆ +351 220 180 157
http://mariamorcona.pt/

Ouvert du mardi au samedi midi et soir en été, uniquement le soir en hiver. Comptez 15-20 € par personne.

C'est le genre d'adresse au détour d'une rue quelconque où l'on pousse la porte par hasard, et soudain, au bout du couloir, de grandes tables de copains sont dressées pour partager des tapas dans une ambiance joyeuse et décontractée. Foncez sur les ribs, la *tralheira* sur ses 3 niveaux (épinard, *alheira*, œuf de caille) et, en dessert, vous choisirez le Bambocona. C'est copieux, frais, bon marché. La patronne Dina est franco-portugaise, n'hésitez pas à lui demander conseil : elle est extrêmement sympathique. Jolie terrasse à l'arrière. Réservation conseillée.

MISS'OPO BAR-RESTAURANT €

100 Rua dos Caldeireiros
✆ +351 222 082 179
www.missopo.com
Bar-restaurant ouvert du mardi au dimanche de 19h à minuit. Environ 15 € le repas.

Dans la guesthouse du même nom, ce bar-restaurant propose une cuisine moderne travaillée avec des produits locaux. Au menu par exemple : toast de fromage ou végétarien, salade composée façon couscous, fruits de mer à coque, riz aux légumes passés au wok... Mention spéciale pour la bière artisanale, excellente. Egalement quelques vins bien sélectionnés. Ambiance conviviale où l'on se sent comme à la maison. Service souriant et dynamique. Une jolie adresse qui changera des plats portugais traditionnels. Les portions pourront sembler un peu faibles pour certains.

MUSEU D'AVÓ €

56 Travessa de Cedofeita
✆ +351 933 130 382
Ouvert du lundi au samedi de 19h à 2h du matin. Comptez environ 15 € le repas.

Dans une rue étroite, très animée en soirée, l'entrée passe presque inaperçue. Elle ne paie pas de mine... mais une fois à l'intérieur, c'est tout un monde à découvrir ! Des objets et ustensiles traditionnels des maisons portugaises sont accrochés aux murs et au plafond. La lumière tamisée et la musique de fond créent une atmosphère plutôt intimiste et chaleureuse pour déguster les *petiscos*, à partager à deux ou entre amis, un régal ! Un conseil : n'arrivez pas trop tôt, ça commence à se remplir vers 21h, et là l'ambiance devient vraiment sympa !

O BURACO €

95 Rua do Bolhão
✆ +351 222 006 717
Ouvert du lundi au samedi de midi à 15h et de 19h à 22h. Environ 15 € le repas.

Situé juste à côté du marché du Bolhao, ce restaurant à la décoration rappelant les années 1980 propose des plats issus de la cuisine traditionnelle avec de la quantité et beaucoup de saveur. L'ambiance est familiale, l'endroit étant essentiellement fréquenté par des Portugais. En choisissant l'*arroz de pato* (le riz au canard), vous en aurez pour vos sous ! Vous sélectionnerez le plat qui vous fait envie sur la carte et n'oublierez pas d'accompagner le tout d'un bon verre de vin. Parfait pour les grands appétits. Service réussi.

O CASEIRINHO €

Rua de Afonso Martins Alho
✆ +351 961 616 711
Ouvert tous les jours de 7h30 à 19h, samedi jusqu'à 17h, fermé le lundi et le dimanche. Plats du jour entre 9 et 12 €.

Un tout petit restaurant avec quelques tables collées les unes aux autres. O Caseirinho porte bien son nom : ici, pas de doute la cuisine est faite maison, ça se sent et ça se voit. Certains midis, il y a une énorme file d'attente, rageant mais révélateur de la qualité de cette adresse essentiellement fréquentée par les Portugais. En cuisine et en salle ça s'agite dans la bonne humeur ! En trois mots : copieux, économique et typique. Une adresse recommandée pour goûter à la cuisine traditionnelle portugaise, dans une ambiance amicale et avec un service souriant.

GALERIA DE PARIS €

56 Rua da Galeria de Paris
✆ +351 222 016 218
Ouvert tous les jours 10h-4h. Déjeuner 8 €, 15 € le dîner. Fado à 17h. 19 € (verre de porto et tapas). Pas de CB.

Une adresse fascinante à Porto pour son décor, ses anciennes vitrines encore remplies de jouets et d'objets anciens, mais aussi pour son atmosphère. La journée, le restaurant propose un buffet. L'assiette est plus que suffisante pour une personne qui a le goût des choses faites maison. Le dessert est à part, mais les prix sont plus qu'intéressants. Le soir, on peut venir uniquement pour prendre un verre et écouter de la musique (fado, piano, musique pop ou cubaine...). A noter qu'il faut venir assez tôt le samedi soir afin d'obtenir une table pour dîner.

O PAPARICO €€€

2343 Rua de Costa Cabral
✆ +351 225 400 548
www.opaparico.com
Ouvert du mardi au samedi soir de 19h à minuit. Menu pour 2 à partager : 220 €.

Ce restaurant propose une cuisine traditionnelle extrêmement raffinée et particulièrement bien présentée. Aucune déception sur les spécialités régionales servies ici, préparées selon des recettes ancestrales, à partir de produits de première qualité. Très belle sélection de vins y compris nature. En somme, tout est réuni pour se régaler dans un cadre chaleureux, fait de vieilles pierres, de livres et de bois. Au mur, une surprenante carabine Winchester est accrochée. Une adresse dont on garde un bon souvenir. Service irréprochable. Réservation obligatoire.

PORTA 4 €

4 Rua Doutor Barbosa de Castro
✆ +351 913 203 489
www.linktr.ee
Ouvert de 18h30 à 23h30. Fermé samedi et dimanche. Comptez 25 € pour un repas.

Minuscule restaurant (réservation obligatoire) pouvant accueillir une dizaine de convives. Cuisine ouverte permettant d'apprécier le spectacle. Carte courte mais très efficace. Les produits sont de grande qualité, les poissons frais sont cuits à la perfection (bar, morue), les assiettes proposent beaucoup de subtilité dans des mélanges audacieux. Gardez une place pour les délicieux desserts maison. Carte de vins réduite mais pertinente. Le cuisinier et le serveur sont extrêmement sympathiques. Il y a deux services, l'un à 19h30, l'autre à 21h30.

PORTUCALE €€€

598 Rua da Alegria
✆ +351 225 370 717
www.miradouro-portucale.com
Ouvert tous les jours de 12h30 à 14h30 et de 19h30 à 22h30. Environ 50 € le repas avec du vin.

L'excellente réputation du Portucale est méritée. Au dernier étage, la vue panoramique sur la ville de l'Albergaria Miradouro est époustouflante et laissera aux convives une forte impression. On y mange de succulents plats accompagnés de grands crus de la région et du pays. La carte varie selon les envies du chef. Divine morue marinara, coques de folie, inoubliable chevreau à la montagnarde... Ambiance tamisée et vintage avec un mobilier datant des années 50 confectionné en bois exotique. Un grand repas à s'offrir pour fêter la fin ou le début de séjour.

RESTAURANTE ASSADOR TIPICO €

18-22 Rua D. Manuel II
✆ +351 222 015 149
www.assadortipico.pt
Ouvert du lundi au samedi de 11h30 à 15h et de 19h à 22h, dimanche de midi à 15h. Environ 8 € par plat.

L'Assador Tipico est un restaurant toujours très fréquenté, qui s'enorgueillit de pouvoir accueillir jusqu'à 300 convives. L'établissement dispose de plusieurs salles en pierres apparentes qui vous attendent pour vous régaler de grillades et viandes rôties. Certains plats se commandent à deux tellement les portions sont généreuses. Cela vous permettra de goûter à plusieurs plats à la carte, on se laisserait bien tenter par tous. De bons vins et desserts également.

RESTAURANTE ASTORIA €€

25 Praça da Liberdade
✆ +351 220 035 600
www.intercontinental.com/porto
Ouvert tous les jours du petit déjeuner au dîner. Formule à 20 € et environ 50 € le dîner.

Le restaurant est situé à l'intérieur de l'hôtel Intercontinental Porto dans un ancien monastère du XIIIe siècle rénové dont il a gardé le nom de Palacio das Cardosas. Une façade élégante et un intérieur raffiné, avec entrée indépendante de l'hôtel. Le *restaurante* Astoria propose une cuisine de spécialités portugaises à la fantastique présentation où l'on perçoit la préoccupation d'un cuisinier à émerveiller yeux et papilles. Grande cuisine, service impeccable, jolie carte des vins, mais tout cela a un prix. Les quantités pourront manquer aux grands appétits.

RESTAURANTE ESCONDIDINHO €€

142 Rua Passos Manuel
✆ +351 222 001 079
www.escondidinho.pt
Ouvert tous les jours de 12h-15h et 19h-23h. Comptez entre 30 et 50 € le repas.

Cet établissement, à la devanture en azulejos du XVIIe siècle, peints à la main, a ouvert en 1931 lors de l'Exposition coloniale. L'intérieur a le style des anciens manoirs du Nord du Portugal où le décor contribue à créer une atmosphère accueillante, intimiste et confortable à l'image des résidences du XVIIIe siècle. Ici les plats de la traditionnelle cuisine portugaise régionale sont à l'honneur : *Bacalhau à Escondidinho*, bar grillé, langouste gratinée ainsi qu'une grande variété de « cataplanas ». Service impeccable, bonne adresse.

RESTAURANTE MUU STEAKHOUSE €€

149 a Rua de Almada
✆ +351 914 784 032
www.muusteakhouse.com
Ouvert tous les jours de 19h à minuit. Compter 40 € par personne.

Ouvert début 2018 par un trio d'amis, l'endroit ne désemplit pas : il s'agit très probablement du meilleur restaurant de viandes à Porto (proposées en version normale 250 g ou en version maxi 1 kilo pour 2). La carte des vins est soignée et s'accorde merveilleusement à la qualité des produits proposés. Un plat végan et du poisson sont aussi à la carte. Le service est à la fois particulièrement efficace et amical. Réservation hautement recommandée pour un lieu hautement recommandable.

RESTAURANTE PORTO ANTIGO €

74 Rua Cimo de Vila
✆ +351 960 076 508
Ouvert de 10h à 21h. Le midi service de plats du jour et le soir petiscos. Plats du jour à partir de 7 €.

En voilà une tasca qui porte bien son nom ! Elle est à l'image des anciennes tavernes, tout en long avec sa vigne artificielle, ses grappes de raisins, et ses petites tables en bois. On y mange des bonnes portions de plats du jour à un prix défiant toute concurrence. Vous aurez le choix entre deux plats. On se croirait à une autre époque, l'ambiance est on ne peut plus typique, les locaux constituent le gros de la clientèle. Une adresse pour les curieux en quête d'authenticité ! Un petit conseil en entrée, goûtez le presunto (jambon cru), il est excellent.

RAIZ €€

8 Largo dos Lóios
✆ +351 222 010 940
www.raiz.com.pt
Ouvert de 19h à minuit. Comptez une trentaine d'euros pour un repas complet.

© RESTAURANTE RAIZ

Un lieu incontournable pour les amateurs de gastronomie portugaise. Situé dans le quartier historique de Porto, dans un bel édifice, ce restaurant offre une jolie vue sur la Torre dos Clérigos et propose une cuisine traditionnelle revisitée avec des produits locaux et de saison. Les plats sont savoureux et bien présentés, le service est chaleureux et attentif. Une atmosphère conviviale qui vous invite à vous détendre et à apprécier un bon repas dans l'une des trois salles. Une adresse à ne pas manquer lors de votre visite à Porto !

RESTAURANTE TRAÇA €€

88 Largo de São Domingos
✆ +351 222 081 065
www.restaurantetraca.com
Ouvert tous les jours jusqu'à 23h, 1h le week-end. Environ 30 € le repas.

Une grande baie vitrée laisse entrevoir un espace sur deux étages à la décoration chaleureuse. Ce restaurant sert une cuisine inspirée de la gastronomie traditionnelle avec des influences Ibériques. Des plats peu habituels vous étonneront comme le carpaccio de filet de cerf, l'escabèche de perdrix en salade... Il propose aussi du bar, du poulpe ou de la morue au four. La carte des vins fait une place de choix aux vins de la région du Douro. Les desserts sont faits maison. Un bon choix pour un repas bien confectionné et riche en saveurs.

SOLAR MOINHO DO VENTO €€

81 Rua de Sá Noronha
✆ +351 222 051 158
www.solarmoinhodevento.com
Du lundi au samedi de 12h à 15h30 et de 19h à 22h. Le dimanche de 12h à 15h30. Environ 25 € le repas.

La maison Solar Moinho do Vento existe depuis 1905. Pour la petite histoire, on raconte qu'Amália Rodrigues (célèbre chanteuse portugaise de fado et actrice) est venue y chanter. Nous vous conseillons la salle du haut pour déguster quelques plats typiques de Porto. Quelques spécialités comme la *bacalhau* à Gomes et le *bife boi* (mignon de bœuf), succulents. La carte des vins est bien fournie, le service est agréable et distingué et la cuisine en général bien exécutée. Parfait pour un dîner dans une atmosphère élégante et accueillante.

SE RÉGALER

SURIBACHI €€

134 Rua do Bonfim
✆ +351 225 106 700
www.suribachi.pt/
Ouvert du lundi au samedi de 9h à 22h. Environ 15 € le repas.

L'une des rares options végétariennes et macrobiotiques dans cette ville tournée vers les amateurs de viande ! Au Suribachi la carte est variée, avec plusieurs options de plats, entre salades, ragoûts (végétariens) et desserts succulents. Les produits sont frais et la cuisine évidemment faite maison. Service de qualité, attentionné et souriant. Vous accompagnerez vos plats d'un potage, d'un verre de vin ou de toute autre boisson. Un très bon rapport qualité-prix. Et même si vous appréciez la viande, venez goûter, vous devriez en ressortir agréablement surpris.

TAPABENTO €€

Rua da Madeira - Gare de São Bento
✆ +351 912 881 272
www.tapabento.com
Ouvert du mercredi au dimanche 12h-15h et 19h-22h30. Comptez 30 € le repas, réservation conseillée. Take away possible.

Tapabento aurait pu être un bar à tapas de plus... sauf que là, il s'agit de tapas de haute voltige. Pleine tous les soirs, la petite salle du bas qui donne sur la cuisine ouverte et celle du haut, un peu plus grande, grouillent d'activité. L'ambiance y est bon enfant et les assiettes tout à fait somptueuses : le menu propose une dizaine d'entrées, une quinzaine de tapas, six plats principaux et six desserts. Il n'y a pas de mauvais choix ! Les produits sont fins, originaux et cuisinés avec maîtrise, ce qui explique le tarif un peu élevé. Excellente adresse.

A TASQUINHA €€

23 Rua do Carmo
✆ +351 223 322 145
www.atasquinha.com
Ouvert le lundi midi et du mardi au samedi de midi à 23h. Comptez 15 € le repas.

Pour dîner avec une petite note campagnarde. Le personnel sert des plats bien présentés (le *lombo* de porc) et des poissons frais très bien cuisinés, comme le bar grillé ou la lotte au riz, le tout avec une grande gentillesse, loin des fureurs de certains endroits du Ribeira. Vous pouvez y manger tous les classiques de la ville (*caldo verde* et tripes à la mode de Porto). Le cadre, une petite maison surélevée, nappes à carreaux, poutres... est impeccable dans le genre. Il y a une jolie terrasse et un large choix de vins. L'addition est sage.

THE LINGERIE RESTAURANT €€

198 Rua Gonçalo Cristóvão
✆ +351 915 672 450
www.lingerieporto.com
Ouvert du mercredi au vendredi de 20h à 1h, samedi de 19h à 1h avec 2 sessions de spectacle. Menus de 40 à 80 €.

Ce restaurant à l'intérieur glamour et chaleureux qui rappelle les années 1920 nous invite à une expérience gustative... et visuelle. Des shows érotiques masculins et féminins s'enchaînent à un rythme effréné au milieu du restaurant. Le public est mis à contribution (à son bon vouloir évidemment) dans des jeux sans qu'il ait besoin de comprendre la langue. Des serveuses en lingerie et des serveurs musclés en boxer moulant nous servent. Amusement et fous rires garantis en groupe. La cuisine internationale servie vaut largement le prix demandé.

VILA CAMELIA €€

79 R. de António Cândido
✆ +351 225 500 818
https://vilacamelia.com/
Ouvert tous les jours midi et soir. Menu du midi 16 € 50, menu dégustation le soir 38 €.

Le chef strasbourgeois Enrico Lestuzzi (1 étoile au *Michelin* pendant 11 ans) son épouse portuane Manuela et leurs 2 grands enfants ont quitté la France pour ouvrir ce restaurant à l'hiver 2022. Dans une belle bâtisse, les 30 convives auront la chance de découvrir une cuisine gourmande et raffinée, orientée sur des produits locaux et de saison. La carte conçue comme un retour de marché change selon les saisons. Rapport qualité-prix imbattable pour le menu du midi. Service impeccable en français. En été, un jardin fleuri vous attend à l'arrière. Sur réservation.

ZÉ BOTA €

20 Travessa do Carmo
✆ +351 222 054 697
Ouvert du lundi au vendredi de 12h à 14h30 et de 19h30 jusqu'à 23h30, le samedi ouvert le soir. Environ 30 € le repas.

Dans une ruelle bien cachée se trouve ce petit restaurant intimiste qui propose une cuisine portugaise efficace et raffinée. C'est l'endroit incontournable pour manger face à des caisses de vin la fameuse bacalao en vedette dans 4 recettes différentes. La morue au four aux pommes de terre et au chou est à tomber tout comme le poulpe. Bonne sélection de vins et de portos. Les portions sont ultra généreuses. Si vous n'avez plus faim, vous pouvez toutefois commander votre dessert en demi-portion : malin ! Prix raisonnables. Bon accueil, service rapide mais attentif.

CASA LOPES €

44 Rua Fonte Taurina
✆ +351 22 205 4256
Ouvert de 8h à 22h30. Menu du jour à 10 €. Plats entre 8 € et 10 €.

Loin de la foule de la Ribeira, proche du Douro, ce petit restaurant typique se trouve au calme dans une petite impasse. C'est là que se retrouvent les ouvriers pour leur pause déjeuner. Le menu du jour, proposé à un tarif très raisonnable, est composé d'une viande ou d'un poisson avec une boisson, du pain et un café. Poisson grillé ou calamars, côtelettes de veau servies avec des frites, la cuisine est familiale dans ce restaurant ouvert depuis cinquante ans. Le service est efficace et sympathique. Rien à voir avec certains « pièges à touristes » du quartier.

JIMÃO TAPAS E VINHOS €

11 Praça Ribeira
✆ +351 220 924 660
Ouvert du jeudi au lundi de 18h à 22h. Fermé mardi et mercredi. Comptez 20 € le repas.

Le Jimão Tapas e Vinhos propose une cuisine méditerranéenne. Comme son nom l'indique, ce restaurant sert essentiellement des tapas espagnoles aux saveurs portugaises, ainsi que du vin savamment sélectionné, de la vallée du Douro ou *vinho verde*. A la carte, en plus des tapas froides et chaudes présentées avec soin : soupes, plats végétariens comme le risotto, *bacalhau* (morue), *arroz de polvo*... Le nom Jimão signifie en espagnol « jambon ibérique séché ». Egalement de bons desserts. Service impeccable, ambiance conviviale. Une bonne adresse.

FAROL DA BOA NOVA €€

115 Muro dos Bacalhoeiros
✆ +351 222 006 086
Comptez 20 € par personne minimum le repas. Ouvert tous les jours de 12h à 23h.

Ce restaurant élégant mais pas guindé offre un cadre enchanteur face au Douro pour dîner. La cuisine est savoureuse, notamment les poissons et fruits de mer. La morue au four est un régal tout comme les beignets de poulpe et les viandes cuites à la pierre. Tapas sympas à l'apéro et belle carte des vins, desserts classiques. Comme dans de nombreux restaurants du quai, il faut prendre son mal en patience avant d'être assis en particulier si vous souhaitez dîner sur la terrasse qui se remplit rapidement. Aussi est-il recommandé de réserver.

MURO DO BACALHAU €€

122 Cais da Estiva
✆ +351 220 101 186
Ouvert tous les jours de 12h à 22h. Aux alentours de 30 € par personne le repas.

Excellent restaurant intimiste d'une vingtaine de couverts, situé au bord du Douro avec une vue fantastique sur le pont Dom Luis. Dans un décor boisé, avec en arrière-fond une musique blues-jazz, on se partage entre convives de bons petits plats en mode bistronomie, parfaitement exécutés, ce qui permet d'en goûter plusieurs à l'instar de ce fantastique riz au canard, chorizo, abricots ou encore le savoureux et ultra frais cabillaud avec sa sauce au jaune d'œuf. Le personnel est non seulement attentif mais il est adorable. Carte en français. Réservation conseillée.

INTRIGO €€

90 Rua de Tomás Gonzaga
✆ +351 969 290 539
www.intrigo.pt
Fermé lundi et mardi. Ouvert les autres jours midi et soir jusqu'à 22h, 23h parfois minuit. Tapas entre 4 € et 13 €.

Avec sa salle lumineuse et moderne et sa terrasse offrant une vue magnifique en surplomb du Douro, l'Intrigo dispose indéniablement de l'un des plus beaux cadres de Porto pour déjeuner ou dîner. Dans cet établissement, on se régale d'une cuisine traditionnelle présentée sous forme gastronomique et en petites portions qu'on partage entre commensaux. Les assiettes colorées mettent l'eau à la bouche. Les vins à la carte ont été sélectionnés avec soin. Les desserts sont délicieux. Une bonne ambiance et un service qui fait de son mieux selon l'affluence.

O COMERCIAL - PALÁCIO DA BOLSA €€

Rua Ferreira Borges ✆ +351 918 838 649
www.ocomercial.com
Ouvert du lundi au samedi de 12h30 à 15h et de 19h30 à 22h30, en soirée le lundi. Menu avec un verre de vin : 20 €.

Un service épatant, un cadre somptueux et une cuisine très soignée font de ce restaurant élégant un des secrets les mieux gardés des gastronomes de Porto. On y propose une cuisine portugaise traditionnelle avec de fortes influences françaises. Les grandes fenêtres de la salle donnent sur le Douro avec vue sur Gaia. Il règne dans le lieu une atmosphère distinguée, qui rappelle que nous sommes dans un Palais. Bon marché par rapport aux prix dans cette catégorie. A ne pas manquer.

O RESTAURANTE DA ALZIRA €€

3 Viela do Buraco
✆ +351 222 005 004
Ouvert tous les jours de 12h à 23h30. Fermé le lundi. Environ 15 € par personne.

Le restaurant Da Alzira, propose une cuisine typique et familiale et des plats traditionnels tels le *bacalhau* et le poulpe au four, ou les sardines frites. Certains plats sont servis dans leur récipient de cuisson, apportant ainsi davantage d'authenticité. La carte des vins propose une belle sélection de crus que l'on saura vous conseiller en fonction du plat choisi. Un excellent rapport qualité-prix, sans oublier une belle vue sur le Douro depuis la terrasse. Service attentionné et ambiance amicale. Quelques concerts live parfois.

ORPHEU PORTO TAPAS & COCKTAILS €€

65 Rua da Bainharia
✆ +351 912 783 272
Ouvert tous les jours sauf mardi et mercredi de 14h à 22h. Environ 25 € par personne.

Ouvert en 2021, ce petit bar à tapas vous accueille avec une grande gentillesse l'après-midi et le soir sans réservation. Il dispose d'une dizaine de tables à l'intérieur et d'une petite terrasse dans une ruelle avec une vue superbe sur la tour des Clercs. La trilogie de houmous, les patty, les sardines sont à essayer. Délicieux cocktails, essayez ceux à base de porto comme le Porto passion et les excellents mocktails. Bonne musique et beau mélange de clientèle locale et étrangère.

PAPAVINHOS €€

23 Rua de Monchique
✆ +351 222 000 204
Fermé le lundi. Ouvert le mardi soir, du mercredi au dimanche de 12h à 15h et de 19h à 22h. Comptez 30 €.

Un restaurant chaleureux caché à Miragaia. Une fois installé dans la petite salle sobrement décorée avec des chaises en bois et des nappes blanches, on vous proposera une cuisine portugaise essentiellement tournée vers la mer. Vous aurez l'occasion de déguster crevettes, bacalhau, poisson frais, moules gratinées... accompagnés de riz, pommes de terre ou légumes. Pour vous ouvrir l'appétit, commencez le repas par un potage ou une petite salade composée et ses morceaux de poulpe. De savoureux desserts et une bonne carte de vins de Porto et *vinho verde*. Réservez.

PIMMS CAFÉ €€

Rua do Infante Dom Henrique, 95
✆ +351 222 015 172
Ouvert du lundi au samedi de midi à 15h et de 19h à minuit. Burgers à 10 €, plats aux alentours de 15 €.

Ce bar-restaurant est très pratique car il se trouve à côté du Palacio da Bolsa. Sa façade blanche se détache d'un ensemble d'immeubles anciens réhabilités qui marque le début du quartier historique et typique de la Ribeira, longeant à cet endroit le fleuve Douro. Accueillant, frais dans l'assiette, sympathique au niveau du service. Cuisine traditionnelle au déjeuner et internationale au dîner. Les plats de morue revisités sont une des spécialités proposées et le vin peut se prendre au verre. Par beau temps, terrasse très agréable.

SEMEA BY EUSKALDUNA €€

15 Cais das Pedras
✆ +351 938 566 766
www.semeabyeuskalduna.pt
Fermé mardi et mercredi. Services 12h-15h et 19h-23h. Comptez 50 €.

Auparavant situé dans la Rua das Flores, le Semea By Euskalduna a déménagé sur les quais, pour plus d'espace et une superbe vue sur le Douro depuis la terrasse. Il peut accueillir 60 couverts. Le menu change régulièrement selon les envies du chef qui propose sa vision inventive et sophistiquée des classiques portugais entre terre et mer (fantastiques palourdes, riz de veau, calamars, raie). La carte des vins blancs et de portos est soignée. On vous conseillera avec justesse. Terminez par un dessert et profitez de l'ambiance romantique de ce restaurant.

SOBRE O RIO €

21 Rua de miragaia
✆ +351 222 081 183
Ouvert de 10h30 à 17h, jusqu'à 18h samedi et dimanche.

En vous éloignant de quelques pas des rues touristiques, vous trouverez ce typique petit restaurant. La décoration de la salle avec ses murs d'azulejos donne le ton. Ce n'est pas très grand mais l'ambiance est conviviale ; des artistes viennent souvent jouer de la musique, du fado en priorité. A la carte, des plats traditionnels dont ses spécialités : *bacalhau, urroz de polvo, francesinha*. On apprécie les poissons cuits sur les braises du barbecue. Bonne sélection des vins. Accueil et service attentionnés. Il y a parfois un peu d'attente.

TA.BER.NA.RIO €€

Cais da Ribeira 21/25
✆ +351 938 309 388
www.tabernario.pt
Ouvert tous les jours de 12h à 16h et de 19h à 23h. Comptez 20 € le repas.

Ce petit restaurant avec vue sur le fleuve et le pont D. Luis Ier se démarque par sa cuisine traditionnelle portugaise revisitée avec de bons produits frais. Selon l'envie, on s'attablera pour un bon repas avec un plat de poulpe au four, de morue « à brás » (enveloppé d´œufs) ou un bon steak. Sinon, on picorera à deux ou entre amis plusieurs petits plats. Les hot-dogs aux crevettes ou aux carottes sont une spécialité de la maison, tout comme les desserts. Bonne sélection de vins. Au choix, une ambiance chaleureuse en salle ou plus décontractée en terrasse.

TABERNA DO BARQUEIRO €

123 Rua de Miragaia
✆ +351 937 691 732
Ouvert de 11h à 22h30 sauf le mardi jusqu'à 16h. Fermé le dimanche.

Cette taverne typique est un superbe endroit pour déguster un repas entre tradition portugaise et mise à l'honneur de la mer. La plupart des plats, en effet, comportent du poisson. Ainsi, on ne peut que vous conseiller l'*arroz do polvo*, les sardines grillées, ou les pâtes à l'encre de seiche. Egalement des plateaux de fromages et de charcuterie. Une bonne sélection de vins. Vous admirerez par ailleurs le « tableau » d'azulejos dans la salle. Ambiance chaleureuse et service de qualité. Les papilles passeront un agréable moment.

TABERNA DOS MERCADORES €€

36 Rua dos Mercadores
✆ +351 222 010 510
Ouvert du mardi au dimanche de 12h à 15h et de 19h à 23h. Entrées à 6 €, plats entre 19 € et 27 €.

Dans une rue tranquille, voici une adresse qui fonctionne sur le bouche-à-oreille. Le restaurant est tout petit, ce qui lui confère un charme indéniable. Il est cependant prudent de réserver à l'avance pour avoir une chance d'y trouver une place. Dans l'assiette, salade de poulpe, riz aux fruits de mer ou dorade grillée sont un régal, accompagnés d'un vin du Douro. Les produits sont frais et de très belle qualité. Certes, c'est un peu plus cher que la moyenne, mais dans ce quartier hyper touristique, voici un établissement nettement au-dessus du lot.

TERRA NOVA €€

34 Cais da Ribeira
✆ +351 222 032 172
www.terranovarestaurante.pt
Ouvert tous les jours de midi à 23h. Comptez 30 € le repas.

Pas facile, dans le quartier de la Ribeira, de choisir parmi les nombreux restaurants qui font face au fleuve avec leur vue sur le pont D. Luís Ier et Vila Nova de Gaia. Terra Nova est un restaurant intimiste et très mignon, parfait pour déguster une cuisine traditionnelle. La morue ainsi que les huîtres sont les stars de la maison : les *bolinhos de bacalhau* (acras de morue) sont un régal ! Ne pas manquer les *linguine* maison à la morue, une dinguerie, le tout arrosé d'une large sélection de vins de la région. Les serveurs sont adorables.

TORREÃO RESTAURANTE €€

37 Rua das Virtudes
✆ +351 919 471 037
www.torreao.pt
Ouvert de midi à 22h, jusque 23h vendredi et samedi. Fermé le dimanche. Comptez environ 25 €.

Situé le long de la *muralha Fernandina*, le Torreão Restaurante offre une vue sublime sur Porto et le Douro. Sa terrasse appelle à boire un verre de vin ou un café et surtout à déguster un bon repas (il y a aussi une jolie salle). La cuisine est à mi-chemin entre le gastronomique et le traditionnel. Les plats sont succulents (mais les quantités peut-être insuffisantes pour certains). Viandes, poissons ou végétarien, chacun devrait y trouver le plat qui lui fait envie. Les desserts sont délicieux. Très bonne carte des vins. Ambiance calme. Service professionnel.

VINHAS D'ALHO €€

139-140 Muro dos Bacalhoeiros
✆ +351 222 012 874
www.vinhasdalho.com
Déjeuner à partir de 15 € et dîner à partir de 20 €, menu à 35 €. Ouvert tous les jours de 12h à 22h30. Accès aux PMR.

Situé sur la muraille « Fernandina » longeant le Douro, la vue sur Gaia y est inouïe, aussi bien en terrasse qu'en salle ! À la décoration moderne des lieux, s'ajoutent un service de grande qualité et des produits très bien cuisinés dans l'assiette, sélectionnés avec rigueur par la propriétaire, qui parle d'ailleurs français. Les saveurs traditionnelles portugaises se modernisent avec des influences de cuisine d'auteur. Proposition d'un menu dégustation autour du porto. La carte des vins présente aussi une belle sélection de nectars portugais.

D'AVENIDA FINE DINING €€

2514 Avinguda da Boavista
✆ +351 919 192 514
www.d-avenida.pt
Ouvert du mercredi au dimanche de 19h30 à 2h. 12 sushis : 18 €. Menu dégustation 4 plats : 45 €. 6 plats : 70 €.

Le D'Avenida Fine Dining propose une cuisine gastronomique pleine de créativité dans un espace chic et branché. Au menu : gambas, poulpe, tempuras, *bacalhau*, porc ibérique, ainsi qu'un sushi-bar de bonne qualité qui ravira les aficionados. Pensez à garder une petite place pour tester un dessert. Côté glou-glou, vous aurez le choix parmi 90 vins régionaux et mondiaux dont 30 proposés au verre. Egalement une belle carte de cocktails dans l'espace bar pour prendre juste un verre. Très bonne ambiance. Service ultra professionnel en plus d'être sympathique.

A CAPOEIRA €€

63 Esplanada do castelo
✆ +351 226 181 589
Ouvert de 12h30 à 14h30 et de 20h à 23h. Fermé le dimanche. Comptez une vingtaine d'euros.

C'est dans une atmosphère cosy que l'on vous accueille chez A Capoeira pour un repas qui met en valeur la cuisine portugaise. Au menu : *bacalhau*, poulpe grillé accompagnés de légumes, riz ou pommes de terre... Les portions sont ultragénéreuses, parfaites pour satisfaire les grosses faims. On craque pour les desserts dont l'excellente tarte au citron. Côté boissons, les vins ont été sélectionnés avec soin et la sangria est très appréciée. Service attentionné, il est possible d'attendre un peu, patience. Bon rapport qualité/prix.

A CASA DE CHÁ DA BOA NOVA €€

1681 Av. da Liberdade
✆ +351 229 940 066
www.casadechadaboanova.pt/
Fermé dimanche et lundi midi. Ouvert les autres jours de 12h30 à 15h et de 19h30 à 23h. Carte : 50 €. Menu à 100 €.

Malgré son nom, ce n'est pas une maison de thé mais une autre perle gérée par le chef Rui Paula. La maison, réhabilitée par les soins de Siza Vieira offre à deux mètres de l'océan Atlantique un cadre idéal à la créativité du chef, et à son excellence dans le traitement des poissons et des fruits de mer. L'ensemble a valu à Rui Paula l'attribution de la 1re étoile Michelin 2016. Il est très fortement conseillé de réserver à l'avance car il y a seulement 50 places.

CÊPA TORTA €

843 Rua de Gondarém
✆ +351 226 181 056
Ouvert du mardi au dimanche de 12h30 à 15h et de 19h30 à 2h. Environ 15 € le repas par personne.

Un petit restaurant très agréable à l'ambiance jeune et vivante. Les plats sont savoureux, copieux et les prix très abordables. Chaque convive trouvera le plat qui satisfera son envie du jour. On peut y manger des pizzas, du saumon, une omelette ou une belle pièce de viande accompagnée de petites pommes de terre sautées. Il y a même quelques options véganes. Une bonne sélection de vins pour accompagner les plats ainsi qu'une délicieuse sangria vous seront proposées. Service disponible et souriant malgré l'affluence. Soyez patient, il y a beaucoup de monde.

CHEF TAPIOCA €

218 Avinguda do Mal. Gomes da Costa
✆ +351 226 181 589
www.cheftapioca.com
Ouvert du lundi au vendredi de 11h à 19h, samedi et dimanche de 10h à 19h.

Isadora Fevereiro s'est inspirée de la street-food brésilienne pour trouver le concept de ses restaurants. Le premier a d'abord ouvert à Matosinhos en 2015, et le second est fondé deux ans plus tard avenida Mal. Gomes da Costa. Les spécialités de Chef Tapioca, comme vous l'aurez deviné, sont les tapiocas, des galettes à la farine de manioc avec une garniture salée ou sucrée. Ambiance sophistiquée et tranquille où la musique de fond appelle à se détendre pendant le repas. Ici, tout est végétarien, tout est sain mais surtout tout est bon ! Une belle découverte.

MUSEU DOS PRESUNTOS €

1070 Rua Padre Luís Cabral
✆ +351 226 161 178
Ouvert tous les jours de 19h30 à 2h. Comptez environ 15 € le repas.

Entre amis, choisissez de partager ici les *petiscos* typiques de la cuisine portugaise. Les plats sont ultra généreux et présentés dans une jolie vaisselle toujours différente selon ce que vous avez commandé. Le service n'est pas comme les autres, et la décoration relève presque du burlesque : parmi les vitrines chargées d'un invraisemblable bric-à-brac, des jambons sont encadrés sur les murs comme autant d'œuvres d'art. Et un autre cochon « animé » vous accueille. Si vous êtes en quête d'adresses originales et de cochonneries, celle-ci vaut vraiment le détour.

O GAVETO €€

826 Rua Roberto Ivens
✆ +351 229 378 796
www.ogaveto.com
Ouvert tous les jours sauf le mardi de midi à minuit sans interruption. Comptez 30 € minimum pour un repas complet.

Cuisine authentique et traditionnelle dont les spécialités sont le riz aux fruits de mer, la lamproie à la bordelaise, l'*açorda* aux fruits de mer, l'*açorda* de homard, le turbot, la sole, la morue, le tourteau, le homard, la crevette, les palourdes et les pouces-pieds. Il ne vous reste plus qu'à choisir. Le poisson de votre choix sera certainement exposé dans la vitrine. Vous payerez au kilo. La maison propose aussi les fameuses tripes à la mode de Porto, le chevreau cuit au four et le pot-au-feu portugais. Définitivement une adresse à ne pas manquer à Matosinhos.

O TOUPEIRINHO €€

27 Rua do Godinho ✆ +351 229 387 016
www.toupeirinho.pt
Ouvert de midi à 15h30 et de 19h à minuit. Fermé le dimanche. Comptez 25 € minimum par personne.

Un tout petit restaurant proche de la mer. Une dizaine de tables et une bonne ambiance. Le cadre peut sembler un peu vieillot malgré une devanture soignée. Un faux gazon à l'entrée invite le visiteur à se détendre dans un jardin imaginaire et, une fois entré, le plonge dans un décor maritime. Chez O Toupeirinho, on vient surtout pour manger du poisson et des fruits de mer. En entrée, optez pour les sardines et essayez le poulpe, il est particulièrement savoureux. Certains poissons sont vendus au kilo. Accueil sympathique de la part du patron José Silva.

PEDRO LEMOS €€€

974 Rua do Padre Luís Cabral
✆ +351 220 115 986
www.pedrolemos.net
Du mardi au samedi 12h-15h et 19h30-23h. Menus dégustation de 120 à 150 € (4 à 8 plats). Accord mets et vins 60 à 80 €.

C'est une référence gastronomique à Porto. Pedro Lemos, natif de la ville, a été le premier chef à y décrocher une étoile Michelin en 2014. Pour ce voyage gastronomique, vous aurez la possibilité avec chaque menu d'ajouter un accord mets et vins. C'est ainsi qu'un Alentejo blanc vient sublimer une lotte ou un Quinta do Vesuvio une viande. Les menus privilégient les produits locaux. La maison traditionnelle a été rénovée avec au rez-de-chaussée une salle à l'ambiance feutrée qu'il est possible de réserver et à l'étage un second espace et une terrasse.

PRAIA DA LUZ €€

Avenida Brasil
✆ +351 226 173 234
www.praiadaluz.pt
Ouvert tous les jours en été de 9h à 2h. Environ 25 € le repas.

Le Praia da Luz, comme son nom l'indique, se trouve au bord de la plage, quasiment les pieds dans l'eau. C'est un beau bâtiment en bois avec baies vitrées. Il réunit restaurant et bar musical avec DJ. Côté cuisine, les spécialités du chef sont les calamars grillés et le veau à la polenta. De bonnes boissons à la carte. De la terrasse, on profite d'une sublime vue sur l'océan, difficile d'être plus près. Rajoutons un service impeccable, attentionné et une ambiance branchée. Parfait pour un apéro ou une soirée de qualité au bord de l'océan.

TENTAÇÕES NO PRATO €

97 Rua Sra. da Luz
✆ + 351 226 182 738
Ouvert du mardi au samedi de midi à 15h30 et de 19h30 à 23h, dimanche seulement le midi. Entre 9 et 14 € par plat.

Dans une petite ruelle, à peine visible, venez découvrir les petits plats typiques du coin mijotés avec amour par Lucia et Eva. Chez Tentações no Prato on est accueilli avec le sourire dans une salle d'une dizaine de petites tables disposées dans une ambiance chaleureuse. L'arroz de pato (riz de canard) est une dinguerie. Une adresse familiale pour une vingtaine de convives, assez rare pour Foz ainsi que de bonnes boissons dont un vin maison blanc très agréable. En plus, on parle français couramment. À tester, en toute simplicité !

VILA FOZ RESTAURANTE & BAR €€

236 Avenida de Montevideu
✆ +351 222 449 700
www.vilafozhotel.pt
Fermé dimanche et lundi. Dîners uniquement entre 19h30 et 22h30. Menu à partir de 100 €.

Sous la houlette du chef Arnaldo Azevedo entouré de sa brigade, le restaurant de la Vila Foz vous ouvre ses portes pour un dîner gastronomique d'exception. Place à une fusion surprenante de textures et de saveurs. Ici, la perfection est le mot d'ordre. Vous dégusterez des mets divins tournés vers la mer qui enchanteront vos papilles. Le tout est accompagné d'une excellente sélection de vins. Service professionnel et arrangeant de grand restaurant. Réservation conseillée.

BACALHOEIRO €€

74 Avenida Diogo Leite
✆ +351 223 759 408
www.bacalhoeiro.com.pt
Ouvert tous les jours de 12h à 23h. Comptez 25 € le repas.

Restaurant épuré et moderne, sur les quais de Vila Nova de Gaia qui, comme son nom l'indique, cuisine la morue de différentes manières : en morceaux, dans un hamburger, panée, accompagnée de chips. Les portions sont généreuses, la cuisson est parfaite et les plats sont élégamment présentés. Délicieuse salade de poulpe. Vue imprenable sur le fleuve Douro et la Ribeira. Un service de qualité avec des serveurs qui comprennent le français. Vous finirez le repas sur une petite note sucrée avec une excellente poire au vin, un gâteau au chocolat ou une glace.

DOURO VELHO €€

304 Av. de Diogo Leite
✆ +351 224 094 570
Ouvert de 12h à 23h. A partir de 15 € par personne, sans les vins.

Sur les quais de Gaia se trouve ce restaurant créé pour le touriste mais où il peut également oublier qu'il en est un... tant l'accueil est amical et l'ambiance décontractée ! Au menu, des grillades, du poisson frais et une *francesinha* très convenable (pas la meilleure mais elle devrait satisfaire tous les estomacs). La carte est ultra classique et fait la part belle aux plats typiques du pays, parfait pour reprendre des forces entre deux visites de la ville. Belle terrasse sur le quai des chais offrant une jolie vue sur le Douro.

EL CORTE INGLÉS €€

1435 Avenida da República
✆ +351 223 781 400
www.elcorteingles.pt

El Corte Inglés dispose de deux espaces où vous pouvez prendre un repas ou faire une pause après votre shopping. La Cafetaria, qui sert de délicieux petits déjeuners et goûters, mais aussi la fameuse « Francesinha » ainsi que divers plats du jour (burgers, plats de viande ou poissons, menus végétariens…). Le Restaurant El Corte Inglés propose quant à lui un mélange de cuisine traditionnelle portugaise et cuisine gourmet. Vous pouvez aussi opter pour le Buffet de cuisine traditionnelle portugaise tous les jours au déjeuner et au dîner les vendredis et samedis.

FORNERIA SÃO PEDRO €

84 Rua Eduardo de Matos
✆ +351 227 722 736
Ouvert 12h30-15h et 20h-23h, fermé le lundi. Petiscos autour de 6 €, pizza autour de 10 €, spécialités autour de 15 €.

Ouverte en mai 2010, le Forneria du bout de la plage de Vila Gaia de Nova n'est pas un restaurant italien mais propose pourtant les meilleures pizzas et carpaccios de la ville. Faisant face aux flots, la grande salle est joliment décorée et très agréable, plus encore lorsque arrivent assiettes de fromages locaux, *petiscos* aussi variés que savoureux ainsi que différentes spécialités de la mer. On mange bien, pour pas très cher, dans une ambiance feutrée, traditionnelle et familiale. N'hésitez pas à traverser le pont pour aller de l'autre côté de la rive.

FRIENDS KITCHEN €

220 Rua Diogo Macedo
✆ +351 938 397 671
Ouvert tous les jours de 11h à 15h30, du lundi au vendredi de 19h30 à 22h30. Prix moyen par pers : 20 €.

Friends Kitchen est le restaurant de l'Holiday Inn Porto Gaia. Que vous séjourniez ou non dans l'établissement, on vous accueillera dans une salle à la décoration moderne et colorée pour y prendre un déjeuner ou un dîner de bon standing. Le buffet proposé est composé de salade et yaourts, fruits secs, œufs, charcuterie, légumes et jus. La carte propose des plats portugais (francesinhas, risotto portugais...) et européens. Sans oublier les quelques bons desserts pour bien terminer le repas. Une belle adresse si vous vous trouvez du côté de Vila Nova de Gaia.

ITALY CAFFE GAIA €

278 Avinguda da República
✆ +351 220 932 656
www.italycaffegaia.com
Ouvert tous les jours de 12h à 23h. Entre 15 et 20 € les plats.

Prenez place à l'une des tables de l'Italy Caffé Gaia. Comme son nom l'indique, ce restaurant propose une cuisine italienne raffinée. Vous retrouverez tous les plats totems de la gastronomie italienne (pasta, risotto, tartare, poisson et viande, bruschetta, pizza...), à des prix abordables. Si vous aimez le parmesan, goûtez les spaghettis *alla forma*, préparés dans la meule : une dinguerie ! La carte des vins est bien choisie. Service de qualité et souriant. Ambiance conviviale, comme en Italie. Excellents et classiques desserts : tiramisu, panna cotta, glaces.

MERCADO BEIRA RIO - MARCHÉ & RESTAURATION €

148 Av. de Ramos Pinto
✆ +351 930 415 404
www.mercadobeirario.pt
Ouvert tous les jours de 11h à 22h. Comptez une dizaine d'euros par personne.

Ce petit marché couvert fonctionne comme un food court bien qu'on trouve des vendeurs de fruits et légumes. C'est l'endroit parfait pour découvrir des spécialités locales, en petite portions, toutes très bien cuisinées. Vous pourrez goûter un peu de tout pour pas très cher. Vous choisissez votre stand, au hasard, celui du succulent cochon de lait portugais. Il y a également des stands végétariens, impossible de ne pas être heureux ici. Au centre du marché, excellente brasserie locale.

RESTAURANTE A MARGEM €

18 Rua Agostinho Albano ✆ +351 227 724 788
http://restaurante-amargem.com
Fermé le mercredi et le dimanche. Ouvert les autres jours de 12h à 15h et de 19h à 22h. Environ 20 €.

Face au Douro, sur l'autre rive, du côté de Vila Nova de Gaia, le restaurant A Margem est une belle adresse pour déguster des produits issus de la mer. Au menu, des plats de poissons notamment, servis dans des portions très très généreuses et présentés simplement afin de ne pas dénaturer le produit. Mais aussi des soupes de légumes en entrée, des omelettes, une paella du chef, et des pièces de viande accompagnées de légumes et de pommes de terre. De bons vins en accompagnement. Le service est soigné, l'ambiance agréable. A tester. Réservation conseillée.

RESTAURANTE DONA MARIA €€

218 Rua de Barreiro
✆ +351 22 711 6043
Ouvert de 12h à 15h et de 19h30 à 22h. Fermé le lundi. Environ 20 €.

Ce restaurant situé à Vila Nova de Gaia, qui ne paie pas de mine de l'extérieur, propose pourtant une savoureuse cuisine portugaise. Au menu : de la morue, poisson emblématique de la région, des tripes à la mode de Porto, une soupe de légumes, des filets de poisson, du poulpe et quelques pièces de viande accompagnées de pommes de terre, riz ou légumes. Le service est assez rapide et le personnel aux petits soins. Quelques vins viendront sublimer les généreux plats servis (demandez conseil). Une adresse sympathique et un service souriant.

SPICE ART INDIAN RESTAURANT AND BAR €

111 Praceta 25 de Abril
✆ +351 22 019 7411
Ouvert du lundi au samedi de 12h à 15h et de 19h à 23h. Fermé le dimanche. Environ 15 € par personne.

Les amateurs de cuisine indienne n'hésiteront pas un instant avant de franchir les portes de ce restaurant. Le Spice Art Indian propose des plats indiens à petits prix et en version XXL. Au menu : les classiques à base de poulet ou de viande, du poisson, large choix d'options végétariennes (riz et légumes grillés), sans oublier les délicieux naans (pains indiens) et les samosas. En dessert, optez pour le *kulfi* (crème glacée indienne). Possibilité de commander à emporter.

THE BLINI €€€

344 Rua General Torres
✆ +351 224 055 306
www.theblini.com
Ouvert de midi à 15h et de 17h à minuit. Fermé le lundi midi et le dimanche. Réservation conseillée. Environ 40 €.

Ouvert au printemps 2016, à flanc de colline et bénéficiant en conséquence d'une époustouflante vue sur les quais de Porto, The Blini rend hommage, comme son nom ne l'indique pas, à la tradition culinaire portugaise. Le chef José Cordeiro revendique une cuisine moderne et créative, à partir des meilleurs produits de la région : poissons, fruits de mer et viandes. C'est une cuisine originale, de haut niveau, très bien présentée et bien mise en valeur par les vins locaux, le tout dans un cadre exceptionnel avec un personnel attentionné.

VINUM RESTAURANT & WINE BAR €€€

141 Rua do Agro
✆ +351 220 930 417
https://vinumatgrahams.com/
Ouvert tous les jours de 12h30 à 16h et de 19h30 à minuit. Menu complet à 26,50 €.

Ce restaurant se trouve dans le prolongement de la salle de dégustation de la très réputée cave à vins Graham's. L'un des rares lieux sympas, de ce côté du fleuve, pour manger très convenablement ou prendre un verre. Vue fantastique sur Porto et sur les quais de Vila Nova de Gaia. Une suggestion de repas parmi le menu savamment pensé et qualitatif : salade de fromage de chèvre, pomme et noix, *arroz* de calamar et mousse au chocolat. N'oubliez pas d'accompagner tout cela d'un bon vin !

FAIRE UNE PAUSE

Où que vous soyez dans Porto, vous trouverez très facilement un lieu pour boire un verre. Dans le quartier de la Ribeira, l'endroit le plus animé, de nombreux bars offrent, en plus de bonnes boissons (alcoolisées ou non), une vue splendide sur le Douro. Autre possibilité qui devrait vous donner envie : traversez le pont Dom Luis Ier pour vous rendre sur l'autre rive à Vila Nova de Gaia, pour déguster un verre de porto au bord du fleuve.

Pour ceux qui recherchent des bars alternatifs, sachez qu'ils fleurissent de plus en plus. Certains proposent par exemple de la lecture, des expositions ou même des petits concerts de musique urbaine ou traditionnelle comme le fado. Laissez-vous guider par votre intuition et entrez dans le lieu qui vous attire le plus durant votre visite. Et pour rendre votre moment encore plus plaisant, optez pour un rooftop bar. Vous ne serez pas déçu par la vue et l'ambiance de ce genre d'endroit.

PRATIQUE

FAIRE UNE PAUSE

HORAIRES

Dans l'ensemble, les horaires sont assez similaires à ceux pratiqués en France. Pour les cafés et les bars ouverts en journée, ils fonctionnent en continu de 8h à 20h voire 21h-22h. Les horaires d'ouverture et de fermeture peuvent être modifiés selon l'époque de l'année, comme par exemple à Noël.

BUDGET / BONS PLANS

Il sera peut-être parfois compliqué d'utiliser votre carte bancaire dans les lieux bien traditionnels, surtout pour des petites sommes. Prévoyez du liquide. Pour boire pas cher, on choisira les endroits les plus typiques qui ne paient pas de mine. Il est aussi possible d'acheter une boisson au supermarché et de la consommer tranquillement sur une place, dans un parc, ou au bord du Douro.

A PARTIR DE QUEL ÂGE

Pour toutes les boissons alcoolisées, vous devez avoir 18 ans révolus. Les bars sont ouverts à tous.

C'EST TRÈS LOCAL

Prendre son café le matin au comptoir d'une pastelaria est très courant. Boire une bière assis à la terrasse d'un kiosque l'est également.

LES PHRASES CLÉS

Bonjour, quelle est la spécialité de la maison ? Nous voulons découvrir.
Bom dia, qual é a especialidade da casa? Queremos descobrir.

Avez-vous de la place en terrasse ?
Tem mesa livre na esplanada ?

Quel est votre nom ? Je m'appelle… Ravi de vous rencontrer !
Qual é o seu nome? Chamo-me... Prazer em conhecer!

A votre santé ! Zut, j'ai renversé mon verre… pouvez-vous m'aider ?
À sua saúde! Ai, deixei cair o meu copo... pode ajudar-me se faz favor ?

C'était très bon. Nous allons reprendre la même chose s'il vous plait.
Estava muito bom. Vamos querer a mesma coisa, por favor.

ADEGA SPORTS BAR

180 R. de José Falcão
✆ +351 939 955 597
adega-sports-bar.negocio.site
Ouvert tous les jours de 16h à 2h, jusqu'à 3h du matin le week-end.

Un énorme bar de supporters parfait pour regarder un match de foot ou de rugby. Il y a des écrans un peu partout pour ne rien rater du spectacle. La décoration avec les écharpes et les maillots des différentes équipes est très sympa. Large choix de bières et de cocktails, on peut prendre une collation de type snack plutôt correcte pour ne pas boire le ventre vide. Les prix sont très raisonnables et les serveurs souvent débordés restent sympathiques. Babyfoot et jeux de fléchettes. Venir tôt les soirs de match. Paiement en espèces uniquement.

LA BOHEME ENTRE AMIS

40 Rua da Galeria de Paris
✆ +351 222 015 154
Ouvert tous les jours de 18h à 2h (jusqu'à 4h le vendredi et le samedi). Fermé le dimanche.

Prenez place sur des tables et chaises hautes en bois dans ce bar à tapas intimiste où est régulièrement jouée de la musique en live. La Bohème entre Amis porte bien son nom : l'ambiance y est décontractée, c'est un endroit sympa pour faire la bamboche avec ses amis. De 16h à 20h, vous profiterez de l'happy hour, parfait pour prendre l'apéro. La cuisine reste ouverte jusqu'à tard. Excellent choix de vins y compris au verre, parfait pour accompagner les différentes tapas. Demandez conseil aux serveurs, ils sont très sympas et certains parlent français.

BUUH !

164 Praça da República
✆ +351 963 344 150
Ouvert tous les jours de 10h à 19h30 sauf le dimanche. Moins de 10 € par personne.

Voilà un lieu cosy à la déco vintage avec une bande-son sympa où l'on se sent très vite comme chez soi. Beaucoup de choix, salé comme sucré, pour grignoter à toute heure de la journée. Généreuses salades, affolants toasts grillés, cheesecakes faits maison. Excellent thé (chaud ou glacé). Idéal pour un brunch ou un tea time en solo ou avec des amis. Certains clients viennent ici avec leur ordinateur pour travailler (presque toutes les tables ont une prise électrique) mais c'est aussi l'endroit idéal pour écrire ses cartes postales ! Serveuses adorables.

CAFÉ AVIZ

27 Rua do Avis
✆ +351 222 004 575
https://cafeaviz.eatbu.com
Ouvert tous les jours de 11h à 15h et de 19h à 23h. Plats entre 9 et 14 €.

Un VRAI café tout en longueur, avec une entrée en fer forgé et, au mur, des plaques offertes par les étudiants diplômés d'autrefois. D'un côté de la salle, les tables carrées où ils planchent, de l'autre, des tables rondes autour de laquelle les habitués, nettement plus âgés, bavardent. Choisissez votre camp. En tout cas, un beau concentré de la vie de Porto. Pour remplir vos estomacs, des snacks dont la fameuse *francesinha* se trouvent bien évidemment sur le menu... Cette dernière est encore meilleure accompagnée de frites servies dans une petite panière.

CAFÉ CANDELABRO

3 Rua da Conceição
https://www.cafecandelabro.com/
Ouvert tous les jours de 14h à 2h et le dimanche de 17h à 2h.

Bar à vin très prisé avec son ambiance bohème et sa clientèle cosmopolite de locaux et d'artistes. C'est chic et décontracté à la fois, on se sent vite dans l'ambiance du vrai Porto. On peut feuilleter des magazines sur place, acheter des livres, y manger un morceau. La terrasse située sur une petite place est vraiment sympa et ensoleillée en matinée, parfaite pour prendre un café. Grosse ambiance le soir, bonne musique. Bon choix de vins au verre pour prendre l'apéritif. Excellents Spritz et cocktails. Prix très sages et serveurs éminemment sympathiques.

CAFÉ LUSITANO

137 Rua José Falcão
✆ +351 222 011 067
www.cafelusitano.com
Ouvert du mercredi au dimanche de 19h30 à 4h du matin. Plateau de sushis 14,50 €. Consommation minimum 6 €.

Un bar dans un lieu cosmopolite et inspiré, datant du début du XIXe siècle, décoré de ses vitraux colorés et d'un grand Bouddha qui vous salue d'un *namasté* derrière les serveurs. Concerts et soirées thématiques sont proposés dans ce bar qui fait aussi resto et boîte de nuit pendant le week-end. On peut y manger de bons sushis ou prendre un verre ou danser ou les 3 ! Le week-end, c'est souvent bondé. Ambiance glamour où tout le monde se mélange quel que soit l'âge. LGBTQIA+ bienvenus. Il y a parfois des spectacles de drag-queens.

CAFÉ PIOLHO

45 Praça Parada Leitão
✆ +351 222 003 749
www.cafepiolho.com
Ouvert du lundi au samedi de 8h à 2h du matin.

Un des cafés emblématiques de la ville de Porto qui a ouvert ses portes en 1909. Dans cette immense salle avec ses grandes tables en bois, on vient en journée y boire un café ou manger un plat du jour. Lorsque la nuit tombe et que le bar se remplit de la jeunesse de Porto, on a du mal à y circuler et l'attente est donc plus longue qu'aux heures creuses. Aux murs de nombreux écrits et poèmes de personnalités qui vantent les vertus de ce café. A vous de les lire ! Et pour les amateurs de shots, les prix défient ici toute concurrence.

CAPELA INCOMUM

77-81 Travessa do Carregal
✆ +351 936 129 050
https://www.capelaincomum.pt
Ouvert de 16h à 23h jusqu'à minuit le week-end. Fermé le dimanche. Bouteilles de vin entre 10 € et 32 €.

Cette chapelle datant du XIXe siècle n'est pas banale. Elle a été transformée en bar à vin. L'intérieur a été décoré pour préserver son authenticité, entre les tons or, bordeaux et boisé. Voici un endroit pittoresque pour déguster un verre de vin portugais sur les meilleurs conseils du personnel disponible et attentionné. La carte fait la part belle aux nectars des régions du Minho et du Douro. De généreuses tapas (*petiscos*) sont proposées pour accompagner votre dégustation. Parfois, vous aurez le bonheur d'entendre de la musique en live. Une bonne surprise !

CASA DE LÓ

20 A Travessa de Cedofeita
✆ +351 22 323 5725
Ouvert de 19h à minuit. Fermé le mardi et le mercredi.

Spécialisée dans la vente du *pão-de-ló* (sorte de cake sans beurre), la maison s'est ensuite transformée en bar et accueille pendant le week-end des concerts. Un lieu convivial et chaleureux, où l'on mange et boit bien ! L'établissement continue de vendre le fameux gâteau, produit à quelques kilomètres de Porto, et propose de nombreuses autres réjouissances à ses clients. On y vient aussi pour prendre un thé, pour acheter des produits traditionnels et d'épicerie fine ainsi que pour écouter de la musique lors de soirées culturelles.

CASA DO LIVRO

85 Galeria de Paris
✆ +351 912 958 284
Ouvert tous les jours sauf lundi et dimanche de 21h à 3h, jusqu'à 4h le vendredi.

La Casa do Livro n'est plus la maison du livre, mais celle de la musique. Depuis que la librairie a fermé ses portes, le lieu a changé de propriétaires, mais a conservé son nom. Actuellement, on peut y écouter selon les soirs, du jazz, de l'électro, de la variété. L'ambiance plaira aux noctambules qui souhaitent faire la fête à Porto. Le musicien Seu Jorge a tellement apprécié le bar qu'il y a improvisé un petit concert de samba et bossa-nova. A peine entré, vous serez emporté par l'ambiance qui y règne et vous y resterez un bon moment.

CHOCOLATARIA DAS FLORES

121 Rua das Flores
✆ +351 918 276 522
Ouvert tous les jours de 9h30 à 19h (dimanche de 10h à 19h).

Gourmands et gourmandes dont le mot chocolat vous fait déjà saliver, courez dans cette boutique, elle saura vous faire fondre. Cette toute petite chocolaterie a ouvert ses portes en 2013 dans la rua das Flores. C'est un endroit accueillant et très mignon. En vitrine vous fondrez devant les créations chocolatées. On est conquis par le petit espace sur place avec ses tables et chaises blanches, parfait pour une pause sucrée et un petit café, accompagné, il va sans dire, d'un chocolat au vin de Porto. A vous les plus belles photos culinaires !

CONFEITARIA PRIMAR

Rua do Carmo, 3-5
✆ +351 222 005 858
Ouvert de 8h à 20h, fermé le samedi. Pâtisseries à partir de 1 €.

Pas loin de l'église do Carmo, vous découvrirez un endroit certes simple, mais avec une vitrine remplie de pâtisseries typiquement conventuelles, à base d'œuf au sucre avec du sucre aux œufs : *papo de anjo*, *pastel de nata*, *doce de castanha com ovo*... Vous l'aurez compris : sucre et œuf sont les ingrédients principaux. Par ailleurs, les petits prix invitent au péché de gourmandise. Ajoutons que le service et l'accueil sont souriants et tentateurs, ce qui n'aide pas à résister. Mais pourquoi le devrait-on ? Passez y faire un tour.

DUAS DE LETRA

48 Passeio de São Lázaro
✆ + 351 914 207 585
www.duasdeletra.pt
Du lundi au mercredi de 10h à 18h. Jeudi et vendredi de 10h à 23h30. Samedi de 11h30 à 23h30. Dimanche 13h à 20h. 10 €.

Un café sympathique aux abords du jardin public. Ce bar est très agréable pour prendre un verre et discuter en toute tranquillité car il y a un petit jardin extérieur. On y grignote quelques bons petits plats tout au long de la journée, essentiellement cuisinés avec des produits portugais. Des options végétariennes sont même proposées. Côté décoration, l'inspiration et la construction ont été faites avec de la récupération, avec une touche moderne. Le week-end, le lieu accueille des conférences, concerts et discussions en tout genre.

FABRICA NORTADA

210 Rua de Sá da bandeira
✆ +351 22 018 1000
https://cervejanortada.pt
Ouvert du mardi au samedi de 17h30 à 2h. Comptez une quinzaine d'euros (plat + boisson).

La Fabrica Nortada est un bar-snack dans l'ère du temps. On y vient pour se restaurer le midi, boire un verre (les bières artisanales sont excellentes), manger une douceur sucrée en milieu d'après-midi. Au menu : salades, taboulé au fromage, calamars, poulet, bruschetta, wraps, frites, *francesinhas*, spaghettis, saumon, tiramisu et mousse au chocolat, autant de choix qui satisferont toutes les envies. Des versions végétariennes sont proposées. Service souriant. Descendez au sous-sol pour découvrir la salle de brasserie avec les machines, elle est impressionnante !

HARD ROCK CAFE

120 Rua do Almada
✆ +351 227 664 470
www.hardrock.com/cafes/porto
Ouvert tous les jours de midi à 23h30. Boisson à partir de 10 €. 20 € le burger.

Chaque niveau de ce lieu dédié au rock possède son bar avec aux murs des guitares, disques d'or et de platine, vestes, robes et toutes sortes d'accessoires ayant appartenu aux plus grandes stars du rock mondial. Sur de grands écrans plats sont diffusés en continu des vidéos de chansons et des concerts, à un niveau sonore permettant de discuter. C'est à la fois intime et grand public. Une petite scène permet d'assister à des concerts live, organisés 2 à 3 fois par semaine. Une liste généreuse de cocktails multicolores, avec ou sans alcool, complète l'offre.

LEITARIA DA QUINTA DO PAÇO

47-51 Pc. Guilherme Gomes Fernandes
✆ +351 222 084 696
www.leitariadaquintadopaco.com
Ouvert tous les jours de 9h à 20h. Livraison à domicile.

Leitaria da Quinta do Paço est une ancienne laiterie, qui s'est transformée en pâtisserie avec des recettes spécialisées autour du lait et du beurre. La maison s'est taillé une réputation avec ses fameux éclairs au chocolat et la *bola de berlim* (sorte de beignet au sucre, éventuellement garni de confiture ou de chocolat). La chantilly est faite maison et l'on peut acheter du beurre traditionnel. Une pause gourmande et chargée en calories mais quand on aime, on ne compte pas !

LIVRARIA DA BAIXA

15 Rua das Carmelitas
✆ +351 220 946 320
Ouvert tous les jours de 10h à 2h du matin. Cocktails et tapas. 5 € le verre de sangria.

Situé à l'entrée des « rues de la soif » de Porto, ce petit bar, doté d'une terrasse chauffée en hiver, est une halte parfaite en début ou en cours de soirée pour accompagner l'arrivée des nouveaux fêtards et le départ des moins téméraires. La décoration étonne entre boiseries, lingerie en dentelle en vitrine et une impressionnante collection de bouquins de toutes les langues. La liste des cocktails tout comme celle des tapas est longue comme le bras. Un petit conseil : une bruschetta jambon cru, poire et miel accompagnée d'un généreux verre de sangria blanche.

MAJESTIC CAFE

112 Rua Santa Catarina
✆ +351 222 003 887
www.cafemajestic.com
Ouvert du lundi au samedi de 9h à 23h30. Sandwich à partir de 5 €. Environ 40 € le repas complet hors boisson.

Les garçons impassibles circulent dans ce haut lieu historique Art déco. La façade est splendide, les vieilles banquettes de cuir alignées au mur, usées à souhait. Le plafond doré comme il convient, rehausse encore la beauté du lieu. Sans conteste, le plus beau café de Porto. L'institution a été ouverte en 1921 et est toujours fréquentée par l'élite intellectuelle et artistique. Au menu : un petit déjeuner brunch, un « afternoon tea », des sandwiches ou encore des soupes, salades ou poissons. Les prix sont en conséquence de la réputation de l'établissement.

MANTEIGARIA - FÁBRICA DE PASTÉIS DE NATA

24 Rua Alexandre Braga
✆ +351 222 022 169
Ouvert tous les jours de 8h à minuit. 1,10 € le pastel de nata.

Excellente adresse pour se régaler avec les *pastéis de nata*, peut-être les meilleurs de la ville. Le feuilletage est une réussite, croustillant et doré à souhait, la crème est brillante et divine en bouche, les *pastéis* sont parfaitement sucrés. Dans cette chaîne que l'on trouve partout au Portugal, tout est fait sur place, devant les yeux émerveillés des clients, d'ailleurs le laboratoire est visible depuis la rue. L'indispensable à rapporter de Porto. Plaisir maxi et prix riquiqui.

MAOMARIA

84 Rua Candido dos Reis
✆ +351 222 084 674
Ouvert du lundi au samedi de 16h à 4h. Moins de 10 € le cocktail.

Il est inutile de se rendre ici avant minuit si vous cherchez à rencontrer les fêtards locaux et les touristes puisque la soirée commence vraiment à cette heure-ci, jusqu'au bout de la nuit. Un DJ chauffe l'ambiance sur le dancefloor, tandis que les deux bars enchaînent la préparation des shots et cocktails. Ces derniers sont à la fois classiques et originaux avec ou sans alcool. Ce bar, comme beaucoup d'autres dans ce quartier animé, est plus un lieu de passage pour les noctambules qu'un point de chute final. Bonne ambiance, équipe sympa.

MAUS HÁBITOS

178 Rua de Passos Manuel ✆ +351 937 202 918
www.maushabitos.com
Ouvert le lundi de 18h à 23h, du mardi au samedi de 12h à 23h-minuit. Bar ouvert plus tard. Entre 10 et 14 € la pizza.

Un espace hybride et cosmopolite à la croisée des chemins entre les arts de la table (avec son excellent restaurant Vicios da mesa), les arts de la scène, les arts plastiques et les performances. Se déroule ici un mélange d'inspirations artistiques musicales protéiformes, avec une programmation soutenue et exigeante, entre concerts et festivals. Le principal dilemme reste de choisir quel sens satisfaire en premier. Prenez une sangria pepina pendant votre réflexion ! Situé au 4e étage, le Maus Habitos est LE lieu incarnant toute l'énergie créative de Porto.

NEVEIROS

Rua Formosa 285, 4000-252 Porto
✆ +351 225 370 005
www.neveiros.pt
Ouvert du lundi au samedi de 12h30 à 19h.

Ce glacier existe depuis environ 60 ans et a toujours fabriqué des glaces et sorbets artisanaux, faits avec de vrais fruits, sans colorants. Les nombreux parfums invitent à la gourmandise, certains sont très originaux comme le chocolat blanc-cardamome et l'ananas-basilic. Il faut dire que l'offre varie selon la saison et les produits disponibles. Le gâteau glacé et les coupes sont aussi à essayer. Sans doute l'un des glaciers les plus connus et appréciés de Porto, même s'il est un peu en dehors du centre-ville. Vous allez fondre.

PADARIA RIBEIRO

Praça Guilherme Gomes Fernandes 21
✆ +351 222 005 067
https://www.padariaribeiro.com
Ouvert de 8h à 20h. Moins de 10 € par personne.

Padaria Ribeiro existe depuis 1878, c'est une très belle boulangerie traditionnelle dans laquelle on a envie de tout essayer. Ça tombe bien ! Les pâtisseries en version miniature raviront les gourmands qui souhaitent découvrir les spécialités salées et sucrées de Porto. Délicieuses tartes aux amandes et aux fruits de la passion, beignets de cabillaud ou *rissol de camarão* diaboliques. Mention spéciale pour les *pastéis de Chaves*, petits pains farcis à la viande hachée. Pour faire glisser le tout, on commande un bon jus d'orange pressé ou un excellent café.

PIPA VELHA

75 Rua das Oliveiras
✆ + 351 222 082 025
Ouvert tous les jours de 18h à 3h.

Pipa Velha est un bar très sympathique, emblématique à Porto depuis plus de 30 ans, où se rendre à toute heure du début de soirée jusqu'à la moitié de la nuit. La carte vous proposera de bonnes petites collations à grignoter (*pesticos*) et des boissons (alcoolisées ou non) à très bon prix. On apprécie surtout l'ambiance détendue avec une bonne programmation musicale. Totalement relax ! Certains disent qu'on boit ici la meilleure sangria blanche de tout Porto, d'autres disent que la rouge est meilleure. Espaces fumeurs et non-fumeurs. Une adresse recommandée.

BACCHUS VINI

14 Rua da Lada
✆ +351 912 852 580
Ouvert tous les jours du mardi au dimanche de 16h à 23h. A partir de 15 €.

Au pied du spectaculaire pont Dom-Luís, ce charmant bar à vin qui travaille avec des petits établissements vinicoles bien sélectionnés est un bonheur à l'apéro. Les propriétaires savent de quoi ils parlent, ils ont visité les caves, ont goûté à tous les vins qu'ils servent et connaissent chaque vigneron. Pour accompagner votre dégustation, de jolies planches de fromages et de charcuteries artisanales en profitant de la vue exceptionnelle. Possibilité d'acheter du vin sur place. Excellent accueil en plusieurs langues et bon rapport qualité-prix.

O MURO [LE MUR]

Rua Cima do Muro 20 4050-089 Porto Portugal
✆ +351 22 208 42 02
Ouvert tous les jours de midi à 22h30. Plats entre 15 et 20 €. Fermé le lundi.

Quittez le bord du Douro, avec ses tables pour touristes, et montez les quelques marches qui vous conduisent au Muro. Dans un décor d'***antiguidades***, vous y dégusterez de petites sardines grillées, précédées de beignets de morue et de viande en guise de mise en bouche. Les plats sont classiques mais bien préparés. Accompagnez le tout de vinho verde des Terras-Mansas. Voici réunis dans ce lieu sympathique tous les éléments pour un repas fort réussi. L'accueil y est par ailleurs très agréable et, cerise sur le gâteau, on y parle français. Bonne adresse.

LADO

89 Rua da Fonte Taurina
✆ +351 962 381 939
www.ladowines.pt
Du mardi au mercredi de 12h à 20h, du jeudi au samedi 12h-22h. Dimanche 12h-20h. Dégustation de vins à partir de 25 €.

Situé en plein cœur de la Ribeira, avec vue sur le fleuve Douro, ce bar à vin a la particularité de proposer des dégustations de vins de porto et du Douro de petits producteurs. Ce sont ces derniers qui, en association, gèrent l'établissement. Les dégustations d'un simple verre de vin ou de plusieurs vins peuvent être commentées en français et accompagnées d'un en-cas : plateau de fromages, de charcuteries, etc. L'endroit idéal pour faire une pause et en savoir plus sur les vins de la région du Douro. Service attentionné. Possibilité de se faire livrer.

PORTO ESCONDIDO

68-70 Rua da Lada
✆ +351 255 615 115
Ouvert tous les jours sauf le lundi de 12h à 16h et de 19h à 22h. Moins de 10 € par personne.

Ce petit café, à peine en retrait de la Ribeira, porte bien son nom (*escondido* signifie caché) et accueille en été les nombreux badauds qui se disputent tables et chaises. En basse saison, il se transforme en havre de paix pour les Portuans et les rares touristes qui snobent les restaurants du quai. La cuisine est évidemment typique avec *francesinha* et morue en têtes de gondole. Diffusion de matches de la Ligue 1 (évidemment quand cela ne tombe pas en même temps qu'un match du FC Porto ou du Boavista FC, les deux clubs de la ville). Conseillé pour un budget serré.

MY COFFEE PORTO [SPECIALTY COFFEE SHOP]

22 Escadas do Codeçal
✆ +351 964 850 854
https://www.mycoffeeporto.com/
Ouvert tous les jours de 9h à 18h. Brunch à 10 €.

Ouvert depuis 2019, ce micro-café situé en haut d'un escalier surplombant la ville est un petit bijou. Après la cinquantaine de marches, votre récompense vous attend. Installez-vous sur la micro-terrasse et profitez d'une vue époustouflante qui embrasse le pont, le Douro et une partie de Porto. Les bols d'açai et les toasts à l'avocat sont faits à la minute. Il faut goûter au chaï latte et à l'ice tea maison aux fruits rouges. Y aller tôt le matin car les places sont très limitées.

WINE QUAY BAR

111 Muro dos Bacalhoeiros
✆ +351 222 080 119
www.winequaybar.com
Ouvert du lundi au jeudi de 15h à 22h, vendredi et samedi de 16h à 23h. Bouteilles à partir de 12 €.

Installez-vous en terrasse, face au majestueux Douro et les chais de Vila Nova de Gaia. Cette terrasse extérieure est en fait une longue table créée sur les blocs de pierre devant le Wine Quay Bar. Dans ce bar à vin, on sert de bonnes assiettes de tapas accompagnées d'une sélection soignée de vins, le porto en vedette ! Sur les bons conseils des serveurs, vous trouverez la meilleure association. Venez tôt pour avoir une place, la terrasse est petite. En soirée, les quais du fleuve sont lumineux et l'ambiance devient festive et intimiste à la fois.

A BOLACHEIRA

102 A Rua do Carvalho
✆ +351 223 196 354
www.abolacheira.pt/index.html
Ouvert de 9h à 19h30. Fermé le dimanche. Pâtisseries entre et 1 et 3,50 €. Collations salées entre 5 et 10 €.

Connaissez-vous la *bolacha* ? Il s'agit d'un biscuit portugais traditionnel. C'est de ce dernier que tire son nom A Bolacheira, pour signifier le récipient dans lequel sont conservées les *bolachas,* mais aussi la personne qui les fabrique et les commercialise. Ici, c'est la gourmandise assurée. On y sert, en plus de ces biscuits, des cupcakes, cookies, tarte aux pommes. Côté salé : quiches, toasts, sandwiches, soupes. Le pain est fait maison, les produits sont de saison et les jus sont naturels. Une bonne adresse pour bruncher ou prendre un goûter.

BONAPARTE DOWNTOWN

Praça Guilherme Gomes Fernandes 40, Porto, Portugal
✆ +351 220 962 852
Ouvert tous les jours de 17h à 2h. Happy hour à l'ouverture : 2,50 € la pinte, 5 € le cocktail.

Ouvert depuis 1977, le Bonaparte est un bar traditionnel dans la Foz réputé pour son ambiance *irish*. Un vrai pub où l'on peut apprécier de bonnes bières, de bons whiskies (un grand nombre de bouteilles sont exposées derrière le comptoir) et bien sûr des boissons sans alcool. Amuse-bouches sympas. Vous apprécierez l'ambiance irlandaise à la sauce portugaise, en particulier à l'occasion de la Saint Patrick ou lors de la retransmission des matchs de la Ligue des Champions. Pour une bonne soirée sans prise de tête et le plaisir de sortir entre amis.

CASA ABERTA OPEN BAR FOOD HOUSE

1080 Rua Padre Luís Cabral
✆ +351 915 963 272
Ouvert du mardi au samedi de 12h30 à 14h30 et de 19h30 à 22h30. Tapas à partir de 5 €. Plats entre 13 € et 22 €.

L'idéal pour une pause après une balade vers l'embouchure du Douro ! Casa Aberta propose une carte de tapas et de plats plus élaborés. Les amateurs de viande apprécieront les grillades, spécialité de la maison. La carte des vins affiche une belle sélection de blancs et rouges locaux. Vous pourrez aussi apprécier des cocktails ou des portos millésimés. Le personnel est sympa et attentionné. L'ambiance est chaleureuse. Imprégnez-vous de la douce énergie dégagée au sein de la Casa Aberta.

CASA DE CHA SERRALVES

210 Rua Dom João de Castro
✆ +351 917 273 653
www.serralves.pt
Ouvert du mardi au dimanche de midi à 15h30, samedi et dimanche jusqu'à 19h30. Comptez entre 10 et 15 € par personne.

Au milieu des superbes jardins de Serralves, la Casa de Chá est un endroit très romantique. Après la visite du musée d'art contemporain, attablez-vous pour une pause gourmande. Thés et pâtisseries sont servis dans la salle vitrée ou en terrasse lors des beaux jours. Côté cuisine, c'est léger, sain et cosmopolite. Le week-end et les jours fériés on vous prépare un excellent petit-déjeuner buffet sous forme de brunch. Une cafétéria fonctionne tous les jours afin de combler les petites faims. Très belle terrasse avec une vue splendide sur le grand parc.

CASA DE PASTO DA PALMEIRA

450 Rua do Passeio Alegre
✆ +351 226 168 244
Ouvert tous les jours de 12h à 22h30.

L'air marin ouvre souvent l'appétit ! Parfaitement située, la Casa de Pasto da Palmeira se trouve à quelques encablures de l'estuaire du Douro. Pour commencer, la carte de tapas fait la part belle aux produits iodés. Vous pourrez ensuite choisir parmi des plats de viande ou de poisson suivis d'un dessert. Tout est délicieux, mêlant la tradition à la modernité et à un prix raisonnable. L'accueil est agréable et le personnel saura vous conseiller utilement.

PISCO'S BAR

37 Caminho Fonte de Cima
✆ +351 934 557 276
Ouvert de 22h à 2h du matin, à partir de 18h jeudi, vendredi et samedi.

Un bar sympathique de la Foz qui propose plusieurs activités pour ceux qui cherchent un peu plus que de s'installer simplement à table. Vous pourrez entre autres y jouer au billard, aux fléchettes ou aux échecs. Mais le Pico's Bar n'est pas avare en nouveautés. Le service est réussi, l'ambiance agréable et les boissons variées. Pour les petites faims, vous commanderez des *petiscos* à partager, un petit hamburger version snack, ou encore une *francesinhas*. Chacun devrait trouver son espace de prédilection pour passer une bonne soirée.

[SE] FAIRE PLAISIR

Depuis quelques années la ville regorge de nouvelles boutiques très contemporaines. Il est amusant de voir au fil des rues défiler des loges typiques, qui paraissent appartenir à un autre temps, et quelques pas plus loin une boutique avant-gardiste. Un mélange particulier et singulier, qui fait tout le charme de Porto et de son caractère, comme vous le constaterez, hétéroclite.

La ville s'est spécialisée dans la fabrication de chaussures de première qualité. La rua Santa Catarina (qui grimpe sévèrement) regorge de *sapatarias* (vendeurs de chaussures). Chaque boutique propose ses propres modèles. Ce sera donc une affaire de goût et de porte-monnaie, un souvenir ou un cadeau à ramener. La rua Miguel Bombarda (ville haute) concentre des galeries et boutiques d'art. La rua das Flores (ville basse), plus populaire, s'est spécialisée dans les bijouteries. Tout un parcours pour découvrir l'artisanat portuan.

PRATIQUE

(SE) FAIRE PLAISIR

HORAIRES

La plupart des magasins sont ouverts du lundi au samedi, de 10h à 13h et de 14h à 19h. Attention cependant, certains commerces peuvent fermer le lundi et les week-ends. Les centres commerciaux sont quant à eux ouverts de 10h à tard dans la soirée (22h à minuit) tous les jours, et même le dimanche pour la majorité.

BUDGET / BONS PLANS

Grâce à la Porto Card vous aurez droit à des réductions jusqu'à 20 % dans plusieurs boutiques de souvenirs traditionnels.

SOLDES

Les soldes d'été se déroulent en général en juillet et les soldes d'hiver courant janvier. Les périodes sont un peu décalées par rapport à la France et durent plus longtemps.

C'EST TRÈS LOCAL

Si vous voulez faire du shopping à la portugaise, vous devrez vivre l'expérience du mall au moins une fois.
Mais si vous craignez la foule, mieux vaut s'abstenir. Sinon vous pouvez vous rendre au marché do Bolhão ou celui Bom Sucesso. On y trouve une multitude d'étals proposant des produits locaux et de saison.

LES ATTRAPE-TOURISTES

On évitera toutes les boutiques qui vendent des souvenirs « made in China ». Elles sont faciles à reconnaître car elles vendent toutes la même chose.

LES PHRASES CLÉS

Bonjour, c'est superbe, mais combien ça coûte ?
Bom dia, gosto muito, quanto custa?

Vous auriez ma taille ? Où se trouvent les cabines d'essayage ?
Tem o meu tamanho? Onde estão os provadores?

Est ce que je pourrai vous le rapporter et l'échanger si ça ne va pas ?
Posso trazer de volto e trocar se não servir?

J'ai trop dépensé aujourd'hui, pouvez-vous me faire une réduction sympa ?
Gastei muito dinheiro hoje, pode me fazer um desconto simpático se faz favor?

Je prendrai celui-ci. Pouvez-vous me faire un paquet cadeau ?
Vou levar isto. Pode embrulhar, se faz favor?

Vous prenez la carte de crédit ? Où puis-je trouver un distributeur de billets ?
Aceita cartão de crédito? Onde posso encontrar uma caixa multibanco?

ALAMEDA SHOP & SPOT

28-198 Rua dos Campeões Europeus
www.alamedashopping.pt
Ouvert de 10h à 23h.

Situé à l'est de Porto, juste à côté du stade du Dragon, ce centre commercial de 5 étages est l'un des plus grands de la ville et de sa périphérie. Vous y trouverez tous les magasins (121 au total) auxquels on peut s'attendre dans un centre commercial, entre boutiques de vêtements, de sport, de culture, restaurants, cinéma et supermarché Continente. Pour les aficionados de shopping international... L'Alameda Shop & Spot est un endroit où se retrouvent beaucoup de jeunes pour passer leur après-midi. Très animé aussi les soirs de match.

ARRABIDA SHOPPING

244 Praceta de Henrique Moreira
www.arrabidashopping.com
Ouvert tous les jours de 9h à 23h.

Ce centre commercial de 2 étages et 2 sous-sols pour le parking se trouve sur la rive droite du Douro, à Vila Nova de Gaia. Il accueille environ 190 magasins (mode, culture, déco, sport...) et espaces de restauration, comme tout bon centre commercial qui se respecte. Egalement un espace pour amuser les enfants, un cinéma de 20 salles, et un supermarché Auchan, qui ne vous dépaysera donc pas. Un petit espace culturel offre parfois de découvrir quelques expositions de choix. Si vous cherchez des toilettes, vous en trouverez bien entendu.

CENTRE COMMERCIAL BOMBARDA

285 Rua de Miguel Bombarda
✆ +351 934 337 703
www.ccbombarda.pt/
Ouvert de 9h30 à 19h, de 10h à 20h le samedi. Fermé le dimanche.

Ce centre commercial est différent des autres, plus internationaux. En effet, il combine mode, joaillerie, gastronomie, art et culture. On y trouve de savoureux restaurants qui proposent une cuisine principalement régionale, et de nombreux concept-stores de créateurs émergents. Le centre commercial Bombarda vous offre la possibilité de trouver dans un même endroit différents jolis souvenirs artisanaux « Made in Portugal » à ramener de votre séjour à Porto. Une adresse de choix.

EL CORTE INGLÉS

1435 Avenida da República
✆ +351 223 781 400
www.elcorteingles.pt

Une référence dans le monde de la mode depuis 1940, El Corte Inglés est devenu une destination shopping à l'échelle mondiale pour les produits de luxe. Une position consolidée par son histoire, passion pour la mode et par son dévouement total au service client. Un univers où vous pouvez trouver les meilleures collections des étiquettes internationales, portugaises et de luxe, ainsi qu'une sélection rigoureuse de haute joaillerie et horlogerie, parfumerie et soins cosmétiques. Également un Espace Gourmet où vous pouvez vous régaler des produits les plus exquis.

SHOPPING CIDADE DO PORTO

350 Rua de Gonçalo Sampaio
✆ +351 226 006 585
shoppingcidadedoporto.com
Ouvert tous les jours de 9h à 22h.

Aussi connu comme le Shopping do Bom Successo puisqu'il se trouve près du marché éponyme, ce centre commercial est l'un des plus fréquentés de Porto. Rien de bien original cependant quant aux services proposés : des boutiques de vêtements, sport, culture, des bijouteries... et des espaces de restauration. Vous trouverez tout ce dont vous avez besoin en matière de shopping, ainsi qu'un petit supermarché Celeiro pour l'achat de provisions. Contrairement à ce que l'on pourrait penser, il est possible de tomber sur une proposition culinaire intéressante.

VIA CATARINA SHOPPING

350 Rua de Santa Catarina
www.viacatarina.pt/en/home
Ouvert tous les jours de 10h à 22h.

Via Catarina Shopping est un centre commercial un peu plus singulier que certains autres de la ville et de la périphérie. Il se trouve au cœur de la Baixa (ville haute), rue Santa Catarina. Son plus : l'espace de restauration où l'on a reproduit l'architecture traditionnelle de la ville, on s'y croirait ! Offre diversifiée de boutiques (80 au total), mais pas de grande surprise néanmoins, cela reste les magasins internationaux des centres commerciaux. Une assez grande affluence et un endroit apprécié tout autant des locaux que des touristes.

ALMADA EM BRANCO

125 rua do Almada
✆ +351 221 120 324
Ouvert tous les jours de 10h à 20h.

En remontant la Rua do Almada, vous tomberez forcément sur ce joli concept store tenu par une maman, Maria Branco, et son fils, Luís Palhão. A l'intérieur, on trouve de tout. Des bottes en cuir de chez Ary Horse, de la joaillerie de chez Maria Branco, des chemises pour hommes, des sacs à dos de la Serra da Estrela, de la vaisselle de l'Alentejo, des couvertures, du mobilier ancien, des portefeuilles artisanaux colombiens. Confitures, huile d'olive, vin et bougies complètent l'offre très variée de cette boutique. Parfait pour trouver un cadeau original.

FLORES CREATIVE STORE

270 Rua das Flores
✆ +351 222 004 851
Ouvert tous les jours de 10h30 à 19h30.

Satisfaire les voyageurs en quête de produits artisanaux locaux et originaux, c'est cette idée qui a animé les propriétaires de la boutique Flores Creative Store. Ils proposent des produits d'artisanat exclusivement portugais ou dont les créateurs sont portugais, afin de valoriser le savoir-faire national. Plus de 60 créateurs sont ainsi représentés. Vous trouverez par exemple du linge de maison et des vêtements en laine, des portefeuilles en liège, ou encore des sacs conçus à partir de chambres à air de pneu. Une moderne et très mignonne caverne d'Ali Baba.

Ó ! GALERIA

61 Rua de Miguel Bombarda
✆ +351 930 558 047
www.ogaleria.com
Ouvert de 13h à 19h du lundi au samedi.

Ó ! Galeria donne l'opportunité à de jeunes artistes portugais, européens et internationaux de tous horizons d'exposer leur art et de le vendre directement auprès du public. On y trouve principalement de l'illustration portugaise mais pas que… Egalement des impressions, livres, t-shirts et tote-bags. Les illustrations sont remplies de couleurs, d'humeur, de fantaisie et d'histoires de couples racontées en une estampe. Parmi les artistes les plus représentés : André da Loba, Barbara Fonseca, Cachetejack, David Penela ou encore Silvia Rodrigues.

PATCH LIFESTYLE CONCEPT STORE

193 Rua do Rosário
✆ +351 220 946 101
Ouvert tous les jours sauf le dimanche de 11h à 19h30.

S'il y a bien un concept-store à découvrir, c'est celui-ci. Les passionnés de vintage trouveront leur bonheur. En effet, Patch Lifestyle est une boutique très sympa qui réunit tout un tas de références vintage (meuble, vêtements, luminaires, céramiques…) sélectionnées avec soin par l'équipe. Le lieu est agencé à la perfection pour faciliter la visite et les trouvailles. Au sous-sol se trouve une galerie d'art contemporain gérée par Ana Alves Silva qui valorise les artistes locaux.

PORTOSIGNS

17 Rua da Alfândega
✆ +351 223 745 436
https://portosigns.pt
Ouvert tous les jours de 10h à 19h30 (20h samedi et dimanche).

L'enseigne regroupe deux boutiques, l'une avec l'entrée au n° 71 de la rua Infante D. Henrique, l'autre dans la rue qui descend vers la Ribeira, au n° 17 rua da Alfândega. Spacieuses et lumineuses, elles ont gardé les arcades de la structure historique de l'édifice, vieux de 200 ans. Les deux espaces proposent une grande diversité de produits traditionnels, fabriqués au Portugal : liège, céramique, savonnerie, parfumerie, confitures, conserves, vins de Porto, filigrane, et mille autres choses. De quoi se faire plaisir et repartir avec de jolis souvenirs.

PROMETEU ARTESANATO

136 Rua de Mouzinho da Silveira
✆ +351 223 203 094
https://prometeuartesanato.com
Ouvert de 10h à 2àh.

Chez Prometeu Artesanato, vous serez assuré de connaître la provenance des produits que vous achèterez. Dans cette charmante boutique sont vendus des objets d'artisanat, principalement des azulejos, réalisés exclusivement par des artistes locaux et nationaux tous rencontrés par les gérants de la boutique. Outre les azulejos, des bijoux, sculptures en bois et artisanat de Barcelos, porcelaine, produits en liège… Sans oublier que l'on vous reçoit avec le sourire et toute l'attention désirée. L'une des meilleures adresses pour chiner un chouette souvenir.

ARCÁDIA

63 Rua do Almada
✆ +351 220 437 310
https://arcadiachocolates.com/
Ouvert tous les jours de 10h à 20h.

Fondée en 1933 par la famille Bastos, Arcádia est une superbe chocolaterie à l'architecture Art déco qui possède d'autres magasins dans la ville et dans le pays. Les « lambareiros » vont avoir beaucoup de mal à faire leur choix et à repartir de ce magnifique magasin. Laissez-vous plutôt conseiller par les vendeurs. Il faut évidemment goûter les chocolats au porto. Et ceux au gingembre et à la cannelle. Mais aussi les langues de chat. Et les macarons. N'oubliez pas d'essayer les amandes, elle sont terribles ! Cette chocolaterie artisanale fait aussi salon de thé.

CASA CHINESA

343 Rua Sá da Bandeira
✆ +351 222 006 578
Ouvert du lundi au samedi de 9h à 19h.

Une épicerie fine, qui, contrairement à son appellation, n'a rien de chinois mais tout de portugais ! La Casa Chinesa offre, dans un désordre délicieusement traditionnel, fruits secs, cochonnailles locales et plein d'autres petits trésors typiques de la sempiternelle morue salée jusqu'aux herbes à infusion. L'épicerie dispose par ailleurs d'un rayon végétarien bien achalandé. Vous apprécierez la proposition des denrées en vrac et l'accueil souriant des personnes en charge du lieu. Une bonne adresse pour les personnes qui aiment cuisiner.

CASA JANUÁRIO

352 R. do Bonjardim
✆ +351 223 320 153
https://www.casajanuario.pt/
Ouvert tous les jours de 9h30 à 19h. Fermé le dimanche.

Cette épicerie fine très connue à Porto a traversé plusieurs générations et conserve dans ses murs la nostalgie des souvenirs. Vous trouverez ici des produits de grande qualité comme une rare morue séchée et affinée 24 mois, d'excellentes *alheiras* (saucisse portugaise) mais aussi de la confiserie, des fruits secs, des confitures, des biscuits de Valongo et une belle cave à vin. Tout un univers est décliné autour des pâtisseries, de leurs ingrédients, de leurs accessoires et de leur décoration. Accueil parfait et délicat dans une boutique bien organisée.

CASA LOURENÇO - CHARCUTARIA E GARRAFEIRA

417 Rua do Bonjardim ✆ +351 222 006 462
www.casalourenco.com.pt/
Ouvert du lundi au vendredi de 9h à 19h30, samedi de 9h à 19h. Fermé le dimanche. Fromage entre 15 et 30 €/kg.

Dans l'esprit d'une petite épicerie, la Casa Lourenço est une charcuterie centenaire qui propose des produits régionaux de qualité. Attention, à l'intérieur ça envoie en termes de parfums et de saveurs. Laissez-vous tenter par ce qui vous fait de l'œil ou ce qui ferait plaisir à offrir (on vous mettra vos produits sous vide). Les vendeurs sont extrêmement gentils et serviables et vous conseilleront sur les fromages de la région. Un rayon dédié au vin pour accompagner l'ensemble.

CASA ORIENTAL

110-111 Campo dos Mártires da Pátria
✆ +351 211 349 044
www.comur.com
Du dimanche au jeudi de 9h30 à 20h, vendredi et samedi de 9h30 à 21h. 7 € la boîte de sardines.

Plein de bonnes choses dans plein de petites conserves superbement lithographiées avec des illustrations originales qui rendent hommage au passé. Après Lisbonne et l'Algarve, la Comur, entreprise spécialisée dans la conserve de sardines, déboule à Porto. Les riches lumières donnent à la boutique un côté cirque. Les sardines et autres produits de la mer relégués d'ordinaire au rang de simples conserves de base sont ici particulièrement bien mis en valeur. Les conserves sont délicieuses et ne comportent aucun additif ou conservateur : tout est naturel.

CASA PORTUGUESA DO PASTEL DE BACALHAU

✆ +351 211 648 919
https://www.pasteldebacalhau.pt/
Ouvert du lundi au dimanche de 10h à 20h. Un verre de porto + un beignet de morue 15 €.

Ouvert en 2018, ce lieu hybride est à la fois une boutique, une cave à vin et une bibliothèque. Dans sa salle colorée, vous y dégusterez un ou plusieurs beignets de morue fourrés au fromage AOP de la Serra da Estrela tout en buvant un verre de porto. Il y a une chanteuse le week-end qui est accompagnée d'un orgue qui date du XVIIIe siècle. Le tarif est un peu élevé mais l'endroit, sublime, mérite au moins d'y jeter un œil une fois. On repart avec un verre gravé du jour de notre venue.

CHOCOLATARIA EQUADOR

637 Rua Sá da Bandeira
✆ +351 222 010 455
www.cacaoequador.pt
Du lundi au samedi de 11h à 14h et de 14h30 à 19h30.

Encore un magasin surprenant à Porto. Dans cette chocolaterie artisanale à la devanture marron et blanche rappelant évidemment l'univers du chocolat, les produits sont garantis d'excellente qualité, originaux et gourmands. Les emballages délicieusement rétro les habillent. Laissez-vous tenter par le chocolat noir garni à la compote de cerise, par les truffes au whisky ou encore par les petits gâteaux. Accueil souriant. Vous ne ressortirez pas les mains vides. Belle boutique pour ramener de jolis souvenirs gourmands à vos proches... ou à vous-même !

LOJA DAS CONSERVAS

240 R. de Mouzinho da Silveira
✆ +351 960 472 930
Ouvert de lundi à dimanche de 11h à 17h30.

La Loja das Conservas qui existe aussi à Lisbonne possède un point de vente à Porto. C'est l'une des références les plus sérieuses pour trouver des boîtes de conserve de poissons avec un packaging délicieusement rétro. Outre les sardines, vous y trouverez du thon, des moules, du poulpe, du cabillaud, du maquereau. Le choix des assaisonnements est également très vaste : naturel, huile d'olive, tomate, oignons, citron vert. La traçabilité des produits vendus ici est garantie par la réputée ANICP, l'Association Nationale des Industriels de la Conserve de Poisson.

A FAVORITA DO BOLHÃO

783 Rua de Fernandes Tomás
✆ +351 222 001 624
Ouvert du lundi au samedi de 9h à 19h30.

Belle et très large sélection de vins de Porto et de Madère dans cette épicerie fine qui existe depuis 1934. Les serveurs sauront vous conseiller parmi toutes les références exposées selon vos goûts et votre budget. On y trouve aussi des produits traditionnels d'excellente qualité comme la classique morue, un fromages de brebis de haute voltige et un divin café brésilien dont les grains sont moulus dans une machine centenaire. On peut aussi acheter de très bonnes conserves, des fruits secs (les noix sont extra), du bon chocolat et du pain frais.

MERCADO DO BOLHÃO

Rua Formosa
✆ +351 223 326 024
www.mercadobolhao.pt
Ouvert du lundi au vendredi de 8h à 20h, jusqu'à 18h le samedi.

En 2006, le marché de Bolhão été classé monument historique. Après 4 ans de travaux, il vient enfin de rouvrir en 2022. Déambuler au milieu des étals de produits frais et des stands colorés fait partie des grands bonheurs d'un séjour à Porto. N'hésitez pas à vous arrêter pour goûter un délicieux pastel de nata ou prendre un verre de vinho verde dans l'un des bars tout en piochant dans des acras de morue ou des charcuteries. A proximité du marché du Bolhão on trouve la rue commerçante Santa Catarina avec ses nombreuses boutiques, restaurants et cafés.

GARRAFEIRA DO CARMO

17-18 Rua do Carmo
✆ +351 222 003 285
www.garrafeiracarmo.com
Du lundi au vendredi de 9h à 13h et de 14h à 19h, le samedi de 9h à 13h.

Ce magasin, fondé en 1990, compte un choix énorme de bouteilles de porto, certaines très anciennes et rares. Difficile de ne pas être impressionné en regardant les murs du magasin tapissés de toutes ces références. La quantité et la variété sont au rendez-vous. L'équipe vous accueille avec le sourire et aura à cœur de vous dénicher la meilleure bouteille en fonction de vos goûts ou des personnes à qui vous souhaitez faire plaisir. Les prix sont très sages. En pleine saison cette boutique incontournable est souvent prise d'assaut alors il faut parfois patienter.

MERCADO DO BOM SUCESSO

Praça Bom Sucesso, 3
✆ +351 226 056 610
www.mercadobomsucesso.pt
Ouvert du dimanche au jeudi de 8h à 23h, le vendredi et samedi de 8h à minuit.

Le marché du Bom Sucesso a été entièrement rénové il y a une dizaine d'années. Une architecture et des stands mêlant tradition et modernité. A voir, puisqu'il y règne une ambiance différente de celles des autres marchés. On y trouve les produits frais classiques (poissons, viandes, légumes), mais il y a aussi une partie avec des produits gastronomiques uniquement portugais et un food court avec différents restaurants. L'accent est mis sur la valorisation du *made in* Portugal. C'est idéal si vous séjournez dans un appartement et souhaitez cuisiner de bons produits.

MERCEARIA DAS FLORES

110 Rua das Flores
✆ + 351 222 083 232
www.merceariadasflores.com
Ouvert du dimanche au vendredi de 11h à 19h, jusqu'à 22h le jeudi. Le samedi de 10h à 20h.

Dans la jolie rue des « fleurs », cette très charmante et moderne épicerie (contrairement à ce que son nom pourrait laisser croire, ce n'est pas une mercerie) propose toute une gamme de produits gourmands et bio fabriqués au Portugal. Tout est présenté avec soin sur les étagères. L'équipe a sélectionné pour ses clients les meilleurs fromages, vins, huiles d'olive. L'accueil est chaleureux, et, en cas de doute, on peut même goûter certains mets avant de remplir le panier. On ne se privera donc pas d'entrer, d'y faire un tour et de se laisser tenter.

OLIVA & CO

60 rua Ferreira Borges
www.olivaeco.com
Ouvert tous les jours de 10h à 19h, jusque 20h le samedi. A partir de 6 € la bouteille d'huile d'olive de qualité.

Chez Oliva & Co, vous l'aurez deviné, on vous propose toute une gamme d'huiles d'olive. Ici, vous en apprendrez plus sur la confection d'une huile d'olive, mais surtout vous trouverez de la qualité assurée, et non de la contrefaçon comme cela peut être malheureusement parfois le cas. Mais dans ce cadre moderne, loin d'être une épicerie, ce sont les produits dérivés de l'huile d'olive qui sont essentiellement vendus : biscuits, chocolats, savons... L'accueil des gérants donne envie de rester des heures. Original, instructif et naturel.

A PÉROLA DO BOLHÃO

279 Rua Formosa
✆ +351 222 004 009
Ouvert du lundi au samedi de 9h à 19h. Ouvert le samedi jusqu'à 13h.

C'est sans aucun doute la plus charmante des boutiques situées Rua Formosa. Sa devanture jaune et ses écriteaux se démarquent assurément des autres magasins. Ouverte depuis 1917, A Pérola do Bolhão propose morue, charcuteries, fruits secs, conserves de poissons, vins de Porto et fromages de la Serra da Estrela. L'échange avec les commerçants est très appréciable (on parle français) et le service souriant. Il est évident que vous ressortirez avec un ou plusieurs produits à rapporter dans la valise ou à déguster rapidement. Machine pour mettre sous vide.

QUEIJARIA AMARAL

190 rua Santo Idelfonso
✆ +351 222 004 162
www.queijariaamaralporto.pt
Ouvert tous les jours sauf le dimanche de 9h à 19h.

Si l'on vous dit : de cabra, da Serra, Amaralo Beira Baixa, picante Beira Baixa, gorgonzola, gouda, pecorino, Monte de Vinha, Lola Motez, de Sao Miguel..., vous pensez « fromage » puis vous vous dîtes « miam, j'en veux ! « Bienvenue dans le palais du fromage. Régionaux ou d'ailleurs, ils ont tous été sélectionnés pour leur qualité. Laissez-vous tenter. La boutique propose d'autres mets de la tradition portugaise : sardines, *bacalhau* (morue), et bien entendu vin du Douro et *vinho verde*. Les effluves de cette fabuleuse fromagerie vous resteront longtemps en tête.

ROTA DO CHÁ

457 Rua Miguel Bombarda
✆ +351 220 136 726
www.rotadocha.com
Ouvert du dimanche au mercredi de 12h à 19h, du jeudi au samedi de 12h à 22h. repas légers le midi environ 10 €

Un véritable havre de paix dédié au thé. Plusieurs espaces sont réservés à sa confection comme la salle indienne ou la salle Ganesh. Le magasin présente un grand choix de thés. En plus de la grande variété proposée et des délicieux petits gâteaux qui les accompagnent, des repas légers sont servis le midi. Autre particularité de ce lieu rempli de zénitude, du lundi au vendredi, on peut échanger un livre contre une tasse de thé. A l'extérieur, il y a une terrasse très agréable qui joue une musique douce ainsi qu'un grand jardin reposant.

SALLE DE DÉGUSTATIONS DES VINS DU PORTUGAL

8-12 Rua das Flores
✆ +351 223 323 072
www.viniportugal.pt
Ouvert du lundi au samedi de 11h à 19h.

L'antenne de Porto de l'association interprofessionnelle Viniportugal propose de déguster (en achetant l'Enocard) 2 à 4 vins parmi une sélection de 30, issus de différentes régions du Portugal. Les professionnels vous guideront dans la dégustation. Possibilité également de choisir des dégustations à thème, comme les vins fortifiés, ceux élaborés dans des pots en terre cuite, ou en rapport avec l'histoire du vin. Toute une découverte en perspective et un bon moment.

EUREKA SHOES

67 Rua Passos Manuel
✆ +351 222 025 274
www.eurekashoes.com
Ouvert du lundi au samedi de 10h à 19h30.

Un beau magasin branché pour acheter des chaussures (homme et femme) confectionnées avec des matières nobles, originales et au design moderne, voilà l'Eureka. La boutique appartient à une famille portugaise qui fabrique des chaussures depuis plus de 25 ans. Ce n'est qu'en 2009 qu'elle décide de créer un réseau de magasins destiné au public portugais (5 boutiques à Porto et une quinzaine au Portugal). Le magasin pilote se trouve au 237, Rua da Santa Catarina. Pour les passionnés de chaussures de qualité et/ou pour un cadeau original.

MÃO ESQUERDA VINTAGE

5 Rua da Alegria
✆ +351 912 740 889
www.maoesquerda.com
Ouvert de 11h à 20h. Fermé le dimanche.

Voici un bel endroit où dénicher de superbes pièces d'habillement de seconde main. Chez Mão Esquerda (« main gauche »), le vintage est mis à l'honneur : les vêtements et accessoires exposés ont été sélectionnés avec soin et amour par les gérants du lieu. Outre une provenance européenne, une large variété de pièces japonaises des années 1940 à 1990 (toutes sortes confondues) est disponible. Rien de kitsch ou de démodé, on se réapproprie les pièces à la sauce années 2020. N'hésitez pas à demander conseil, on saura vous aiguiller. Bonne adresse.

FC PORTO STORE BAIXA

270 rua Sa de Bandeira
✆ +351 225 083 353
www.fcporto.pt
Ouvert tous les jours de 10h à 20h, le dimanche jusqu'à 18h.

Situé à côté du mercado do Bolhao, à l'angle de la rue, le magasin officiel du FC Porto est bien visible avec ses mannequins en vitrine. Ici, seuls les fans authentiques des Dragões (Dragons) ou ceux qui n'ont pas vraiment choisi leur camp peuvent entrer (ne dites pas que vous préférez le club de Lisbonne !). Vous y trouverez tous les accessoires et produits dérivés en l'honneur du club de football, maillots, chaussures et ballons logotés du nom du FC Porto. Petit magasin très pratique au centre-ville. De quoi rapporter un souvenir du sport national du Portugal.

MON PÈRE VINTAGE

80 Rua da Conceição
✆ +351 918 480 270
Ouvert de 10h30 à 19h. Fermé le dimanche.

Les aficionados du vintage seront servis. Dans cette boutique, élégamment décorée et agencée, on fouille parmi les vêtements et accessoires parfaitement triés pour dénicher la ou les pièces de mode de seconde main que l'on souhaite acquérir. Le tout à des prix doux et aussi bien pour les femmes que les hommes. Robes, chemises colorées, pulls, lunettes, pantalons, etc. Il y en a pour tous les goûts. Sans oublier de souligner l'accueil souriant, disponible et discret. Une belle adresse pour un shopping assurément original et stylé.

LUFA LUFA

255 Rua dans Flores
www.lufalufa.pt
Ouvert de 11h à 14h et de 15h à 19h. T-shirt coton bio : 17 €.

Si vous faites partie de ceux qui se demandent comment allier minimalisme et créativité, vous trouverez des réponses chez Lufa Lufa, dont le nom s'est inspiré de l'expression traditionnelle portugaise « andar numa lufa-lufa » (marcher dans la précipitation). Cette boutique spécialisée dans les t-shirts artistiques a ouvert en 2015. Chaque t-shirt est en coton bio, produit au Portugal et estampillé de motifs et dessins originaux. Dans cette simplicité apparente, l'attention au détail est primordiale, comme le t-shirt soleil/ballon ou le stylo géant Gulliver.

PRÍNCIPE PORTO PORTUGAL

45 Rua dos Clérigos
✆ +351 222 006 053
Ouvert de 9h30 à 19h, jusqu'à 18h30 le samedi. Fermé le dimanche.

Vous voici dans l'antre de l'excellence traditionnelle vestimentaire portugaise. Principe Porto Portugal a plus de cent ans ! Vous observerez dans la boutique des éléments d'époque, comme l'escalier en colimaçon en fonte qui mène à la salle de couture, la fonte étant un matériau utilisé dans l'architecture des bâtiments de la ville lors de la première moitié du XXe siècle. L'authenticité et l'originalité de Principe Porto Portugal sont reconnues jusqu'à l'international. Parmi les produits de mode : pulls, bottes, écharpes, tricots, costumes traditionnels...

3+ ARTE

12 Largo Joaquim Magalhães
www.3maisarte.com
Ouvert du lundi au samedi de 14h à 19h. Prix variables.

3+arte est une coopérative artistique et culturelle qui réunit le travail de plus de 100 artistes. Peinture, céramique, sculpture, art sur bois, illustrations, bijoux, objets de décoration et bien plus sont exposés dans la galerie qui accueille les visiteurs. Vous y découvrirez ainsi des pièces artistiques uniques, qui constitueront un souvenir original à ramener. Par ailleurs, vous pourrez déguster au bar de la coopérative un vin de Porto. Quand culture, art et dégustation de produits locaux s'unissent, il n'y a rien à redire, si ce n'est d'y passer.

AMOR DE GALO - ARTS & CRAFT & DESIGN

434 Avinguda de Diogo Leite
✆ +351 223 751 287
Ouvert de 11h30 à 19h30.

Voici un petit bazar où vous pourriez très certainement dénicher quelques souvenirs originaux à rapporter à la maison. Sur l'autre rive du Douro, à Vila Nova de Gaia, Amor do Galo vous propose des objets *made in* Portugal : bijoux, objets 3D en tissu, figurines dont l'incontournable coq dont la boutique porte le nom (galo). Également des cartes postales stylées qui changent de la traditionnelle vue du pont Dom Luis surplombant le Douro et les rabelos qui y voguent. Prix sympas.

ARMAZÉM DOS LINHOS

15 Rua Passos Manuel ✆ +351 22 200 4750
https://armazemdoslinhos.com/
Ouvert du lundi au vendredi de 10h à 19h, le samedi de 10h à 13h et de 14h30 à 19h. Fermé le dimanche.

En 2011, alors que la boutique risquait de fermer ses portes, Filipa et Leonor Pinto Basto l'ont sauvée. Armazém Dos Linhos est spécialiste dans la vente de tissus estampillés de motifs portugais traditionnels. Les gérantes ont eu l'idée de combiner des motifs anciens avec des plus contemporains. Ici, vous trouverez des tissus pour toute réalisation ainsi que des sacs, portefeuilles, du linge de maison et de cuisine. De quoi ramener un beau souvenir typique avec la certitude du « Made in Portugal ». Passez y faire un tour, d'autant que l'accueil est chaleureux.

CORAÇÃO ALECRIM PORTO

28 Traverssa de Cedofeita
✆ +351 912 958 073
www.coracaoalecrim.com
Ouvert de 11h à 19h. Fermé le dimanche.

Après avoir traversé l'entrée toute de vert décorée, vous voilà plongé dans un univers fantastique d'objets de qualité et d'origine portugaise. Coração Alecrim est le fruit de la passion commune de Rita et Filipe pour les artisans portugais et les objets de brocante. L'esprit *upcycling*, qui recrée à partir de matière existante, flotte dans les airs. Les deux associés ont créé leur propre marque de vêtements et de bottes, mais proposent également d'autres produits nationaux. Une jolie boutique pour des cadeaux de qualité et originaux.

GAZETE AZULEJOS

230 Rua do Duque de Palmela
✆ +351 912 891 581
www.gazeteazulejos.com
Atelier lundi 15h30, mardi 15h30 et 17h30, vendredi et samedi 11h et 15h, dimanche 16h30. 25 €. Réservation sur le web.

Pour rapporter un joli souvenir de Porto, il va falloir mettre un peu la main à la pâte. En effet, Gazete Azulejos organise des ateliers de peinture sur azulejos, d'une durée d'une heure et demie. Ils se déroulent en petits groupes et l'on suit les conseils avisés des artistes passionnées et professionnelles. Chaque personne pourra peindre deux azulejos, pas besoin d'être un artiste, des modèles à reproduire sont exposés si cela vous rassure. Attention néanmoins, le temps que les azulejos sèchent est de 24h. Prévoyez donc cet atelier au début de votre séjour.

LOBO TASTE

20 Largo de São Domingos
✆ +351 222 017 102
Ouvert tous les jours de 10h à 20h.

De l'artisanat contemporain, voilà la proposition de ce magasin plutôt design. Les pièces fabriquées manuellement par des artisans sont choisies par le décorateur Paulo Lobo, dont la réputation n'est plus à faire au Portugal. Tous les objets sont de grande qualité, beaux et originaux. Certains se rapprochent de l'artisanat populaire, mais avec une approche plus osée et davantage travaillée. Un passage dans la boutique est plus que conseillée pour admirer ces surprenantes créations et rapporter un joli souvenir ou faire un cadeau original.

MERCADO 48

48 Rua da Conceição
✆ +351 935 881 626
www.mercado48.pt
Ouvert tous les jours de 10h30 à 14h30 et de 15h30 à 20h30. Fermé le dimanche.

Si vous êtes chanceux, vous rencontrerez à l'entrée du Mercado 48 la mascotte des réseaux sociaux de la boutique, « cãozinho Bala », l'adorable chien qui annonce l'ambiance du lieu : décontractée ! A l'intérieur, vous trouverez des produits originaux et créatifs, pour la plupart faits main, entre le vintage et le contemporain. Des objets d'art et de décoration, sacs, portefeuilles, t-shirts aux paysages et allusions à Porto, voire des messages humoristiques et aussi des superbes vélos en bois. Un endroit qui promet des cadeaux insolites.

O CÂNTARO [SÓNIA MARIA G S OLIVEIRA]

50 Rua da Lada
✆ +351 223 320 670
Ouvert du lundi au samedi de 9h à 19h.

Dans une ruelle située derrière le Cais da Ribeira. C'est à cette adresse que Sonia Oliveira a installé son atelier de fabrication de bijoux en filigrane et sa boutique d'artisanat (vaisselle, azulejos peints à la main, tissus brodés…). Passez y faire un tour, vous tomberez peut-être sur un objet qui vous tapera dans l'œil. Les bijoux et pièces sont en effets toujours renouvelés selon le travail manuel de Sonia. Pour un joli souvenir ou cadeau à ramener du Portugal.

MERCADO LOFT STORE

125 Rua Guedes de Azevedo
✆ +351 915 849 487
https://www.mercadoloftstore.pt/
Ouvert du lundi au vendredi de 10h à 17h.

Ce lieu proche du marché central de Bolhão est dédié à la décoration d'intérieur. Son équipe réalise des projets dans de nombreux appartements ou des hôtels de Porto. Vous trouverez dans ce concept-store des pièces vintage chinées un peu partout et restaurées pour une nouvelle vie ou des meubles contemporains. Tables, commodes, buffets, fauteuils voisinent avec des lampes, des vases ou de la vaisselle. Beaucoup de choix à prix plus ou moins raisonnables. Vous pouvez repartir avec un petit objet ou faire expédier vos achats à l'adresse qu'il vous plaira.

SOL ARTESANO

125 Cais da Estiva
✆ +351 222 083 956
Ouvert de 10h à 20h.

Chez Sol Artesano, proche des quais de Porto, vous trouverez une multitude d'objets en céramique, peints à la main, des émaux que vous ne trouverez pas ailleurs. Bols, figurines, lieux emblématiques de Porto sur des carreaux de faïence, magnets en forme de poisson, coq, ou autres animaux… : le choix est vaste dans cette petite boutique cosy. Entrez et faites un tour, vous devriez trouver un petit objet original d'autant plus que l'accueil y est très sympathique. Une adresse intéressante à ajouter sur la liste du *made in* Portugal.

Ó ! GALERIA

61 Rua de Miguel Bombarda
✆ +351 930 558 047
www.ogaleria.com
Ouvert de 13h à 19h du lundi au samedi.

Ó ! Galeria donne l'opportunité à de jeunes artistes portugais, européens et internationaux de tous horizons d'exposer leur art et de le vendre directement auprès du public. On y trouve principalement de l'illustration portugaise mais pas que... Egalement des impressions, livres, t-shirts et tote-bags. Les illustrations sont remplies de couleurs, d'humeur, de fantaisie et d'histoires de couples racontées en une estampe. Parmi les artistes les plus représentés : André da Loba, Barbara Fonseca, Cachetejack, David Penela ou encore Silvia Rodrigues.

ZINDA ATELIER

63 Rua Ferreira Borges
www.zindatelier.com
Ouvert mardi, jeudi, vendredi, samedi de 14h à 18h.

Bienvenue dans l'antre artistique d'Adosinda Pereira qui crée des pièces de céramique contemporaines très jolies. Son atelier se trouve au sein de la boutique, il ne sera pas surprenant qu'elle travaille sur une nouvelle pièce lors de votre passage. Dans la boutique, c'est coloré, ça sent la joie de vire et l'âme de l'artiste s'y dégage incontestablement. On observe les pièces, puis l'on a un coup de cœur pour l'une d'entre elles, voire plusieurs. De beaux souvenirs pour la maison ou à offrir, avec la certitude de l'authenticité

LIVRARIA CHAMINÉ DA MOTA

28 Rua das Flores
✆ +351 222 005 380
Ouvert du lundi au vendredi de 9h à 12h30 et de 14h30 à 19h, le samedi de 9h30 à 13h.

Une quantité incroyable de livres est dispersée dans cette belle et atypique librairie réputée par sa collection de livres rares et anciens (certains ont 200 ans). On se croirait dans une bibliothèque tellement le choix est vaste. Les nombreuses étagères servent de support aux bouquins de tous genres : classiques littéraires, religieux, bande dessinée, polars, revues de littérature et art. On y retrouve une exposition de boîtes à musique toutes plus extraordinaires les unes que les autres... C'est un petit joyau caché à Porto : à ne pas rater.

LIVRARIA LELLO E IRMÃO ★★

144 Rua das Carmelitas
✆ +351 222 002 037
www.livrarialello.pt
Ouvert tous les jours de 9h à 19h. 5 € l'entrée, remboursée si vous faites un achat dans la librairie.

L'endroit est sublime avec son escalier central en bois à double volée, sa décoration Art nouveau et tous les petits détails qui attirent de nombreux curieux. Sur les étagères, on trouve des livres dans plusieurs langues. C'est un endroit qui respire l'intelligence. La maison est toutefois victime de son succès : devant l'afflux de touristes, un comptoir a été installé. Il faut désormais payer un billet pour entrer, le montant est remboursé si l'on effectue un achat. Réservez en avance sur internet car il y a souvent énormément de monde.

LIVRARIA LEYA NA LATINA

2 Rua Santa Catarina
✆ +351 222 001 294
www.leya.com/pt
Ouvert du lundi au samedi de 9h à 19h.

Une ancienne librairie familiale qui, après le décès du petit-fils du fondateur, a fini par être acquise par l'éditeur Leya. Le changement de propriétaire n'a rien enlevé au charme de ce grand espace moderne conçu en bois et acier et tapissé de livres du sol au plafond. Vous y trouverez donc des ouvrages de toutes catégories, du roman à la bande dessinée, en passant par la philosophie, l'histoire, ou encore des manuels scolaires pour ceux qui étudient au Portugal. En flânant dans la librairie, vous tomberez probablement sur un ouvrage qui attirera votre œil.

LIVRARIA TIMTIMPORTIMTIM (TINTIN POUR TINTIN)

27-29 Rua da Conceição
✆ +351 222 011 083
Ouvert du lundi au vendredi de 10h à 19h. Le samedi de 10h à 12h30 et de 15h à 18h.

Les amateurs d'Hergé et de bandes dessinées en général ne doivent pas passer à côté de cet endroit ! La librairie possède de vrais trésors, certains enfermés à clé dans les vitrines. Même ceux qui ne parlent pas la langue de Camões trouveront leur bonheur car les grands classiques de la BD française et belge sont vendus en version originale. Les magazines satiriques portugais et brésiliens, les vieux *comics* et les personnages en miniature font aussi partie des richesses du magasin.

LOUIE LOUIE - MUSIC SHOP

536 Rua do Almada
✆ +351 222 010 384
www.louielouie.pt
Ouvert du lundi au samedi de 10h30 à 13h30 et de 14h30 à 19h. De bonnes affaires sur les vinyles d'occasion.

Le paradis des amateurs de vinyles. Il y en a pour tous les goûts : pop-rock (celle que vous retrouverez le plus dans les rayons), indé, musique portugaise et brésilienne, jazz, blues, metal, punk, hardcore, musique du monde, soul, funk, disco, hip-hop, reggae/dub, électronique. Au format 12 ou 7 pouces, la plupart des vinyles sont des 45 tours, neufs ou d'occasion à prix réduit. La boutique n'est pas très grande mais elle est bien rangée, pour faciliter de belles trouvailles. Également des CD, DVD, Blu-ray et des livres ayant pour thème la musique. Bon accueil.

PORTO GUITARRA ★★

29 Largo dos Lóios
✆ +351 933 374 743
www.portoguitarra.com
Ouvert du lundi au jeudi de le dimanche de 10h à 12h30 et de 14h à 18h30. Entrée gratuite.

Vous entrez dans un espace dédié à la passion des instruments à corde. Ici on apprend notamment que le fameux ukulélé est d'origine portugaise, le saviez-vous ? Ce *fun fact* en tête, n'hésitez pas à entamer la conversation sur la musique avec les vendeurs, véritables passionnés et joueurs pour certains. En exposition et à la vente, on trouve toutes sortes de guitares fabriquées par des artisans luthiers. Des sessions live sont régulièrement organisées dans une superbe ambiance. A ne pas rater pour les amateurs de musique, les musiciens et pour tous les autres !

PASSPORT

BOUGER & BULLER

Pour découvrir Porto, rien de tel que de l'arpenter en marchant dans ses ruelles grimpant et descendant. Pas besoin d'aller en salle de sport, la ville est votre lieu d'entraînement. Vous pourrez cependant emprunter le téléphérique en forme d'œuf à Vila Gaia, sur l'autre rive du Douro, pour aller de la ville basse à la ville haute. Le sport favori reste bien sûr ici le football. Ecoutez les cris des supporters lors des matches du FC Porto à domicile lors de la coupe nationale, ou de compétitions européennes !

Les plages de Matosinho offrent de belles possibilités de baignade et de balade le long de la rive. Les plus courageux pourront louer des vélos (électriques pour s'aider) pour sortir un peu de la ville et découvrir les alentours durant une journée par exemple. A vous de choisir ce qui vous plaît. Le marathon de Porto (www.porto-marathon.com) se déroule chaque année à la mi-septembre.

PRATIQUE

BOUGER & BULLER

C'EST TRÈS LOCAL

Pour courir ou faire du vélo, l'idéal est de vous rendre du côté de la Foz et Matosinhos, au bord de l'océan. C'est aussi l'endroit idéal pour des promenades.

A RÉSERVER

Si vous voulez participer au marathon de Porto, pensez à prendre votre billet bien en avance. Il en va de même pour les matches de foot et autres gros événements sportifs.

LES ÉVÉNEMENTS

Le marathon de Porto se déroule en novembre. C'est un événement qui réunit les passionnés de course à pied.
Il démarre et se termine au Parque da Cidade, restant sur la promenade et les quais principalement (pas de montée).

LES PHRASES CLÉS

Bonjour, comment puis-je me rendre à ... ? Est-ce loin ?
Bom dia, como posso ir até... - É longe?

J'aimerais aller courir. Il y a un coin sympa pour cela dans la ville ?
Gostaria de correr. Há um local simpático para correr por aqui?

J'adore cuisiner. Savez-vous où je peux trouver des cours de cuisine ?
Adoro cozinhar. Sabe onde posso ter aulas de cozinha?

Vous pourriez m'indiquer une salle de sport pas très loin ?
Pode indicar-me uma sala de desporto perto daqui?

Quel est le sport national ?
Qual é o desporto nacional?

Pensez-vous que nous pourrions voir cela ou même participer ?
Acha que poderíamos ver isso ou até participar?

ESTÁDIO DO DRAGÃO

Via FC Porto
✆ +351 225 070 500
www.fcporto.pt
Billet visite du stade + musée : 15 € par adulte, 10 € par enfant et 12 € le tarif réduit.

Construit pour l'organisation de l'Euro 2004, dont il a accueilli le match d'ouverture et une demi-finale, le stade du Dragon est une enceinte ultra-moderne qui vibre chaque semaine pour les bleus et blancs. Il se visite tous les jours à 11h, 12h, 15h et 16h, uniquement en même temps que la visite de son musée annexe. Ce dernier est très intéressant à découvrir, interactif et instructif. Inauguration : 16 novembre 2003. Capacité : 50 033 places. Affluence record : 52 004 spectateurs pour FC Porto - FC Barcelone pour l'inauguration du stade le 16 novembre 2003.

I SURF PORTUGAL

✆ +351 933 740 932
www.isurfportugal.com
1 leçon de surf, 40 €. 2 leçons 115 €. 5 leçons 180 €. Surfcamp, de mai à septembre, se renseigner sur le site.

I Surf Portugal est une école de surf ouverte toute l'année mais aussi un surfcamp au nord de Porto. Les cours se déroulent normalement sur la plage d'Azurara à Vila do Conde, idéale pour tous les niveaux en surf et pour les cours de stand-up paddle (SUP). Un service de transfert est assuré depuis le centre de Porto et pas de soucis pour le matériel, il y a possibilité de le louer. Un surfcamp pour adultes et un autre pour familles avec enfants de tout âge proposent des packs surf, logement et pension complète, pour une belle expérience en immersion totale !

JUMPERS - TRAMPOLIM PARQUE

374 Rua Eng. Ferreira Dias
✆ +351 221 134 621
www.jumpers.pt
Lundi à vendredi (14h30-20h) 8,50 € ; samedi et dimanche (9h30-19h) 10 €. Chaussettes obligatoires 2 €. Durée 60 min.

Venez vous amuser pendant une heure environ dans ce parc à trampoline situé au nord de la ville. L'espace est vaste, dispose de nombreuses zones avec des trampolines dans tous les sens pour se laisser rebondir et tenter, pourquoi pas, diverses figures. Le parc est ouvert à tous de 3 à 101 ans ! Une zone est réservée pour les enfants de 1 à 7 ans. Les entrées se font toutes les heures pleines (10h, 11h...). Il est demandé d'arriver 30 minutes avant afin de se préparer.

PORTO BRIDGE CLIMB

680 Rua do Ouro ✆ +351 929 207 117
www.portobridgeclimb.com
Groupe 1 à 4 personnes : 17,50 €/pers. Groupe à partir de 5 personnes : 16 €/pers. Cartes Andante et Porto : 14 €.

S'il vous a semblé apercevoir des silhouettes sur le pont Arrábida, vous n'avez pas rêvé ! Il s'agit d'une expérience exceptionnelle proposée par Porto Bridge Climb. Longtemps fermé au public, l'ascension du pont par une arche vous offrira de belles sensations (pas trop fortes) en toute sécurité et un superbe panorama à 65 m au-dessus du Douro. Une fois les harnais accrochés et les consignes expliquées (anglais et portugais), suivez le guide et appréciez au maximum l'ascension. Possibilité aussi de monter sur la coupole du Palácio Cristal. Réservez sur Internet.

PORTO EXIT GAMES

53 Praça Guilherme Gomes Fernandes
✆ +351 917 421 815
www.portoexitgames.com
De 2 à 5 joueurs : 50 € la partie environ. De 6 à 8 joueurs : 90 € la partie environ.

Les maîtres du jeu (polyglottes) de Porto Exit Games vous attendent pour vous embarquer dans un escape game inoubliable. Le but du jeu : sortir d'une pièce en moins d'une heure en résolvant des énigmes. On vous propose trois missions différentes : *Port Wine Sabotage*, un mystère autour de la destruction du porto ; *The sacrifice*, plus sombre puisque vous serez confronté à de la magie noire et exorcisme, pour ceux qui n'ont pas peur ; *Lost memorie*, vous projetant dans un monde futuriste (2147), au cœur d'un combat entre rebelles et gouvernement. A vous de jouer !

PORTO SURF SCHOOL

155 Rua Miguel Bombarda
✆ +351 911 721 614
www.porto-surf-school.com
Cours de surf : 1 jour 50 €, 3 jours 141 €, 5 jours 220 €. Location planche seule : 25 €/jour. SUP tour : 60 €/pers.

Débutant, intermédiaire ou perfectionné, Porto Surf School, vous propose des cours en groupe de surf, ou des leçons particulières. Depuis le centre de Porto, l'équipe professionnelle vous emmènera vers les meilleurs spots du jour, et vous accompagnera pour progresser dans la pratique de cet attrayant sport de glisse. Le Douro Stand Up Paddling (SUP) Tour vous propose de passer la journée à faire du paddle sur le Douro (à 1h de Porto). De quoi découvrir la beauté des paysages de la Vallée du Douro d'une façon originale et sportive.

CALLA SPA - HÔTEL TOREL AVANTGARDE

336 rua da Restauração
✆ +351 914 149 645
Du mardi au dimanche de 10h à 20h, lundi de 14h à 20h. A partir de 75 € (25 minutes de massage).

Au cœur de Porto, le spa de l'hôtel Torel Avantgarde est l'endroit idéal pour se détendre après avoir enchaîné les visites. L'équipe de thérapeutes spécialisée en santé et en beauté vous accueille dans un cadre cosy pour vous embarquer dans un voyage ultra relaxant à la découverte de votre monde intérieur. Les soins sont conçus pour offrir aux clients une expérience relaxante qui apaise le corps et régénère l'esprit. Les produits utilisés sont tous bio. Sauna et salle de sport.

MONUMENTAL NUXE SPA

151 Avenida dos Aliados
✆ +351 227 662 410
Ouvert tous les jours de 9h30 à 20h. A partir de 75 € (30 minutes de soin). Aqua Pass (1h) : 30 €.

Au sein du palace Monumental se cache un spa d'exception. Les prestations sont haut de gamme et plus chères que dans d'autres centres de massage et de soin mais ce sont des mains expertes qui vous accueillent dans une bulle de douceur luxueuse. Massage, soins du visage, hydrothérapie : les offres de détente sont multiples. Par ailleurs, le Monumental Nuxe Spa dispose d'un espace aquatique avec une piscine intérieure aux teintes envoûtantes, sauna et hammam (en supplément). Réservation obligatoire sur le site Internet de l'hôtel, rubrique spa, ou par téléphone.

SABAI THAI SPA PORTO

229 Rua de Guedes de Azevedo
✆ +351 223 175 726
www.sabaithaispa.pt
Ouvert tous les jours de 10h à 20h. A partir de 40 € le massage thaï de 1h.

Octroyez-vous un moment de bien-être et de détente au spa Sabai Thai de Porto. Ouvert tous les jours, et non loin du métro Trindade, ce centre vous propose des massages traditionnels thaïlandais, comme vous l'aurez deviné à son nom. La plupart des massages (aux huiles essentielles, sportifs, suédois...) durent une heure et peuvent s'étendre jusqu'à deux heures de pur bonheur. Laissez-vous chouchouter et savourez le moment. Egalement des massages des pieds, du visage, de l'aromathérapie... Liste complète des prestations sur le site Internet. Prix très sages.

STUDIO FLY

366 Rua de Santo Ildefonso
✆ +351 960 082 464
www.studiofly.pt
A partir de 18h du lundi au jeudi, mardi 10h et midi et jeudi 14h en plus. 35 €/mois. Réservation obligatoire.

Et si vous laissiez votre corps s'envoler le temps d'une séance de yoga ? Tel est le concept du Studio Fly, qui propose aux participants de s'essayer ou de se perfectionner au yoga aérien. A vous de vous installer dans le hamac suspendu qui vous fera découvrir de nouvelles sensations au gré des figures. Les professeurs sont là pour vous mettre à l'aise et vous accompagner dans la pratique, selon le niveau. Certaines séances sont orientées relaxation quand d'autres challengent un peu plus. Quoi qu'il en soit, en 50 minutes de pratique, l'esprit aussi s'envolera.

VINOTHÉRAPIE SPA YEATMAN

Rua do Choupelo ✆ +351 220 133 100
www.the-yeatman-hotel.com
Massages et traitements de 65 à 220 € en fonction de la durée et du soin. Ouvert tous les jours de 10h à 20h.

Le spa de l'hôtel Yeatman est un concept unique, il est basé sur les bienfaits liés au raisin. Les ingrédients utilisés sont des extraits de vigne, avec des propriétés antioxydantes. On peut se détendre dans plus de 2 000 m² et 10 salles de traitement. On peut également profiter d'un gymnase, d'un hammam, d'un sauna, et d'une douche massante. Sans compter la vue imprenable sur le Douro et Porto que l'on observe de la piscine panoramique. Tous les éléments du bien-être y sont réunis, une décoration de marbre et de bois, une vue unique, des soins de grande qualité.

VINYASA YOGA PORTO

580 Rua Júlio Dinis ✆ +351 221 127 430
www.vinyasayogaporto.com
Lundi au vendredi 7h ou 18h selon les semaines. Réservation sur le site Internet. A partir de 45 € par mois.

Ce studio de yoga vous propose de pratiquer le yoga accompagné d'une professeur certifiée et pédagogue. Au choix, trois types de yoga où l'on prête toujours attention aux limites de chacun : Power Vinyasa Yoga, un parfait équilibre entre effort physique et introspection ; Ashtanga Yoga, des postures lentes et figées, faciles à retenir. Une séance d'Ashtanga commence souvent par des salutations au soleil et se finit en position du lotus, celle du Bouddha lorsqu'on se l'imagine ; Vinyasa Yoga, fluidité, dynamisme et création sont les maîtres mots. Séance d'1h30-2h.

BRÂMICA

181 Rua de Santo Isidro
✆ +351 961 097 013
Ouvert du lundi au vendredi de 14h à 20h.

Faites ressortir votre fibre artistique dans ce chaleureux atelier de poterie. Avant de commencer à créer votre propre céramique, on vous enseigne l'histoire des carreaux et leurs différents styles. Puis on vous fait des propositions et on vous donne des échantillons pour vous aider à démarrer. En vous laissant guider par les conseils bienveillants des professionnels, vous allez devenir l'artisan créateur de vos propres œuvres. Une fois votre céramique achevée, il reste à la cuire. On vous l'expédie à votre domicile. Pour céramistes en herbe, grands et petits.

SOL ARTESANO

125 Cais da Estiva
✆ +351 222 083 956
Ouvert de 10h à 20h.

Chez Sol Artesano, proche des quais de Porto, vous trouverez une multitude d'objets en céramique, peints à la main, des émaux que vous ne trouverez pas ailleurs. Bols, figurines, lieux emblématiques de Porto sur des carreaux de faïence, magnets en forme de poisson, coq, ou autres animaux... : le choix est vaste dans cette petite boutique cosy. Entrez et faites un tour, vous devriez trouver un petit objet original d'autant plus que l'accueil y est très sympathique. Une adresse intéressante à ajouter sur la liste du *made in* Portugal.

COOK IN RIBEIRA

Rua Infante Dom Henrique, 16 1 Traseiras
✆ +351 967 003 160
https://www.cookinribeira.com/
Différents tarifs selon le type d'atelier et la durée. Se renseigner sur le site.

Vous appréciez la bonne cuisine, le bon vin et vous avez un intérêt particulier pour la gastronomie portugaise ? Ne cherchez plus, vous êtes au bon endroit. Cook in Ribeira vous promet de vivre une expérience inoubliable. Avec vos instructeurs, vous partirez d'abord au marché afin de découvrir les meilleurs produits de saison et connaître leur origine. Puis, de retour à l'atelier, sous la houlette des chefs, vous apprendrez à cuisiner de la manière la plus traditionnelle le meilleur du Portugal dans une ambiance ludique avant de déguster votre chef-d'œuvre.

STUDIO UP ! - POLE DANCE

251 Rua Moreira
✆ +351 937 560 035
https://studioup.weebly.com
Ouvert de 9h30 à 14h30 et de 16h à 22h30. Planning des cours sur le site Internet.

Voici une activité originale. Contrairement à ce que l'on pourrait croire, par préjugés notamment, la *pole dance* est assez sportive et sollicite tous les muscles du corps. Si vous cherchez à vous dépenser tout en découvrant un sport surprenant, rendez-vous au studio Up ! Vous trouverez le planning des cours sur le site Internet. Les femmes professeurs sauront vous accompagner selon votre niveau pour monter progressivement l'intensité et les figures. Un bon moment garanti. Venez-y l'esprit ouvert, sans jugement de vos capacités, et laissez-vous porter.

GAZETE AZULEJOS

230 Rua do Duque de Palmela
✆ +351 912 891 581
www.gazeteazulejos.com
Atelier lundi 15h30, mardi 15h30 et 17h30, vendredi et samedi 11h et 15h, dimanche 16h30. 25 €. Réservation sur le web.

Pour rapporter un joli souvenir de Porto, il va falloir mettre un peu la main à la pâte. En effet, Gazete Azulejos organise des ateliers de peinture sur azulejos, d'une durée d'une heure et demie. Ils se déroulent en petits groupes et l'on suit les conseils avisés des artistes passionnées et professionnelles. Chaque personne pourra peindre deux azulejos, pas besoin d'être un artiste, des modèles à reproduire sont exposés si cela vous rassure. Attention néanmoins, le temps que les azulejos sèchent est de 24h. Prévoyez donc cet atelier au début de votre séjour.

WORKSHOPS POP-UP

275 Rua do Almada
✆ +351 966 974 119
https://www.workshops-popup.com/en/
Ouvert tous les jours de 10h à 13h et de 14h à 19h. Ateliers cuisine : 40/50 €.

Ce pop-up store propose toutes sortes de meubles, lampes, céramiques pour décorer votre intérieur mais aussi du vin ou de l'huile d'olive bio. Vous trouverez des collections qui changent régulièrement de vêtements ou de bijoux conçus par des créateurs. Le top est de participer aux ateliers organisés avec des chefs renommés dans la cuisine ouverte. D'une durée de trois heures, en portugais ou en anglais, ils vous permettront de devenir un as du ramen ou des ceviches et de découvrir les secrets de la cuisine portugaise dont le fameux pastel de Nata.

PASSEPORT

SORTIR

La vie nocturne de Porto, version branchée, se concentre depuis peu dans le centre, où quelques rues très festives s'entrecroisent : la rua Cândido dos Reis et la rua Galeria de Paris s'animent jusque très tard la nuit, avec beaucoup de monde aussi bien dehors que dedans. En route vers les plages, différents établissements se succèdent, tandis que les docks de Vila Nova de Gaia (l'autre rive du Douro) accueillent des bars et des discothèques. Mais les lieux nocturnes en bord de mer sont beaucoup moins tendance qu'avant et sont surtout très fréquentés pendant l'été ; ce sont vraiment les bars-boîtes du centre qui cartonnent le plus tout au long de l'année. Dans la rua Lima do Via, une succession de petits bars obscurs : on y boit sec entre noctambules initiés. Chacun trouvera le quartier le plus adapté à la sortie nocturne qu'il souhaite vivre. N'hésitez pas à faire la tournée des bars pour vous décider.

HORAIRES

Les bars ouverts le soir ferment en moyenne à 2h du matin, par contre ils sont souvent assez vides avant minuit. Certains endroits ferment plus tard et les clubs, bien sûr, sont ouverts jusqu'aux alentours de 4h-6h du matin. Pour bouger toute la nuit, rendez-vous à Plano B.

BUDGET / BONS PLANS

Les gammes de prix varient beaucoup d'un endroit à l'autre et pour un cocktail vous pouvez payer entre 3 et 12 €. La bière est à environ 1,50-2 € pour un demi.

TRANSPORTS NOCTURNES

Le métro s'arrête à 1h du matin. Le meilleur moyen de rentrer chez soi passé cette heure, dans le cas où vous ne voulez pas marcher, est de prendre un taxi.

A PARTIR DE QUEL ÂGE

L'alcool est autorisé à partir de 18 ans. On peut vous demander votre pièce d'identité à l'entrée de certains clubs.

C'EST TRÈS LOCAL

Le week-end, les Portuans aiment dîner chez les uns et les autres pour ensuite sortir boire un (ou plusieurs) verre. Commençant à dîner vers 20h/21h, ils arrivent dans les bars peu avant minuit.

FUMEURS

Bien que la législation soit la même qu'en France, elle n'est pas encore appliquée ici. Attendez-vous à voir quasiment partout des gens fumer dans les bars et les clubs.

LES PHRASES CLÉS

Bonsoir, comment puis-je me rendre à…
Boa noite, como posso ir até…

Est ce que cet endroit est tranquille ? Il n'y a pas de problème de sécurité ?
É um lugar tranquilo? - Não há problemas de segurança?

J'aimerais voir un spectacle typique ! Qu'est-ce qu'il y a en ce moment ?
Gostaria de ver um espetáculo típico daqui? O que há neste momento?

Je ne comprends pas… pouvez-vous répéter s'il vous plait ? Merci.
Não percebo... pode repetir, por favor? Obrigado(a)!

Est-ce que je peux vous offrir un verre ? Quel est le meilleur cocktail de la maison ?
Posso oferecer-lhe um copo? Qual é o melhor cocktail da casa?

J'ai la gueule de bois, auriez-vous quelque chose pour que j'aille mieux ?
Estou com ressaca, tem alguma coisa para me sentir melhor?

HARD CLUB

Praça do Infante D. Henrique ✆ +351 220 101 185
www.hard-club.com
Resto du mardi au dimanche de midi à minuit. Verre de vin + planche de fromage : 20 €. Clubbing le week-end jusqu'à 7h.

Le Hard Club a investi les lieux de l'ancien marché Ferreira Borges. Le bâtiment rouge en fer forgé, datant de 1888 et classé monument historique par l'Unesco, a été restructuré et l'intérieur a été isolé. L'architecture est extraordinaire et la décoration originale. Différentes salles accueillent jusqu'à un millier de personnes pour des concerts ou lors de soirées électro. S'ajoutent des expositions, spectacles de danse, du théâtre et des séances de cinéma. Au dernier étage, le restaurant No Mercado permet d'apprécier la vue sur le centre historique de Porto.

PLAN B [PLANO B]

30 Rua Cândido dos Reis
✆ +351 222 012 500
http://planobporto.com/
Ouvert mardi et mercredi de 22h à 2h, jusqu'à 4h le jeudi et 6h le vendredi et le samedi. Verre à 6 €.

Lors de l'inauguration, l'idée des propriétaires était de créer un lieu dynamique, une alternative à l'offre existante pour développer un regard nouveau sur la culture. Aujourd'hui, le public est nombreux et apprécie ce lieu multiculturel, qui propose aussi des expositions, projections et présentations artistiques. Le point de chute final de nombreux noctambules. Consultez la programmation sur la page Facebook ou le site Internet. Ils organisent de nombreuses soirées à thème et c'est l'occasion de découvrir des artistes de talent et de faire de belles rencontres.

INDÚSTRIA

843 Avenida do Brasil
✆ +351 22 096 2935
Ouvert du jeudi au samedi et veilles de jours fériés de minuit à 6h. Fermé en août.

Cette discothèque à la mode attire autant les locaux que les clubbers de passage. A partir du jeudi, vous pouvez danser jusqu'à l'aube, tout en sirotant des boissons servies au bar. Plusieurs DJ portugais et venus du monde entier se succèdent aux platines. Nuit blanche garantie sur un énorme dancefloor. Pour vous remettre de votre soirée, l'air frais de l'océan tout proche qui borde le quartier de la Foz sera revigorant au lever du soleil avant d'aller dormir ! Un lieu branché, parfait pour les amateurs de musique électro [house et techno].

TENDINHA DOS CLÉRIGOS

80 Rua Conde de Vizela
✆ +351 933 347 079
www.tendinhadosclerigos.com
Ouvert du vendredi au dimanche de minuit à 6h.

Tendinha dos Clérigos est devenue en quinze ans l'une des références culturelles musicales pour sortir. Ce bar-club se trouve dans la zone la plus animée de Porto la nuit, en plein centre-ville. L'ambiance est principalement rock, électro-pop, et cela se voit rien que dans la décoration. Des DJ établis se succèdent pour vous ambiancer, les sons rappelleront à certains leur adolescence. L'agenda des soirées spéciales est régulièrement mis à jour sur le site Internet. Un lieu idéal où vous rendre pour passer la nuit jusqu'au petit matin.

PASSOS MANUEL

137 Rua de Passos Manuel
✆ +351 222 058 351
www.passosmanuel.net
Ouvert de mardi à samedi de 21h à 4h.

Passos Manuel est un ancien cinéma qui a été rénové en 2004 par un architecte de renom. Ce lieu a retrouvé une nouvelle âme, avec une ambiance intimiste, un décor design et une lumière rouge tamisée. La programmation musicale est rigoureuse et de qualité. Quelques noms de la musique sont passés par là avant d'être connus. La salle de cinéma propose des cycles de cinéma alternatifs. Et les amateurs de danse pourront se faire plaisir sur la piste au sous-sol [avec une préférence pour la musique électronique]. Programmation sur leur page Facebook.

ZOOM

40 Rua de Passos Manuel
✆ +351 918 353 282
www.zoomporto.wixsite.com
Ouvert vendredi et samedi de minuit à 6h30. Variables selon la saison.

Cette boîte de nuit ouverte en 2007 est LE rendez-vous LGBTQIA+ de Porto, mais pas seulement ! Les fans de musique électro s'y retrouvent jusqu'au petit matin. La décoration des lieux est très sympa. Le prix des consommations est raisonnable. Des soirées spéciales avec DJ playing lives ou des performances de drag-queens sont régulièrement organisées. A noter que le lieu commence à vraiment s'animer autour de 2h-3h du matin. Vous y reviendrez ! Leur page Facebook est régulièrement mise à jour et annonce le programme du jour ou de la semaine.

CASA DA GUITARRA

Avinguda Vímara Peres
✆ +351 222 010 033
www.casadaguitarra.pt
Spectacle fado 60 min : 15 € adulte ; 14 € (13-18 ans) ; 8 € enfant.

Tout près de la partie piétonne haute du pont Luis I, la Casa da Guitarra vous invite tous les soirs à assister à un spectacle de fado d'une heure. Dans une ambiance intimiste, le duo de guitaristes et la chanteuse vous transportent dans cette mélancolie propre au fado. On vous servira un verre de vin lors de la pause. Une belle expérience auditive pour se familiariser avec cette musique si authentique. Dans sa boutique et son atelier, la Casa da Guitarra met à l'honneur les instruments à cordes traditionnels portugais et donne des cours sur plusieurs jours.

CASA DA MÚSICA (MAISON DE LA MUSIQUE)

604-610 Avenida da Boavista
✆ +351 220 120 220
www.casadamusica.com
Prix variables selon le spectacle. Environ trois fois par mois. Interruption de la programmation durant l'été.

Programmation vaste et prestigieuse dans ce haut lieu de la musique. En plus de son imposante programmation, la maison propose aussi le mardi, à 19h30, des concerts de jazz, de fado, de musique classique ou autres. C'est une bonne opportunité pour découvrir le lieu sans se ruiner. En juin et juillet, concerts très éclectiques, du fado au jazz en passant par la musique symphonique et le reggae. Il y en a pour tous les goûts, et tous les budgets (beaucoup de concerts sont gratuits).

CASA DA MARIQUINHAS

25 Rua São Sebastião ✆ +351 915 613 877
www.casadamariquinhas.pt
Ouvert mardi, mercredi, jeudi de 20h à minuit, 00h30 vendredi et samedi. 37 € le menu fixe avec le spectacle de fado.

La Casa da Mariquinhas est l'une des plus anciennes maisons de fado de la ville qui a vu passer les plus grands noms du genre. Née en 1968, elle a rouvert ses portes en 2011. Vous la trouverez en face de l'Arco de Santana, au pied de la cathédrale. Les chanteurs de fado déclament leurs paroles accompagnés d'un groupe de musiciens, sans micro, dans un cadre intimiste qui nous transporte. Il est agréable d'y boire un verre, et d'y manger aussi quelques bons plats. Vous passerez une belle soirée, accompagné de tout ce qui fait le charme de la tradition portugaise.

HOT FIVE

51 Largo Actor Dias
✆ +351 934 640 732
www.hotfive.pt
Ouvert de mercredi à dimanche à partir de 22h jusqu'à 3h.

Le Hot Five est un excellent club de jazz au cœur de la ville mais s'il est si connu c'est parce que c'est le plus ancien, né dans les années 1950. On y ressent dès les premiers pas une ambiance décontractée. La programmation est savamment choisie et très pertinente. On y savoure quelques bons verres à des prix doux. Parfait pour ceux qui apprécient les longues soirées de musique live. Installez-vous dans les fauteuils face à la scène et laissez-vous transporter dans l'univers du jazz rétro et contemporain. Adresse qui change du fado.

Casa da Música.

COLISEU DO PORTO

137 Rua de Passos Manuel
✆ +351 223 394 940
www.coliseu.pt
Billetterie : du lundi au samedi de 13h à 16h. Jusque 19h les jours de spectacle.

© JOA'O OCTA'VIO / COLISEU PORTO AGEAS

Cette salle de spectacle de style Art déco construite en 1937 ne fut inaugurée qu'en 1941. D'une capacité de 3 000 places, elle accueille beaucoup de concerts mais aussi du cirque, du théâtre et de la danse. Depuis plus de 70 ans, elle est une des scènes les plus emblématiques de la ville de Porto et a vu passer de nombreux artistes nationaux et internationaux. Consultez la programmation sur le site Internet. Mieux vaut acheter vos billets avant de venir à Porto pour être sûr d'avoir une place et de passer un bon moment au Coliseu.

MALCOZINHADO

13 Rua do Outeirinho
✆ +351 961 358 960
www.malcozinhado.pt/about.html
Fado du lundi au samedi de 21h à minuit. Repas à partir de 20h30.

Restaurant qui sert une cuisine typique portugaise, Malcozinhado est surtout un endroit où vous écouterez du fado. L'adresse existe depuis plusieurs siècles et a vu passer le poète Luis Vaz de Camões (il y a plus de 600 ans !), mais surtout la talentueuse chanteuse de fado Amalia Rodrigues (1920-1999). Pour voir un spectacle de fado dans une ambiance intime, c'est ici qu'il faut venir, dans ce lieu situé deux mètres au-dessus du Douro. Bons plats, sourire du personnel. Pour ceux qui souhaitent vivre une expérience traditionnelle.

RIVOLI TEATRO MUNICIPAL

Praça D. João I
✆ 351 22 339 22 00
www.teatromunicipaldoporto.pt
Billetterie : ouvert le lundi de 13h à 18h, jusqu'à 20h du mardi au samedi.

Comme son nom l'indique, c'est le théâtre de la municipalité. Il est né en 1913 et a eu droit à plusieurs rénovations et, plus surprenant, il a changé de lieu au cours du XXe siècle. Isabel Alves Costa (décédée en 2009) fut la première directrice du théâtre sous le nom et la localisation que l'on connaît actuellement. Au programme : théâtre, danse, concerts classiques, spectacles de cirque, cafés-concerts. Une riche variété des arts de la scène pour se cultiver. Et bonne nouvelle : pour la plupart des spectacles, pas besoin de parler portugais.

FADO NA BAIXA

99A Rua de São João
✆ +351 223 170 470 - www.fadonabaixa.com
Plusieurs représentations par jour, se renseigner sur le site Internet. 19 € par adulte avec un verre de porto offert.

Le fado est dans l'ADN de l'identité portugaise. Dans une petite salle intime, vous pourrez en apprécier toutes les facettes et découvrir ses origines. Tous les jours, musiciens et chanteurs revisitent l'essence et l'histoire de cet art inscrit depuis 2011 au patrimoine immatériel de l'UNESCO. Le spectacle est entrecoupé de courts extraits documentaires traduits par audioguide. Une heure d'évasion qui vous permettra de mieux comprendre les états d'âme d'un peuple qui exprime avec le fado le manque du pays et des racines, en un mot : la saudade.

SORTIR

PASSPORT
N
W
E
S

SE LOGER

Les auberges de jeunesse, les hôtels et les *residencias* sélectionnés sont situés en plein centre. Le choix est très riche et divers. Essayez de réserver par Internet, surtout dans les catégories moyennes et supérieures : c'est souvent beaucoup moins cher. Par ailleurs, en pleine saison les hébergements affichent souvent complet. Pour ne pas avoir de mauvaises surprises en arrivant, il est préférable de réserver à l'avance et l'on se sent assurément plus apaisé de savoir qu'un hébergement nous attend à notre arrivée, n'est-ce pas ?

Le petit déjeuner dans beaucoup d'établissements se déroule ainsi : on vous indique les horaires de service (généralement entre 8h et 10h) et, le matin, le personnel prépare le petit déjeuner que les convives prennent à la même table. Il sert thé et café à la demande ainsi que du jus de fruits maison. En plus : pain frais, confiture, fromage, charcuterie, céréales…

ORBITUR

✆ +351 226 061 360
www.orbitur.pt

Avec plus de 50 ans d'expérience, Orbitur est le plus grand réseau de campings au Portugal, avec deux dizaines de campings localisés du nord au sud du pays. Réputé pour son accueil et pour la qualité de ses services, Orbitur attire les campeurs de toute l'Europe. Dans le cadre de l'hôtellerie de plein air, l'offre est très diversifiée et de qualité. La majorité des campings Orbitur sont ouverts toute l'année. La carte membre OCC permet d'obtenir 15 % de réduction minimum sur les tarifs. Pour plus d'informations, consultez le site internet.

APARTHOTEL OPORTO ENTREPAREDES €€

Rua Entreparedes 7
✆ +351 911 928 244
https://aparthoteloporto.com

Plusieurs appartements de 2 à 6 personnes. À partir de 55 € la nuit. Promotions sur Internet.

Dans un bâtiment du XIXe siècle se nichent de beaux studios et appartements meublés spacieux (entre 25 et 65 m²) et lumineux. Ils sont équipés du nécessaire, avec une cuisine aménagée, la télévision, l'air conditionné, une confortable salle de bains, une ou deux chambres, un balcon pour certains... Ces appartements sont une bonne option pour les familles, les couples ou les personnes qui souhaitent voyager en toute autonomie. Accueil disponible et souriant.

CASA DO PINHEIRO €

71 Rua Pinheiro ✆ +351 222 081 777
www.casadopinheiroporto.com

Studio 2 personnes de 45 à 60 €/nuit, appartement 4 personnes de 65 à 80 €/nuit. Séjour minimum de 2 nuits. Wifi.

Dans une petite rue typique, Bernardo, architecte de formation a rénové une maison du XVIIIe siècle pour en faire des appartements touristiques modernes et confortables. Bernardo et sa sœur Francisca habitent dans la maison, et accueillent leurs visiteurs chaleureusement. Ils proposent des visites guidées de la ville et sont également d'excellent conseil pour de bons plans à Porto. Les appartements sont lumineux et spacieux, équipés d'une cuisine. Une très bonne adresse pour ceux qui souhaiteraient un logement avec plus d'autonomie. Un bon rapport qualité-prix.

CASAS DO PORTO €€

69 Rua Ferreira Borges
✆ +351 936 364 211
www.casasdoportoapartments.com

A partir de 85 €/nuit l'appartement. 2 nuits minimum. Wifi.

Les appartements de Casas do Porto sont neufs et très propres. Entièrement meublés et dotés d'un équipement moderne, cuisine comprise, on se sent très vite comme à la maison : canapé, télévision, air conditionné, fer à repasser, serviettes et nécessaire à toilette... Thé et café sont à disposition ainsi qu'une riche corbeille de fruits. La jeune et dynamique équipe qui gère cet immeuble ancien est à l'écoute et dispose de toutes les infos nécessaires pour vous aider à passer un bon séjour. Possibilité de prix avantageux pour se garer.

HOT WIRE €€

www.hotwire.com

Ce comparatif d'hôtels en ligne possède une particularité par rapport à ses autres comparses : il vous permet de passer une nuit dans des hôtels de bon standing à des tarifs plus bas qu'habituellement... à l'aveugle. En effectuant votre recherche sur la localité, les dates et le nombre de personnes, 4 hôtels dans votre zone sélectionnée seront affichés avec le prix à la nuitée. Si vous validez, l'un de ces 4 hôtels sera sélectionné pour votre séjour. Les propositions sont parfois alléchantes, parfois décevantes, cela dépend des périodes et des localités...

MISS'OPO GUESTHOUSE €€

49 Rua de Trás

✆ +351 932 925 500

https://www.hoteisweb.com/missopo/

Studio et T2 entre 75 et 185 € selon la saison et le nombre de personnes.

Cette *guesthouse* propose des studios et des appartements de 2 chambres pour 2 à 6 personnes (pas d'entre-deux). La décoration est à la fois moderne et traditionnelle : le mix est réussi. Les studios seront parfaits pour une personne seule ou un couple. Petits, ils sont néanmoins bien agencés. Chaque logement dispose d'une cuisine aménagée. La literie est confortable. Accueil très sympathique dans une ambiance un peu bohème. La maison propose également de la restauration. Une belle adresse pour visiter Porto en toute autonomie.

OPORTO CITY CENTER APARTMENTS €€

275 Rua de Santa Catarina

✆ +351 936 729 073

Appartements meublés. À partir de 65 € pour 2 personnes.

Oporto City Center Apartments dispose de plusieurs appartements meublés et centraux, proche du métro Bolhão. Ils sont spacieux, lumineux, équipés d'une cuisine aménagée, de la télévision, et même d'une machine à laver. Ces appartements seront pratiques pour les familles et les couples qui souhaitent être indépendants, acheter des produits locaux et les cuisiner ou ceux qui préfèrent, tout simplement, séjourner dans un appartement plutôt que dans un hôtel. Bon accueil.

THE MAJORD'HOME €€

Rua D. João IV n°242

✆ +351 223 167 239

www.themajordhome.com

Location de studios, d'appartements de 1 à 5 chambres et de maisons de ville. Wifi. A partir de 50 €.

The Majord'Home propose 65 appartements très bien entretenus à Porto allant du studio à la maison de ville. Tous les appartements sont confortables et totalement équipés avec une décoration chaleureuse offrant un excellent point de départ pour découvrir la ville. L'accueil est toujours personnalisé et la remise des clés se fait par un concierge. L'équipe de concierges aime partager sa passion pour Porto et vous pourrez compter sur leurs conseils et leurs adresses préférées pour passer un excellent séjour. Réservations sur le site Internet ou par téléphone.

© THEMAJORDHOME.COM

© THEMAJORDHOME.COM

ALIBI BY YOURS PORTO - GUESTHOUSE €

135 rua dos Caldeireiros

✆ +351 917 188 402

Chambres à partir de 85 € en basse saison sans petit déjeuner. Service de transfert vers l'aéroport.

Cette maison d'hôtes se trouve dans un immeuble classé au patrimoine de l'UNESCO entièrement rénové en 2014. Les neuf chambres lumineuses et confortables ont une décoration sobre avec une vue sans égale sur le centre historique. Au rez-de-chaussée, le restaurant propose une cuisine savoureuse après une journée de visites. Son petit jardin intérieur avec vue sur la ville est une merveille ! Excellente adresse pour un séjour au calme tout en étant en hypercentre.

B THE GUEST €€

331 Rua Formosa

✆ +351 222 011 989

www.btheguest.com

Chambres doubles de 85 à 105 € avec petit déjeuner. TV écran plat. Air conditionné, wifi.

Il s'agit d'une maison d'hôtes où l'on est reçu comme un ami, dans un immeuble du XIXe siècle superbement rénové, et qui est très bien situé. Des expositions de peintures ou de photographies se succèdent et intègrent la décoration de la maison, en particulier les salles du petit déjeuner et du séjour. Sur réservation, cet espace devient salle à manger. Il y a aussi un bar pour les fins de journée. Les chambres et suites sont spacieuses et présentent une décoration moderne et sobre. Adresse parfaite pour les groupes d'amis ou un séjour en famille.

BESSA HOTEL BAIXA €€

155 Rua do Doutor Alves da Veiga

✆ +351 222 468 800

www.baixa.bessahotel.com

Chambres et suites entre 110 et 200 €. Petit déjeuner en supplément. Promotions sur le site Internet.

Sa position centrale et ses services de qualité en font un établissement qui promet un agréable séjour. Les chambres et suites du Bessa Hotel Baixa sont spacieuses et lumineuses, décorées avec modernité, et équipées comme il se doit : télévision, air conditionné, bonne literie... Le petit déjeuner buffet est un régal pour démarrer la journée de bonne humeur et le ventre plein. Piscine intérieure, spa et salle de gym. Les clients sont invités à se détendre dans le jardin. Accueil professionnel et adorable, personnel disponible 24h/24.

BEST WESTERN HOTEL INCA €€

52 Praça Coronel Pacheco

✆ +351 222 084 151

www.bestwesternhotelinca.com

Chambre simple ou double à partir de de 60 € sans petit déjeuner. Salle de fitness. Offres sur Internet.

Cet hôtel fonctionnel très agréable offre une atmosphère confortable. Il est situé au centre de Porto, à proximité de la station de métro Trindade, de la tour dos Cléricos et du jardin da Cordoaria. Le service est irréprochable, « Best Western » oblige. Excellent et copieux petit déjeuner. Toutes les chambres sont équipées de la climatisation, d'un minibar, de la TV. Un parking municipal très pratique et gardé jour et nuit se trouve devant l'hôtel ; il est gratuit de 20h à 8h les jours ouvrables et toute la journée le week-end et pendant les vacances.

CASA DE COMPANHIA €€

69 Rua das Flores

✆ +351 229 76 10 20

https://www.casadacompanhia.com/

A partir de 170 € (basse saison), restaurant ouvert du jeudi au lundi pour le dîner de 19h30 à 22h30.

Ce boutique-hôtel « Vignette Collection » est installé dans un bâtiment du XVIIIe siècle entièrement restauré. Il se trouve dans l'une des plus belles rues de la vieille ville, autrefois celle des orfèvres et des joailliers, proche de la gare de São Bento et des principales attractions touristiques. Les 40 chambres dont trois suites sont élégantes, bien décorées et spacieuses. L'hôtel dispose d'une petite piscine extérieure et d'un spa. Le restaurant du chef Duarte Batista propose une cuisine méditerranéenne exaltée par les produits locaux. Accueil adorable.

CASA DOS LOIOS BY SHIADU €€

245 rua das Flores

✆ +351 914 176 969

www.shiadu.com

Chambre double à partir de 90 €, petit déjeuner inclus.

La maison est installée dans un ancien immeuble récemment restauré dont le charme et la particularité valent le détour. Casa dos Lóios présente une belle façade du XIXe siècle et dispose de tout le confort nécessaire pour passer un séjour mémorable. Les chambres sont élégantes et le petit déjeuner est délicieux. L'équipe, d'une gentillesse exquise, vous prodiguera les meilleurs conseils pour découvrir et profiter des richesses et curiosités de Porto. C'est la dernière maison du groupe Shiadu Boutique Guesthouses à Porto ; les sept autres se trouvent à Lisbonne.

CASTELO DE SANTA CATARINA €€

1347 Rua de Santa Catarina
✆ +351 225 095 599
www.castelosantacatarina.com.pt/pt/
Chambre double à partir de 85 € en basse saison. Wifi. Parking gratuit. Offres sur Internet.

C'est un havre de paix insolite installé sur les hauteurs, un petit coin de campagne lusitanienne à la ville. La grande tour et le bâtiment principal, classé patrimoine historique, abritent les chambres possédant le plus de cachet (plafonds à motifs, lits sculptés imposants, antiquités…) ainsi que la salle du petit déjeuner, rustique et inoubliable. La décoration intérieure est elle aussi Art déco : ferronnerie, vitraux, lustres gigantesques, mobilier, rien ne manque !

CROWNE PLAZA PORTO €€€

1466 Avenida da Boavista
✆ +351 226 072 500
Chambre double à partir de 130 € avec petit déjeuner. Salle de fitness.

Un hall magnifique et luxueux pour le plus ancien des cinq étoiles de la ville ; remodelé en 2003, le Crowne Plaza Porto a connu un changement de groupe dernièrement. Les 232 chambres sont vastes et confortables, équipées avec tout l'équipement nécessaire (literie de qualité, air conditionné, minibar, plateau avec bouilloire, télévision…). Bar, restaurant de cuisine portugaise et internationale, parking (payant) et salle de fitness bien équipée complètent l'offre. Accueil professionnel et disponible. Quelques promotions sur le site Internet.

CHARM PALACE €€

215 Rua Fernandes Tomas
✆ +351 225 371 303
www.charmpalaceporto.com
Chambre double à partir de 90 €. Petit déjeuner en supplément.

Passez des nuits confortables dans cet hôtel qui a fière allure et qui porte bien son nom. Dans cette bâtisse ancienne avec ses plafonds hauts de 5 mètres, les suites (aux noms de couleurs) sont spacieuses et lumineuses, décorées avec du beau mobilier en bois à l'ancienne. Elles disposent d'une literie de qualité. Les salles de bains sont belles et grandes. Le petit déjeuner (en supplément) servi en salle est copieux. De bonnes offres sont proposées si vous réservez sur le site Internet de l'hôtel. Accueil souriant et disponible. Une adresse tout à fait charmante.

EUROSTARS DAS ARTES €€€

Rua do Rosario 160-164
✆ +351 222 071 250
www.eurostarshotels.com
Chambres doubles à partir de 85 € en basse saison avec petit déjeuner. Réductions fréquentes sur Internet.

Situé dans un quartier calme, à proximité du Pont Luis, l'Eurostars est l'un des seuls hôtels designs et modernes de la ville. Les 89 chambres ont toutes le même décor standard des hôtels d'affaires 4-étoiles Elles sont confortables, bien agencées et disposent d'une grande salle de bains. Dans le couloir sont exposées des œuvres d'artistes locaux. Une belle adresse qui vous permettra de découvrir un quartier typique de la ville. Accueil professionnel et souriant. Le petit déjeuner buffet est excellent et varié et ravira autant les becs sucrés que salés.

CHARMING HOUSE MARQUÊS €€

361 rua da Constituiçao
✆ +351 22 509 80 76
www.charminghousemarques.com
Chambre entre 75 et 150 €, petit déjeuner inclus. Wifi. Thé et café.

Cette maison d'hôtes possède 4 suites spacieuses et chaleureuses à 10 minutes du centre en métro. Située dans un immeuble typique de Porto datant du début du XXe siècle, son intérieur est moderne. On y retrouve des allusions aux six ponts de Porto, chaque chambre portant le nom de l'un d'eux. Ces dernières sont lumineuses et confortables avec une décoration différente et personnalisée dans des tons clairs. Le petit déjeuner très copieux est servi dans l'agréable patio de la maison. Service attentionné et bons conseils pour organiser votre séjour.

GRANDE HOTEL DE PARIS €€

27-29 Rua da Fábrica
✆ +351 222 073 140
www.hotelparis.pt
Chambre double à partir de 103 €. Petit déjeuner. Wifi.

C'est le plus ancien hôtel de Porto. Il a ouvert ses portes en 1877. Il a conservé son charme d'antan, avec un côté très français en raison de la première direction française. Des pièces de mobilier ancien ont été chinées et confèrent à l'hôtel des allures de musée. Les 42 chambres sont décorées avec du mobilier vintage qu'il faut savoir apprécier. Le petit déjeuner est servi dans la salle de l'ancien restaurant de l'hôtel ou dans le jardin intérieur. Accueil francophone. Établissement historique magnifiquement maintenu. Bon rapport qualité-prix-localisation.

GRANDE HOTEL DO PORTO €€

197 Rua de Santa Catarina © +351 222 076 690
www.grandehotelporto.com
Chambre double de 55 à 160 €. Petit déjeuner inclus. Wifi. Garage. Salle de fitness. Offres fréquentes sur Internet.

Cet hôtel construit en 1880 vous fait vivre le luxe d'antan à des prix abordables. De cette époque faste, tout est conservé : salles impériales avec hauts plafonds et moulures, riches boiseries, lustres clinquants, restaurant avec nappes blanches et vaisselle élégante. La vie de château en quelque sorte mais pour un prix raisonnable (surtout hors saison). Les chambres standard sont très bien équipées (salle de bains en marbre avec une grande baignoire, télévision, téléphone, air conditionné…) Quant aux suites, elles sont vraiment luxueuses. Salle de fitness.

GUEST HOUSE PORTO CLERIGUS €

48 Rua Galeria de Paris
© +351 222 002 100
www.portoclerigus.com/fr
Chambre simple à partir de 50 €, double à partir de 60 € et triple à partir de 70 €. Petit déjeuner compris.

Dans une rue animée, voilà un joli et accueillant hôtel de 26 chambres, rénové en 2015 et idéalement situé pour découvrir la ville à pied. La sympathique gérance vous reçoit en français 24h/24. Les chambres (petites) sont agréables et confortables, avec ou sans salle de bain privée, toutes bien tenues. Certaines possèdent des petits balcons ensoleillés dès la mi-journée. Ascenseur, télévision, clim, parking à proximité avec un prix spécial pour les clients de l'hôtel.

HOTEL ACTA THE AVENUE €€

188 Avenida De Fernão de Magalhães
© +351 227 668 250
www.hoteltheavenueporto.com
Chambre double avec petit déjeuner à partir de 70 €. Promotions sur le site Internet.

L'hôtel Acta The Avenue dispose de chambres et de suites spacieuses et lumineuses. Toutes sont équipées de la télévision, de l'air conditionné (ou du chauffage), d'un plateau avec bouilloire, d'un coffre-fort, et surtout d'une literie de qualité. Les clients peuvent profiter de la vue panoramique sur le Douro depuis la terrasse située au 6e étage. Le petit déjeuner buffet se prend au Street Boutique Bar, qui sert également toute la journée des en-cas et plats typiques de cuisine locale. Bon accueil, prix raisonnables. La station de métro est à 5 min de marche.

HÔTEL ALIADOS €€

27 Rua Elisio de Melo
© +351 222 004 853
www.hotelaliados.com
Chambre double à partir de 50 €. Jusqu'à 150 € selon la saison et le type de chambre. Petit déjeuner inclus. Wifi.

Installé dans un bel immeuble bourgeois de type monumental, l'hôtel Aliados propose des chambres agréables aux hauts plafonds avec TV et clim. Vous y accéderez par des tapis rouges juchant le sol des couloirs. Au choix, chambres doubles, lits jumeaux, certaines ont un balcon avec vue panoramique. Il est plus intéressant d'être au dernier étage dans un appartement en rotonde. Garage payant à proximité. L'hôtel propose également des *packages* avec une petite croisière sur le Douro. Personnel serviable. Hôtel central proche du métro.

HÔTEL DA MUSICA €€€

21 a 183 Largo Ferreira Lapa
© +351 226 076 000
www.hoteldamusica.com
De nombreuses offres : à partir de 95 € la chambre double, petit déjeuner inclus. Navette aéroport en supplément.

Intégré dans le bâtiment rénové du marché de Bom Sucesso (à visiter absolument), dans le quartier de Boa Vista, à deux pas de la Casa da Música, la décoration de l'hôtel exploite à fond les valeurs de la musique. Résolument minimaliste et ultramoderne, il offre un hébergement de qualité (chambres claires, musicalement décorées du sol au plafond en passant par les lampes de chevet, et tout confort), des services, un bar et un restaurant à la hauteur de ses étoiles. Pas besoin cependant d'être mélomane pour en apprécier l'ambiance.

HÔTEL INFANTE DE SAGRES €€€

62 Praça Filipa de Lencastre
© +351 223 398 500
https://www.infantesagres.com/fr/
Chambres doubles à partir de 180 €. Suites à partir de 270 €. Petit déjeuner inclus. Wifi. Spa.

Réservé aux gros budgets, cet hôtel s'ouvre sur un hall princier. On continue avec l'escalier à vitraux, la salle à manger exquise, du mobilier moderne de grand luxe ou authentique doré à l'or fin, sculpté, richement boisé, un délicieux petit jardin intérieur. Une vraie galerie d'antiquités et d'art contemporain ! La classe impériale dans les 85 chambres et suites très élégamment décorées. C'est un peu cher (prix intéressants à dénicher sur Internet), pour des prestations parfois en dessous de la classe affichée. Personnel attentionné et serviable. Pas de parking.

MOOV HOTEL PORTO NORTE €

907 Rua Henrique Pousão
✆ +351 220 407 000 - www.hotelmoov.com/fr
Chambres à partir de 50 €, petit déjeuner : 8,50 €. Parking : 6,50 €. Wifi gratuit.

Petit frère du Moov Hôtel Porto Centro, cet hôtel, inauguré en septembre 2015, dispose de 129 chambres au décor épuré et moderne, simples et fonctionnelles, avec télévision, salle de bain, air conditionné, coffre de sécurité. Au choix, des chambres avec lit double ou lits jumeaux accolés. L'accueil est très professionnel et soigné, il y aura toujours quelqu'un pour répondre à vos demandes. Petit déjeuner buffet assez complet. Le métro pour aller dans le centre est à peine à 5 minutes à pied. Une adresse bon marché et de bonne qualité.

MOOV HOTEL PORTO CENTRO €

Praça da Batalha, 32-34
✆ +351 220 407 000
www.hotelmoov.com
Chambres doubles à partir de 57 €. Petit déjeuner : 8,50 €. Parking 8 €.

C'est un ancien cinéma dont l'immeuble date de 1839 ; sa façade originale Art déco a été conservée et l'intérieur complètement remodelé. Les 125 chambres à la décoration moderne et cinématographique sont confortables. Un petit patio intérieur confère une tranquillité particulière à l'endroit, loin des bruits de la ville. Malgré un portail très étroit et un accès acrobatique, un parking est disponible en sous-sol, au même prix que les parkings publics. En somme un très bon rapport qualité-prix avec une localisation parfaite pour visiter la ville.

HÔTEL MIRA D'AIRE €

197 Rua Alvares Cabral
✆ +351 222 083 113
www.hotelmiradaire.com
Chambre double à partir de 56 €, triple à partir de 70 €. Wifi.

Accueil très sympathique et en français dans cette pension familiale très propre et tranquille. Les chambres sont spacieuses, bien équipées (literie de qualité, télévision, salle de douche complète, plateau avec bouilloire appréciable, air conditionné...), avec une décoration plutôt moderne mais simple dans un bâtiment d'époque. Le petit déjeuner, au-dessus des prestations habituelles (pains variés, pâtisseries, jus de fruits, thé, café...), vous permettra de démarrer la journée avec plein d'énergie. Une adresse au bon rapport qualité-prix.

INTERCONTINENTAL PORTO-PALACIO DAS CARDOSAS €€€

25 Praça da Liberdade ✆ +351 220 035 600
www.intercontinental.com/porto
Chambre double deluxe à partir de 200 €, suite à partir de 285 € (petit déjeuner inclus). Offres sur Internet.

Installé dans un monastère du XVIIIe siècle superbement rénové, au cœur de Porto, c'est l'un des plus beaux hôtels de la ville. Les chambres pleine de charme, avec de jolies moulures au plafond, de beaux tapis et un mobilier raffiné, disposent de tout le confort moderne. Les salles de bains tout en marbre sont vraiment agréables. Salles de massage, de fitness, un sauna, un centre esthétique. Très bon restaurant, deux bars cosy dont un avec des concerts régulièrement.

MY STAY PORTO BOLHÃO €€

120 Rua Formosa
✆ +351 221 450 772
https://en.mystay.pt/porto-bolhao
Chambres et studios à partir de 80 € sans petit déjeuner. Wifi.

Situé dans un bâtiment historique au cœur de la ville, My Stay Porto Bolhão est un établissement accueillant pour passer une ou plusieurs nuits à Porto. Les chambres, au décor minimaliste et contemporain, sont assez spacieuses, lumineuses et disposent de la télévision, de l'air conditionné, d'un minibar ou frigo, d'une salle de bains. Certaines possèdent un balcon. Également des studios avec une kitchenette pour les personnes qui souhaitent davantage d'autonomie. Accueil professionnel et disponibilité 24h/24. Une adresse pratique.

MAGNOLIA HOSTEL €

387 Avenida Rodrigues de Freitas
✆ +351 222 014 150
Dortoirs à partir de 12 € par personne, chambre twin à partir de 36 € et double à partir de 40 €. Petit déjeuner inclus.

Encore un *hostel* intéressant à Porto. Inauguré en 2010, le Magnolia s'est installé dans un ancien bâtiment restauré du centre-ville. Le lieu est charmant avec sa décoration intimiste et moderne. L'établissement propose 2 dortoirs mixtes de 8 places avec 2 toilettes chacun, 1 dortoir féminin de 6 places avec toilettes, avec casiers individuels, 4 chambres doubles avec toilettes. Le petit déjeuner buffet est simple mais complet. On apprécie la petite cour et sa verdure pour se détendre et rencontrer les autres résidents. Un choix de charme pour les petits budgets.

OPORTO INVICTUS HOSTEL €

73 Rua das Oliveiras
✆ +351 914 119 962
Dortoir à partir de 20 € par personne, chambre double à partir de 50 €.

Cet *hostel* qui fait aussi auberge de jeunesse est au cœur du centre historique et d'une propreté irréprochable. En plus d'un mobilier design coloré, la déco est remarquable car les pièces ont été peintes de fresques murales par des artistes talentueux. Les dortoirs sont très spacieux, avec des casiers de rangement (pensez à prendre un cadenas), le salon aussi. L'hostel présente des murs aux pierres apparentes, une bibliothèque, un coin télévision et visionnage de films, parsemés de nombreux poufs pour se détendre. Petit déjeuner en buffet de 8h à 10h30.

HOTEL MERCURE PORTO CENTRO ALIADOS €€

95 Rua do Bonjardim
✆ +351 22 028 0240
Chambre double à partir de 100 € (sans petit déjeuner). Parking payant. Promotions en ligne.

Cet hôtel se trouve au cœur du centre-ville, à proximité des points d'intérêt touristiques. C'est une excellente option pour explorer Porto à pied. Les chambres sont lumineuses, spacieuses et modernes car l'hôtel est récent, et sont bien équipées : télévision, air conditionné, literie de qualité, salle de bains… Certaines offrent une vue sur le jardin et/ou un balcon. Jolie piscine extérieure et salle de gym. Bon petit déjeuner buffet. Accueil professionnel.

PÃO DE AÇÚCAR HÔTEL €€

262 Rua do Almada
✆ +351 222 002 425
www.paodeacucarhotel.pt
Chambre double de 50 à 130 € et jusqu'à 175 € pour les suites. Petit déjeuner inclus. Offres sur Internet.

Avec son entrée aux allures de hall de gare, laissez-vous surprendre par l'ambiance « vintage » de cet hôtel depuis les détails de l'architecture jusqu'à la décoration. Le propriétaire est un collectionneur et partage sa passion pour les autotamponneuses des années 1970 qu'il expose un peu partout dans l'hôtel. D'autres objets rétro sont présentés dans les étages. Ce très central petit hôtel offre une cinquantaine de chambres confortables, avec mobilier d'époque. certaines avec terrasse privée dans une rue tranquille mais à deux pas du centre.

PESTANA PALACIO DO FREIXO €€€

108 Estrada Nacional
✆ +351 225 311 000
www.pousadasofportugal.com
Chambre double à partir de 200 €. Petit déjeuner inclus. Offres sur Internet.

Hôtel exceptionnel dont l'architecture baroque datant du XVIIIe siècle, est superbe. Au sein de deux édifices historiques luxueusement aménagés, il dispose de chambres spacieuses et élégantes. Avec, en prime, un magnifique jardin à la française, une piscine à débordement et une vue sublime sur le Douro. L'hôtel propose aussi un spa et un restaurant très classe, dans ses salons à plafonds hauts richement peints et sculptés de boiseries dorées. Un peu excentré, à 3 km du centre de Porto.

PORTO PALACIO HÔTEL & SPA €€€

1269 Avenida de Boavista ✆ +351 226 086 600
www.hotelportopalacio.com
Chambre double à partir de 120 € avec petit déjeuner. Offres sur Internet. Spa et salle de fitness.

Installé dans une tour surplombant le Douro mais un peu excentré, l'hôtel possède le grand confort d'un cinq-étoiles. Les chambres à partir du 16e étage ont une superbe vue et sont pourvues de gadgets (écran plat encastré dans le miroir de la salle de bains par exemple). Les salles de bains en marbre sont chauffées par le sol. La terrasse est merveilleuse pour bruncher ou pour un verre le soir. Le Porto Palace possède plusieurs restaurants, dont le réputé Salsa et Loureiro.

PORTA AZUL GUEST HOUSE €€

204 R. De Dom Manuel II
✆ +351 224 037 706
https://portaazul.pt-portugal.com/
A partir de 90 € la chambre double. Petit déjeuner inclus. Wifi.

Maison bourgeoise typique du XIXe siècle qui se distingue par ses murs austères en pierre revêtus d'azulejos à ornements en relief. L'élégante décoration de la maison et la sobriété des grandes chambres font que l'on se sent chez soi : c'est d'ailleurs la principale préoccupation des propriétaires qui offrent un service attentionné en français. Le petit déjeuner, en réservant la veille, vous sera servi à l'heure de votre choix. Pour un moment de repos, le superbe jardin avec bar et terrasse est un must. Vous vous fabriquerez ici de merveilleux souvenirs.

PORTO SPOT HOSTEL €

12 Rua Gonçalo Cristovão
✆ +351 224 085 205
www.spothostel.pt
Chambre à partir de 55 €. Dortoir 4 lits à partir de 20 €. Wifi. Offres sur Internet.

Situé dans un bâtiment datant de 1935, dans le style portugais *Estado Novo* (déclinaison locale et contemporaine de l'Art déco), c'est l'un des *hostels* de Porto à la mode. C'est propre, moderne et très convivial. Chambres doubles avec ou sans salle de bains. Et, pour les plus petits budgets, des dortoirs avec lits superposés, non mixtes. L'*hostel* dispose également d'une cuisine bien équipée, d'une terrasse avec des grandes tables pour pique-niquer, d'un petit salon et d'une salle de lecture. Le soir, des soirées thématiques ou des dîners collectifs sont proposés.

PORTO DOWNTOWN HOSTEL €

66 Praça Guilherme Gomes Fernandes
✆ +351 223 234 729
Dortoir à partir de 15 € par personne, chambre double à partir de 30 €. Wifi.

Cette auberge de jeunesse design propose des dortoirs spacieux avec lits superposés (certains réservés uniquement aux femmes) et casiers fermés individuels. Pour plus d'intimité, des chambres doubles à la déco psyché colorée sont également à disposition. Le tout, dans une maison avec cuisine équipée toute neuve et conviviale, salon avec télévision, wifi, espace cosy pour discuter entre résidents et se rencontrer... Tout confort, accueil sympa, ambiance jeune et dynamique. A recommander pour les petits budgets qui seront accueillis avec soin.

RIVOLI CINEMA HOSTEL €

83 Rua Dr. Magalhães Lemos
✆ +351 220 174 634
www.rivolicinemahostel.com
Dortoir à partir de 20 € par personne, chambre double à partir de 50 €. Petit déjeuner inclus. Wifi.

Cette auberge pour jeunes « intellos branchés » n'a rien de français malgré son nom, mais un goût prononcé pour l'art, le cinéma et les décorations thématiques. Outre les dortoirs climatisés, chaque chambre rappelle l'univers d'un acteur ou d'un réalisateur. La chambre Tim Burton est superbe mais c'est à vous de choisir celle que vous préférez. Le salon design est spacieux et convivial (avec télévision, lecteur de films, bibliothèque). Petit plus : une terrasse de 180 m² avec barbecue, soirée *live* et poufs pour se détendre au soleil !

SE LOGER

SÉCULO HÔTEL €

1256 Rua Santa Catarina
✆ +351 225 099 120

Chambre double à partir de 60 €. Sans petit déjeuner. Parking privé.

Ce modeste hôtel du centre-ville dispose de 19 chambres simples mais équipées de TV par satellite, coffre-fort, climatisation et wifi ; 12 chambres disposent d'un minibar et 4 suites sont équipées d'une baignoire hydromassante. Les chambres sont spacieuses, certaines avec une belle terrasse. Le petit déjeuner est copieux. Parking privé couvert. Petite salle de sport avec machines de cardio et tirage dos. Accueil souriant et disponible. Les prix restent raisonnables pour un hôtel du centre-ville. En réservant tôt, vous bénéficierez de tarifs avantageux.

THE PORTOBAY HOTEL TEATRO €€€

84 Rua Sá da Bandeira ✆ +351 220 409 620
https://www.portobay.com

Chambre double à partir de 150 € avec petit déjeuner. 200 € en demi-pension. Offres sur Internet.

Cet hôtel design de grande classe est aménagé dans l'ancien Théâtre Baquet construit en 1859. Très central, mais dans une rue calme, il propose 74 chambres aux tons or et chocolat avec une immense salle de bains pour une expérience luxueuse inoubliable. Les effets de lumières et le mobilier d'époque sont bluffants. Exceptionnel pour les fans de design. Wifi, gymnase et parking (sur réservation). Excellent petit déjeuner. Bar sympa et bon restaurant. Personnel très agréable.

SHERATON PORTO HÔTEL & SPA €€€

Rua Tenente Valadim, 146
✆ +351 220 404 000
https://www.marriott.com

Chambre double à partir de 135 € (petit déjeuner non inclus). Chambre Club à partir de 200 €.

Un cinq étoiles moderne à l'architecture contemporaine. Ses 226 chambres et suite offrent le confort et l'intimité que l'on peut attendre d'un Sheraton. « Porto Novo », le restaurant, propose une carte raffinée aux accents portugais et internationaux. On peut prolonger la soirée dans l'ambiance sereine du bar New Yorker. La piscine intérieure chauffée, la piscine vitalité et les services de The Spa, (bains à remous, sauna, hammam, salle de gym) complètent cette offre de qualité.

VERA CRUZ HOTEL €€

14 Rua Ramalho Ortigão
✆ +351 223 323 396
www.veracruzportohotel.pt

Chambres doubles à partir de 50 € et à partir de 150 € pour les suites. Petit déjeuner inclus.

Petit hôtel familial 2-étoiles situé en plein centre de la ville historique, à deux pas de la grande avenue Dos Aliados et à côté de la mairie de Porto. Le Vera Cruz dispose de 35 grandes chambres dont 5 suites confortables. La suite penthouse au dernier étage avec vue panoramique est superbe. C'est bien sûr la plus chère mais pourquoi pas pour un séjour en amoureux à Porto ? Pour commencer la journée, le petit déjeuner peut se prendre sur la terrasse, au dernier étage, à la vue exceptionnelle sur la Baixa de Porto. Accueil souriant et professionnel.

THE POETS INN €

261 Rua dos Caldeireiros
✆ +351 223 324 209
www.thepoetsinn.com/en

Chambre double à partir de 45 € selon la saison. Petit déjeuner inclus.

Cette guesthouse comporte deux bâtiments, chacun comptant un salon convivial, une cuisine très bien équipée et des chambres doubles avec balcon et vue sur le Douro. La décoration moderne est sobre et chaleureuse, on s'y sent comme à la maison ! Un bâtiment dispose d'une vaste terrasse tandis que l'autre a un petit jardin, idéal pour les petits déjeuners ensoleillés ! Accueil très sympathique et professionnel. Si vous venez en voiture on vous indiquera des places gratuites à proximité, connues uniquement de la population locale. Présent aussi à Lisbonne.

VILA CAMELIA €€

79 R. de António Cândido
✆ +351 225 500 818
https://vilacamelia.com/

Chambres doubles entre 85 € et 135 € selon la saison. Petit déjeuner inclus.

Adresse de charme ouverte à l'hiver 2022 par une famille franco-portugaise proposant 4 chambres très joliment décorées dans une vieille bâtisse rénovée en plein cœur de Porto. Manuela la propriétaire a chiné de beaux objets qui donnent un charme fou aux 4 grandes chambres lumineuses dont deux ont une terrasse qui donne sur un petit jardin fleuri. Fantastique petit déjeuner avec des produits maison. L'excellent restaurant au rez-de-chaussée tenu par le mari Enrico vaut également le coup de fourchette ! Accueil attentif et personnalisé en français, hôtes adorables.

WINE & BOOKS HOTEL €€

Rua José Falcão, 39-41
✆ +351 222 443 750
porto.winebookshotels.com
Chambre double à partir de 259 €. Wine bar, spa, piscine intérieure, salle de sport, restaurants.
Ce nouveau boutique-hôtel en plein centre historique de Porto, non loin de l'iconique Torre dos Clérigos, a une localisation parfaite pour découvrir la ville à pied, en métro ou en bus. Les chambres sont spacieuses avec une décoration contemporaine et cosy à l´image de l'hôtel qui offre tout le confort pour un séjour de choix. Comme l'hôtel du même nom à Lisbonne, l'un de ses atouts est d'accepter des chiens de compagnie, chose rare ! Le restaurant sert une cuisine portugaise moderne et le rooftop propose un agréable moment de détente. Accueil chaleureux.

VILA GALÉ PORTO €€

7 Avenida Fernão Magalhães
✆ +351 225 191 800
Chambre à partir de 115 €, suite à partir de 160 €. Petit déjeuner inclus. Garage 7,50 €/nuit. Spa et fitness 11 €.
L'hôtel Vila Galé Porto est un hôtel 4-étoiles de classe internationale, proche du centre historique. C'est un bon camp de base pour qui veut explorer la région Nord, grâce au parking à proximité. Les 292 chambres sont vastes, bien équipées et joliment décorées dans les standards de l'hôtellerie étoilée. Le petit déjeuner est gourmand. Room service 24h/24. Restaurant au 1er étage, piscine couverte au 19e étage avec vue panoramique sur la ville. Tous les services que l'on peut attendre d'un établissement de cette classe, la gentillesse en plus.

YOTEL PORTO €€

206 Rua de Gonçalo Cristóvão
www.yotel.com
Chambre double à partir de 80 €, petit déjeuner inclus. Salle de gym. Parking : 15 €/jour.
Un tout récent hôtel à l'atmosphère futuriste, proche de la station Trindade et du centre-ville. Le Yotel, aux tons de blanc et violet, dispose de plus de 100 chambres sur 9 étages. Elles sont lumineuses, équipées de la télévision, de l'air conditionné, de lits jumeaux ou doubles... Les résidents peuvent profiter d'une salle de musculation 24h/24. Le petit déjeuner buffet est servi dans la salle de restauration. Accueil professionnel et souriant. N'oublions pas le clou du spectacle : deux robots à la R2D2 pour vous livrer en chambre serviettes, bouteilles d'eau...

GRAN CRUZ HOUSE €€€

19 Viela do Buraco
✆ +351 227 662 270
www.grancruzhouse.pt
Chambre double à partir de 150 €. Wifi. Petit déjeuner inclus.

Ce boutique-hôtel est plein de charme. Il offre à ses hôtes une atmosphère chaleureuse et accueillante. Les 7 chambres sont joliment décorées, chacune s'inspirant des campagnes publicitaires de Porto Cruz : « Pays où le noir est couleur ». La Femme en Noir, icône de la marque, contraste avec des ambiances colorées dans un style typiquement portugais. Les chambres offrent une vue imprenable sur le Douro. Le restaurant gastronomique, le Casario, propose des voyages inoubliables autour de la cuisine portugaise et des vins de la région. Fantastique petit déjeuner.

GUEST HOUSE DOURO €€€

99-101 Rua Fonte Taurina
✆ +351 222 015 135
www.guesthousedouro.com
Chambre double à partir de 120 € en basse saison. Petit déjeuner inclus. Wifi.

Une *guesthouse* de charme très bien située comprenant huit chambres confortables, très propres, mais pas très grandes. Elles sont réparties sur quatre étages et il y a un ascenseur. Certaines présentent l'avantage d'être tournées vers le Douro et ont une superbe vue sur Gaia. Les propriétaires sont très prévenants et donnent les meilleurs conseils pour faciliter le séjour de leurs hôtes. Le petit déjeuner fantastique est servi dans une petite salle à l'heure de votre choix. Les portes ferment à 1h du matin, après quoi il est impossible de rentrer.

HAPPY PORTO HOSTEL €

177 Rua de Miragaia
✆ +351 967 299 974
www.happyporto.com
Lit en dortoir à partir de 20 €, studio à partir de 70 €.

Voici une sympathique auberge de jeunesse située dans le centre historique de Porto, à quelques pas du World of Discoveries. Les dortoirs sont lumineux, composés de lits superposés (capacité entre 4 et 11 personnes selon le dortoir choisi), et certains sont réservés aux femmes pour davantage d'intimité. Concernant la sécurité, des casiers individuels sont à fermer avec son propre cadenas (ne pas l'oublier !). Une cuisine commune est à disposition des résidents. Ambiance chaleureuse et respect de chacun. Une bonne adresse pour visiter Porto librement à pied.

HOTEL CARRIS €€

1 Rua do Infante Dom Henrique
✆ +351 220 965 786
www.carrishoteles.com
Chambre double à partir de 85 €, duplex avec terrasse à partir de 125 €. Petit déjeuner en sus. Offres sur Internet.

Un magnifique édifice sur les rives du Douro, conçu et aménagé en respectant l'architecture du lieu ; à l'intérieur, un savant et complexe mélange de pierres apparentes avec arches romaines et une décoration moderne. Les chambres sont bien équipées. Un accueil discret, élégant et très attentionné. Le restaurant est caché dans une ruelle sous les arcades. On y savoure des plats traditionnels cuisinés avec beaucoup de délicatesse. Une adresse hautement recommandable pour passer une paisible nuit et pour déguster un charmant repas sur les bords du Douro.

HÔTEL NEYA PORTO €€€

35-41 Rua de Monchique
✆ +351 218 413 051
porto.neyahotels.com
Chambre double à partir de 100 €, suite à partir de 150 €. Petit déjeuner inclus.

La situation privilégiée de l'hôtel Neya Porto, au bord du Douro, dans le quartier historique de la ville, promet un séjour 4-étoiles. L'établissement s'est construit à partir de la récupération de vestiges du couvent Madre de Deus de Monchique. Ainsi, on vous accueille dans un édifice à la fois authentique et moderne. Les 214 chambres et suites sont spacieuses, lumineuses, bien équipées et offrent une très belle vue sur le fleuve ou le jardin ou le cloître. Bar-restaurant, gym, accueil professionnel. On vous prête des vélos pour vous promener.

HÔTEL PESTANA VINTAGE PORTO €€€

1 Praça da Ribeira
✆ +351 223 402 300
www.pestana.com/fr
Chambre double à partir de 160 €, petit déjeuner inclus. Offres et formules sur Internet.

L'hôtel Pestana bénéficie d'un emplacement exceptionnel. Vous aurez la chance de dormir dans une bâtisse construite aux XVIe et XVIIe siècles, classée au patrimoine mondial de l'UNESCO. Les 48 chambres sont modernes et vastes, les plus belles ont une vue absolument merveilleuse sur le Douro. Le petit déjeuner-buffet se prend sur la terrasse. Le restaurant Rib, axé sur les viandes est exceptionnel. Accueil souriant et professionnel. Une très bonne adresse.

SE LOGER

HÔTEL TOREL AVANTGARDE €€€

336 Rua da Restauração
✆ +351 220 110 082
torelboutiques.com/torel-avantgard/
Chambres classic, deluxe, suite entre 170 et 250 €, petit déjeuner inclus. Meilleures offres sur leur site Internet.

Magnifique adresse pour séjour de luxe au bord du Douro. Les 27 chambres et 20 suites du Torel Avantgarde sont superbes, spacieuses et disposent d'une literie de qualité… Certaines ont balcon et offrent une vue splendide sur le fleuve. Elles sont nommées en hommage à un artiste avant-gardiste (Pessoa, Nina Simone, Oscar Wilde, Francis Bacon, Simone de Beauvoir…) et décorées selon leur vision artistique. Le bar-restaurant Digby propose une excellente cuisine traditionnelle et gastronomique. Excellent petit-déjeuner et personnel aux petits soins.

PORTO RIVER INFANTE €€€

36 Rua do Infante Henrique
A partir de 180 € en basse saison avec petit déjeuner inclus.

L'établissement occupe un bâtiment du XVIIIe siècle au centre-ville. Son emplacement permet de rayonner tout autour vers le pont Dom Luis ou la gare de São Bento et de revenir faire une pause entre deux visites. Le Douro est à deux minutes de marche. Le service est attentionné, les chambres sont décorées avec beaucoup de goût. Petit déjeuner copieux avec jus de fruits frais. Possibilité de séjourner à l'hôtel ou dans de vastes appartements situés dans un autre bâtiment tout proche. Certains offrent des vues magnifiques sur le fleuve.

O DESCOBERTAS BOUTIQUE HOTEL €€€

14-22 Rua Fonte Taurina
✆ +351 222 011 473
www.descobertasboutiquehotel.com
Chambre de 99 à 156 €, petit déjeuner inclus. Wifi.

Hôtel de 18 chambres dans un immeuble entièrement reconstruit dont la façade a cependant conservé les traits historiques. L'architecture intérieure conjugue la modernité avec la structure ancienne de l'immeuble. Belles et confortables chambres, lumineuses, cosy et calmes. La décoration soignée dans les étages nous permet de parcourir les différents continents découverts par les navigateurs portugais au XVIe siècle. Attention, il n'y a pas de parking et le wifi est parfois capricieux.

RIBEIREDGE GUESTHOUSE €€

85-87 Rua do Comércio do Porto
✆ +351 222 081 004
www.ribeiredgeguesthouse.pt
Chambre double à partir de 70 €, avec balcon à partir de 80 €, petit déjeuner inclus. Wifi.

Le Ribeiredge Guesthouse se trouve au cœur du quartier historique de Porto, dans un édifice datant du XVIIIe siècle. Les chambres réparties sur 5 étages (avec ascenseur) sont décorées dans des tons clairs et boisés ce qui leur donne un côté zen. Elles sont petites mais bien agencées. Elles disposent de la télévision, d'un minibar, d'une salle de bains, d'une bouilloire. Préférez les chambres avec balcon pour davantage de confort, leur vue est également splendide. Parfait emplacement et excellent petit déjeuner. Accueil professionnel.

OPORTO STREET €€

75 Rua da Fonte Taurina
✆ +351 224 092 829
www.oportostreet.com
Chambres à partir de 100 €, petit déjeuner 15 €.

Cette charmante guesthouse dispose de six chambres (3 avec vue sur le Douro, 3 donnant sur le Rua Fonte Taurina) avec toutes les commodités nécessaires pour passer un agréable séjour. La déco est bien sentie, avec son mobilier vintage, on se sent très vite comme à la maison. Les chambres sont un peu petites et certaines peuvent être bruyantes à cause de leur proximité immédiate avec la rue. Petit déjeuner buffet varié pris dans la salle commune. Une adresse intimiste au charme certain, proche des habitants et à deux pas de tous les attraits touristiques de Porto.

VILA GALÉ PORTO RIBEIRA €€

17-22 Cais das Pedras
✆ +351 225 431 200
https://www.vilagale.com/
A partir de 160 € avec le petit déjeuner compris.

Cet hôtel se situe à l'écart du centre-ville. Il est néanmoins facilement accessible en tramway ou bus. Les chambres sont modernes et propres. Quelques-unes donnent sur le fleuve, toutes sont climatisées. Le décor est sobre et de bon goût, inspiré par l'histoire de la peinture. Le personnel est accueillant et efficace. L'établissement dispose d'un parking (payant, 7,50 €/jour) avec des bornes de recharge pour les véhicules électriques. Tout près se trouvent le parc Quinta da Macierinha et son musée romantique avec des vues superbes sur la ville et le Douro.

CIRCLE SURF CAMPS ROOMS €€

3758 Avinguda da Boavista
✆ +351 914 777 686
www.circlesurfcamps.com

Dortoirs et chambres Bed & Breakfast à partir de 30 €. Promotions sur le site Internet.

Bienvenue dans la grande famille des surfeurs. Outre des leçons particulières ou en groupe et des séjours dédiés au surf, le Circle Surf Camps propose également des chambres doubles, twin, quadruples et des dortoirs avec lits superposés. Tous sont lumineux, assez grands et modernes. Ambiance dynamique, sportive mais aussi relaxante : l'idéal pour les jeunes. L'accueil est chaleureux et les rencontres internationales sont assurées. Un bon endroit pour les budgets serrés qui souhaitent garder le contact avec l'océan et la nature sans se ruiner.

EUROSTARS MATOSINHOS €€

549 Rua Heróis de França
✆ +351 220 048 100
www.eurostarshotels.com

Chambre double à partir de 90 €, suite à partir de 140 €. Petit déjeuner inclus. Promotions sur le site Internet.

Cet hôtel 4-étoiles réunit tous les éléments pour passer un séjour de qualité à Porto loin du centre mais au bord de l'Atlantique. Les chambres sont spacieuses, modernes et équipées de grands lits de qualité qui appellent le visiteur fatigué à un sommeil reposant. Le petit déjeuner buffet est bien garni, idéal pour démarrer la journée plein d'énergie. Les clients pourront profiter de la piscine intérieure, d'un centre de bien-être et d'une salle de gym. Accueil professionnel et disponible. Un très bon rapport qualité-prix.

HOTEL BOA VISTA €€

58 Esplanada do Castelo
✆ +351 225 320 020
www.hotelboavista.com/pt/

Chambre double à partir de 100 €. Petit déjeuner inclus.

Cet hôtel situé à Foz Douro existe depuis plus de 150 ans. Installé face à la mer, dans un cadre idyllique, il possède plusieurs types de chambres (simples, doubles, triples et suites), dont certaines avec vue sur la mer et petite terrasse privative, toutes très confortables, lumineuses, avec un bel espace. Une piscine sur le toit est accessible toute l'année. Vous pourrez aussi profiter de la salle de fitness. En fin de journée, le bar panoramique permettant d'apprécier la vue sur l'embouchure du Douro et de l'océan est très agréable. Parking payant.

HOTEL PORTO MAR €

167 Rua Brito Capelo
✆ +351 229 382 104
www.hotelportomar.pt/fr

Chambre double à partir de 53 € en basse saison, 86 € les suites avec petit déjeuner. Transfert vers l'aéroport.

Ce charmant petit hôtel familial de 33 chambres a été entièrement rénové en 2017. Il a conservé son cachet d'antan tout en gardant une décoration moderne et confortable. Le hall d'entrée avec son grand escalier en bois et ses balustrades en fer forgé nous rappellent qu'il date de 1947 et qu'il est marqué par l'histoire de la ville. La salle de restaurant est majestueuse et donne sur un petit patio où il fait bon se poser les jours de beau temps. Les chambres sont toutes dotées de climatisation, elles sont sobres mais confortables et propices à la détente.

POUSADA DA JUVENTUDE €

551 Rua Paulo de Gama
✆ +351 226 163 059
www.pousadasjuventude.pt

Dortoir à partir de 15 €, chambre double environ 50 €, appartement à partir de 80 €. Petit déjeuner inclus.

Le bâtiment, assez récent, a une grande capacité d'accueil de 148 lits. Surplombant le Douro et la mer, cette auberge de jeunesse propose des dortoirs bien agencés et lumineux avec des lits superposés et des salles de bains communes, des chambres privées, simples mais propres, et un appartement indépendant pour davantage de confort. Petit déjeuner très convenable pour démarrer la journée. Pas de cuisine mais possibilité de déjeuner ou dîner avec un buffet en supplément. Pour les étudiants et les petits budgets. Accueil sympathique et disponible 24h/24.

VILA FOZ HOTEL & SPA €€€

236 Avenida Montevideu
✆ +351 222 449 700
www.vilafozhotel.pt

Onice Room à partir de 280 €. Petit déjeuner inclus. Promotions sur Internet.

C'est dans un ancien manoir restauré au bord de l'océan que l'on vous accueille avec douceur pour un séjour grand luxe. Les chambres sont parfaitement intégrées au cadre. Spacieuses, elles sont toutes élégantes et pimpées par une touche de modernité et de design. Certaines ont une vue merveilleuse sur l'océan. Les clients ont accès au spa et à la piscine de la villa, toujours agréables pour se détendre. Le petit déjeuner ultra copieux est fabuleux. La Vila Foz propose également des repas gastronomiques et un espace bar. Du luxe qui a un prix...

CLIP HOTEL €€

1559 Avenida da Republica
✆ +351 223 745 910
www.cliphotel.pt
Chambre double à partir de 60 € avec petit déjeuner. Offres sur Internet.

Bien qu'éloigné du centre de Porto, on y accède facilement car il se trouve proche du pont D. Luis I et à côté d'une station du métro D. Le Clip Hotel possède 89 chambres propres et modernes. Elles sont lumineuses et bien équipées avec une literie de qualité (lits doubles ou jumeaux), une télévision à écran plat, l'air conditionné, une belle salle de bains. Le petit déjeuner buffet est très varié avec fruits, céréales, pains ; pâtisseries, thé, café. Le personnel est très accueillant. Une bonne option pour ceux qui veulent découvrir Gaia.

HOTEL BLACK TULIP €€

2038 Avinguda da República
✆ +351 223 748 020
www.hotelblacktulip.pt
Chambre double à partir de 58 € sans les taxes, petit déjeuner inclus. Promotions sur le site Internet.

A seulement 10 minutes en métro du centre-ville de Porto, l'hôtel Black Tulip peut s'avérer une option de choix pour visiter la capitale du nord. Les chambres sont sobres et modernes, équipées de la télévision, de l'air conditionné, d'une salle de bains, d'un minibar et d'une literie confortable pour un sommeil apaisé. Le restaurant de l'établissement offre une vue panoramique sur la ville et sert une cuisine locale. Le petit déjeuner buffet répond aux standards des établissements de ce standing. Accueil professionnel et disponible.

HOTEL SOLVERDE SPA & WELLNESS CENTER €€€

212 Avenida da Liberdade
✆ +351 227 338 030
Chambres doubles à partir de 100 €. Suites vue mer à partir de 210 €. Petit déjeuner inclus. Piscines et spa.

169 chambres climatisées très confortables avec une décoration sophistiquée. 111 chambres supérieures et 5 suites possèdent un balcon avec vue sur mer et sur l'espace vert de 2 ha qui entoure l'hôtel. Piscine extérieure et accès direct à la plage. Excellente gastronomie portugaise servie au restaurant. Petit déjeuner savoureux. Personnel adorable. Très bon spa. Parfait pour une escapade à Porto. Pas loin de l'hôtel, la charmante petite ville balnéaire d'Espinho mérite d'être visitée.

PARK HOTEL PORTO GAIA €

3172 Rua Da Belgica
✆ +351 220 125 100
Chambre double à partir de 50 € selon la saison. Promotions sur le site Internet. Petit déjeuner en supplément.

Excentré de Porto, à 900 mètres au sud du Pont d'Arrábida, près de l'autoroute qui environne Porto et Gaia, cet hôtel sera un bon choix pour les personnes voyageant en voiture. Vous aurez ainsi un accès facile à Porto, sans devoir conduire au centre-ville. Les 112 chambres du Park Hotel Porto Gaia sont modernes, classiques des grandes chaînes hôtelières, mais équipées de tout le nécessaire : télévision, air conditionné, bonne literie, minibar, salle de bains... Bon petit déjeuner buffet complet. Accueil professionnel et disponible. Très bon rapport qualité-prix.

THE LODGE WINE & BUSINESS HOTEL €€€

60 Rua de Serpa Pinto
✆ +351 220 157 542
www.thelodgehotel.pt
Chambre double à partir de 200 € la nuit.

Inauguré en mai 2020, ce 5-étoiles se situe en plein quartier des caves de vin de Porto sur le bord du Douro. Dans ce cadre, tout naturellement, l'hôtel offre une ambiance vinicole, la décoration aux tons ocre rappelle le terroir et le bleu foncé le raisin mûr. 119 chambres superbes avec des petites attentions personnelles, 50 avec vue sur le fleuve et 7 suites. Les amoureux du vin seront comblés : des expériences vinicoles sont proposées pour découvrir les vins de la région.

THE YEATMAN €€€

Rua do Choupelo
✆ +351 220 133 128
www.the-yeatman-hotel.com
Chambres doubles à partir de 300 €, suites à partir de 415 €. Offres sur Internet.

Ce wine hotel de luxe se trouve à Vila Nova de Gaia à côté des caves. Les 109 chambres et suites sont immenses, romantiques et décorées avec de jolies couleurs. Elles ont une terrasse. Bar terrasse très agréable à la vue sublime sur Porto au coucher du soleil. Deux piscines, une extérieure et une couverte et un spa. L'hôtel, propriété du groupe Taylors et Croft, possède une grande cave de vins portugais, mais aussi du monde entier. Il organise des dîners autour d'un vin spécifique. Restaurant délicieux et solides petits déjeuners. Personnel aux petits soins.

SE LOGER

BUDGET / BONS PLANS

Il vous faudra prévoir un budget d'environ 70 à 90 € par nuit si vous voulez dormir dans un hôtel d'un bon standing. Pour les jeunes voyageurs à budget limité, vous trouverez une multitude d'auberges de jeunesse, la plupart situées au cœur de la ville et très bien entretenues (compter 15 à 20 € le lit en dortoir). Entre les deux, vous avez toutes les pensions, appartements à louer. Là, vous pouvez vous en tirer pour 50 € la nuit. Certaines centrales ou petites entreprises proposent quelques appartements.

A RÉSERVER

Il est fortement conseillé de réserver son logement à l'avance, surtout en haute saison. En basse saison vous pourrez réserver un peu plus en dernière minute sans soucis.

POUR LES GOURMANDS

La plupart des hôtels proposent des petits-déjeuners sous forme de buffet à volonté. Si vous prenez un hôtel 4-étoiles, en général vous ne serez pas déçu ni sur la qualité ni sur la quantité. De quoi faire un véritable festin dès le matin. Dans les hostels ou les pensions, ce sera en général plus basique avec des fruits, du pain et des yaourts avec céréales de supermarché, mais servis à table.

FUMEURS

Si vous voulez pourvoir fumer en intérieur, il vous faudra plutôt regarder du côté des appartements à louer (sur les balcons).

LES PHRASES CLÉS

Bonjour, avez-vous de la disponibilité pour une chambre double pour ce soir ou demain soir ?
Bom dia, tem algum quarto duplo para esta noite ou amanhã à noite?

Avez-vous un code wifi… les enfants ne tiendront pas sans !
Tem código wifi... as crianças não vão aguentar sem internet!

C'est bruyant, est ce que je peux changer de chambre ?
Há muito barulho, posso mudar de quarto por favor?

Jusqu'à quelle heure est-ce que nous pouvons aller à la salle de sport et à la piscine ?
Até que horas podemos ir para a sala de desporto e piscina?

Est-ce que je peux laisser mon bagage et revenir plus tard le récupérer ?
Posso deixar a minha bagagem e recuperar mais tarde?

Est-ce que vous pouvez nous appeler un taxi ? Merci beaucoup.
Pode me chamar um táxi, por favor? Muito obrigado(a)!

AUTOUR DE PORTO

Aux alentours de Porto et plus loin, découvrez un Portugal rural, verdoyant, rempli d'histoire et d'archéologie. Dépaysement garanti ! En remontant le Douro, vers l'est, entrez dans la vallée où sont cultivées les vignes en terrasses. Cheminez entre Peso da Regua, Pinhão, au bord du fleuve, et Lamego. Arrêtez-vous pour visiter des domaines vinicoles tout en profitant du merveilleux paysage culturel. Parcourez la route de l'art roman près d'Amarante. Au nord de Porto, l'un des chemins de Compostelle traverse Barcelos et Ponte de Lima, deux petites villes de légende et d'architecture médiévale. La région du Minho, qui fut le lieu de montée des révoltes nationalistes, dévoile ses traditions au cœur de terres cultivées dans la paix. A la frontière de l'Espagne, le parc national de Peneda-Gerês invite à la randonnée. La vallée du Douro et le Minho sont à découvrir incontestablement pour les personnes en recherche de nature et d'authenticité.

San Xoán De Panxón
Medialdea
Melgaço
MONÇÃO
VALENÇA DO MINHO
Seixo
Passos
A Calle
Seixas
CAMINHA
Arcos de Valdevez
Vila Praia de Âncora
PONTE DE LIMA
VIANA DO CASTELO
Darque
Barroselas
Vila Verde
Ferreiros
Merelim São Paio
Goios
BARCELOS
BRAGA
Océan Atlántique
Fão
Caldelas
Fafe
Aguçadoura
Vila Nova de Famalicão
GUIMARÃES
PÓVOA DE VARZIM
Felgueiras
Rojais
VILA DO CONDE
São Martinho-Bougado
Mindelo
Maia
Ermesinde
Paredes
Marco
Leça da Palmeira
Matosinhos
Penafiel
Palmeira
Valongo
PORTO
Canidelo
Lamoso
Oliveira do Douro
Alegre
Arcozelo
Nogueira da Regedoura
Sanguedo
15 KM

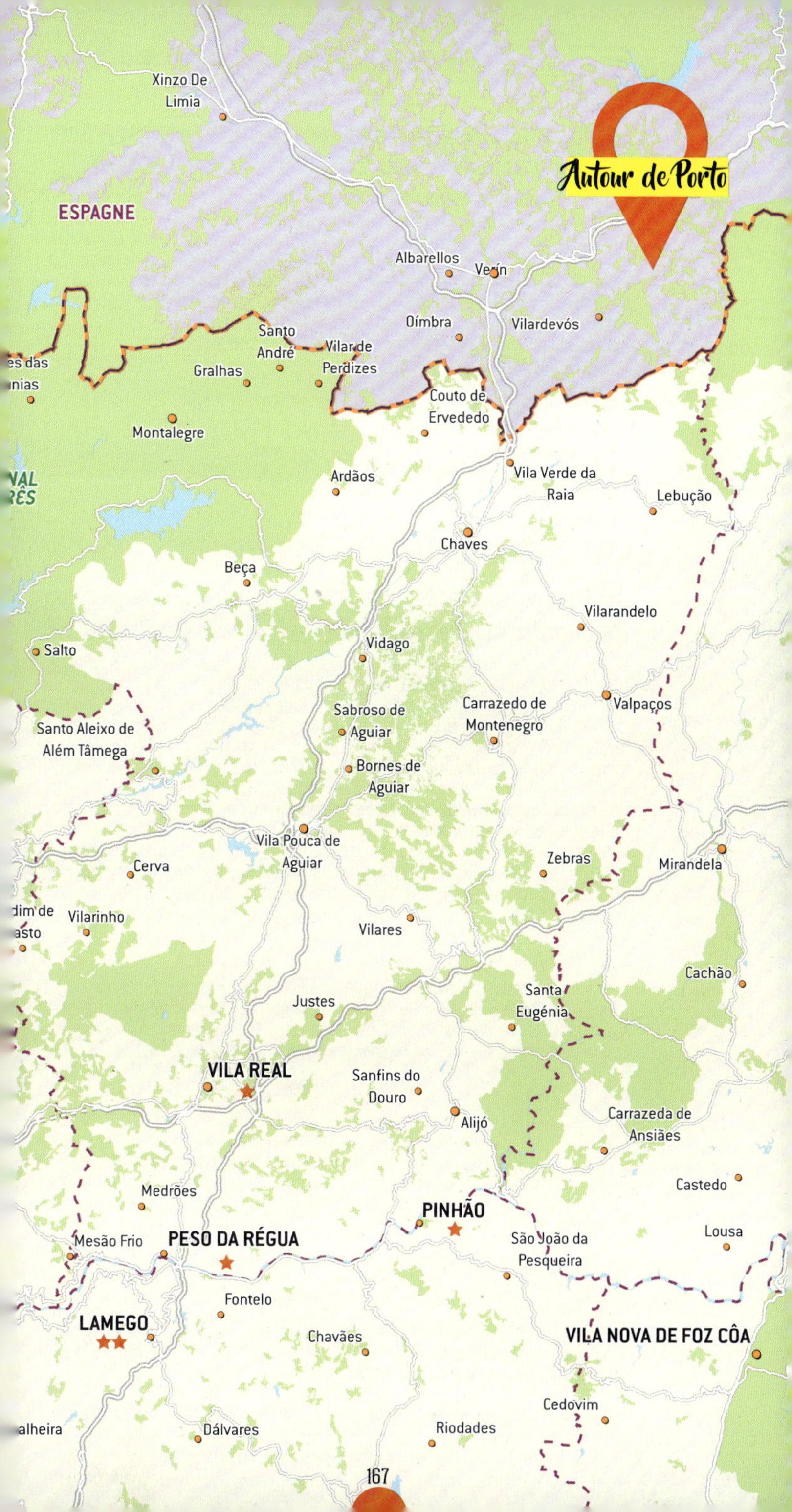
Autour de Porto
Xinzo De Limia
ESPAGNE
Albarellos
Verín
Oímbra
Vilardevós
Santo André
Vilar de Perdizes
Gralhas
Montalegre
Couto de Ervededo
Ardãos
Vila Verde da Raia
Lebução
Chaves
Beça
Vilarandelo
Salto
Vidago
Carrazedo de Montenegro
Valpaços
Sabroso de Aguiar
Santo Aleixo de Além Tâmega
Bornes de Aguiar
Vila Pouca de Aguiar
Cerva
Zebras
Mirandela
Vilarinho
Vilares
Cachão
Santa Eugénia
Justes
VILA REAL
Sanfins do Douro
Alijó
Carrazeda de Ansiães
Castedo
Medrões
PINHÃO
Mesão Frio
PESO DA RÉGUA
São João da Pesqueira
Lousa
Fontelo
LAMEGO
Chavães
VILA NOVA DE FOZ CÔA
Cedovim
Dálvares
Riodades

PAGES

Le fleuve Douro, qui prend sa source en Espagne, marque la frontière entre le Portugal et l'Espagne du nord de Miranda do Douro (Trás-os-Montes) jusqu'à Barca de Alva. Il traverse ensuite le Portugal sur plus de 200 km jusqu'à Porto. C'est la région délimitée entre la frontière espagnole et Peso da Régua, appelée encore Alto Douro (haute vallée du Douro). Territoire du vin de Porto, elle a été déclarée patrimoine naturel de l'humanité en 2001. De ses 250 000 hectares, 42 000 sont plantés de vignes. Le paysage est magnifique, la chaleur est torride, les vignes en terrasses s'étagent sur les versants schisteux. La vallée est parsemée des plus célèbres *quintas* vers lesquelles est acheminé le raisin pour y être pressé.

Le Minho est surnommé le Jardin du Portugal, et, selon le découpage du pays en régions touristiques, il est inclus dans la Costa Verde (la côte Verte) : c'est tout dire ! D'autant que c'est aussi le berceau historique de la nation : c'est depuis Guimarães qu'Afonso Henriques, le premier roi du Portugal, a reconquis tout le pays. De ses marchés pittoresques, notamment celui de Barcelos, à ses festivals et processions religieuses, de la profusion sauvage à l'image de ses cascades, du Parc national de Peneda-Gerês à l'océan éclatant et brumeux venant caresser les plages de sable désertes, des forêts d'eucalyptus dont l'écorce se détache comme celle des fruits aux cépages méticuleux du *vinho verde* bien arrosés par les précipitations, cet envoûtement du Minho vibre de sa fondamentale au sanctuaire de Bom Jesus, l'un des plus fameux sites du Portugal. Enfin, le Minho est une terre du tourisme d'habitation, ces magnifiques demeures et manoirs installés dans des recoins fabuleux offrent un accueil hors du commun.

Berceau du royaume portugais, cette ville fière n'a rien perdu de son passé glorieux. Son centre est superbement conservé et très animé (cafés sur toutes les places, bars design, restaurants internationaux). C'est aussi une ville dynamisée par un grand pôle universitaire orienté vers les nouvelles technologies.

Voici une ville paradoxale : très dynamique, avec une des populations les plus jeunes d'Europe, c'est d'ailleurs pourquoi elle fut Capitale européenne de la jeunesse en 2012 ; mais d'un autre côté, c'est ici que les mœurs sont restées les plus conservatrices, avec une forte emprise du religieux sur la sphère publique.

Bienvenue dans la ville à l'origine de l'emblème du Portugal, le coq de Barcelos. Vous ne passerez pas à côté de sa grande statue colorée exposée devant l'immense parking de l'hôpital. C'est d'ailleurs ici que se déroule tous les jeudis le beau marché traditionnel artisanal.

Ponte de Lima.

AMARANTE ★

La situation d'Amarante au bord du Tâmega et la qualité très particulière de la lumière qui l'inonde méritent au moins que vous vous y arrêtiez pour apprécier le centre historique. Si vous n'y passez que quelques heures, deux rues concentrent l'essentiel de ce qu'il faut voir. Elles sont séparées par le joli pont à trois arches du XVIIIe siècle. C'est calme et très agréable. De l'autre côté du pont, la Rua Cândido dos Reis aligne ses vieilles maisons typiques du XVIIe siècle. A ne pas manquer : les fêtes en l'honneur du saint patron de la ville, São Gonçalo, dont une église et le monastère portent son nom, en janvier, et la foire annuelle en juin.

PLAGE FLUVIALE « PRAIA AURORA »

Sur la rive droite du fleuve Tâmega, à 500 mètres environ de l'ancien office de tourisme.

« Praia Aurora » est la plage artificielle la plus connue d'Amarante. Elle est située sur la rive droite de la rivière Tâmega. Lors des jours chauds et ensoleillés d'été, c'est le lieu idéal pour une baignade, autrement on y vient pour se reposer et profiter tout simplement. Un snack-bar propose en journée en-cas et boissons. De l'autre côté, deux plongeoirs ont été aménagés. Diverses activités nautiques sont proposées selon la période de l'année : canoë, paddle, bateau à pédales.

ÉGLISE DU MONASTÈRE DE SÃO GONÇALO ★

Praça da República

Cette église est intégrée dans un beau monastère du XVIe siècle (1540), avec une façade intéressante à trois étages, ornée de nombreuses sculptures. Mais l'édifice est surtout renommé pour son autel de bois doré sculpté, érigé derrière l'autel central. Vous y admirerez également un orgue datant du XVIIe siècle et visiterez la petite chapelle où se trouve le tombeau de São Gonçalo. Un très beau témoignage du passé historique de la ville, que vous ne manquerez pas à Amarante.

ROUTE DE L'ART ROMAN ★★★

107 Praça das Pocinhas, Lousada

✆ +351 255 810 706

www.rotadoromanico.com

Formule Fly & Drive pour la route de l'art roman depuis Porto à découvrir sur le site Internet.

La route de l'art roman regroupe 58 monuments du nord du Portugal (monastères, églises, ponts, châteaux...) qui ont tous en commun une architecture romane, caractéristique de cette région. Cette route offre trois itinéraires basés sur les fleuves : « Route de la vallée du Rio Sousa » (19 monuments), « Route de la vallée du Tâmega » (25 monuments) qui passe par Amarante. Et « Route de la vallée du Douro » (14 monuments). Le site officiel propose différentes expériences, avec guide officiel, hôtel et repas, mais vous invite aussi à créer votre propre circuit.

MUSÉE MUNICIPAL AMADEO DE SOUZA-CARDOSO ★

Alameda Teixeira de Pascoaes

✆ +351 255 420 272

www.amadeosouza-cardoso.pt

Ouvert du mardi au vendredi de 9h30 à 12h30 et de 14h à 17h30/18h. Entrée : 4 €.

Ce musée d'art contemporain présente une grande collection d'œuvres du peintre cubiste Amadeo de Souza-Cardoso (1887-1918) qui fut un ami de Picasso et de Modigliani. Après avoir grandi près d'Amarante, il étudia les beaux-arts à Paris où il y rencontra les peintres de son époque. D'autres salles du musée exposent certaines œuvres du symboliste portugais António Carneiro et du peintre et sculpteur Acácio Lino. Egalement des expositions temporaires.

CASA DO RIBEIRINHO €

121 Avinguda General Silveira

✆ +351 255 165 156

www.casadoribeirinho.pt

Chambre double environ 50 €. Possibilité de vue sur la rivière. Petit déjeuner inclus. Wifi.

Cette maison d'hôtes est un petit havre de paix à la portugaise. On vous accueille avec le sourire dans une belle propriété avec jardin et terrasse, et vue sur la rivière. Les chambres ne sont pas très grandes mais confortables, avec une décoration authentique. Vous vous plongerez ainsi dans la tradition. Très bon petit déjeuner. En fin de journée, installez-vous à la terrasse pour profiter des derniers rayons du soleil. Les propriétaires pourront vous conseiller sur les balades et les activités à proximité. Une option d'hébergement au bon rapport qualité-prix.

HÔTEL NAVARRAS €€

84 Rua António Carneiro
✆ +351 255 431 036
www.hotelnavarras.com
Chambre double à partir de 40 €. Petit déjeuner inclus. Wifi. Offres sur Internet.

L'hôtel Navarras se trouve dans le centre historique d'Amarante. C'est un grand établissement qui offre tout le confort nécessaire pour passer un bon séjour. Les chambres sont impeccables, décorées dans des tons clairs et sobres, bien équipées avec la télévision, la climatisation, des lits douillets, simples ou doubles. Certaines disposent d'un balcon. Toutes sont lumineuses, ce qui est très appréciable. Bon petit déjeuner. Accueil sympathique et attentionné. Une option d'hébergement à l'excellent rapport qualité-prix. Pas de parking.

HOTEL RURAL QUINTA DA CRUZ €€

Largo da Cruz, Real Vila Mea
✆ +351 255 730 040
www.hotelquintadacruz.pt
Chambre à partir de 52 €. Petit déjeuner inclus. Wifi.

L'hôtel Quinta Da Cruz est un petit complexe hôtelier 4-étoiles qui dispose d'un spa avec piscine intérieure et piscine extérieure pour les beaux jours. Les chambres sont tout confort, avec une literie de qualité, télévision, climatisation, minibar et pour certaines un balcon en rez-de-chaussée ou à l'étage. Leur décoration est plutôt sobre mais accueillante. Egalement une petite salle avec un peu d'équipement fitness. Bon petit déjeuner et personnel disponible.

QUINTA DE RIBAS €€

Quinta De Ribas
✆ +351 916 209 112
www.quintaderibas.com
Chambre double entre 50 et 65 € selon la saison, petit déjeuner inclus. Wifi.

Catherine et Tony vous accueillent dans leur *quinta* de 3 ha, située dans la végétation verdoyante de Vila Chã Do Marao, tout près d'Amarante. Les chambres sont simples mais agréables, toutes portant un nom particulier : bleue, tonneau, verte, jaune, nature ou côté cours. Pour se rafraîchir lors des beaux jours, il est plaisant de s'immerger dans la piscine. Un court de tennis est aussi à disposition. Egalement une cuisine commune et une salle à manger. Possibilité de réserver une table d'hôtes pour goûter à la cuisine locale.

POUSADA DO MARÃO - SÃO GONÇALO €€€

Serra do Marão
✆ +351 255 460 030
www.pousadamarao.com
Chambre double entre 50 et 100 €. Petit déjeuner inclus. Wifi. Piscine, spa.

Située à 20 km d'Amarante, cette *pousada* est un endroit privilégié au cœur de la Serra de Marão. Les chambres sont très confortables et spacieuses avec une literie de qualité. Certaines offrent même une splendide vue sur la montagne. Le service des hôtes est irréprochable et toujours disponible. Le restaurant (excellent) sert des spécialités à base de viandes grillées. Sur place également : piscine, spa et salle de jeu. Pour les amateurs de golf, il y en a un à proximité.

ADEGA KILOWATT €

99 Rua 31 de Janeiro
✆ +351 255 433 159
Ouvert tous les jours de 9h à 19h sauf le lundi. A partir de 4 € pour de la charcuterie et du fromage.

Adega Kilowatt est une ancienne taverne qui existe depuis plus de 90 ans. Accrochés aux murs, des jambons crus n'attendent qu'à être dévorés. Voici une petite tasca d'enfer comme on les aime, avec ses azulejos, ses petites tables en bois et l'accueil chaleureux de la patronne. Cet endroit est parfait pour grignoter différentes charcuteries, découvrir les suggestions du jour et de délicieux fromages arrosés d'un bon vin que l'on saura vous conseiller. Quelques desserts alléchants. L'un des choix à privilégier lors de votre visite à Amarante. Service sympathique.

RESTAURANTE LUSITANA €

43 Rua 31 de Janeiro
✆ +351 255 426 720
Ouvert tous les jours sauf le mardi de 12h à 15h et de 19h à 22h. Plats du jour autour de 10 €.

Sa terrasse sur le Tâmega donne déjà envie de se poser pour profiter de la vue. Et heureusement, la cuisine du Lusitana est délicieuse. Cette *casa de pasto*, bien que simple et populaire, a fait de sa spécialité la viande au four. Et c'est un régal. Les pommes de terre rissolées servies en accompagnement sont une dinguerie. On ne vous pousse pas à la consommation (possibilité de prendre une demi-ration ou une ration entière). On peut aussi manger du poisson ou un excellent poulpe grillé. Ambiance conviviale. Pour un déjeuner réussi.

TABERNA DON RODRIGO €

22 Rua 31 de Janeiro
✆ +351 919 318 042
Ouvert tous les jours de 9h à 20h. A partir de 15 € par personne.

Au cœur du centre historique d'Amarante, la Taberna Don Rodrigo est une mini épicerie-resto authentique où sont suspendus des dizaines de jambons. Quelques tables en bois vous attendent sur lesquelles vous pourrez déguster de bonnes petites collations arrosées du célèbre Vinho Verde de la région. Parmi les incontournables de cette petite échoppe, les sandwichs au jambon cru fumé et au fromage ainsi que le saucisson *salpicão* sont réputés. Vous pourrez laisser un petit mot au milieu des centaines d'autres écrits par les visiteurs du monde entier.

CONFEITARIA DA PONTE

186 Rua 31 de Janeiro
✆ +351 255 432 034
www.confeitariadaponte.pt
Ouvert tous les jours de 8h30 à 20h. Pâtisseries à partir de 2 €.

Cette confeitaria installée dans une ancienne maison en pierre avec une terrasse surplombant la rivière Tâmega réalise une fabrication maison de pâtisseries et gâteaux régionaux. Les sucreries portugaises à choisir dans la vitrine sont une merveille et l'offre est grande : ***bolo de São Gonçalo, papos de anjo, foguetes, brisas***... À déguster de préférence au bord de la rivière, un vrai délice. La Confeitaria da Ponte date de 1930, elle est prisée des Portugais qui s'y rendent quotidiennement. Le café est excellent. Accueil plutôt bon mais peut varier selon les jours.

CICLOVIA

www.ciclovia.pt

Voici 9,3 km de piste cyclable ou piétonne s'étendant de Amarante à Chapa. Ce tronçon fait partie de l'écopiste « Linha do Tâmaga » qui suit une ancienne voie de chemin de fer, désormais hors service. Idéale en famille pour découvrir les bords de la rivière Tâmega. Cette écopiste offre de jolis points de vue. Pour se reposer, des bancs sont disposés tout au long du parcours. Des poubelles également et un éclairage assez constant lorsqu'il fait sombre. Le tronçon d'Amarante a été construit en 2010, il y a même une extension de 12 km pour les plus courageux.

VILA REAL ★

Avec ses tours bétonnées et son centre sans grand charme, Vila Real semble dénuée de tout intérêt touristique. C'est cependant une base pratique pour explorer la région : le parc naturel Alvão et le Solar Mateus ne sont qu'à quelques kilomètres. On peut s'arrêter sur la place principale pour manger un bon repas traditionnel, et découvrir, qui sait, quelques œuvres de street art ! Enfin, la liaison ferroviaire avec Peso da Régua n'est à manquer sous aucun prétexte. Passez faire un tour à l'office de tourisme (Avenida Carvalho Araújo) pour obtenir des informations sur les activités récentes de la ville et de ses environs. L'accueil est très agréable.

CASA DE MATEUS ★★

A 2 km à l'est de Vila Real via l'A4 ou l'A24.
✆ +351 259 323 121
www.casadeمateus.com
Visite guidée de 9h à 13h et de 14h à 17h, 18h ou 19h30 selon la saison. Entrée 12,50 € (palais et jardin).

© TARANTOS - SHUTTERSTOCK.COM

Ce palais, l'un des plus spectaculaires du pays, est aussi l'un des exemples les plus marquants d'architecture baroque au Portugal. Il appartient à la famille Sousa Botelho. Sur le domaine se trouve la maison principale construite au début du XVIIIe siècle, les jardins du palais, une chapelle et une *adega*. La bibliothèque de plus de 6 000 volumes est impressionnante. La première ouverture au public date de 1961. Malgré tout, cela reste un peu cher pour ce que c'est, mais le palais mérite néanmoins d'être visité. Classé monument national depuis 1910.

PARQUE NATURAL DO ALVÃO

Largo dos Freitas,
✆ +351 259 302 830

Malgré sa petite superficie (environ 7 200 hectares), ce parc naturel présente, en termes de paysages et de géomorphologie, des aspects de grand intérêt, comme la série de cascades du Rio Olo vers Fisgas de Ermelo, ou les zones de chaos granitique de Muas-Arnal. Sans oublier la chute d'eau de Moinho de Galegos da Serra. La végétation spontanée et très diversifiée est due à cette zone de transition entre influence de l'Atlantique et environnement intérieur plus sec. C'est un magnifique endroit pour une balade. Admirez le décor !

SÉ DE VILA REAL OU EGLISE DE SÃO DOMINGOS

89 Av. Carvalho Araújo

Construite entre les XVe et XVIIIe siècles (à partir de 1424 par des moines dominicains de Guimarães), cette église (double influence romane et gothique) possède un grand autel baroque, tout comme la Capela Nova, située deux rues plus loin. A l'intérieur de cette petite chapelle, des azulejos illustrent la vie des apôtres Paul et Pierre. L'église de São Domingos a été classée monument national en 1926. L'orgue symphonique, inauguré en 2016, est l'un des plus modernes du pays.

NATURWATERPARK €

Póvoa - Andrães ✆ +351 259 309 120
www.naturwaterpark.pt

Emplacements pour tentes, caravanes et camping-cars. Bungalows et mobil-homes. Prix sur le site Internet.

Parc d'attractions à 15 km de Vila Real en direction de la ville de Sabrosa par la EN322. Un peu isolé dans la campagne, mais l'accès est bien signalé. Des paysages à perte de vue sur les montagnes du Douro, la nature à l'état pur… Le parc est entièrement écologique, une première au Portugal. Il comprend un camping ombragé, avec toutes commodités nécessaires, mais aussi de nombreuses attractions : un parc aquatique (de juin à septembre), un mini-golf, des terrains de jeux (basket, tennis et football), un parc aventure (paintball, mur d'escalade, tir à l'arc).

POUSADA DA JUVENTUDE €

Rua Dr Manuel Cardona, Edificio do IPJ
✆ +351 259 373 193
www.pousadasjuventude.pt

Dortoir de 11 à 13 €, chambre double de 22 à 27 €.

Pour les petits budgets et les étudiants, cette auberge de jeunesse est une bonne option au rapport qualité-prix équilibré. L'établissement, bien entretenu, dispose de 4 chambres doubles et de 14 chambres quadruples assez lumineuses, ainsi que des dortoirs pour ceux que la proximité ne dérange pas. Le petit déjeuner, un buffet simple mais suffisant pour bien démarrer la journée, est inclus dans le prix du séjour. Accueil jeune et dynamique. Egalement un espace pour cuisiner et se détendre. Bien placé pour visiter les alentours.

RESIDENCIAL REAL €

5 Rua Combatentes da Grande Guerra
✆ +351 259 325 879
www.residencialreal.com

Chambre double à partir de 40 €. Wifi. Petit déjeuner en supplément.

En pleine rue piétonne, ce *residencial* dispose d'une localisation privilégiée pour visiter facilement les points d'intérêt de Vila Real. L'établissement propose des chambres assez bon marché et tranquilles, lumineuses, confortables et équipées d'un mobilier traditionnel. Rien de très folichon cependant mais cela reste une bonne option pour passer une nuit sans taper dans le budget. Accueil sympathique et disponible, on saura vous conseiller pour toute question sur la ville ou la région. Le petit déjeuner à la carte se prend dans la salle de restaurant.

CASA AGRÍCOLA DA LEVADA

€€

Timpeira, Vila Real
✆ +351 259 322 190
http://casadalevada.com/wp/

Chambre double à partir de 85 € avec petit déjeuner.

Voici une *quinta* pleine de charme avec piscine et jardins dans un espace de 6,7 ha. Elle est située à 100 mètres du Rio Corgo. Au choix : séjourner dans l'une des belles chambres lumineuses de la résidence principale (le petit déjeuner composé de produits biologiques est inclus), opter pour le studio, ou viser grand avec l'une des maisons annexes de une à trois chambres. Un accueil remarquable dans un cadre apaisant à des tarifs abordables : Un choix recommandé. Pour les activités, demandez à vos hôtes, ils sont adorables et francophones pour certains.

CASA DA QUINTA DE SÃO MARTINHO €€

Mateus, Vila Real
✆ +351 259 323 986
https://quintasaomartinho.com/
Chambre à partir de 90 € avec petit-déjeuner.

En route pour le Solar de Mateus, l'envie d'une petite étape peut surgir. Ce sera le bon moment car, à moins de 500 m de l'arrivée, vous vous souviendrez que cette ferme viticole a gardé le sens de l'hospitalité depuis des générations (XVIIe siècle). En prime : dégustation de vin, jardin, petite piscine et la possibilité d'opter pour des appartements (T1 et T2). Les chambres sont bien équipées. Le site Internet propose les lieux d'intérêt à visiter à proximité de la quinta.

CASA LAPÃO

51-53 Rua da Misericórdia
✆ +351 259 324 146
www.casalapao.pt
Ouvert de 9h à 19h. Fermé le mardi.

Pour goûter aux spécialités de pâtisseries conventuelles, c'est dans cette pâtisserie portugaise centenaire tenue par des femmes qui perpétuent la tradition qu'il faut se rendre. La Casa Lapão est un paradis pour les gourmands. Excellentes crêtes de coq, tout comme les délicieux pitos de Santa Luzia et les merveilleux bonbons régionaux. Sur place (avec une boisson chaude) vous profiterez de l'ambiance authentique d'une *pastelaria*. Les locaux comme les touristes se retrouvent à toute heure de la journée. Accueil sympathique et souriant.

HOTEL MIRA CORGO €€

76 A-78 Avenida 1 de Maio
✆ +351 259 325 001
www.hotelmiracorgo.com
Chambre simple 65 €, double 85 €, suite 110 €. Wifi.

Cet hôtel 4-étoiles répond parfaitement au standing désiré. Les chambres et suites sont spacieuses, lumineuses, bien équipées (télévision, bureau, minibar, climatisation, baignoire, balcon pour certaines...) et offrent une vue sur la rivière ou la ville, au choix. Un room-service, un bar-restaurant avec un espace discothèque, une grande piscine d'intérieur et une salle de gym/musculation bien équipée complètent l'offre du Mira Corgo. Accueil professionnel et disponible 24h/24. Une option d'hébergement qui vous garantit confort et détente.

PASTELARIA GOMES

2 Rua Antonio Azevedo
✆ +351 259 309 710
www.pastelariagomes.pt
Ouvert du lundi au samedi de 8h à 19h30.

Cette enseigne est réputée localement, depuis 1925, pour ses spécialités inspirées des pâtisseries conventuelles, à base d'œufs et de sucre, dont les *bolos* et les *pasteis de nata*. Egalement du pain et des macarons. A vous de choisir en vitrine et derrière le comptoir. Trois établissements se trouvent dans la ville (11 Largo Pelourinho, Rua St António et Rua Antonio Azevedo). La gourmandise de chacun sera pleinement satisfaite. Sur place ou à emporter. L'ambiance est conviviale, familiale. Les Portugais adorent, tout comme les touristes.

ZÉ PONTO COME €

69 Avenida Cidade Orense
✆ +351 259 041 716
Ouvert de midi à 15h et de 19h à 2h du matin. Fermé le dimanche. Plats à partir de 10 €.

Première mauvaise nouvelle : ce snack-bar-restaurant ne paie pas de mine à l'extérieur. Seconde mauvaise nouvelle : il est toujours blindé. Mais... on y mange la meilleure *francesinha* du coin ! La pièce de bœuf accompagnée de pommes de terre vaut également le coup de fourchette. Plats du jour sympas servis dans de belles portions (choisir pour une ou deux personnes), ambiance conviviale et chaleureuse. Un espace bar permet de se poser pour boire un verre la journée ou en soirée. Un endroit simple et populaire pour un moment de partage. Accueil souriant.

BAR-DISCOTHÈQUE MINISTER

76-78 Avenida 1er de Maio
✆ +351 259 325 001
Ouvert vendredi, samedi et veilles de fêtes de 23h à 6h du matin.

Peu de clubs dans le coin, aussi si vous désirez faire la fête jusqu'au bout de la nuit, vous pouvez vous rendre au Minister, aussi connu sous le nom de discothèque de l'hôtel Miracorgo. La spécialité maison ce sont les cocktails plutôt bons à déguster au bar avant ou après avoir tâté le dancefloor pour ceux qui veulent se défouler. Bonne ambiance, assez hétéroclite, musique actuelle ou à thème selon la soirée et l'humeur du DJ. Les Portugais n'arrivent généralement pas avant minuit, il faut venir tard pour apprécier le son qui monte.

PESO DA REGUA ★

C'est d'ici que les bateaux (à voiles !) chargés de vin de Porto partaient vers Vila Nova de Gaia. La ville est l'ancien centre de la plus vieille « dénomination d'origine contrôlée » au monde (le brevet pour le porto a été déposé en 1756 par le Marquês de Pombal…). C'est un bon point de départ pour découvrir les secrets et la tradition du porto. Visitez le musée du porto et partez le long des routes à la découverte de ce territoire façonné de terrasses au fil des ans par des hommes tenaces et téméraires. Peso da Regua est le point de passage presque obligé entre Porto et la vallée du Douro, ou pour ceux qui veulent aller jusqu'à Miranda do Douro.

MUSEU DO DOURO ★

Rua Marquês de Pombal
✆ +351 254 310 190
www.museudodouro.pt
Ouvert tous les jours de 10h à 18h de mars à octobre. Entrée : 6 €, réduit : 3 €.

C'est une bonne entrée en matière pour le visiteur qui veut savoir ce qu'est le porto et qui souhaite en apprendre davantage sur l'histoire de la région. Après être passé par les expos temporaires, on découvre une immense salle sur le Douro et la tradition viticole. A l'étage, un petit circuit interactif permet de se familiariser avec les odeurs et les noms du porto. On finit par une dégustation dans une lumineuse salle surplombant le fleuve.

Pour en savoir plus, rendez-vous dans une des caves où le porto est vieilli avant d'être mis en bouteille, à Porto même.

TRAIN HISTORIQUE DU DOURO

Gare Régua
✆ +351 707 210 220
www.cp.pt
45 € l'aller-retour, enfant 20 €. Achat dans les gares, agences de tourisme et en ligne sur le site Internet CP.

Ce train à vapeur historique est idéal pour découvrir la région entre Peso da Régua et Tua, en passant par Pinhão. A bord, un verre de porto est offert, la musique et les chants traditionnels animant le trajet. Une pause est prévue à Pinhão, les passagers sont invités à découvrir la Wine House, la Maison du vin, créée dans la gare historique du village. Cette dernière, au bord du Douro, est décorée d'azulejos, comme une mini-réplique de la gare São Bento de Porto.

IMPERIO HOTEL €€

364 Rua José Vasques Osório
✆ +351 254 320 120
www.imperiohotel.com
Chambre simple 35-50 €, double 45-60 €, triple 65-80 € selon la saison.

Idéalement situé dans le centre de Peso Da Regua, l'Imperio Hôtel dispose de 33 chambres au confort et à la qualité bienvenus. Les chambres sont sobrement décorées, lumineuses et bien équipées avec télévision, bonne literie, lit simple ou double, air conditionné, wifi… Un restaurant sur place sert de la cuisine portugaise et le petit déjeuner. Accueil sympathique, souriant et disponible. Des places de parking gratuites sont accessibles, sous réserve de disponibilité. Une option que l'on peut sélectionner pour un séjour proche du Douro.

RESIDENCIAL COLUMBANO €€

Avenida Sacadura Cabral
✆ +351 254 320 710
www.hotelcolumbano.com
Chambre double à partir de 40 €. Petit déjeuner inclus. Wifi.

Un sympathique *residencial* inséré dans le paysage de la vallée du Douro. Les chambres sont élégantes, lumineuses, bien équipées avec télévision, bureau, salle de bains, literie de qualité, climatisation… La piscine extérieure est fort appréciable pour se rafraîchir lorsque le soleil a chauffé la vallée. Le restaurant et l'espace jardin permettent de se détendre. Très bon accueil de l'équipe, disponible et souriante. Petit déjeuner buffet complet, parfait pour démarrer la journée. Une option d'hébergement au bon rapport qualité-prix.

DOURO PALACE €€€

Lugar do Carrapatelo ✆ +351 254 880 000
www.douropalace.com
Chambre double à partir de 100 €. Petit déjeuner inclus. Wifi. Restaurant, bar, piscine, spa. Offres sur Internet.

Au milieu des vignes et des terrasses surplombant le Douro, superbe hôtel de luxe, avec un service spa de haute qualité (programme de remise en forme, sauna, hammam, massage…). Les clients ont accès à une piscine extérieure où ils profiteront de l'air pur de la vallée. Les chambres offrent une vue imprenable sur le paysage merveilleux des vignobles adjacents et invitent le citadin fatigué à s'y promener. Le Douro Palace est le cocon parfait pour se retirer du monde avec élégance, sans renoncer à son confort. Attention, une fois arrivé on est loin de tout.

Paysage dans les environs de Peso da Regua.

PIZZERIA DON PEPPO €

32 Rua Marquês de Pombal
✆ +351 254 401 276
pizzariadompeppo.webnode.pt
Pizzas à partir de 7 €. Desserts à partir de 1,50 €. Ouvert midi et soir. Fermé le week-end.

Don Peppo est une petite cantine portugaise très sympathique et bon marché. La carte des vins est bien choisie pour accompagner la trentaine de pizzas mises à l'honneur. Il y a aussi des pâtes, des salades ou les tapas qu'on se partage dans une ambiance on ne peut plus locale. Les desserts traditionnels sont bien réalisés, gardez donc de la place en fin de repas. Cet établissement se présente comme l'endroit idéal pour se requinquer à moindre coût avant ou après la visite du musée du Douro juste à côté. Très fréquenté midi et soir.

TASCA DA QUINTA €

42 Rua Marques de Pombal
✆ +351 962 800 873
Ouvert du mardi au samedi de 19h à 22h, à midi aussi samedi et dimanche. Plats entre 10 et 15 €.

Certes, la cuisine reste une affaire de tradition... et tomber sur un petit restaurant de cette qualité est chose rare ! On se sent comme à la maison, plus encore lorsque le fils de la patronne nous tend des cahiers d'écoliers sur lesquels sont minutieusement inscrits à la main les tapas, planches de petiscos et desserts disponibles. Les tables drapées de ces fameux châles chers aux chanteuses de fado de Lisbonne accueillent des spécialités portugaises mais avec une touche toute personnelle. Si vous êtes de passage à Peso da Regua, c'est là où il faut dîner.

CASTAS & PRATOS €€

Rua José Vasques Osório
✆ +351 254 323 290
www.castasepratos.com
Ouvert tous les jours de 12h30 à 15h et de 19h30 à 22h30. Plats entre 25 et 35 €.

Installé dans les bâtiments qui jouxtent la gare ferroviaire, le Castas & Pratos fait parler de lui depuis une quinzaine d'années. A la fois restaurant, salon, salle de dégustation de vin, caviste et épicerie fine, les lumières tamisées laissent deviner les murs couverts de bouteilles de vin. Parquet et poutres encadrent un comptoir pouvant accueillir une trentaine de personnes sur de confortables chaises de bar. Côté assiette, priorité est donnée aux produits du Douro, cuisinés avec passion et soin. Service impeccable. La terrasse est agréable à la belle saison.

LAMEGO ★★

Bâtie sur le mont de Penude, au milieu des vignobles, Lamego possède un passé glorieux : le premier roi du Portugal, Alphonse Henriques, y fut reconnu en 1143, lors des premières « Cortes » célébrées dans le pays. Aujourd'hui, cette petite ville est le centre de gestion du vin du Douro, mais aussi... un centre de pèlerinage avec un des sanctuaires les plus célèbres du pays, Nossa Senhora dos Remedios. Souffrant de la comparaison avec Bom Jesus, la ville a décidé de marier profane et sacré. Ainsi, du 22 août au 9 septembre, toute une série de divertissements accompagne l'ascèse. La traditionnelle procession marque l'événement majeur de ces festivités.

CHÂTEAU

1 Rua do Castelo
✆ +351 254 609 600
Ouvert du mardi au dimanche de 10h à 18h. Entrée gratuite.

En suivant les ruelles du Bairro do Castelo, on passe alors la porte du Soleil pour arriver au pied du donjon quadrangulaire du XIIe siècle. Bien que de petite taille, il domine les vallées et les monts alentour et donne par ses proportions un caractère très hospitalier à la ville. A l'intérieur, il est maintenant possible de s'essayer au tir à la catapulte ou à l'arbalète : un exemplaire de chacune de ces armes est muni de capteurs numériques permettant d'attaquer, sur un écran (!) des soldats installés dans la tour du château virtuel.

MUSEU DE LAMEGO

Largo de Camões
✆ +351 254 600 230
www.museudelamego.gov.pt
Ouvert toute l'année de 9h30 à 18h. Entrée : 3 €, réduit : 1,50 €. Entrée gratuite le 1er dimanche du mois.

Le musée de Lamego est installé dans l'ancien palais épiscopal construit entre 1750 et 1786. Vastes salles blanches, fraîches, au parquet impeccable ; les objets et les œuvres y sont bien mis en valeur. En plus d'un rez-de-chaussée assez bien fourni en lapidaires (tombes, blasons...), le musée compte quelques pièces de peinture. Des expositions temporaires y sont très souvent présentées. Le programme est rigoureusement tenu sur le site Internet, très pratique pour y trouver toutes les informations supplémentaires à votre visite.

QUINTA DA PACHECA

Rua do Relógio do Sol 261 Cambres
✆ +351 254 331 229
www.quintadapacheca.com
Ouvert tous les jours de 10h30 à 17h30. Visite guidée et dégustations : 28 € par personne. Chambre à partir de 190 €.

Une *quinta* traditionnelle située dans les environs de Lamego. Elle appartient à la même famille depuis 1903. La plupart des vignes sont en terrain plat, contrairement aux autres domaines de la région. Il est possible de visiter les lieux et de faire des dégustations de porto et aussi d'autres vins du Douro. La cuisine du restaurant, à la fois fine et créative, est excellente et réputée. La *quinta* propose des chambres charmantes, inspirées du style cottage. Pour un séjour placé sous le signe du romantisme champêtre, optez pour le baril de vin transformé en suite.

SÃO JOÃO DE TAROUCA

Largo do Terreiro
✆ +351 254 678 766
Ouvert tous les jours de 10h à 13h et de 14h à 18h. Entrée gratuite.

Ce monastère cistercien a été le premier de cet ordre religieux à être construit au Portugal au XIIe siècle. Il fut bâti auprès de l'eau, comme le souhaitait l'ordre. Le monastère a été transformé en église suite à l'extinction des ordres en 1834. On peut observer des inscriptions d'origine (1152) sur sa façade qui avait été reconstruite au XVe siècle. Le monastère-église est abandonné depuis plus de 100 ans, on peut néanmoins admirer ce qui reste des ornements intérieurs d'une grande richesse, malgré l'austérité du style de l'époque.

SANTUÁRIO DE NOSSA SENHORA DOS REMÉDIOS ★★★

Monte de Santo Estevão
✆ +351 254 655 318
Ouvert tous les jours de 8h30 à 12h30 et de 13h30 à 18h. Accès gratuit.

© BACKYARDPRODUCTION

Ce sanctuaire fait inévitablement penser à celui de Bom Jesus, à côté de Braga. Les voitures circulent sur et sous les premiers niveaux de l'escalier, mais on est en plein centre-ville. La symétrie de l'ouvrage est à la fois impressionnante et rassurante. La première pierre de l'édifice, posée le 14 février 1750, a ensuite donné naissance à un temple qui, de ses 600 m à monter à pied (ça grimpe dur) domine la ville et offre une vue magnifique sur les monts alentour, souvent embrumés.

SÉ (CATHÉDRALE) ★

Largo da Sé
✆ +351 254 612 766
Ouverte de 8h à 13h et de 15h à 19h. Entrée gratuite.

© SERGEY PETERMAN - STOCK.ADOBE.COM

Voici une cathédrale qui impressionne aussi bien à l'intérieur qu'à l'extérieur. Les trois portails romans gothiques (XIIe siècle) sont d'une pureté stylistique remarquable. Leur accolement au clocher carré (roman du XIIe siècle) produit un effet de dissymétrie surprenant. La place de la cathédrale laisse assez de champ pour évaluer cette construction. Nicolau Nasoni est à l'origine de la peinture des berceaux des voûtes (1738). La chapelle accueille un retable du XVIIIe siècle en marbre et dorures, ainsi que deux orgues somptueux datant de 1753.

HOTEL RURAL CASA VISCONDES VARZEA €€

✆ +351 254 690 020
www.hotelruralviscondesvarzea.com
Chambre double à partir de 135 €, petit déjeuner inclus. Wifi. Tarifs avantageux en contactant directement la quinta.

Situé à 15 minutes de Lamego, dans la campagne, l'hôtel rural Casa Viscondes Varzea vous invite à séjourner dans un manoir datant du XVIIe siècle au sein d'un grand domaine. Les chambres ont conservé leur charme baroque d'antan, sans pour autant perdre en qualité. Elles sont spacieuses, lumineuses, la literie est confortable. Par beau temps, vous pourrez profiter de la piscine et des jardins. Le petit déjeuner buffet est complet et délicieux. Accueil de qualité.

SIX SENSES DOURO VALLEY €€€

Quinta Vale de Abraão
✆ +351 254 660 600
www.sixsenses.com
Quinta Deluxe avec petit déjeuner 450 €.

Le Six Senses Douro Valley fait incontestablement partie des hôtels les plus luxueux du Portugal et sans doute du monde. Dans ce manoir du XIXe siècle surplombant les vignes et le Douro, il est le premier resort européen signé Six Senses qui l'a entièrement rénové en 2014 et dont le prestige attire une clientèle internationale en quête de confort, de raffinement et de tranquillité. Les 50 chambres, les 7 villas, les restaurants et le spa, situés dans un terrain verdoyant de 8 hectares constituent un ensemble luxueux à l'ambiance chic et feutrée.

VILA GALÉ COLLECTION DOURO €€€

Lugar dos Varais - Cambres
✆ +351 254 780 700
www.vilagale.com
Chambre double entre 110 et 180 €, familiale entre 130 et 224 €. Petit déjeuner compris. Accès gratuit au spa.

Les 38 chambres à la décoration moderne, équipées de tout le nécessaire (climatisation, minibar, coffre, tv) et réparties sur cinq étages, disposent toutes d'une vue sur le fleuve et les vignes. Le restaurant d'inspiration régionale, tenu par le chef Francisco Ferreira, est de très bonne facture. Spa, piscine intérieure, bain bouillonnant et salles de soins et massages raviront les vacanciers venus chercher la relaxation. Une adresse contemporaine avec du charme et excellemment tenue.

THE VINTAGE HOUSE €€€

Lugar da Ponte
✆ +351 254 730 230
www.vintagehousehotel.com
Chambre double à partir de 150 €, suite junior à partir de 220 €, suite Deluxe à partir de 280 €. Petit déjeuner inclus.

Cette propriété du XVIIIe siècle, rénovée avec raffinement, est un lieu romantique et suspendu dans le temps : piscine extérieure avec jolie vue sur le fleuve, court de tennis, jardins, bar bibliothèque et caves de la maison. Certaines chambres offrent des vues magiques sur la rivière. Elles sont très bien équipées, spacieuses et lumineuses. Heureux sont les clients qui naviguent entre un intérieur élégant et classique et des jardins luxuriants et colorés. Le petit déjeuner en terrasse au bord du Douro est exceptionnel à moins que vous ne préfériez le souper.

© THE VINTAGE HOUSE

© THE VINTAGE HOUSE

PINHÃO ★

Perdue derrière les collines du Haut Douro, cette commune coule tranquillement ses jours au rythme du grand fleuve qui la berce et des montagnes qui la dominent. Des croisières d'une à trois heures partent des berges. En voiture, prenez la magnifique N222 qui longe le Douro, probablement l'une des plus jolies routes du Portugal. Mais attention, c'est étroit, ça tourne beaucoup et il y a pas mal de circulation. En camping-car, ne descendez pas près du fleuve car l'accès est délicat. Autour, vous découvrirez les plus célèbres *quintas* de la vallée du Douro. Pinhão et ses alentours font incontestablement partie des plus beaux paysages de la région.

QUINTA DA ROÊDA | CROFT PORT

N323 Pinhão
✆ +351 220 133 102
https://croftport.com/en/

Ouvert tous les jours de 10h à 18h30. A partir de 12 € la visite + dégustation.

La Quinta da Roêda est un joyau parmi les propriétés viticoles de Porto et se compose d'un immense vignoble en terrasses qui balaie la rive nord du fleuve Douro, juste au-dessus de Pinhão. Vous découvrirez les secrets des célèbres producteurs de porto en vous promenant dans un paysage exceptionnel. Une fois la visite du domaine effectuée, vous terminerez par une dégustation de 3 excellents portos de la maison Croft, un rosé, un réserve et un tawny de 10 ans d'âge.

QUEVEDO

Quinta da Senhora do Rosário
✆ +351 254 484 323
www.quevedoportwine.com

Visite de la propriété viticole + dégustation à partir de 10 € du lundi au vendredi de 9h à 13h et de 14h à 18h.

Situé à 23 kilomètres de Pinhão et à 1,5 kilomètre de São João da Pesqueira (la plus ancienne commune du Portugal, créée en... 1055, d'où son surnom le Cœur du Douro), ce domaine viticole d'un des premiers producteurs de vin de Porto a gardé une structure familiale. Il propose des vins de Porto, mais aussi, depuis récemment, de bons crus du Douro. En septembre et en octobre, que diriez-vous de participer aux vendanges, lors d'un « Harvest tour » ? Prenez contact avec le domaine pour connaître les places disponibles et réserver. L'accueil est excellent.

QUINTA DO BOMFIM

Alijó
✆ +351 254 730 370
www.symington.com

Visites payantes 7j/7 de 10h30 à 19h, en basse saison du mardi au dimanche de 9h30 à 18h30. Réservation nécessaire.

L'histoire d'amour entre la région du Douro et la famille Symington n'en est plus à ses balbutiements : depuis 1882, cinq générations se sont succédé pour tirer le meilleur des fertiles terres du nord portugais. On commence la visite guidée par la découverte d'un petit musée logé dans une antique cave à vin, puis on a le choix entre trois itinéraires de balade parmi les vignes (dont un traversant les cultures en terrasse vieilles de plus de 150 ans), pour ensuite visiter l'ancienne et la nouvelle salle de vinification où le raisin fermente dans les cuves de bois.

Pinhão - Vallée du Douro.

QUINTA DO PANASCAL

Valença do Douro
✆ +351 254 732 321
www.fonseca.pt/en/visitors-centre/
Ouvert du lundi au vendredi de 10h à 18h, tous les jours d'avril à octobre. Visite avec dégustation : 10 € par personne.

Parmi les meilleures, les plus productives et les plus anciennes *quintas* de la région, la Panascal appartient depuis les années 1970 à Fonseca. C'est un endroit agréable à découvrir, qui fait partie du paysage rural de la vallée du Douro. Ici, on se balade entre les vignes à l'aide d'un audio-guide. A la fin du parcours une demi-heure, une dégustation de plusieurs crus est proposée. Et bien sûr la possibilité de repartir avec des bouteilles achetées. Accueil souriant, professionnel. Depuis 30 ans, son savoir-faire n'est plus à démontrer.

QUINTA DO PORTAL

Celeiros do Douro
✆ +351 259 937 000
www.quintadoportal.com
Ouvert tous les jours de 10h à 18h. Visite guidée et dégustations : 10 € par personne.

Située sur la route de Pinhão à Sabrosa, cette propriété moderne s'étend à perte de vue. On est dans le royaume de la vigne, où sont produits vins du Douro (DOC) et vins de Porto. Depuis les années 1990 la modernisation de la production s'est faite sur la base du développement durable. L'édifice principal abrite le hangar de vieillissement des vins, la salle de dégustation et le restaurant d'architecture moderne, conçu par le portugais Siza Vieira – qui en a été récompensé. Possibilité d'hébergement dans deux maisons au milieu des vignobles.

QUINTA DO TEDO ★

Vila Seca - Armamar
✆ +351 254 789 165
www.quintadotedo.com
Avril-octobre : 10h-19h, novembre-mars : 9h-18h. Visites guidées et dégustations à p. de 16 €. Chambre à p. de 145 €.

18 ha de vignes qui produisent des portos, vins du Douro DOC rouges et rosés et des champs d'oliviers pour une huile d'olive de qualité. C'est l'un des rares domaines du Douro qui suit tout le processus de viticulture bio, vinification et vieillissement sur place. On est accueilli chaleureusement avant la visite des caves historiques. Un circuit pédestre mène à une pierre de démarcation de 1761. Pour se ressourcer, le Bistro Terrace propose une gastronomie raffinée inspirée de la tradition portugaise. Logement sur place alliant confort et authenticité.

ROUTE DU PORTO ★★

© APOLLA - SHUTTERSTOCK.COM

Pinhão servira de point de départ vers trois itinéraires : Baixo Corgo (bas Corgo), Cima Corgo (haut Corgo) et à la découverte de Douro Superior (haut Douro), avec ses particularités, la beauté des fleuves et de leurs rives. On apprendra à connaître le vin de Porto et ses terrains de production : des versants cultivés en gradins où chaque centimètre du précieux sol schisteux est utilisé. La balade sur ces chemins de traverse, les versants du Douro entre extrême sud du Trás-os-Montes et extrême nord de la Beira Alta, est très agréable.

QUINTA DA ROÊDA | CROFT PORT

N323 Pinhão
✆ +351 220 133 102
https://croftport.com/en/
Ouvert tous les jours de 10h à 18h30. A partir de 12 € la visite + dégustation.

La Quinta da Roêda est un joyau parmi les propriétés viticoles de Porto et se compose d'un immense vignoble en terrasses qui balaie la rive nord du fleuve Douro, juste au-dessus de Pinhão. Vous découvrirez les secrets des célèbres producteurs de porto en vous promenant dans un paysage exceptionnel. Une fois la visite du domaine effectuée, vous terminerez par une dégustation de 3 excellents portos de la maison Croft, un rosé, un réserve et un tawny de 10 ans d'âge.

RESIDENCIAL PONTO GRANDE €

41 Rua António Manuel Saraiva
✆ +351 254 732 456
Chambre double à partir de 35 €. Petit déjeuner inclus.

Une jolie pension familiale toute simple, confortable et accueillante. Les chambres sont sobrement décorées dans un esprit de tradition portugaise. Elle sont assez lumineuses. Le plus : certaines d'entre elles offrent une vue sur le Douro, c'est toujours appréciable au réveil car nous sommes au cœur de la vallée du Douro. Pour casser la croûte, le restaurant sur place propose une cuisine traditionnelle savoureuse, mijotée et ultra généreuse (1 portion pour 2 suffit). Accueil sympathique et familial. Adresse idéale pour petits budgets gourmands.

CASA DAS PIPAS €€

EN 323 Celeirós
✆ +351 259 937 000
www.quintadoportal.com
Chambre double de 120 à 180 €, familiale à 160 €. Wifi. Piscine.

Située sur la route de Pinhão à Sabrosa, cette maison se trouve dans une grande propriété au milieu d'un vignoble qui s'étend à perte de vue. A côté, une autre maison plus petite avec 15 chambres. La décoration raffinée donne une ambiance chaleureuse. Du salon, la vue panoramique sur le vignoble est belle et à l'extérieur deux piscines promettent des heures sportives et/ou de détente, à coupler à d'autres activités de plein air comme les promenades à vélo, à pied ou en bateau pour connaître la culture du vin de Porto et vivre une expérience d'œnotourisme.

QUINTA DE VENTOZELO €€

Ervedosa do Douro ✆ +351 254 249 670
www.hotel.quintadeventozelo.pt
Restaurant ouvert au public, chambres doubles à partir de 140 €, visite et dégustation offertes pendant le séjour.

Ventozelo, c'est beaucoup plus qu'un domaine viticole car la propriété (*quinta*) a été aménagée en hôtel très confortable. Ses 29 chambres réparties dans les différentes bâtisses ont été rénovées en conservant l'architecture d'origine, ce qui leur donne beaucoup de cachet. Le restaurant Cantina de Ventozelo propose des plats confectionnés avec soin en utilisant les produits locaux ou ceux de la *quinta*. Tout au long de l'année, différentes activités liées à la nature sont proposées. Une très belle adresse pour se reposer et découvrir la merveilleuse région du Douro.

RESTAURANTE VELADOURO €

Tv. da Rua da Praia 3
✆ +351 254 738 166
Ouvert de 12h à 15h et de 19h30 à 21h sauf le dimanche soir et le lundi soir. Fermé en janvier. Environ 25 € le repas.

Un peu à l'écart des embarcadères, ce restaurant propose d'excellentes spécialités locales. La pluma ibérique est une merveille tout comme le baba au porto, un dessert typique du village de Pinhão. Sa recette ancienne transmise de génération en génération devrait vous rendre... baba ! Cet établissement fait en pierre et en bois incarne bien l'esprit de la région et sa terrasse offre une vue fantastique sur le Douro. Le personnel très sympathique saura vous conseiller sur les vins de la région. Mélange de clientèle locale et de visiteurs. Réservation conseillée.

RESTAURANTE COZINHA DA CLARA €€

M590
✆ +351 254 732 254
www.quintadelarosa.com
Services de 12h30 à 15h et de 19h à 22h. 15h-17h tapas. Plats entre 20 et 30 €.

C'est avec une vue sublime sur le Douro que l'on vous invite à déguster la cuisine gastronomique du chef Pedro Cardoso, dans la Quinta de la Rosa. Le restaurant Cozinha da Clara est une excellente adresse où les saveurs explosent en bouche. Au choix : viande, poisson et même option pour les végétariens (les lasagnes sont délicieuses !). Sans oublier, bien entendu, le vin produit sur place comme accompagnement et finement conseillé. Une très jolie adresse.

QUALIFER - QUINTA DAS BARROCAS

45A Rua António Manuel Saraiva
✆ +351 254 732 156
Ouvert tous les jours sauf le dimanche de 9h à 19h.

C'est chez ce boucher charcutier que les habitants du village viennent faire leurs courses. Les employés sont adorables et vous feront goûter leurs savoureuses charcuteries artisanales, les saucissons et jambons fumés, ils vous offriront même un verre de vin pour faire glisser le tout ! On trouve également d'excellents fromages, du miel, de la confiture. On peut mettre vos achats sous vide, parfait pour rapporter dans la valise ou si vous désirez faire un pique-nique.

VILA NOVA DE FOZ CÔA

La vallée du Côa est un lieu unique du fait qu'elle possède des œuvres rupestres en plein air qui remontent au Paléolithique, il y a plus de 25 000 ans, jusqu'à la protohistoire. La collection qui se démarque le plus est celle du Paléolithique supérieur qui correspond à la première expression artistique de l'histoire de l'humanité. Le village à proprement parler de Vila Nova de Foz Côa (3 300 habitants) s'atteint par la belle N222 qui épouse les courbes du Douro. Sur la place municipale se trouve l'Igreja Matriz presque toute de blanche vêtue, avec une jolie porte de style manuélin et des colonnes à l'intérieur. Mérite un arrêt si vous êtes de passage.

BALADE EN BATEAU SOLAIRE SUR LE CÔA

Rua do Museu

✆ +351 279 768 260

https://arte-coa.pt/

Départs à 9h30 et 14h30. Durée 2h. Adulte : 20 €, jeunes 13-18 ans et plus de 65 ans : 18 €. Arriver 30 min avant.

Voici une expérience à vivre, arrivée à l'été 2021 : une balade sur le fleuve Côa en bateau solaire. Le bateau, construit avec des matériaux durables peut accueillir jusqu'à 12 personnes à la fois qui découvriront au fil de la traversée la faune et la flore environnante, sans que ne se dégage aucune pollution. Le trajet s'effectue sur 4 km, entre les quais Canada do Inferno et Fariseu. Les billets s'achètent à l'accueil du musée du parc. Réservations recommandées.

RESTAURANTE COA MUSEU €€

Rua do Museu

✆ +351 932 150 155

www.arte-coa.pt/restaurante

Ouvert tous les jours sauf le mardi de 10h à 23h. Dimanche et lundi de 10h à 18h.

Comme son nom l'indique, ce restaurant est celui du musée de la Vallée du Côa. Il offre une vue panoramique sur le Douro ainsi que la possibilité de déguster de bons plats de cuisines portugaise et européenne. Les produits sont frais et le service est plutôt rapide quand il n'y a pas trop d'affluence. Les assiettes sont sobrement présentées afin de ne pas dénaturer les viandes ou poissons au menu. Quelques bons desserts et, bien entendu, une bonne carte des vins. Et pour terminer sur une note sucrée et légère, des boules de glace bienvenues. Ambiance chaleureuse.

PARC ARCHÉOLOGIQUE DE LA VALLÉE DU CÔA ★★★★

Rua do Museu ✆ +351 279 768 260

www.arte-coa.pt

Parc et musée ouverts du mardi au dimanche de 9h à 17h30. Entrée à partir de 9 €. Réservation obligatoire.

Sans doute le site classé au patrimoine mondial de l'UNESCO le moins connu du Portugal. Les conditions de sa visite n'y contribuent pas vraiment. Pratiquement au bout du monde, il est indispensable de réserver pour visiter les trois sites d'art rupestre ouverts au public. Ici se trouvent parmi les plus belles et les plus nombreuses gravures rupestres de plus de 25 000 ans à ciel ouvert en Europe. Le site de la vallée du Côa a été découvert dans les années 1990 et s'étend sur un terrain de 20 km. Trois sites peuvent être visités :

- **La Canada do Inferno.** Visite de 2h, en 4x4, puis une marche à pied d'environ 1 km, qui permet de découvrir des gravures du paléolithique, ainsi que des œuvres gravées dans la pierre au cours du XVIIIe siècle. C'est ici que les premières gravures ont été découvertes en 1991, entre autres des représentations de chèvres, qui sont d'ailleurs devenues le symbole du parc.
- **Ribeira de Piscos.** Un peu plus loin, la visite vous prendra bien 3h, un parcours en 4x4 et une marche d'environ 2 km. Site très particulier, dû aux représentations très rares du paléolithique européen. On peut y voir une remarquable figure anthropomorphique naturaliste.
- **Penascosa.** Le site près du village de Castelo Melhor, plus accessible et inséré dans un paysage sans égal, est connu pour ses images représentatives d'art rupestre de la vallée du Côa. Se trouve ici une grande quantité de gravures faciles à interpréter. Visite de 1h30 en 4x4 et une marche d'environ 200 m.

© TAKASHI IMAGES - SHUTTERSTOCK.COM

AUTOUR DE PORTO

GUIMARÃES ★★★

Guimarães, on le sait peu, est le berceau du royaume portugais. C'est depuis cette ville qu'Afonso Henriques, le premier roi du Portugal, a reconquis tout le pays. Aujourd'hui, cette ville fière n'a rien perdu de son passé glorieux. Son centre est superbement conservé et très animé. C'est aussi une ville dynamisée par un grand pôle universitaire orienté vers les nouvelles technologies. Anciennement, l'économie de Guimarães se concentrait sur l'industrie du textile, des couteaux et des chaussures. Aujourd'hui elle est aussi devenue une ville créative et une plateforme pour les arts. La ville a été élue capitale européenne de la culture en 2012.

Histoire

Cette cité médiévale a été fondée au Xe siècle, à l'époque où la comtesse Mumadona Dias fait construire un monastère et un château. C'est à ce moment-là qu'est créée la rue Santa Maria reliant ces deux points. Le monastère acquiert une grande importance grâce aux donations de nobles et de rois et devient un lieu de pèlerinage. Fortifiée par de nouvelles murailles au XIIe siècle, la cité intramuros gardera son architecture du XVe siècle intacte, fait rarissime qui lui vaudra d'être classée au patrimoine mondial de l'Unesco. Ne manquez pas l'inscription *Aqui nasceu Portugal* sur l'une des tours de l'ancienne muraille, Rua Do Anjo.

CHAPELLE SÃO MIGUEL

Dans le centre historique. Entre le château de Guimarães et le palais des ducs de Bragance.

Entrée libre, de 10h à 18h.

Chapelle romane du XIIIe siècle dans laquelle aurait été baptisé Alphonse Henriques (cependant les dates de construction ne coïncident pas avec l'événement). Elle est classée monument historique. Bien qu'assez petite, la chapelle São Miguel est remarquable pour son style roman d'une grande simplicité et ses murs de granit. L'intérieur est pavé de sépultures de guerriers nobles ayant contribué à la fondation du royaume, notamment des chevaliers de l'ordre des Templiers. Après des dégradations, elle eut droit à des travaux de restauration au XVIIIe siècle.

CHÂTEAU DE GUIMARÃES ★★

✆ +351 253 412 273

https://pacodosduques.gov.pt/

Ouvert de 10h à 18h. Entrée 2 €. Paço dos Duques + château : 6 €. Torre de Menagem fermée pendant le déjeuner.

Bâtie entre le Xe et le XIe siècle pour résister aux invasions normandes et maures, cette forteresse est protégée par des douves, un pont-levis et une enceinte massive et crénelée. Au XIIe siècle, Dom Henrique et Dona Teresa s'installent au château et le rénovent pour l'agrandir et le fortifier. Occupé par les rois successifs du royaume entre le XIIIe et le XVe siècle, il tombe en déshérence lorsqu'il perd son rôle défensif, jusqu'au XXe siècle. La tour de 27 m de haut offre un beau point de vue. Attention, l'ultime escalier qui mène au toit est très raide.

CENTRO CULTURAL VILA FLOR

701 Avenida D. Afonso Henriques

✆ +351 253 424 700

www.ccvf.pt

Café concert ouvert du lundi au jeudi de 10h à minuit, jusqu'à 2h le vendredi et le samedi, à partir de 14h le dimanche.

Ce centre culturel de renommée nationale a élu domicile dans le palais Vila Flor datant du XVIIIe siècle. De très jolis jardins décorés d'une fontaine baroque offrent une belle vue sur la ville. Le lieu compte deux auditoriums, un restaurant (ouvert du lundi au jeudi de 12h30 à 15h et de 19h30 à 22h, jusqu'à 23h le vendredi et le samedi), un café-concert et une salle d'exposition, de quoi assouvir votre soif de connaissance. Un lieu charmant, parfait pour une petite sortie culturelle.

LARGO DA OLIVEIRA ★★

Cette magnifique place médiévale est le cœur du centre-ville. Elle communique avec la Praça Santiago par les arcades de l'ancien hôtel de ville qui fut édifié à la fin du XIVe siècle par João I et largement remanié au début du XVIIe siècle. Cette place comporte aussi le Parão do Salado, devant l'église de Nossa Senhora da Oliveria. La construction de style gothique a été érigée sous le règne d'Afonso IV pour commémorer la bataille do Salado en 1340. Au centre, plusieurs cafés proposent d'agréables terrasses. Le soir belle ambiance animée par les étudiants.

Jardin de Guimarães.

MONT PENHA

A environ 5 km par la N101. Egalement accès par le téléphérique.

www.penhaguimaraes.com

Vous ne pouvez pas quitter Guimarães sans vous rendre sur la colline de la Penha. La route qui y mène traverse une forêt épaisse, riche, variée ; à chaque instant, à chaque virage, vous aurez envie de vous arrêter et d'aller y marcher. En descendant, vue panoramique sur la ville et ses environs. Il serait également dommage de ne pas passer une nuit à la pensão da Penha ou au camping, pour pouvoir arpenter ce magnifique site naturel. Vous pouvez aussi y faire du minigolf. Il est possible de randonner à travers la forêt, renseignez-vous à l'office de tourisme.

PALAIS DES DUCS DE BRAGANÇA ★

Rua Conde D. Henrique

✆ +351 253 412 273

https://pacodosduques.gov.pt/

Ouvert de 10h à 18h. Entrée 5 €, réduit 2,50 € ; 6 € avec musée Alberto Sampaio ou château.

Bâti en 1401, mais jamais habité, le palais étonne d'abord par ses nombreuses salles en enfilade, ses lustres à chandeliers et ses tapisseries immenses aux murs. Quatre copies de Pastrana sont remarquables : celles racontant les conquêtes portugaises en Afrique du Nord, et celles d'origine flamande exécutées par Rubens. Sur le toit d'étranges cheminées très hautes de brique rouge cylindriques dénotent l'influence de l'architecture seigneuriale, unique dans la péninsule Ibérique.

MUSEU ALBERTO SAMPAIO ★

Rua Alfredo Guimarães

✆ +351 253 423 910

www.museualbertosampaio.gov.pt

Ouvert de 10h à 18h. Fermé le lundi et les jours fériés. Adultes 3 €, enfants 2 €. 6 € avec Palais des Ducs.

Le musée occupe le cloître de Nossa Senhora da Oliveira (XIIIe siècle) et présente les richesses de cette église et des couvents de la région. Dans la promenade du cloître, agrémentée d'un petit jardin, s'alignent des pièces d'art sacré, notamment le calice roman de Sancho I, un magnifique retable gothique en vermeil représentant la Nativité. La collection compte aussi de belles sculptures et peintures du Moyen Age et de la Renaissance. A voir aussi les œuvres en bois sculptées et dorées, de style maniériste et baroque, des XVIe et XVIIIe siècles.

PLATAFORMA DAS ARTES ★

175 Avenida Conde Margaride

✆ +351 253 424 715

www.ciajg.pt

Ouvert de 10h à 13h et de 14h à 19h. Fermé le lundi. Entrée 4 €, réduit 3 €, gratuit le dimanche matin.

Un des édifices les plus emblématiques, installé sur l'ancien marché de la ville. D'après les mots du maire lors de son inauguration en juin 2012, elle représente « ce qu'était la ville et ce qu'elle veut être ». Un centre multifonctionnel, dédié à une activité artistique et culturelle. On y trouve un grand espace d'exposition du collectionneur José de Guimarães « Au-delà de l'histoire », en passant par les univers de l'anthropologie (masques, costumes, objets fétiches) et quelques notes plus modernistes empruntant des œuvres au mouvement pop art.

MUSEU ARQUEÓLOGICO MARTINS SARMENTO

Rua Paio Galvão ✆ +351 253 415 969

www.csarmento.uminho.pt

Ouvert du mardi au samedi de 9h30 à 12h30 et de 14h30 à 17h30, à partir de 10h samedi et dimanche. Entrée : 3 €.

Ce musée archéologique témoigne de la culture militaire du pays. Il est géré par la fondation Martins Sarmento qui s'occupe également des archives en partenariat avec l'université. Le musée n'est pas grand, mais il expose d'intéressantes pièces archéologiques régionales aménagées dans le cloître gothique, vestige d'un monastère près de l'église São Domingos. La bibliothèque comporte plus de 60 000 volumes. S'il n'y a pas beaucoup d'affluence, un guide vous accompagnera avec plaisir.

PRAÇA SANTIAGO

La tradition raconte que c'est sur cette place que la Vierge Marie fut déposée par l'apôtre saint Jacques. Depuis de nombreux siècles, les écrits historiques font allusion à cette place médiévale et populaire. C'est ici que les compagnons du duc de Bourgogne se sont installés lorsqu'ils sont venus aider Henriques à repousser l'envahisseur maure. Aujourd'hui, c'est un lieu convivial à tout moment de la journée. On peut s'y promener et profiter des nombreux bars et terrasses. En soirée, la place est très prisée par les étudiants qui l'ambiancent.

RUA SANTA MARIA ★★

Cette rue était la première officiellement créée dans la ville pour relier le couvent dans la ville basse et le château dans la ville haute. Au XIIe siècle, elle était connue comme la *Rua da infesta* pour ses odeurs pestilentielles. S'y trouve le couvent de Santa Clara, construit au XVe siècle, avec une façade baroque et un cloître à deux niveaux de style classique. Sans oublier la Casa dos Arcos, la Casa dos Peixotos et la Casa Gotica dos Valadares, autres exemples d'architecture de cette époque. A voir absolument lors de la visite à pied de la ville.

TÉLÉPHÉRIQUE DU MONT PENHA

37 Station ville du téléphérique, rua Aristide Sousa Mendes
✆ +351 253 515 085
www.turipenha.pt
Billet aller-retour 7,50 € (4 € l'aller). Ouvert en général de 10h à 18h15. Les vélos peuvent embarquer à l'arrière.

Le téléphérique de Guimarães fonctionne depuis le 11 mars 1995. Les cabines passent au-dessus de la forêt pour relier le centre-ville au mont Penha, à 400 m d'altitude. Le trajet dure 10 minutes, durant lesquelles se dévoile progressivement l'un des plus beaux paysages de la région avec ses monuments religieux. C'est en effet au mont Penha que se trouve le sanctuaire Nossa Senhora do Carmo, et il y a également restaurants, hôtels, un camping, circuits de VTT et de randonnée.

GUESTHOUSE VIMARANES €

117/119 Rua Egas Moniz
✆ +351 253 063 953
www.guesthousevimaranes.pt/
De 45 à 80 € suivant la taille des chambres.

Cette chambre d'hôtes récente et pleine de charme, installée dans une maison de pierre centenaire dans une petite rue du centre historique, mérite le détour. Une décoration colorée et joviale rehausse habilement l'authenticité et l'âme du lieu. L'endroit sert bien l'esprit de Guimarães, entre une riche histoire et un présent inventif. Surnommée la « maison des dames de la nation », chaque chambre proposée (pour 2 personnes ou une famille de 4) porte le nom d'une dame qui a marqué le Portugal, notamment au travers d'actes charitables.

HOTEL D. JOÃO IV €

1660 Avenida D. João IV
✆ +351 253 514 512
www.hoteldomjoaoiv.com
Chambre double avec balcon à partir de 45 €. Petit déjeuner inclus. Wifi.

Cet hôtel dispose de chambres simples mais plutôt confortables. Toutes possèdent l'équipement nécessaire (télévision, salle de bain, air conditionné...) pour passer une bonne nuit et pourquoi pas plusieurs pour ceux qui envisagent un plus long séjour dans les alentours de Guimarães. Son avantage est la proximité du lieu d'arrivée et de départ dans la ville. Mais l'inconvénient est qu'il faut marcher un peu pour faire un tour dans la cité. Un bon petit déjeuner. Pour les petits budgets qui recherchent le calme. Une bonne tenue d'ensemble.

HOTEL RESIDENCIAL DAS TRINAS €

Rua das Trinas, 29
✆ +351 253 517 358
www.residencialtrinas.pt
Chambre double entre 35 et 40 € selon la saison.

L'un de ses meilleurs atouts est sa bonne situation dans la vieille ville. Ainsi, il sera possible de visiter presque tous les point d'intérêt du centre à pied. Le Residencial Das Trinas est inséré dans un édifice aux allures Renaissance et dont l'intérieur a été restauré. Il dispose de 11 chambres climatisées et spacieuses de bon confort avec une décoration traditionnelle. Accueil sympathique et disponible. Bonne option pour sa localisation et son prix abordable.

POUSADA DA JUVENTUDE €

Largo da Cidade, 8
✆ +351 253 421 380
www.pousadasjuventude.pt
Dortoir à partir de 14 €, chambre double à partir de 40 €. Petit déjeuner inclus.

C'est une bonne surprise de trouver une auberge de jeunesse accueillante, bien équipée et si bien placée ! Elle se trouve à 10 minutes à pied de la gare et à moins de 20 minutes du centre-ville. Les chambres doubles et il y a des dortoirs pour 6 personnes lumineux et confortables pour ce type d'hébergement. L'ambiance est chaleureuse et bienveillante. Rencontres internationales en perspective. Le petit déjeuner est simple et il est compris dans la nuitée. Également un espace pour cuisiner. Bref, une bonne option pour les étudiants et les petits budgets.

EMAJ BOUTIQUE HOTEL €€

Largo do Toural,116

+351 253 540 640

www.guimaraesemajboutiquehotel.com

Chambre double à partir de 110 €. Petit déjeuner inclus.

Ce boutique-hôtel plein de charme est idéalement situé, à quelques pas des monuments les plus célèbres de la ville. Il se trouve dans un bâtiment du XIXe siècle. Ses chambres sont spacieuses, modernes et disposent de tout l'équipement nécessaire (télévision, air conditionné, minibar, salle de bains complète...). Les clients pourront profiter de bains à remous relaxants. Le petit déjeuner buffet est excellent et permettra de bien démarrer la journée. Accueil professionnel et disponible. Une option d'hébergement au très bon standing.

ENCOSTA DO PARAISO €€

Agrelos Paraiso Pevidem

+351 253 535 468

www.clubeparaiso.pt

Chambre double à partir de 100 €, quadruple à partir de 145 €. Petit déjeuner en supplément. Offres sur le site.

Cet hôtel moderne est une symbiose entre design, lignes épurées et éco-construction. Tous les appartements comprennent un salon, une kitchenette et une salle à manger, certains ont un balcon. L'hôtel fait partie d'un grand complexe qui vous donnera accès à un grand terrain de foot, à une piscine en plein air, aux nombreux jardins, au restaurant Paraiso dos Sabores ainsi qu'au spa. Vous serez logé dans des hébergements confortables, paisibles et respectueux de la nature. Service et accueil professionnels. L'équipe reste disponible.

HOTEL DE GUIMARAES €€

202 Rua Eduardo Manuel de Almeida

+351 253 424 800

www.hotel-guimaraes.com

Chambres doubles à partir de 75 €. Wifi. Petit déjeuner inclus.

Ce grand hôtel moderne, à deux pas de la gare et à seulement quelques minutes à pied du centre-ville, offre tranquillité et confort. Les chambres avec parquet disposent de grands lits, de larges fenêtres et d'une baignoire. Air conditionné, télévision... Le buffet du petit-déjeuner est complet et le restaurant propose une cuisine raffinée avec des formules intéressantes. Les clients de l'hôtel ont accès à l'espace de remise en forme avec salle de fitness, spa, sauna, piscine... Accueil avenant et professionnel. Un bon choix pour se loger dans cette ville.

HOTEL FUNDADOR €€

740 Avenida Dom Afonso Henriques

+351 253 422 640

www.hotelfundador.com

Chambre double à partir de 62 €. Promotions sur le site Internet. Wifi.

Cet hôtel moderne 3-étoiles haut de 12 étages dispose de 70 chambres lumineuses, très grandes et confortables. Elles sont équipées de la télévision, d'un minibar, de l'air conditionné, d'une belle salle de bains et d'une literie de qualité. Le parking couvert sur place est gratuit et à disposition des clients, c'est plutôt pratique. Vous pourrez boire un verre et grignoter quelques tapas au bar panoramique situé au dernier étage, la vue y est spectaculaire. Bon petit déjeuner. Accueil professionnel et efficace. Bon rapport qualité-prix.

HOTEL MESTRE DE AVIS €€

40 Rua D. João I

+351 253 422 770

www.hotelmestredeavis.pt

Chambre double standard de 46 à 150 €, supérieure de 51 à 150 € et deluxe de 56 à 150 €. Petit déjeuner 7 €. Wifi.

Hôtel écologique certifié Green Key. Sa façade historique et imposante a gardé la trace typique des édifices de la cité. L'intérieur a été rénové avec un grand souci de confort et d'insonorisation des chambres. Ces dernières sont impeccables, sobres et modernes. Lors d'expositions temporaires, l'hôtel est décoré d'œuvres d'art ce qui lui confère un supplément d'âme. Il devient alors une galerie de peintures et de sculptures du rez-de-chaussée au dernier étage dans laquelle les clients flânent avec bonheur. Accueil élégant et attentionné et prix raisonnables.

HOTEL RESIDENCIAL DO PACO €€

372 Rua 10 de Junho

+351 253 556 964

www.hoteldopaco.com

Chambre double à partir de 35 €, petit déjeuner inclus.

Cet hôtel 2-étoiles est situé à 3 km du centre de Guimarães. Il vous accueille dans l'une de ses chambres doubles ou triples lumineuses et décorées avec du mobilier moderne. Elles sont toutes équipées de l'air conditionné, de la télévision et dotées d'une literie de qualité. Le petit déjeuner buffet est assez complet, bien que simple, chacun y trouvera son compte pour débuter la journée. Bar et wifi. Réception ouverte 24h/24 et accueil professionnel. Pratique et économique.

HOTEL TOURAL €€

Largo A. L. Carvalho
✆ +351 253 517 184
www.hoteltoural.com

Chambre simple à 85 €, double à 100 €. Petit déjeuner inclus.

Cet hôtel propose 30 chambres confortablement équipées (télévision, climatisation, téléphone, minibar…), spacieuses et décorées harmonieusement. Elles sont un peu vieillissantes mais il y a une bonne literie. Si vous le désirez, vous pouvez prendre l'excellent petit déjeuner dans la chambre : il est complet, varié et savoureux. Le patio décoré de fleurs a un charme fou. L'accueil sur place est sympathique et disponible. Situé au cœur de la vieille ville, c'est un bon choix d'hébergement pour un séjour à Guimarães à des tarifs raisonnables. Parking gratuit.

CASA DE SEZIM €€€

Rua de Sezim
✆ +351 253 523 000
http://sezim.pt/

Chambre simple à 90 €, double à 115 €. Petit déjeuner inclus. Promotions en basse saison.

Un fabuleux palais du XVIIe siècle qui abrite 9 chambres. Les murs qui ornent les salles de la Casa Sezim sont célèbres. Ils ont été peints par Zuber et représentent des scènes de la découverte de l'Amérique, les fastes de l'Inde ainsi que les paysages exotiques des quatre coins du monde. Les propriétaires produisent leur propre vin. Un jardin paisible où il fait bon couler des jours heureux, en dégustant un verre de vinho verde. Chambres et service impeccables. Piscine, billard et tennis. Possibilité de visiter la ferme et déguster des vins (sur réservation).

POUSADA DE SANTA MARINHA (MOSTEIRO) €€€

Largo Domingos Leite de Castro
✆ +351 253 511 249
www.pousadas.pt

Chambre double à partir de 100 € avec petit déjeuner.

Cette *pousada* est de toute beauté. Elle est intégrée dans un ensemble conventuel du XIIe siècle de 10 hectares abritant une superbe église baroque, des fontaines en granit et de somptueux azulejos. Vous surplombez la ville de très haut, ce qui permet de mieux saisir la configuration de la cité historique. Il y a également un tennis et une piscine. Attention, les indications pour y accéder ne sont guère précises ! Plusieurs promotions régulières sur Internet.

ADEGA DOS CAQUINHOS €

Rua da Arrochela
✆ +351 253 516 917

Ouvert du lundi au samedi de 12h à 15h et de 19h30 à 22h30. Plats entre 7 et 14 €.

Voilà une petite *tasquinha* populaire, aux vitres opaques, qui vaut son pesant de *bacalhau*. Ne passez pas à côté de la généreuse dégustation d'une *pica-no-chão de cabidela* parfumée, une morue ayant pris le temps de dessaler 4 jours dans l'eau glacée pour conserver sa fermeté. L'Adega dos Caquinhos est un lieu typique, avec une ambiance animée (mélange de locaux et de visiteurs) et un accueil chaleureux. La serveuse vous conseille les plats du jour à la bonne franquette. La cuisine est simple mais excellente, ce qui finalement est le plus important.

CERVEJARIA MARTINS €

32-35 Largo do Toural
✆ +351 253 416 330

Ouvert tous les jours de 10h à minuit. Fermé le dimanche. Environ 20 € le repas complet.

Dans cette brasserie centrale et animée, il est possible de commander un bon plat du jour à base de viande notamment, mais pas seulement. La carte est large, tout comme celle des vins et des bières, comme son nom l'indique. Au comptoir, en salle, ou encore mieux sur la petite terrasse, vous serez entouré d'habitués qui viennent soit boire un verre soit manger un morceau soit regarder un match de foot, soit les trois ! Un endroit très agréable où se poser à toute heure de la journée et de la soirée, il y a généralement toujours du mouvement. Le service est amical.

COR DE TANGERINA €

89 Largo Martins Sarmento ✆ + 351 253 542 009
www.cordetangerina.pt

Fermé dimanche et lundi. Déjeuner mardi à jeudi. Déjeuner et dîner vendredi et samedi. Environ 15-20 € le repas.

Installé dans une ancienne maison seigneuriale, ce restaurant est dédié à la cuisine végétarienne. On y savoure des compositions à base de produits frais, révélant des couleurs, des textures et des saveurs inattendues. Pour vous mettre en bouche : fantastique riz à la crème accompagné de champignons, démoniaques bricks de noix de cajou et purée maison. Le personnel bien sympathique saura vous guider entre les plats du jour et la carte. La terrasse fleurie au coucher du soleil avec une bière bio ou une boisson naturelle est la promesse d'un moment inoubliable.

CASA AMARELA €€

16-24 Rua de Donâes
✆ + 351 253 292 629
www.casaamarela.pt
Ouvert du mercredi au dimanche de 12h à 15h et de 19h à 22h. Environ 30 € le repas complet.

La Casa Amarela ne se contente pas d'être un bar où il fait bon boire siroter un cocktail en fin de semaine. Le chef propose également une carte intéressante qui tranche avec les plats traditionnels. Au hasard, pourquoi pas commencer par des *gambas salteadas em alho e laranja,* continuer avec un excellent *Pincanha com Abacaxi* et achever les festivités avec une surprenante mousse au chocolat agrémentée de fleur de sel et de poivre rose ? Le tout dans un espace moderne avec un personnel souvent francophone et aux petits soins pour les conseils.

O BATISTA €€

Urb. Cruz d'Argola, Mesão Frio
✆ +351 253 432 216
www.restaurantebatista.com
Ouvert de midi à 15h et de 19h à 22h30. Le dimanche, midi uniquement. Environ 25 € par personne.

C'est une clientèle haut de gamme (de Mário Soares à Ana Salazar) qui a fait la réputation de ce restaurant familial de cuisine régionale utilisant avec bonheur le four à bois : rôti de veau, tripes à la mode de Porto, poulpe. Un classique dont vous ne pourrez passer à côté si vous êtes un fervent amateur de viande. Ici, ambiance familiale et souriante, il y a toujours de l'animation. Une très bonne carte des vins également et quelques desserts qui termineront en beauté le festin du jour. L'endroit est petit et souvent plein, pensez à venir tôt.

RESTAURANTE FLORENCIO €€

Madre de Deus, Azurém
✆ +351 253 415 820
www.restauranteflorencio.pt
Ouvert tous les jours de midi à minuit. Dimanche midi uniquement. Environ 15 € par plat.

Voici l'un des incontournables de la gastronomie locale. Olivia et Rosa, comme beaucoup de bonnes cuisinières ont fait leur apprentissage auprès des femmes de la famille. Toutes leurs recettes sont élaborées à partir des légumes du potager et de produits frais. A l'entrée, une cave à vin pour patienter en grignotant des *petiscos* puis en salle, sur les nappes à carreaux, c'est le défilé de réjouissances : tripes aux haricots blancs, rôti de veau, panse farcie (*bucho recheado*, la spécialité de la maison souvent primée en concours) et poires au vin (*pêras bêbadas*).

RESTAURANTE NORA ZÉ DA CURVA €€

Travessa Gil Vicente
✆ +351 253 552 267
Ouvert du mardi midi et soir. Dimanche et lundi le midi. Comptez 25 € pour le repas complet.

Voici une taverne aux murs couverts d'azulejos. Plusieurs plats de morue (*bacalhau com migas*), de veau ou de porc sont présentés aux convives pour découvrir une cuisine régionale, aux accents populaires, qui n'a pas perdu ses saveurs authentiques. Le second restaurant du centre-ville tenu par le fils propose une cuisine plus méditerranéenne. Un excellent endroit pour goûter tout à la fois aux spécialités portugaises et s'immerger dans une ambiance conviviale et familiale.

RESTAURANTE SOLAR DO ARCO €€

50 Rua de Santa Maria
✆ +351 253 035 233
Ouvert tous les jours sauf le mardi de midi à 15h30 et de 19h à 22h30. Comptez 20 €.

Sous des arcades médiévales, cette bonne maison vous accueille dans un cadre élégant, avec de jolies nappes de tissu blanc. Le chef de cuisine excelle dans la préparation de la *feijoada de camarão* (cassoulet de crevettes), la *chouriça cozida*, le *lombo de bói à pimenta* et les desserts traditionnels (*toucinho do céu*). Léger fond musical souvent *jazzy*. Le Restaurante Solar do Arco est une belle adresse, à choisir plutôt le soir pour son ambiance. Service de qualité.

HOOL €€€

Largo da Oliveira
✆ +351 253 519 390
Ouvert de 12h à 17h et de 19h à 23h30. Comptez 35 € par personne.

Au centre de la superbe vieille ville, ce restaurant a beaucoup de charme et la cuisine y est remarquable. Le service est digne des plus grandes tables. La carte twiste avec talent et raffinement les classiques de la cuisine portugaise. Les noix de coquilles Saint-Jacques au curry et le rouget sont un délice. La cuisson du faux-filet de bœuf est parfaitement maîtrisée. La carte de vins généreuse en qualité et raisonnable en termes de prix font de cette table l'illustration parfaite de la qualité de vie de la cité. Prenez votre temps et savourez ce moment.

RESTAURANT A COZINHA €€€

Largo do Serralho 4
✆ +351 253 534 022
https://restauranteacozinha.pt/
Ouvert du mardiau samedi de 12h30 à 15h30 et de 19h30 à 23h. Environ 100 € par personne.

Cet étoilé au *Michelin* est une excellente surprise un peu à l'écart du centre-ville. Gastronomie moderne de haute voltige qui revisite avec une élégance folle et un raffinement maîtrisé les classiques de la cuisine portugaise. Le chef montre un grand respect des produits de première qualité qu'il utilise et offre à ses clients des assiettes formidablement équilibrées par la finesse de ses inspirations. Vous aurez le choix entre différents menus ou des plats à la carte. Les divines mises en bouche annoncent la couleur du (grand) repas. Excellente carte des vins.

SÃO GIÃO €€€

56 Avenida Comendador Joaquim de Almeida Freitas ✆ +351 253 561 853
www.sgiao.com
Ouvert du mardi au samedi de 12h30 à 23h, uniquement le midi le dimanche. A partir de 30 €/ pers.

Dans la catégorie « temple de la gastronomie et du vin », cet établissement, à la belle vue, a choisi de mettre à l'honneur sur sa carte une cuisine portugaise technique et créative qui cohabite avec de solides références européennes : savoureux œufs brouillés aux champignons français, exquises pâtes italiennes aux fruits de mer, un magret de canard ou un saumon fumé *in situ* (dans un fumoir artisanal) et un très délicat *pudim Abade de Priscos*. Une fois passé la porte, le plus difficile reste de faire votre choix parmi ces succulentes propositions de plats.

CASA AMARELA

16-24 Rua de Donães
✆ + 351 253 292 629
www.casaamarela.pt
Ouvert tous les jours, sauf lundi et mardi, de 11h à 23h. Environ 20 € par personne.

En plein centre historique, dans cette maison jaune, vous pourrez aussi bien boire un bon cocktail que savourer un repas de qualité (plats typiques remis au goût du jour que le patron, jovial, saura vous conseiller). À l'étage, de la bonne musique, une ambiance détendue. Plusieurs salles et quelques tables installées sur la place offrent différentes ambiances avec, le week-end, DJ et petits concerts. Un bon lieu pour découvrir l'ambiance des nuits de Guimarães. Le tout dans une décoration moderne et élégante. Service de qualité, disponible et attentionné.

EL ROCK BAR

31 Praça Santiago
✆ +351 966 081 490
Ouvert tous les jours de 12h30 à 2h du matin. Shots à partir de 1,50 €.

Un bar pour avancer ou se perdre dans la nuit… à coups de *shots* (petits verres d'alcool et liqueur), la spécialité de la maison qu'on boit cul sec en dansant sur les dernières nouveautés rock. Terrasse aussi animée que l'intérieur. El Rock Bar est aussi ouvert durant la journée. On s'installe alors à l'extérieur pour boire un verre ou un café, avec toujours de la bonne musique qui résonne (moins fort évidemment que le soir). Un endroit convivial, propice aux rencontres sympathiques. Service de qualité, dynamique et disponible.

A MEDIEVAL

19 Largo da Oliveira
✆ +351 253 181 616
Ouvert tous les jours de 9h à minuit, jusqu'à 2h le week-end. Salades et burgers autour de 10 €.

Son nom est associé à la place, entièrement médiévale, où elle se trouve. Ce bar-restaurant dispose d'une terrasse ouverte tard. Il propose notamment de généreux plats de *petiscos*, comme des mini-sandwichs en brochette, un plateau de fromages et de chips ou un plateau de charcuterie. On y vient à toute heure de la journée pour apprécier une boisson chaude, un plat, ou prendre un verre. Ambiance conviviale, il y a presque toujours de l'animation. Service de qualité et attentionné. Un très bon endroit pour faire une pause à Guimarães.

PASTELARIA CLARINHA

Largo do Toural, 86-88
✆ +351 253 516 513
Ouvert tous les jours de 8h jusqu'à minuit en été, 20h en hiver.

Depuis 1953, c'est la maison des douceurs de la ville où l'on vient déguster des spécialités pâtissières locales : *tortas de Guimarães*, *douradinhas*, *rochas da Penha* mais aussi *pasteis de noz*, *pasteis de chila*… Vous pouvez prendre un assortiment et goûter sur place ou emporter vos trésors. Les Portugais tout comme les touristes adorent cet endroit qui est à côté de la grande place. Vous recevrez votre shoot de sucre pour un moment. Le café est excellent. Le service est souriant, rempli de bonne humeur et de sourires, et les prix sont très raisonnables.

CASA GOURMET

217 Rua Manuel Saraiva Brandão
✆ +351 253 516 841
www.casagourmet.pt
Ouvert de 10h à 20h, 15h dimanche. Fermé le lundi.

La Casa Gourmet est une épicerie fine où tradition et contemporain se mélangent. Une fois franchi le pas de la porte, c'est une véritable caverne d'Ali Baba bien rangée et spécialisée dans les produits culinaires qui se présentent à nous. On a le choix parmi une sélection des meilleurs vins (de Porto, *vinho verde*...), biscuits, chocolats, conserves (sardines notamment), huile d'olive... Possibilité de déjeuner sur place. Accueil souriant et service de qualité. Une bonne adresse pour ramener de bons cadeaux de la gastronomie portugaise.

MEIA TIGELA

35-37 Rua Santa Maria
✆ +351 253 512 591
Ouvert du lundi au samedi de 10h à 19h30, le dimanche de 10h30 à 18h.

En plein centre historique, ce magasin propose un artisanat de qualité et original, comme de la sculpture en céramique, des sous-tasses en forme de fleur, des objets détournés de la religion (sans faire offense mais transformés avec des couleurs vives). Meia Tigela propose aussi plusieurs produits gourmands typiques de la région qui mettent l'eau à la bouche. Une jolie et sympathique boutique à découvrir pour ramener des souvenirs originaux que vous ne trouverez qu'ici. Accueil souriant et agréable. Passez y faire un tour, vous ne repartirez pas les mains vides.

PARQUE AQUATIQUO DE FAFE

1 Travessa Sol Poente
✆ +351 910 637 001
www.parqueaquaticofafe.pt
Ouvert tous les jours de 10h à 19h. Entrée : 12 € adulte, 6 € enfant (4-12ans) ; +1 € le dimanche, -1 € après 15h.

Ce parc aquatique, situé à un peu moins de vingt minutes en voiture de Guimarães, est entièrement en extérieur. C'est pourquoi il est ouvert de juillet à mi-septembre chaque année. Les petits comme les grands s'amuseront (et nageront évidemment) dans les différents bassins, et glisseront sur les toboggans avec joie. Vous trouverez des vestiaires, un bar-restaurant, des espaces détente et bronzette sur la pelouse... Nous vous conseillons de prévoir au moins la demi-journée pour profiter du parc aquatique, même s'il n'est pas extrêmement grand.

BRAGA ★★

Fondée par les Celtes en 300 avant J.-C., la « Rome portugaise » est l'ancienne Bracara Augusta. L'Empire romain y avait donc installé un centre administratif et, bien des siècles plus tard, le baroque portugais y a atteint son paroxysme. Pas très accueillante au premier abord avec ses nombreux immeubles, elle mérite pourtant que l'on découvre son centre historique renfermant quelques beaux trésors. Aujourd'hui, Braga est une ville paradoxale : très dynamique, elle a l'une des populations les plus jeunes d'Europe. D'un autre côté, c'est ici que les mœurs sont restées les plus conservatrices, avec une forte emprise du religieux sur la sphère publique.

CATHÉDRALE DE BRAGA ★

Rossio da Sé ✆ +351 253 263 317
www.se-braga.pt
Ouvert tous les jours de 7h45 à 18h30/19h. Musée 3 €, ouvert de 9h à 12h30 et de 14h à 17h30/18h30, fermé le lundi.

Cette cathédrale, la plus ancienne du Portugal, fut longtemps la plus grande référence religieuse du pays. Elle présente des éléments de styles roman, gothique, Renaissance et baroque. De la construction d'origine (XIe siècle), il ne reste que le portail sud et une partie du portail principal, orné de scènes du *Roman de Renart*. A l'intérieur, on trouve notamment les tombeaux d'Henri de Bourgogne, comte de Portucale, et de son épouse Teresa de Leão, des parents du roi D. Afonso Henriques, ainsi que des archevêques qui contribuèrent à la grandeur de la ville.

MUSÉE DOS BISCAÍNHOS

Rua dos Biscaínhos
✆ +351 253 204 650
https://museudosbiscainhos.gov.pt
Ouvert du mardi au dimanche de 10h à 12h30 et de 14h à 17h30, fermé le lundi. Entrée : 2 €.

Ce palais datant des XVIIe et XVIIIe siècles abrite la reconstitution très intéressante d'une maison bourgeoise du nord du Portugal dans la deuxième moitié du XVIIIe siècle. Tout y est : des murs couverts d'azulejos, un mobilier raffiné en provenance du Portugal et de l'étranger, de magnifiques tapis d'Arraiolos, de l'argenterie portugaise, des céramiques portugaises et hollandaises... Vous pourrez également vous balader au sein de très jolis jardins finement entretenus avec des fontaines et des statues baroques. Bonne visite.

MUSÉE RÉGIONAL D'ARCHÉOLOGIE D. DIOGO DE SOUSA

Rua dos Bombeiros Voluntários
✆ +351 253 273 706
www.museuddiogodesousa.gov.pt
Ouvert du mardi au dimanche de 10h à 17h30, jusqu'à 18h du 1er juin au 15 septembre. Entrée 3 €.

Installé dans un édifice moderne et design, ce musée présente des expositions de ruines et de découvertes archéologiques de la région de Braga. La collection s'étend entre le Paléolithique et le Moyen Âge. Les pierres sépulcrales romaines qui indiquaient la voie Bracara Augusta jusqu'à Rome, ainsi que les pièces de sépultures médiévales, sont remarquables. Une bonne cafétéria bien connue pour son consistant déjeuner-buffet du dimanche se trouve sur place.

MUSEU NOGUEIRA DA SILVA

61 Avenida Central
✆ +351 253 601 275
www.mns.uminho.pt/
Ouvert du mardi au vendredi de 10h à 12h et de 14h à 17h, seulement l'après-midi le samedi. Entrée 3 €.

Le musée Nogueira da Silva présente une grande collection de peintures portugaises et étrangères (flamande notamment), meubles, porcelaine de Chine, faïences, sculptures, étoffes, azulejos et objets variés en argent et ivoire. L'édifice a été construit par l'architecte Raul Rodrigues Lima. Les jardins, splendides, permettent d'observer l'art qui y est présent, comme les statues répliques de Daphné et Apollon, le tableau d'azulejos des Pays-Bas datant du XVIIe siècle, et une réplique de la fontaine São Bento du monastère de Tibães, proche de Braga.

PEDRO REMY COIFFEUR ET ESPACE CULTUREL

40 D. gualdim pais ✆ + 351 253 610 300
http://pedroremy.com/
Fermé dimanche et lundi. Ouvert les autres jours de 10h à 13h et de 15h à 20h, le samedi de 9h à 13h et de 15h à 19h.

Le genre d'endroit surprenant qu'on aimerait voir plus souvent. A la fois coiffeur, espace culturel, boutique de mode et galerie de photos, ce lieu éclectique accueille aussi de très bons concerts de jazz. Quelques artistes fameux sont passés par ici, pour n'en citer que deux : Bernardo Sasseti et le batteur Tom Jobbins. Que ce soit pour une coupe de cheveux au top ou pour écouter du jazz, passez la porte de cet espace unique et atypique, multi-disciplinaire, en un mot : génial !

ROUTE DES VINHOS VERDES ★

Depuis Braga, vous pouvez suivre trois itinéraires : « Trois villes de charme », « du Cávado au Lima » et « De la côte à la montagne ». Ceux-ci vous conduisent à la découverte du Minho, cette province du nord, verte à cause de son climat, de ses sentiers et de ses paysages, avec des arbres et des plantes bordant les rivières et des vignes sur les treilles. Une région dont le célèbre vin et ses limites de production correspondent pratiquement aux limites de la province. Le raisin est cueilli mûr, à la mi-septembre, il donne le célèbre *vinho verde* blanc et le rouge.

Cathédrale de Braga.

SANCTUARIO DO BOM JESUS DO MONTE ★★★

Estrada de Bom Jesus
✆ +351 253 676 636
www.bomjesus.pt
Funiculaire de 8h55 à 17h55 ou 19h55 selon la saison. Aller-retour 3 €, aller simple 2 €. Basilique 8h-18h.

Impossible de passer à côté du sanctuaire de Bom Jesus (ou de Braga), situé à l'est de Braga, sur les hauteurs de la ville. Perché sur une colline et accessible par de grands escaliers, en funiculaire ou en voiture, le sanctuaire a été classé au patrimoine mondial de l'Unesco en 2019. Il s'agit d'une basilique construite au XVIIIe siècle (en remplacement de l'ancienne église, détruite), entre 1784 et 1811, par l'architecte Carlos Amarante. L'escalier monumental représente la Voie Sacrée de Bom Jesus. En zigzag, il est divisé en trois parties. La première, baroque, présente les stations du Chemin de Croix. La partie des cinq sens permet d'observer des fontaines et des statues de personnages bibliques. La partie des trois vertus représente la foi, la charité chrétienne et l'espérance. Pour les personnes qui n'oseraient pas ou ne pourraient pas faire l'ascension à pied (575 marches pour 116 m de dénivelé), le funiculaire suit un chemin parallèle aux escaliers. C'est le plus ancien des funiculaires hydrauliques du pays (1882), et même de la péninsule Ibérique. L'accès en voiture est payant (moins d'un euro). Le domaine du sanctuaire accueille un parc forestier où il est agréable de se balader, de se reposer aussi après la montée, de découvrir des grottes au fil des sentiers, et pourquoi pas emprunter un bateau à rames et glisser allégrement sur le petit lac. Prenez donc le temps de profiter du décor qui s'offre à vous avant de redescendre ou de rester à l'un des hôtels du parc.

TORRE DE MENAGEM

Rua Castelo
Ouvert seulement pendant les expositions temporaires (se renseigner à la mairie propriétaire du monument). Entrée libre.

Ce donjon carré est le seul et dernier vestige de l'ancien château de Braga. Edifié au XIVe siècle et détruit en 1906, ce dernier comprenait toute une cité médiévale. De style gothique, la tour mesure environ trente mètres de haut. Elle est divisée en trois étages. Une fenêtre de maison de ville et des meurtrières se trouvent au sommet. Il n'est pas forcément nécessaire de la visiter de l'intérieur, l'observation en marchant à travers les ruelles est déjà un beau spectacle. Cette tour demeure un témoin historique de Braga, qui marque le paysage urbain.

HÔTEL JOÃO XXI €

849 Avenida João XXI
✆ +351 253 616 630
http://hoteljoaoxxi.net/pt/home/
Chambre simple à partir de 35 €, double à partir de 40 €. Petit déjeuner 5 €.

Dans un décor moderne, l'hôtel João XXI se targue d'être le meilleur hôtel *low cost* de Braga. Nous sommes assez d'accord. Ses 40 chambres sont soignées, confortables et plutôt lumineuses. Comme dans le système *low cost*, les options se rajoutent pour vous donner plus de confort : petit déjeuner en supplément, parking privé payant, etc. Une expérience sympathique car l'hôtel ne rogne pas sur la qualité tout en défendant des tarifs imbattables. Un service de bar est proposé en continu avec service en chambre. Accueil disponible.

HOTEL MOON & SUN BRAGA €

85 Rua dos Capelistas
✆ +351 253 270 466
Chambre double à partir de 100 €, petit déjeuner inclus.

Récemment rénové, cet hôtel dispose d'une vingtaine de chambres spacieuses, décorées avec des couleurs vives et lumineuses. Elles sont confortables et bien équipées : télévision, air conditionné, literie de qualité ainsi qu'un plateau thé/café. De belles salles de bains avec baignoire ou douche. Le petit déjeuner buffet est varié. A deux minutes à pied de la cathédrale et du centre historique, l'hôtel Moon & Sun est idéal pour visiter la ville. Également un lounge-bar pour se détendre et boire un verre en fin de journée. Accueil professionnel et disponible 24h/24.

HOTEL BRACARA AUGUSTA €€

134 Avenida Central
✆ +351 253 206 260
www.bracaraaugusta.com
Chambre double de 90 à 100 €, suite de 140 à 150 €. Petit déjeuner inclus.

Intimiste et chaleureux, cet hôtel occupe un bâtiment du XIVe siècle rénové, idéalement situé dans le centre de la ville. Les chambres et les suites possèdent le charme d'antan mais aussi le confort moderne : la climatisation, une télévision et une salle de bains particulièrement grande. Toutes les chambres sont spacieuses et disposent d'un petit balcon, très agréable. Préférez celles du dernier étage, elles sont encore plus coquettes. Vous apprécierez les moments de détente dans le joli jardin et sur la terrasse. Le petit déjeuner est succulent.

HOTEL DO LAGO €€

Monte do Bom Jesus
✆ +351 253 603 470
www.hoteisbomjesus.pt

Chambre double à partir de 50 €, familiale à partir de 120 €. Petit déjeuner inclus.

Perché au sommet d'une colline, l'hôtel do Lago offre une vue exceptionnelle sur les montagnes du Gerês. Cette propriété comprend 53 chambres toutes équipées et confortables pour se reposer. L'hôtel dispose de salles de jeu et de lecture, d'un centre de remise en forme avec bain bouillonnant, sauna, bain turc et d'un équipement de cardio-fitness. Le petit déjeuner en salle est plutôt bon et complet. L'hôtel est proche du joli lac Bom Jesus, où de nombreuses activités sont à découvrir dont le canoë. Très bien pour prendre un bon bol d'air à des tarifs abordables.

MELIA BRAGA HOTEL & SPA €€€

8 Avenida General Carrilho da Silva Pinto
✆ +351 253 144 000 - http://www.meliabraga.com/fr

Chambre double à partir de 114 €, en demi-pension à partir de 164 €, pension complète à partir de 213 €.

Un bel hôtel installé dans un grand building de 12 étages qui offre une vue panoramique sur les environs depuis sa tour de verre. Les 182 chambres dont 20 suites sont ultra design. Vous y trouverez tout le confort nécessaire dont un éclairage qui répond à des commandes digitales qui s'illuminent au toucher. Si vous choisissez la formule en demi-pension ou en pension complète, c'est une équipe de serveurs aux petits soins qui vous accueillera dans une jolie salle d'inspiration contemporaine pour vous conduire au buffet ultra complet. Bar, spa et salle de fitness.

ANJO VERDE €

21 Largo da Praça Velha
✆ +351 253 264 010

Ouvert du lundi au samedi de 12h à 14h30 et de 19h à 22h30. Environ 15 € le repas.

Une bonne surprise que ce petit restaurant qui propose une cuisine végétarienne variée et savoureuse. Les portions sont généreuses, vous sortirez de table bien repu, aucun doute là-dessus. L'Anjo Verde propose aussi des versions véganes (sans œuf ni lait). N'oublions pas les desserts tout aussi généreux et bons, le service de qualité, l'ambiance chaleureuse. Population principalement de jeunes adultes. En terrasse ou en intérieur, n'hésitez pas à venir prendre un repas ici. Un bon endroit aussi pour initier les non végétariens à une cuisine sans viande ni poisson.

CENTÉSIMA PÁGINA €

118-120 Avenida Central
✆ +351 253 267 647
www.centesima.com

Ouvert de lundi à samedi de 9h à 19h30. Plat du jour à 6,50 €.

Quel fantastique, étonnant et délicieux endroit ! A l'intérieur de cet édifice de style rococo, se niche une géniale librairie, avec des rayons remplis d'ouvrages en tout genre (littérature jeunesse, voyages, BD....) Mais ne manquez surtout pas le café à l'arrière avec son paisible patio intérieur, sa terrasse et son jardin. Dans ce havre de paix entouré de romans, on mange une salade, un plat du jour cuisiné maison ou un délicieux crumble. Au premier étage, différentes boutiques ont ouvert : mode, bijoux, galerie d'art. Accueil intelligent et très sympathique.

GOSTO SUPERIOR €

29 Praça Mouzinho de Albuquerque
✆ +351 253 217 681

Ouvert tous les jours de 12h à 15h et de 19h30 à 22h30. Environ 8 € le plat.

Si vous faites partie de ceux qui pensent que la cuisine végétarienne est fade, ennuyeuse et peu variée, venez donc découvrir le Gosto Superior, un restaurant qui propose une cuisine végétarienne exquise. 4 plats différents sont proposés chaque jour et servis en généreuses portions. Les assiettes colorées ouvrent immédiatement l'appétit. Plus que des mots, il faut goûter. Les desserts sont aussi terribles ! Ambiance chaleureuse, cuisine saine et originale, service de qualité. Le tout à des prix tout petits. Idéal comme pause lors d'une visite de Braga.

RESTAURANTE CRUZ SOBRAL €

7/8 Campos Das Hortas
✆ +351 253 616 648

Ouvert du mardi au samedi de midi à 15h et 19h à 22h. Dimanche midi uniquement. Menu autour de 15 €. 30 € à la carte.

Depuis 1926, ce restaurant a gagné ses lettres de noblesse grâce à la cuisine au feu de bois, typique du Minho, et au service soigné transmis de génération en génération. Au menu : cabri grillé au feu de bois, gratin de morue à la crème et d'autres mets succulents et parfois peu connus de la région. La carte des vins est excellente, classée par régions du Portugal. Les serveurs qui connaissent parfaitement les meilleures associations vin-plat sauront vous aider. Le cadre est accueillant, le service impeccable. Une adresse classique mais efficace.

TABERNA DO FELIX €

17 Rua da Praça Velha
✆ +351 253 617 701
Ouvert du mardi au samedi de 12h à 14h30 et de 19h à 22h30, le lundi de 19h à 22h30. Comptez entre 12 et 20 € par plat.

La Taberna do Félix, qui se trouve entre la cathédrale Sé de Braga et Arco da Porta Nova, est un petit restaurant à l'ambiance familiale dont l'excellente réputation a séduit une bonne partie de la population de Braga. Les hôtes prennent un soin tout particulier à choyer leurs clients en quête de cuisine traditionnelle avec cette bonne humeur portugaise si chaleureuse. Vous dégusterez par exemple un très bon *robalo grelhado* ou une morue à la crème dont vous vous souviendrez longtemps. Excellente sélection de vins. Réservation conseillée, surtout en haute saison.

CASA DOS COIMBRAS

506 Largo de Santa Cruz
Ouvert du lundi au samedi de midi à minuit, le dimanche de 14h à 20h.

Un des sites les plus agréables de Braga pour boire un verre en écoutant quelques airs de jazz. En été, on profite d'une grande cour intérieure, avec poufs et fauteuils pour prendre un verre en toute tranquillité. Le vendredi, on profite de la musique en plein air, en sirotant une délicieuse Caipiroska. La Casa dos Coimbras ravira ainsi quiconque veut passer un bon moment dans un agréable cadre. Ambiance sympathique, service de qualité et dynamique. Boissons et musique de qualité. On en profite à toute heure de la journée. Recommandé.

ASTORIA

4 Praça da República
✆ +351 919 011 890
https://cafeastoria.eatbu.com/?lang=fr
Ouvert tous les jours de midi à minuit, 2h le week-end. Club le vendredi et samedi. Plats autour de 15 €.

Dans l'esprit des grands cafés. Sous les arcades, de petites tables pour lire en sirotant un verre de vin de la région. La carte est variée mais c'est une originale *bacalhau* en croûte de châtaignes qui a retenu notre attention. L'Astoria se trouve parmi les cafés-bars les plus fréquentés de la ville. Signe des temps, l'établissement possède une discothèque à l'étage qui programme des soirées thématiques. Un endroit hétéroclite qui saura ravir un large public de jour comme de nuit. Un lieu qui réunit locaux et touristes sous un même toit. Service impeccable.

PASTELARIA MANUEL FERREIRA CAPA

Rua dos Capelistas, 40-50
✆ +351 253 181 882
Ouvert tous les jours de 8h à 19h. En été ouvert jusqu'à minuit. Plat du jour à moins de 10 €.

Une balade dans la ville ponctuée par des pauses dans les pastelarias... Celle-ci a de quoi convaincre : café au vinho verde et toutes sortes de douceurs, le tout dans une vaste pièce au décor immuable depuis les années 1950. Le charme de la pastelaria Manuel Ferreira Capa vous attirera au premier coup d'œil, et la gourmandise des douceurs finira de vous séduire ! Une bonne ambiance dans un bel endroit pour faire une pause. Service impeccable et souriant.

CAFE A BRASILEIRA

Largo Barão de S. Martinho
✆ +351 253 262 104
Ouvert tous les jours de 8h à minuit, 2h le week-end. Plat du jour à 12 €.

Le vieux café typique et chic par excellence où se mêlent toutes les générations, des anciens qui viennent chaque jour aux jeunes clients de la nouvelle génération. A voir, pour comprendre ce plaisir de la conversation, et la notion d'attente qui caractérise la saudade du peuple portugais. Le Café A Brasileira est, vous l'aurez compris, l'un des cafés emblématiques de Braga, situé au cœur du quartier historique. Salon de thé, bar, snack, il y en a pour tous les goûts, toute la journée. Service impeccable, souriant et dynamique. Recommandé.

CORK STORE

118 Rua de São Marcos
✆ +351 930 638 339
www.corkstore.pt
Ouvert tous les jours de 10h à 19h. Environ 25 € un sac.

Dans cette jolie petite boutique tout en longueur, située face à la cathédrale, vous trouverez des souvenirs authentiques à ramener de votre séjour au Portugal et à Braga. A l'intérieur, une multitude d'objets en liège *made in* Portugal et végans, bien présentés sur les étagères. Au choix : des sacs, des casquettes dont les motifs résistent à l'eau, des bracelets, colliers et boucles d'oreilles, des dessous de plat, des trousses et des pochettes. Également des magnets à l'effigie de Braga. Ce n'est pas très cher et de bonne qualité.

MERCEARIA MERCADO SÃO JOSÉ

5 -9 Rua de São João
✆ +351 253 278 860
www.bacalhau-portugal.com
Du lundi au vendredi de 9h à 13h et de 15h à 19h.

La Mercearia Mercado São José est une maison fondée en 1894. Le *bacalhau* est la grande spécialité du lieu, d'ailleurs les poissons séchés pendus tout au long du magasin le montrent. On retrouve aussi une sélection de vins et des produits d'épicerie fine. Le vendeurs sont de bon conseil, souriants et disponibles. Une épicerie traditionnelle comme on les aime, où le savoir-faire et la connaissance sont clairement visibles. Ici, pas de risque de se faire avoir.

O TEAR TRADIÇÕES

15 H Largo de S. Paulo
✆ +351 253 213 214
Ouvert tous les jours de 9h à 13h et de 15h à 19h. Uniquement le samedi matin. Fermé le dimanche.

Voici la bonne adresse pour faire le plein de nappes, couvertures, tapis et autres tissus brodés confectionnés avec soin. De la qualité incontestablement et des réalisations artisanales. Idéal pour renouveler votre linge de maison d'une manière originale ou pour offrir. Vous pouvez opter pour un napperon, facile à ranger dans la valise, petit souvenir à poser à l'ancienne au centre de la table. Franchissez la porte, vous découvrirez ainsi l'un des savoir-faire portugais d'exception. Le tout avec un bon accueil, des conseils et des prix très raisonnables.

PICOTO PARK

Rua João Evangelista de Araújo Vieira
✆ +351 936 407 696
www.picotopark.pt
Ouvert de 11h à 20h. Mardi sur réservation. Tarif des activités sur le site Internet.

Situé au mont du Picoto, avec une vue imprenable sur Braga et ses environs, le Picoto Park est un parc d'aventures pour les petits et les grands, selon le type d'activités. Au sein même du parc, ce sont surtout les enfants qui prendront plaisir à faire de l'escalade sur la paroi artificielle, à jouer au paintball ou à faire de l'accrobranche. En dehors, les plus grands pourront partir en expédition canyoning dans le parc Peneda-Gerês ou faire du kayak. Autant de possibilités pour s'amuser, se dépenser ou tout simplement se détendre.

VELHA-A-BRANCA

23 Largo da Senhora-a-Branca
✆ +351 916 249 180
www.velha.org
Ouvert du mardi au samedi de 21h à 1h.

Un autre de ces centres culturels de Braga gérés par des bénévoles. Dans la journée, workshops sur différents sujets, dont des cours particulièrement intéressants sur la photographie. Des activités pour les enfants sont également proposées. Velha-a-Branca fait aussi bar, discothèque et salle de concert lorsque des événements sont organisés. Public plutôt alternatif, et bonne musique. Pour un moment original qui mélange avec brio culture et musique. Ambiance chaleureuse et accueillante. Discussion facile. C'est intéressant d'y faire un tour.

BARCELOS ★★

Entre Viana do Castelo et Braga, une étape dans cette ville d'artisanat s'impose, surtout le jeudi matin pour le grand marché traditionnel, devenu très touristique. C'est le marché le plus coloré du Portugal ! Barcelos est la ville du coq, emblème le plus connu du pays. Il existe, bien entendu, des variations infinies autour de la légende de ce coq. Prenez le temps de lire, sur l'un des murs restant des ruines du petit *Museu arqueológico* à ciel ouvert, la version « officielle » racontée en portugais ou en anglais. Pour vous garer, rien de plus facile : le grand parking face à l'hôpital est idéalement placé pour la visite de Barcelos et il est gratuit.

Le coq de Barcelos.

MUSEU DE OLARIA

Rua Cónego Joaquim Gaiolas
✆ +351 253 824 741
www.museuolaria.pt
Ouvert du mardi au vendredi de 10h à 17h30, le week-end de 10h à 12h et de 14h à 17h30. Entrée gratuite, guidée 2,20 €.

Ce petit musée de la Poterie (inauguré en 1995) expose une multitude de pièces provenant du Portugal continental et des ses îles. C'est un bel espace qui propose une collection permanente ainsi que des expositions temporaires. Y sont exposées des pièces originales ainsi que des poteries anciennes. Les enfants et les adultes adoreront visiter ce musée, on y passe un beau moment et on apprend quelques techniques de potier qui donnent envie de poursuivre dans la lancée. A ne pas manquer d'autant plus que l'entrée est gratuite et que le personnel parle français.

HOTEL DO TERÇO €

7 Rua de São Bento
✆ +351 253 808 380
Chambre double à partir de 45 €. Petit déjeuner en sus 8 €. Parking gratuit.

A 5 minutes à pied du centre historique de Barcelos et proche de tous les commerces, l'hôtel do Terço de Barcelos dispose de 37 chambres modernes bien tenues mais pour certaines un peu vieillissantes. Elles ont toutes un balcon. Elles sont décorées dans des tons blanc-marron. Le lieu manque peut-être un peu de charme mais pour le prix c'est tout à fait correct. Vous aurez par ailleurs accès à une petite salle de fitness. L'accueil est souriant et le petit déjeuner buffet complet. Une adresse plutôt pour les budgets modestes qui souhaitent faire un saut à Barcelos.

QUINTA DA SANTA COMBA €

São Bento da Várzea
✆ +351 253 832 101
www.stacomba.com
Chambre double à partir de 90 € avec petit déjeuner.

Un coup de cœur dans la région : parfaitement intégrées dans une maison seigneuriale baroque, les chambres bien équipées offrent tout le confort nécessaire (literie de qualité, luminosité, salle de bains...) pour un séjour au calme dans un environnement magnifique. A l'extérieur, un petit haras de quelques chevaux et une piscine sont à disposition. Vous passerez un agréable moment dans le domaine, en choisissant les activités sportives ou relaxantes qui vous plairont. Accueil plus que chaleureux et disponible des propriétaires. Une adresse charmante.

CASA DOS ASSENTOS DE QUINTIAES €€

Quintiaes Tamel
✆ +351 919 640 742
www.casadosassentos.com/
Chambre double à partir de 95 €. Petit déjeuner inclus. Wifi.

Cette ancienne ferme au cœur d'un domaine « tourisme d'habitation rurale » accueille ses résidents pour une ou plusieurs nuits dans un havre de paix. Elle dispose de 2 cottages pour 4 et 6 personnes dont les chambres sont décorées de manière traditionnelle et élégante. Elles sont lumineuses et spacieuses. Au choix, lits jumeaux ou doubles. Dans le domaine se trouvent également deux piscines, un court de tennis et une table de ping-pong. Bon petit déjeuner et accueil chaleureux.

Barcelos.

RESTAURANTE BAGOEIRA €

495 Avenida Doutor Sidónio Pais
✆ +351 253 813 088
www.bagoeira.com
Ouvert tous les jours midi et soir. Environ 20 € par personne.

Le marché de Barcelos est sans conteste le marché le plus coloré et l'un des plus importants du Portugal. Les fermiers des villages voisins y vendent leurs produits : poteries, vaisselle, dentelles, paniers, alimentation... sans oublier bien sûr les fameux coqs. Le jeudi, jour de marché, on se rend dans ce restaurant au passé riche. C'est le rendez-vous des exposants. Ambiance typique assurée et gastronomie régionale goûteuse : *papas de sarrabulho, mão de cabrito assada no forno, rojões à moda do Minho, broa de milho* (pain) et desserts maison.

RESTAURANTE CHUVA €

Avenida de São João
✆ +351 253 831 242
Fermé le mardi. Ouvert de 11h à 22h. Autour de 20 € par personne.

Cette ancienne *tasca* rénovée et agréable propose de bons plats régionaux : charcutaille, *caldeirada de cabrito, cozido à portuguesa*. Sans oublier le *arroz de frango*, une merveille. La carte des vins n'est pas forcément nécessaire puisqu'on vous propose d'accompagner vos plats de *vinho verde* tiré au tonneau. Faites confiance au serveur qui connaît la carte par cœur. Ambiance conviviale qui plaît autant aux locaux qu'aux touristes. On terminera par l'un des excellents desserts faits maison avant de poursuivre la visite de la ville. Service attentionné.

RESTAURANTE PEDRA FURADA €

Rua Nova ✆ +351 252 951 144
www.pedrafurada.com
Ouvert tous les jours de 12h à 15h et de 19h à 22h. Uniquement le midi dimanche et lundi. Entre 10 et 20 € le plat.

Dans une ancienne *tasca*, venez retrouver et goûter la qualité d'antan ! Ici, les plats sont consistants : *arroz de feijão vermelho com bolinhos de bacalhau* (riz et flageolets rouges avec beignets de morue) ou *feijoada à minhota* (ragoût)... Mais le *cabrito assado* (chevreau rôti) et le *cozido à portuguesa* (sorte de pot-au-feu) sont les meilleures réussites pour qui aime la viande. On veille à laisser une petite place pour les excellentes pâtisseries ! Un régal, un excellent moment, un service impeccable. On y va (et on y retourne) sans hésitation.

GALLIANO CAFÉ

20 Campo 5 de Outubro
✆ +351 253 815 104
Ouvert tous les jours de 11h30 à 15h30 et de 19h à 23h, le dimanche midi uniquement. Autour de 15 € le plat.

Le Galliano est un café-restaurant la journée et aussi un bar plutôt « branchouille » le soir. Urbain et contemporain, c'est un lieu sympa avec dans son bel intérieur une mini-forêt d'eucalyptus. Côté assiette : poulet, *francesinha*, poulpe, etc. Et, plus original, le Galliano vous propose du coq, délicieux. Les portions sont assez généreuses. La carte des vins est ultra complète alors n'hésitez pas à vous renseigner sur le meilleur nectar pour accompagner votre repas, les serveurs se feront un plaisir de vous aider. Service impeccable.

MERCADO

Campo da República
Tous les jeudis.

L'histoire du marché de Barcelos commence au XVe siècle. C'était alors un évènement annuel. Aujourd'hui, il a lieu tous les jeudis au Campo da República. Malgré l'affluence des touristes, c'est un marché qui est resté rural et authentique. Les fermiers des villages voisins viennent y vendre leurs produits (alimentation et artisanat) : poteries, vaisselles, dentelles, paniers... et les fameux coqs. Bruyant et coloré, ce marché est l'un des plus importants du Portugal. A ne pas louper pour découvrir l'ambiance d'un marché typique, haut en couleur et en vie.

VATICANO CLUB

118 Rua Cândido Cunha
✆ +351 933 275 449
Ouvert du vendredi au lundi de 19h à 6h.

C'est l'endroit où passer la nuit en attendant de voir le petit jour se lever. Les fêtards viennent y écouter une musique plutôt électro, avec des DJ de renommée. La piste de danse se remplit au fur et à mesure que les heures de la nuit s'écoulent, jusqu'à ne plus voir que les braves qui ont décidé de prolonger la bamboche et passer une nuit blanche. Le Vaticano Club est un incontournable des nuits du Minho ! Jeunes et trentenaires en sont les principaux clients. Le bar sert des shots plutôt savoureux tout au long de la soirée. Prévoir un lendemain difficile !

PÓVOA DE VARZIM ★

S'étendant le long de l'Atlantique, à 28 kilomètres au nord de Porto et à une bonne vingtaine de kilomètres de Braga, Póvoa de Varzim s'assume comme une « ville de loisirs » grâce à ses espaces et à ses équipements. L'office de tourisme a mis en place un itinéraire « De l'eau et du pain », circuit de 8 kilomètres qui permet d'apprécier l'histoire de la ville (centre historique, étape du pèlerinage de Saint-Jacques-de-Compostelle, centre de production du lin...). Sa situation privilégiée permet également de faire des incursions dans le Nord-Ouest portugais : Porto, Viana do Castelo, Braga, Guimarães, Pont de Lima, Gerês... Une belle étape dans tous les cas.

MUSÉE MUNICIPAL D'ETHNOGRAPHIE ET D'HISTOIRE

Rua do Visconde de Azevedo, 17
✆ +351 252 616 200
Ouvert du mardi au dimanche de 10h à 12h30 et de 13h30 à 17h.

Niché dans un beau bâtiment du XVIIIe siècle et fondé en 1937 par l'ethnographe António dos Santos Graça, ce musée très didactique possède une grande collection de pièces sur la communauté des pêcheurs de Póvoa. C'est l'un des plus anciens musées d'ethnographie du Portugal. Parmi les expositions permanentes : objets de la culture romaine, cuisine ancienne d'une maison de la noblesse, art religieux local, jeux traditionnels pour enfants, anciennes techniques de construction des bateaux.

ÉGLISE ROMANE DE S. PEDRO DE RATES ★

Ce temple était à l'origine une chapelle modeste de l'époque de la Reconquête. Les comtes D. Henrique et D. Teresa l'ont fait reconstruire. L'édifice bénéficiait d'un autre plan au temps d'Alphonse Ier Henriques, quand, vers le milieu du XIIe siècle, a commencé la construction de l'actuelle église qui ne fut achevée qu'un siècle plus tard. C'est une construction massive en granit, avec peu d'ouvertures. La rosace, dans la partie supérieure de la façade, est particulièrement belle.

PLAGE ★

La plage de Póvoa de Varzim est ample. Elle dispose de bons équipements d'appui et est facile d'accès pour tous les publics, en particulier pour les personnes à mobilité réduite grâce à sa rampe. La mer (agitée) qui la dessert est constamment animée par les traditionnels bateaux de pêche, par les embarcations sportives ou de plaisance et par les innombrables amateurs de surf et de bodyboard. Au long de la plage s'étend l'Avenida dos Banhos, avec ses restaurants, ses magasins et ses bars. Incontournable pour les locaux comme pour les visiteurs. Parking.

MONT DE SAINT FÉLIX

Visite libre toute l'année.

C'est le point le plus haut du mont de Rates, à 202 m d'altitude. Avec une vue panoramique privilégiée, on peut y observer toute la région et remarquer sa diversité maritime, rurale et urbaine. Des moulins y sont installés, quelques-uns convertis en résidences secondaires ; il y a aussi la chapelle de Saint Félix, ainsi que l'hôtel éponyme. Il faut donc absolument vous y rendre pour constater la beauté du paysage dans lequel vous évoluez alors. Mais cela, nul doute que vous en aviez déjà conscience... Au choix : escaliers ou voiture.

PRAÇA DO ALMADA

Cette place est entourée d'un ensemble architectural de grande pureté : au granit présent sur les façades, s'ajoutent l'azulejo et le fer forgé. Rénovée en 2007, vous y trouverez certains des grands symboles de la ville comme les Paços do Concelho, le monument consacré à l'écrivain Eça de Queirós (né ici-même en 1845 et mort à Neuilly-sur-Seine en 1900), le pilori de Póvoa et l'ancien kiosque à musique. Cette place est un point de passage immanquable lors de votre visite de la ville. Les habitants la traversent tout au long de la journée.

ÉLEBÊ PÓVOA €€

40 Rua Tenente Veiga Leal
✆ +351 224 942 985
www.elebe.pt

Fermé mardi et mercredi au déjeuner. En moyenne 25 € le repas. En semaine formule déjeuner.

Ce 3e restaurant éLeBê a ouvert ses portes en 2016 dans un lieu chargé d'histoire, la forteresse Nossa Senhora da Conceição qui se trouve sur l'avenue principale en bord de mer. Ici la carte fait converger les plats de cuisine traditionnelle : carpaccio de poulpe, filets de bar aux amandes, risotto de morue avec gambas… Sont aussi servis des plats à base de fruits de mer. Décoration sobre dans les tons beiges et marron, les poutres en bois créent une ambiance chaleureuse. Terrasse entourée par la muraille. Personnel aux petits soins. Ambiance zen.

HÔTEL CONTRIZ €€

2843 Rua da Estela
✆ +351 252 644 473
Chambre simple de 30 à 50 €, double de 40 à 60 €, triple de 50 à 70 €, familiale de 60 à 80 €.

Ce petit hôtel propose 29 chambres confortablement équipées, dont deux suites. Elles sont lumineuses, sobrement décorées, parfois un peu vieillissantes mais elles disposent d'une literie de qualité (lits jumeaux ou doubles). Le petit déjeuner en salle est complet avec pain, fruits, œufs, yaourt, céréales, thé ou café... De nombreuses activités sont disponibles, à quelques pas de l'hôtel : la plage, le golf de l'Estela, un centre équestre. Accueil chaleureux et authentique, la réception est ouverte 24h/24. Un établissement au bon rapport qualité-prix.

SAO FELIX HOTEL HILLSIDE AND NATURE €€

1125 Rua de S. Félix, Laundos
✆ +351 252 607 176
www.saofelixhotel.com
Chambre double à partir de 59 €, petit déjeuner compris. Demi-pension à partir de 86 €. Réductions sur le site Internet.

A quelques kilomètres à l'ouest de Póvoa de Varzim, le Hillside and Nature vous promet un séjour reposant au calme dans un environnement forestier et une belle vue sur l'océan. La quarantaine de chambres et suites sont spacieuses, lumineuses, tout équipées avec télévision, air conditionné, mini-bar, salle de bains propre, literie de qualité, etc. Sur place, vous pourrez profiter de la piscine extérieure lors des beaux jours. Le petit déjeuner buffet est bien varié. Restaurant.

CASINO DA PÓVOA

Edifício do Casino da Póvoa de Varzim
✆ +351 252 690 888
www.casino-povoa.com
Ouvert du dimanche au jeudi de 14h à 2h, vendredi, samedi et veilles de jours fériés de 15h à 3h.

Belle construction néoclassique inaugurée en 1934, ce casino dispose d'une salle mixte, équipée de divers jeux traditionnels (banque française, black-jack, ponto, banque et roulette américaine) et de 650 machines à sous. L'animation est quotidienne (363 jours d'ouverture par an) dans l'Atrium Piano Bar ou au Salon d'Ouro qui, outre l'offre gastronomique du dîner buffet quotidien, est une scène privilégiée pour de grands galas. N'oubliez pas de jouer avec modération et dans la limite de votre budget afin de ne pas vivre des lendemains qui déchantent.

VILA DO CONDE

Une sympathique station balnéaire bien connue des Portugais avec 18 kilomètres de plages et de nombreux services en bord de mer. Depuis Porto, il est facile d'y aller en train depuis la gare de São Bento ou Campanha. En bus, cela est moins pratique mais à l'arrivée l'aqueduc Santa Clara et son couvent vous accueilleront. Vous pouvez facilement faire l'aller-retour dans la journée. Au cais da Alfandega, près du Rio Ave et du musée de la construction civile, est amarrée la réplique d'un navire à trois mâts du XVIe siècle utilisé au temps des découvertes. Si vous optez pour un séjour dans le nord portugais, poursuivez ensuite vers Viana do Castelo.

AQUEDUC

Entre Vila do Conde et Póvoa de Varzim.
Visite libre toute l'année.

Depuis le couvent de Santa Clara (Largo Dom Afonso Sanches), cet aqueduc est le deuxième plus grand du pays. Entre 1705 et 1714, 999 arches furent construites sur environ 4 km d'extension avec pour objectif l'approvisionnement du couvent. Si vous arrivez en tram à Vila do Conde, c'est l'un des premiers ouvrages historiques de la ville que vous apercevrez. Impressionnant, il semble sans fin ! Indubitablement sur votre itinéraire de visite de la ville. Suivez-le et vous arriverez forcément... au couvent qu'il servait à alimenter.

CAPELA DE NOSSA SENHORA DO SOCORRO ★

Rua do Socorro
Ouvert tous les jours de 9h à 18h.

Cette chapelle possède un format assez rare. La grande voûte posée sur la base carrée de l'église est originale et donne un charme fou à la construction. Elle fut construite au début du XVIIe siècle sous les ordres de Gaspard Manoel Carneiro, pilote dans la marine qui lui a donné des influences orientales ramenées de ses voyages. A l'intérieur, plusieurs azulejos du XVIIIe siècle et un retable en style rococo. Beau panorama sur la rive droite de la rivière Ave.

QUINTA SAO MIGUEL DE ARCOS €€

Rua da Igreja, 209 Arcos
✆ +351 919 372 202
www.countryhotel-quintasaomiguel.com
Chambre double 80 €. Petit déjeuner inclus. Promotions sur Internet.

Sur la route de plusieurs sentiers de randonnée, cette *quinta* est un véritable havre de paix pour se reposer tout en profitant de son agréable cadre. Les chambres sont spacieuses, lumineuses, décorées avec modernité dans une authenticité préservée. Elles sont dotées de baignoire. Le petit déjeuner pris en extérieur lors des matinées ensoleillées est un régal. Sur place, deux piscines d'extérieur et un spa appellent à la relaxation. Très bons accueil et rapport qualité-prix.

VILLA C BOUTIQUE HÔTEL €€

Avenida Mouzinho De Albuquerque - Estrad
✆ +351 252 240 420
www.villacboutiquehotel.com
Chambre double aux alentours de 100 €. Petit déjeuner inclus. Promotions sur le site Internet.

Dans un lieu à l'architecture moderne, ce boutique-hôtel réunit plusieurs espaces en un : culturel avec des événements réguliers autour de la musique notamment et de concerts live ; hébergement avec des chambres spacieuses qui offrent une belle vue sur la ville, confortables et bien équipées ; gastronomique avec son restaurant A Terra qui sert de la cuisine à base de produits biologiques et principalement locaux sous la direction du chef. Une piscine également pour les clients. Accueil chaleureux, petit déjeuner excellent.

RESTAURANTE LE VILLAGEOIS €

94 Praça da República
✆ +351 939 584 093
Ouvert du mardi au dimanche de 12h à 15h et de 19h à 22h30. Plats autour de 20 €.

Changement de propriétaire, changement de cadre, changement de carte. Terminé la cuisine française mais les plats proposés restent délicieux en particulier les poissons, la *parrilhada de Peixe Fresco s/ espinhas* est une merveille. La grande salle a été refaite à neuf et le restaurant ne désemplit pas. Dans la charmante cité historique de Vila do Conde, ce restaurant est situé dans un beau jardin face au fleuve Rio Ave, qui se jette 800 m plus loin dans l'océan Atlantique.

VIANA DO CASTELO ★★

Au bord du Rio Lima, le port de pêche a connu un glorieux passé commercial. À l'époque des grandes découvertes, c'était un point de départ pour les explorateurs portugais. Ses jolies demeures témoignent de son opulence d'antan. Les petites rues rendent très agréable cette ville qui perpétue une tradition d'artisanat et de folklore. Viana do Castelo multiplie les initiatives pour « dé-saisonnaliser » son tourisme, vantant la région dont les activités proposées plaisent aussi bien à ceux qui recherchent des plages que des montagnes. La qualité de vie est au centre du réaménagement stratégique du centre-ville : moins de trafic et plus de mobilité douce.

ÉGLISE DE SAINT DOMINIQUE

Largo Sao Domingo
Ouvert tous les jours de 9h à 18h.

Cette église est tout ce qui reste du couvent São Domingo. Construite en 1576, elle compte de magnifiques autels dorés et un retable grandiose en taille épaisse, classé chef-d'œuvre de style rocaille. Le pape Jean-Paul II l'a consacrée. Cet édifice se trouve sur l'itinéraire de la visite de Viana do Castelo. Si l'église est ouverte lors de votre passage, vous rentrerez assurément à l'intérieur pour découvrir les beaux éléments d'époque évoqués ci-dessus.

MUSEU DO TRAJE ★

Praça da República
✆ +351 258 809 306
www.cm-viana-castelo.pt
Ouvert du mardi au vendredi de 10h à 18h, le week-end de 10h à 13h et de 15h à 18h. Entrée : 2,20 €, réduit : 1 €.

Le musée des Costumes est installé dans les locaux d'une ancienne banque depuis quelques années (des locaux des années 1950 au style Estado Novo). Il a été créé en 1997 et se trouve dans le centre historique de la ville. Un Musée ethnographique très intéressant puisqu'il conserve ainsi les traditions du Minho. Vous découvrirez donc les vêtements portés à différentes époques exposés en vitrine. L'équipe sur place est disponible et saura répondre à vos questions sur le sujet. Une visite qui vaut le coup et qui plaira à toute la famille.

AUTOUR DE PORTO

MONTE DE SANTA LUZIA - BASILIQUE SAINTE-LUCIE ★★

Monte de Santa Luzia
✆ +351 258 823 173
www.templosantaluzia.org
Ouvert tlj 8h-19h, 17h en hiver. Montée au dôme : 1 €. Funiculaire (horaires variables) : 3 € A/R.

© TMP - AN INSTANT OF TIME - SHUTTERSTOCK.COM

Le mont Santa Luzia domine la ville. Coiffant ce mont, c'est la basilique Sainte-Lucie, un gros gâteau gris néo-byzantin du début du siècle qui ressemble au Sacré-Cœur de Montmartre, en plus petite dimension. Belle route pour y accéder, intime et bordée de pins et d'eucalyptus, un délice d'odeurs et de visions ! Le panorama est superbe, avec Viana do Castelo mais surtout au loin et si près à la fois, l'océan et les plages de sable. Accès possible à pied, en voiture ou en téléphérique.

NAVIRE GIL EANNES ★

Sur la Marina Atlantica
✆ +351 258 809 710
www.fundacaogileannes.pt
Ouvert tous les jours de 9h à 17h30, jusqu'à 19h en été. Entrée 4,50 €.

Le *Gil Eannes* est un navire hôpital (également remorqueur et brise-glace) mis en service en 1955. Il œuvra jusqu'en 1973 auprès des marins portugais qui pêchaient la morue sur les bancs de Terre-Neuve et au Groenland. La visite permet de découvrir la salle de la capitainerie encore équipée de tous ses instruments, les dortoirs, les salles des machines et les salles d'opération et d'examen médical. Une partie du bateau est occupée par l'auberge de jeunesse de la ville. La statue de l'explorateur João Álvares Fagundes se trouve face au quai d'amarrage.

PLAGES ★★

De belles plages plus ou moins agitées par les vagues sont à découvrir à Viana do Castelo, ou un peu plus loin. Vous en trouverez d'autres, en plus de celles présentées ici. Beaux moments en perspective pour faire du surf, bronzer par beau temps, se balader... La Praia do Cabedelo est une immense plage à quelques minutes du centre-ville. Vous pouvez vous y rendre par bateau depuis la jetée sur le Largo de 5 Outubro. La Praia Norte, à deux kilomètres au nord du centre, est un bon coin de surf. La Praia do Afife, 8 km plus loin, également pour le surf.

PRAÇA DA REPUBLICA

A voir : l'ancien hôtel de ville. Mairie construite au XVIe siècle d'un style Renaissance remarquable. Sous les arcades, des scribes rédigeaient des requêtes à la mairie pour les illettrés. Voir aussi la fontaine Renaissance ou Chafariz, construite en 1554 et semblable à celle que vous pouvez voir en Galice. Ou encore le bâtiment de la Miséricorde et son église. Créée en 1520, la confrérie de la Miséricorde décida de construire la Casa das Varandas en 1589, dans un style unique d'architecture Renaissance maniériste aux influences italiennes et flamandes.

SÉ (CATHÉDRALE) ★

Largo Instituto Histórico do Minho
✆ +351 258 822 436
Ouverte de 9h à 12h et de 14h à 18h30.

Cette cathédrale est l'édifice religieux le plus intéressant de la ville. Bâtie au XVe siècle, elle possède un portail gothique, étoilé d'une grande rosace que vous contemplerez. Deux tours d'architecture romane l'encadrent de leurs créneaux. Un bois polychrome du XVIe siècle représente le baptême du Christ. La cathédrale de Viana do Castelo est aussi connue pour les Festas da Senhora da Agonia. A inscrire sur votre liste de visites des monuments lors de votre passage à Viana do Castelo, d'autant que c'est la plus grande cathédrale du district.

HOTEL JARDIM €

68 Largo 5 de Outubro
+351 258 828 915
www.hoteljardimviana.pt/
Chambre double entre 35 et 60 €. Petit déjeuner inclus. Wifi.

Une pension propre qui met à disposition 20 chambres agréables. Elles sont lumineuses, plutôt confortables avec une bonne literie, et offrent une vue sur la ville ou la montagne. Télévision, baignoire ou douche, air conditionné, coffre-fort complètent leur équipement. Certaines disposent d'un balcon. Le petit déjeuner continental est simple avec thé ou café, croissant, jus de fruit, charcuterie... Accueil professionnel et souriant. Des conseils sur les activités de la ville et des alentours pourront vous être délivrés si vous le demandez.

ALBERGARIA MARGARIDA DA PRAÇA €€

58 Largo 5 de Outubro
+351 258 809 630
www.margaridadapraca.com
Chambres-suites à partir de 85 €. Petit déjeuner inclus.

Une belle adresse paisible dans un superbe édifice avec une terrasse face au fleuve Lima. Les jolies chambres sont lumineuses, confortables et très grandes. Elles sont toutes équipées de la télévision, de l'air conditionné, d'une salle de bains complète. Certaines offrent même une vue sur le fleuve. On appréciera la modernité de leur décoration et du mobilier, l'accueil du personnel disponible et les nuits calmes. Le restaurant de l'hôtel sert une excellente cuisine.

GITE DE BENTO NOVO - MAISON RURALE €€

187 Caminho Da Cabine
+351 258 830 766
www.quintabentonovo.pt
Chambre double à partir de 65 €, suite à partir de 75 €. Petit déjeuner inclus. Wifi.

Dans un espace rural, au cœur d'une ferme, de jardins entretenus et d'un potager de 4 ha, le gîte de Bento Novo vous accueille. La maison qui a gardé son caractère authentique a beaucoup de charme. Les chambres et les suites sont spacieuses, lumineuses, équipées d'un élégant mobilier d'époque. Pour se reposer, le salon est à disposition de tous. Les propriétaires chaleureux sont des passionnés. Ils seront de bon conseil pour vous indiquer les activités des alentours.

PACO DE LANHESES €€

465 Largo Capitão Gaspar De Castro
+351 258 731 134
www.pacodelanheses.com
Suite à partir de 120 €. Appartement à partir de 150 €. Petit déjeuner en supplément 10 €.

Ce manoir du XVIIIe siècle, de deux étages, en forme de L, est superbe et semble suspendu hors du temps. Dans ce lieu chargé d'histoire, on vous accueille avec une extraordinaire gentillesse pour un séjour d'exception. Les suites sont très confortables, spacieuses et décorées avec toute l'élégance de l'époque qui fait se sentir « royal ». La disponibilité des hôtes est remarquable, n'hésitez pas à leur demander de vous narrer l'histoire des lieux, le domaine est propice à la détente et aux confidences. Promenade à poney pour les enfants.

QUINTA DA BOA VIAGEM €€

Rua da Boa Viagem
+351 258 835 835
Appartement 2 personnes à partir de 110 €, 4 personnes à partir de 150 €. Petit déjeuner inclus.

Sur les pentes de la montagne de Santa Luzia, cette belle maison jaune avec chapelle date du XVIe siècle. Entre pinède et vignobles, elle offre une vue splendide sur l'océan. Equipées de façon rustique, six jolies chambres donnent accès à un salon avec cheminée en pierre apparente ou aux jardins agrémentés de sculptures et de fontaines. L'accueil chaleureux des propriétaires annonce dès les premiers instants dans le domaine que le séjour sera des plus agréable. Fantastique petit déjeuner, parfait pour partir à la découverte des alentours.

SOLAR DA NATUREZA €€

809 Estrada Nacional 203. +351 258 776 111
www.solardanatureza.com
Chambre simple de 21 à 42 €, double de 42 à 74 €. Bungalow de 63 à 126 €. Petit déjeuner inclus.

Cette ancienne demeure typique, implantée sur 2 ha dispose d'un joli jardin français, de buis et d'arbres exotiques. Dans la maison principale, deux salles de séjour, une salle à manger avec une cheminée ouverte et neuf chambres disposant d'une salle de bain, TV par satellite et chauffage. Salle de jeux, bar, piscine et court de tennis. Cuisine commune à disposition. Côté restauration, ambiance table d'hôte sur réservation et tous les dimanches, un menu dégustation complet, assuré par un chef français proposant une cuisine moderne avec des produits régionaux.

CASA MELO ALVIM €€€

28 Avenida Conde da Carreira
✆ +351 258 808 200
https://hotelmeloalvim.com/

Chambre deluxe à partir de 95 €, suite à partir de 110 €. Petit déjeuner inclus. Wifi. Offres sur Internet.

Ce manoir datant du Moyen Âge est situé devant la gare. Il mélange les caractéristiques de l'ancien et le confort du contemporain. Les salles communes constituent un véritable musée où sont exposées les céramiques rouges et autres sculptures trouvées dans les vestiges de l'ancien manoir. L'escalier et les colonnes sont d'origine tout comme les vieilles causeuses en pierre aux fenêtres. Les 20 chambres sont superbes avec du mobilier d'époque. Elles sont confortables et certaines ont un salon et un balcon. Le petit déjeuner est excellent. Personnel charmant.

HÔTEL FLÔR DE SAL €€€

100 Avenida de Cabo Verde
✆ +351 258 800 100
www.hotelflordesal.com

Chambres doubles à partir de 125 € en fonction de la saison et de la vue. Petit déjeuner inclus. Wifi. Parking privé.

Cet hôtel de 60 chambres est situé en face de l'océan. Depuis le lobby, le panorama sur les vagues est impressionnant de beauté. Les chambres, modernes et sobres offrent aussi des vues spectaculaires sur l'Atlantique ou sur le Mont de Santa Luzia. Le restaurant « Saleiro », avec sa grande baie vitrée propose une cuisine innovante tout en maintenant la tradition culinaire de la région. Le service y est particulièrement attentionné. Prendre un verre sur la terrasse est très agréable tout comme plonger dans l'une des deux piscines salées de l'hôtel.

POUSADA DE VIANA DO CASTELO €€€

Monte de Santa Luzia ✆ +351 258 800 370
www.pousadas.pt

Chambre double à partir de 110 €, suite à partir de 150 €. Petit déjeuner inclus. Wifi. Offres sur Internet.

Cette immense *pousada* d'exception se situe sur les hauteurs du mont de Santa Luzia, près de Viana do Castelo. Le panorama est merveilleux et on ne pourrait venir ici que pour la vue. Ce qui serait dommage car l'intérieur, luxueux, façon années 1930, est également une réussite. Les chambres, avec des hauts murs, appellent à la détente et ont conservé leur décoration bourgeoise. Après le déjeuner au restaurant, les jardins invitent à la sieste ou à la baignade dans la piscine.

QUINTA DO MONTEVERDE €€€

338 Avenida da Praia ✆ +351 258 871 134
www.quintamonteverde.com

Chambre Deluxe à partir de 160 €, suite terrasse à partir de 180 €, duplex à partir de 200 €. Petit déjeuner inclus.

Cette majestueuse propriété du XVIe siècle propose 4 chambres dans l'édifice principal, 3 *cottages* et un appartement dans une annexe indépendante. La décoration marie subtilement meubles anciens, riches boiseries et mobilier contemporain avec de nombreux détails élégants. Les chambres « deluxe » à l'étage supérieur ont une superbe vue face à la mer, Les points forts de cette *quinta* sont son confort, sa situation et son merveilleux grand jardin. Il y a une piscine, des chaises longues et des jeux pour enfants. Personnel aux petits soins et petit déjeuner délicieux.

CASA DE PASTO MARIA DE PERRE €

118 Rua de Viana
✆ +351 258 822 410
www.casamariaperre.pt

Ouvert du mardi au samedi de 12h à 15h et de 18h30 à 22h30. Dimanche midi uniquement. Entre 15 € et 20 € par personne.

Bonne cuisine traditionnelle dans cette *casa* rustique. La maison est réputée pour ses plats de viande, testez le *Cabrito assado no forno* ou le rôti de veau, succulent. Il ne faut pas hésiter à demander des demi-portions car les assiettes sont ultra généreuses. Très bonne carte des vins. Les serveurs sauront vous conseiller. Pour terminer, s'il vous reste de la place, craquez pour une mousse au chocolat, régressive et diabolique. Ambiance chaleureuse et service impeccable.

RESTAURANTE TABERNA DO VALENTIM €

45 Av. Campo do Castelo
✆ +351 258 827 505

Fermé le dimanche. Ouvert de 12h30 à 15h et de 19h30 à 22h. Environ 25 € par personne.

Ce restaurant est LE spécialiste du poisson frais en ville. D'ailleurs, il reste fermé les jours où il est compliqué de s'approvisionner, ce qui peut engendrer frustration et déception chez les clients... En plus des *robalo*, *sargo* ou *linguado* parfaitement grillés et assaisonnés, la *caldeirada* (sur commande) et les riz cuisinés mettent bien l'accent sur les saveurs de l'océan. Les beignets de morue sont un régal sans égal. Bon accueil, restaurant au calme face à la mer. On est bien !

CASA D'ARMAS €€

30 Largo 5 de Outubro
✆ +351 258 824 999
www.casadarmas.com
Ouvert de 12h30 à 15h et de 19h30 à 22h30. Environ 35 € par personne.

Dans une ancienne maison seigneuriale du XVIIIe siècle aux portes de Viana, c'est un couple aidé par le fiston qui assure la bonne réputation de cet établissement qui a pignon sur rue depuis une trentaine d'années tant au niveau de la qualité du service que des préparations, sophistiquées à souhait. Soupe de la mer, *açorda de marisco*, poisson aux herbes et gratiné aux crevettes à moins d'opter pour le fantastique tournedos et, en dessert, délicieux gâteau Bem-me-Sabe. Excellente sélection de vins. Jolie terrasse, grande et très agréable. Ambiance chaleureuse.

O BOTEQUIM €€

146 Av. do Meio
✆ +351 932 343 114
Ouvert du mardi au samedi de 12h à 15h et de 19h à 22h, ouvert le dimanche midi. Environ 25 € par personne.

Sur la route principale principale de Caminha, à la sortie de Viana do Castelo, ce restaurant brésilien qui propose aussi des classiques de la cuisine portugaise mérite le coup de fourchette. La cuisson et l'assaisonnement des viandes sont parfaitement maîtrisés. La *picanha* est exceptionnelle. Si vous n'aimez pas la bidoche, alors les croquettes de cabillaud et la raie suivies d'une mousse au fruit de la passion feront votre bonheur. Terrasse couverte. Accueil attentionné et atmosphère chaleureuse pour ce steakhouse bien décoré où l'on sert une bonne caïpirinha.

O PESCADOR €€

35 Largo São Domingos ✆ +351 258 826 039
www.opescadorviana.com
Fermé le dimanche soir et le lundi. Ouvert de 12h à 15h et de 19h à 22h, jusqu'à 23h vendredi et samedi. 30 € env.

L'autre grand resto de poisson de Viana. On vient donc dans cet établissement pour faire le plein de saveurs iodées. Morue, daurade, sole, loup, calamars, poulpes, fruits de mer sont mis à l'honneur, tout est ultra frais. L'*arroz de mariscos* est un enchantement tout comme le crabe et le homard, parfaitement maîtrisés. Très bonne sélection de vins pour accompagner ces plats servis très généreusement. La crème brulée et le gâteau au chocolat concluront parfaitement le repas si toutefois vous avez encore faim. Ambiance sympathique, service attentionné.

RESTAURANTE O LARANJEIRA €€

24 Rua Manuel Espregueira ✆ +351 258 822 258
www.olaranjeira.com
Fermé le mercredi. Ouvert de 12h à 15h et de 19h à 22h. Environ 25 € par personne.

Ce restaurant à la devanture décorée de céramique verte est situé au rez-de-chaussée de la pension du même nom. Dans un cadre élégant et lumineux, on déguste quelques spécialités de la région très bien présentées dont la *bacalhau* à Viana, confite dans l'huile d'olive et le citron : un régal ! Les desserts sont présentés sous une grande cloche, il est difficile de faire un choix et impossible d'y résister... Ici la cuisine est prise au sérieux, les recettes se transmettent de génération en génération avec la qualité comme maître mot. Serveurs sympas et polyglottes.

CONFEITARIA NATÁRIO

37 Rua Manuel Espregueira
✆ +351 258 822 376
pastelariaconfeitariamanuelnatario.pt
Fermé le mardi. Ouvert de 9h à 19h. Pâtisseries à partir de 1 €.

Cette pâtisserie, la plus ancienne de Viana, est une institution, réputée pour ses spécialités artisanales salées (*folhados de camarão, empada de pato*) et sucrées (*cavacas, meias luas, manjericos, torta de Viana, pão de Ló, biscoitos variados de Viana*). Vive émotion en goûtant la *bola de Berlim*, un délicieux beignet à la crème et à la cannelle qui sort du four, tout chaud. Cette *pastelaria* satisfera la gourmandise de chacun que vous soyez un bec salé ou un bec sucré. Sur place ou à emporter, à vous de choisir. Ambiance conviviale et service de qualité.

CASA SANDRA - BORDADOS DE VIANA

46 Largo João Tomás da Costa
✆ +351 258 822 155
https://sandraregionais.com/
Ouvert du lundi au samedi de 9h à 19h.

Ici, on déniche toutes sortes de merveilleux vêtements ornés de broderies colorées de Viana. Le travail est soigné et les broderies sont faites à la main. On trouve également de jolis napperons, des petites boîtes et d'autres bibelots qui décoreront à merveille les intérieurs. Des souvenirs authentiques et artisanaux à rapporter ou à offrir. On vous accueille avec le sourire dans cette boutique où il y a plein de jolies choses à voir. Faites le tour tranquillement.

MARTA PROZIL

Rua Grande, 17
✆ +351 258 824 984
www.martaprozil.pt
Ouvert du lundi au samedi de 9h30 à 18h30. Samedi uniquement le matin.

Une petite boutique qui regorge de jolis trésors faits main. L'accueil de Dona Marta est extraordinairement souriant. Vous y trouverez des costumes traditionnels portés lors des romarias, de la broderie colorée, quelques parures de bijoux, des petites sculptures en céramique, etc. Entrer chez Marta Prozil, c'est l'assurance de repartir avec un beau souvenir à rapporter ou à offrir, typique du Portugal, de la région du Minho en particulier et surtout unique. Un magasin qui mérite d'être mis en avant pour la perpétuation d'un savoir-faire portugais.

OURIVESARIA FREITAS

16 Rua Sacadura Cabral
✆ +351 258 801 230
www.ourivesariafreitas.com
Ouvert du mardi au vendredi de 10h à 12h30 et de 14h30 à 19h, le samedi de 10h à 13h.

Le petit coffre à trésors de Viana ! Une bijouterie où l'or et le filigrane côtoient la turquoise pour le plaisir des yeux. Vous y trouverez des bijoux typiques de Viana, dont le Cœur de Viana, reconnaissable entre tous par sa forme penchée, ou la croix en filigrane. Des pièces travaillées avec soin par des créateurs passionnés, comme les boucles d'oreilles et les pendentifs. Des prix élevés comme dans toutes les bijouteries, mais peut-être tomberez-vous sous le charme de l'un des bijoux proposés ? Un beau souvenir pour (se) faire plaisir. Accueil gentil.

CINÉMA

101 Avenida General Humberto Delgado
✆ +351 258 100 260
A partir de 5 € la séance selon les jours. Se renseigner.

Au deuxième étage du Shopping, grand centre commercial à côté de la gare. Ce Cineplex diffuse les derniers films en version originale. Il faudra donc comprendre l'anglais ou le portugais. Quoi qu'il en soit, aller au cinéma reste toujours un bon moment et une expérience intéressante pour les spectateurs peu habitués à regarder des films dans leur langue d'origine. L'accueil est sympathique, les salles sont spacieuses et les sièges confortables. Il y a du pop-corn. En hiver, les salles sont parfois un peu fraîches. Bonne séance !

CAMINHA ★

Arrivée en voiture par la N3 qui va de Valença do Minho à Viana do Castelo ; en bus depuis Porto, Valença do Minho ou Viana do Castelo. Caminha, ville fortifiée qui défendait la frontière nord du Portugal contre les Galiciens, est une bourgade adorable où s'ordonnent, autour de la place centrale, de vieilles maisons en granit. La Torre do Relogio (tour de l'horloge), dans la continuité de la Rua Direita, se visite avec des panneaux explicatifs en portugais et en anglais. A son sommet, on bénéficie d'un joli point de vue sur la ville. Vous pourrez également admirer un autre pont conçu par Eiffel qui permet de traverser en train le Rio Couva.

IGREJA MATRIZ ★

Rua Pereira
De 9h à 19h.

Dans les rues piétonnes de Caminha, ne manquez pas l'Igreja Matriz. Elle fut édifiée au cœur d'une enceinte moyenâgeuse de 1448 à 1556. Massive par sa structure gothique en granit, et finement sculptée d'ornement Renaissance, l'église présente aussi des éléments manuélins. Vous remarquerez sa magnifique façade sculptée et sa rosace, ainsi que ses magnifiques azulejos. L'église forteresse Renaissance abrite aussi un impressionnant plafond en bois sculpté de style arabe. Sa visite s'effectue rapidement mais mérite que l'on s'y arrête.

TORRE DO RELOGIO ★

Praça Torres

La tour de l'Horloge, c'est ce qui reste du château de Caminha et que vous ne manquerez pas de voir. Trouée d'une arche, cette tour fait le lien entre la place principale du village et les petites rues piétonnes en dédale. Construit au XIIe siècle, ce château protégeait le village des attaques de pirates, fréquentes sur cette partie de la côte. Il gagne encore en importance stratégique dans la défense de la frontière du pays pendant la guerre de Restauration de l'indépendance menée par Joao IV contre l'Espagne, au milieu du XVIIe siècle.

© DOLORES GIRALDEZ ALONSO - SHUTTERSTOCK.COM

Torre do Relogio.

VILA PRAIA DE ANCORA ★

Cette plaisante petite station balnéaire est construite autour d'un village de pêcheurs et d'une magnifique plage sauvage où viennent de nombreux surfeurs pour taquiner les vagues. La balade le long des dunes et des rochers est splendide. La station n'est pas qu'à une dizaine de kilomètres de Caminha. Elle est particulièrement réputée pour ses délicieux restaurants de pêcheurs, qui cuisinent la pêche du jour. Un agréable moment, une parenthèse enchantée face au littoral, avec les restos sur le front de mer entourés de la vie paisible qui s'y déroule.

CAMPING ORBITUR €

Rua Diogo Álvares
✆ +351 258 322 167
www.orbitur.pt
Ouvert toute l'année. Différents tarifs sur le site Internet, se renseigner.

Dans ce camping inséré dans la pinède, vous trouverez des emplacements plaisants, bien arborés, dans la zone de l'embouchure du Rio Minho pour y installer votre tente ou votre caravane. Le tout avec une vue sympa sur l'estuaire du fleuve. Enorme point positif, ce camping 3 étoiles se trouve à 200 mètres de la plage. Il dispose d'une quarantaine de logements locatifs, des cabanes bien équipées, un restaurant, un bar et une supérette ouverts en saison. De nombreuses activités sont possibles : sports nautiques, balades à pied, vélo, golf...

CASA DA EIRA €€

274 Rua do Ingusto
✆ +351 919 847 131
www.casadaeira.com
Chambre/casa entre 70 et 150 €. Wifi.

La Casa da Eira vous offrira une jolie expérience dont vous vous souviendrez. L'ensemble des maisons en granit de Zilda Cardoso a conservé son bel aspect extérieur primitif avec terrasse jardin et piscine. Les trois maisons sont rustiques, bien restaurées et dotées d'un grand confort. Le jardin parfumé et coloré par des citronniers et des herbes aromatiques distille calme et sérénité. Les chambres et suites dans ces petites maisons sont toutes différentes et merveilleusement équipées. Belle adresse pour une escapade paisible.

DESIGN & WINE HOTEL €€

8 Praça do Conselheiro Silva Torres
✆ +351 258 719 040
www.designwinehotel.com
Chambre double à partir de 60 €, suite 90 €. Petit déjeuner inclus. Wifi. Promotions sur Internet. Restaurant.

Dans un bâtiment du XVIIIe siècle, le Design & Wine Hôtel vous reçoit pour une ou plusieurs nuits. Les chambres (avec vue sur le fleuve ou la montagne) sont modernes et décorées chacune dans un style propre, comme le thème jazz ou encore peinture. Elles sont très bien équipées avec une literie de qualité, la télévision, l'air conditionné... Un espace jardin permet de profiter des rayons du soleil, tandis que le spa (en supplément) appelle à la détente. Mention spéciale pour l'excellent petit déjeuner buffet. Accueil attentionné et disponible.

HOTEL MEIRA €€

56 Rua de 5 de Outubre
✆ +351 258 911 111
www.hotelmeira.com
Chambre double à partir de 79 €. Petit déjeuner inclus. Wifi. Offres sur Internet.

Bien situé, cet hôtel qui existe depuis 85 ans se trouve au cœur du village. Il propose des chambres tout confort (grande salle de bain, TV plasma, air conditionné, wifi) et literie de qualité, avec balcon et une terrasse avec chaises longues pour les suites. L'hôtel dispose d'un restaurant design très réussi qui sert une cuisine aux saveurs d'ici et d'ailleurs. En 2011, la piscine a été transformée en spa, avec piscine intérieure, bains à remous, et salle de massage. Ascenseur, et parking couvert. Accueil très sympathique et professionnel. Une belle surprise.

RESTAURANTE ADEGA DO CHICO €

30 Rua Visconde Sousa Rego
✆ +351 258 921 781
Ouvert tous les jours de 12h à 15h. Le samedi ouvert le midi et le soir. Fermé le jeudi. Environ 20 € par personne.

L'une des particularités de cette modeste mais sympathique *casa de pasto* est d'apercevoir ce qui se trame en cuisine. Du tout bon : *arroz do mar à chefe* (riz aux fruits de mer du chef), *cabrito à Serra de Arga* (chevreau à la mode de la montagne d'Arga), *costeleta de novilho* (côtelette de veau) et poissons frais variés. Installé dans une salle tout en longueur, vous serez plongé dans une ambiance authentique où se côtoient locaux et touristes autour de plats merveilleusement préparés.

DUQUE DE CAMINHA €€

27 R. Ricardo Joaquim de Sousa
✆ +351 258 722 046
Fermé le lundi. Ouvert midi et soir. Environ 25 € par personne.

L'un des restaurants les plus raffinés de la ville. Au menu : *arroz de lagosta*, *mexilhões ao vapor com vinho verde* (moules), *espetada mista* (brochettes variées), et de bonnes suggestions proposées pour découvrir et se régaler. Pour les amateurs de viande, entre novembre et janvier, on y déguste des plats de chasse (perdrix, sanglier, chevreuil...). Très bonne carte des vins sélectionnés avec soin. Ambiance authentique. Un service attentionné et jovial tout au long du repas. De bons desserts faits maison pour terminer le repas.

RESTAURANTE AMÂNDIO €€

Rua Direita, 129
✆ +351 258 921 177
Fermé le lundi. Ouvert de 11h à 23h, le dimanche jusqu'à 22h. Environ 25 € par personne, boissons incluses.

Une décoration sobre dans un petit local et de belles saveurs pour les convives. Un *arroz de robalo à pescador* (riz de bar à la mode du pêcheur) succulent, une *parrilhada* de poisson comme on les aime ou bien un *bife do vazio com queijo da serra* (steak avec du fromage de montagne fondu) bien préparé... On accompagne le tout d'un vinho verde branco de Monção intéressant. Après viennent les desserts maison et quelques liqueurs artisanales qui permettront de bien finir le repas. Une promenade digestive sera la bienvenue. Service impeccable.

VALENÇA DO MINHO ★

Valença do Minho, avec environ 6 000 habitants, est une véritable usine à touristes, fréquentée essentiellement par les Espagnols voisins. Située à une vingtaine de km de Caminha, elle reste cependant une halte agréable, riche d'énormes remparts datant du XVIIe siècle. On apprécie aussi les demeures Renaissance, les ruelles tortueuses, les fontaines fleuries... mais un peu moins les nombreuses boutiques de souvenirs ! Vous pouvez vous garer derrière l'office de tourisme et visiter la ville à pied. Vous ne manquerez pas de voir l'église Santa Maria dos Anjos (XIIIe siècle) et sa chapelle. Randonnée possible jusqu'au Monte do Faro à 565 mètres d'altitude.

HOTEL VAL FLORES €

Avenida Bombeiros Voluntarios De Valença
✆ +351 251 824 106
www.hotelvalflores.com
Chambre double à partir de 46 €. Petit déjeuner inclus. Wifi.

Cet établissement se trouve en plein centre-ville, il dispose donc d'une localisation privilégiée pour visiter Valença do Minho. Ce sont une vingtaine de chambres vraiment correctes et récentes qui vous sont proposées. Elles sont lumineuses, équipées d'un mobilier plutôt traditionnel mais propres. Toutes ont la télévision, l'air conditionné et une baignoire. Le petit déjeuner servi en salle est bon et varié. Accueil sympathique. Une adresse d'hébergement idéale pour les petits budgets, avec un rapport qualité-prix équilibré.

CASA DO POÇO DE VALENÇA €€€

4 Travessa da Gaviarra-Fortaleza

✆ +351 251 010 094

Chambre double à partir de 90 €. Petit déjeuner inclus. Wifi.

En centre-ville, cette ancienne maison du XVIe siècle à l'intérieur de la forteresse servait initialement à héberger les malades de l'hôpital Misericórdia. Aujourd'hui restaurée, elle offre six chambres très confortables avec une jolie vue et bien équipées (literie de qualité pour un sommeil réparateur). On notera le mobilier de style et la décoration raffinée. Le petit déjeuner en terrasse est parfait pour démarrer la journée en douceur. Pour se rafraîchir, la piscine sur le domaine est plus que bienvenue. L'accueil est formidable.

CASA ÁLVARO €

Rua Oliveira da Mosca

✆ +351 251 822 365

Fermé le lundi. Ouvert de 12h30 à 15h et de 20h à 22h. Environ 20 € par personne.

Pas de chichis, on vient ici pour la cuisine. Quelques *petiscos* et puis deux plats rois : le *bacalhau assado na brasa com batata cozida* (morue braisée avec pommes de terre bouillies, oignons frais et olives noires) et la *costelinha de porco grelhada na brasa* (côtelette de porc grillée sur braises) servies avec des frites maison, impossible d'y résister. Mention spéciale pour le vinho verde de la maison. La carte des vins est par ailleurs bien composée et les serveurs sauront vous aiguiller. Ambiance conviviale et service impeccable. La réservation est conseillée.

MANÉ RESTAURANTE CAFFE-BAR €

5 Avenida Miguel Dantas

✆ +351 251 823 402

Fermé le lundi. Ouvert de 8h à minuit. Environ 20 € par personne.

Avec son grand écriteau rouge sur la devanture, impossible de passer à côté de ce restaurant. Parmi les petites merveilles proposées, fantastique poulpe braisé ou mijoté, délicieuses *empanadas de vitela* (escalopes de veau panées) et un formidable *cozido à portuguesa* (sorte de pot-au-feu local). Le tout à accompagner de vinho verde dont la carte est diversifiée. Parfait pour tuer la *saudade* ! Durant la journée, on peut se poser en terrasse et boire un café en observant la vie locale.

MONÇÃO ★

Gros village fortifié au milieu des vignes. C'est dans cette petite ville thermale que l'on produit le meilleur vinho verde de la région : l'Alvarinho. La ville aurait été reconstruite sur les ruines d'un village, en 1374 av J.-C., par un Grec qui l'a appelée Orosion (« Mont saint »). Les Celtes puis les Romains prennent le contrôle de cette cité stratégique, suivis par le roi de Suève Herméric. En 410 apr. J.-C., Monção s'affirme à partir du règne de Sanche Ier du Portugal. Dinis Ier, dans sa guerre contre la Castille, décide en 1306 le renforcement des fortifications et la création d'un château avec une tour, détruit au cours des guerres successives.

CHÂTEAU DE MONCÃO

Le château, aujourd'hui en ruine, a été le théâtre d'un épisode historique : en 1368, lorsque les Castillans assiègent la ville, une dame du village rassemble toute la farine qui reste dans la ville affamée pour en faire des pains. Elle les jette aux Castillans afin de leur faire croire que les assiégés ont encore des provisions en abondance. Les Castillans, dupés, lèvent le siège et quittent la ville. L'église Santa Maria dos Anjos domine le sud de la Praça Deu-la-Deu et abrite le tombeau de l'héroïne locale. Jolis plafonds à caissons et murs couverts d'azulejos.

CASA DE RODAS (SOLARES DE PORTUGAL) €€

Lugar das Rodas

✆ +351 258 931 750

www.solaresdeportugal.pt

Chambre double, twin et appartement à partir de 96 €.

Cette maison séculaire, entourée d'une grande propriété où l'on produit de l'Alvarinho, propose neuf chambres et un appartement. Elle fait partie du programme Solares de Portugal dont le but est de faire connaître aux visiteurs les racines locales et les coutumes via les propriétaires des maisons dans lesquelles vous séjournerez. Ils s'engagent à parler histoire, gastronomie, artisanat... De beaux échanges en perspective au cœur d'un domaine parfaitement intégré au paysage.

Monção.

RESTAURANTE 7 À 7 €

Rua Conselheiro João da Cunha

✆ +351 251 652 577

Fermé le lundi. Ouvert de 12h à 15h et de 19h à 22h. Environ 15 € le plat.

Un cadre rustique pour une cuisine qui l'est tout autant. Parmi les plats du jour, on peut opter pour des assiettes ultra copieuses (*arroz de sarrabulho* ou *cozido à portuguesa*) avant de s'assurer que le *pudim* maison est toujours aussi délicieux. Vous n'oublierez pas d'accompagner votre plat d'un verre de *vinho verde* dont la carte est variée : les vins sont bien sélectionnés par l'équipe du restaurant. Proche du marché, cette adresse de qualité à Monção tient ses promesses. Ambiance conviviale. Service impeccable. Recommandé.

RESTAURANTE FIRMINOS €

Praça Deu -la-Deu

✆ +351 251 652 491

Ouvert du mercredi au dimanche de 12h à 15h et de 19h à 22h. Comptez 20 € par personne pour un repas.

Cette honnête brasserie se trouve sur la place principale, vous ne la manquerez pas. On peut manger sur sa terrasse qui est très agréable. Au menu : soupe du jour, tourte, ragoût portugais, salades et autres spécialités de brasserie. Le tout servi avec générosité, formant des tablées imposantes. Bonne carte des vins pour accompagner les plats choisis. On ne résistera pas à la mousse au chocolat de la maison, ni à la crème brûlée et encore moins à la tarte au citron. Ambiance conviviale, service impeccable et disponible. Stationnement à proximité facile.

ADEGA COOPERATIVA DE MONÇÃO

A 2 km au sud de la ville.

✆ +351 251 652 167

http://adegademoncao.pt/

Ouvert du lundi au vendredi de 9h à 12h30 et de 14h à 18h. Uniquement le samedi matin.

Cette ferme agricole (*adega*) a été créée en 1958, à l'initiative de 25 viticulteurs désireux de faire découvrir leurs productions. C'est ici qu'il faut vous rendre pour goûter et acheter du vin local. Les *vinho verde* Alvarinho Deu la Deu et Muralha de Monção sont très appréciés. Une visite qui vous permettra de découvrir par ailleurs un beau domaine dont l'espace pour présenter les différents vins est bien aménagé. Passage conseillé. Très bons conseils.

TERMAS DE MONÇÃO

Avenida das Caldas

✆ +351 251 648 367

http://termasdemoncao.com/

Du lundi au samedi de 9h à 13h et de 15h à 20h. Dimanche de 9h à 13h.

A proximité de la frontière avec la Galice, région espagnole, les thermes de Monção possèdent des eaux chaudes à environ 50 °C. Vous vivrez l'expérience de bains ressourçants où il est parfois difficile de pénétrer immédiatement. Prenez le temps : passez par la douche, mettez un premier pied, puis un second, et plongez enfin le corps entier. Les plus courageux alterneront entre bain froid et bain chaud, parfait pour la circulation sanguine. Les thermes sont en effet conseillés pour les traitements dermatologiques et les voies respiratoires, entre autres.

PONTE DE LIMA ★★

On ne peut rester insensible au charme de cette ravissante ville installée sur les bords du Rio Lima. Au milieu des vignes, un nombre considérable de manoirs, *quintas* et autres *solares* ont été transformés en *turismo de habitação*. La séduction qu'exerce Ponte de Lima est surtout le fruit de la convivialité entre une population encore très rurale et une aristocratie qui entretient les meilleures traditions du Minho. Le très joli pont, emblème de la ville, reconstruit au XIVe siècle, est composé de 15 arches, dont 5 sont encore d'origine romaine. Il faisait (et fait encore) partie de la route de pèlerinage vers Saint-Jacques-de-Compostelle.

JARDIN PUBLIC ★

Près du musée des jouets.

Voici un magnifique jardin, sur les bords de la rivière Lima, de l'autre côté du pont, qui appelle à se laisser emporter par la nature environnante, en toute confiance. On s'y promène en toute sérénité au milieu des fleurs, du chant des oiseaux, des fontaines. Chaque partie du jardin a été aménagée selon un thème. Baroque, Renaissance, labyrinthe et romain, à vous de choisir dans quel univers vous vous sentirez le plus à votre aise. La promenade aménagée n'est pas très longue et tout aussi agréable que de rester assis sur un banc.

AIRE PROTÉGÉE DE LAGOAS DE BERTIANDO

São Pedro de Arcos

✆ +351 258 240 201

www.lagoas.cm-pontedelima.pt

Plusieurs campings et un gîte dans ce parc, dont le nom complet est « Lagoas de Bertiando e São Pedro de Arcos ». Des randonnées sont décrites dans le guide en vente à l'office de tourisme. On peut observer des oiseaux du haut de la tour de vigilance. Elle accueille plus de 1 200 espèces de plantes et d'animaux. De nombreuses activités sont proposées pour les enfants. Un endroit idéal pour se ressourcer dans la nature et découvrir un lieu écologique exceptionnel.

MUSÉE DU JOUET PORTUGAIS

4 Casa do Arnado. Largo da Alegria

✆ + 351 258 240 210

De mardi à dimanche de 10h à 12h et de 14h à 17h. Entrée : 3 €/adulte, 1,50 €/enfant.

Avec quoi jouaient les Portugais ? Vous allez le découvrir dans ce musée. Très joli, il nous replonge dans le monde de l'enfance, à la découverte des jouets portugais, mais pas que... Ils sont exposés par ordre chronologique (du début de la fabrication de jouets en série jusqu'à l'entrée du pays dans l'UE en 1986). Poupée en papier, camionnette, voiture, train, bateau, miniatures et bien d'autres encore dévoileront leurs secrets de fabrication (matières premières, localisation des industries...) pour le bonheur des petits et des grands.

© TURIHAB

Pont Romain - Fleuve Lima.

ALDEIAS DE PORTUGAL

Praça da República
✆ +351 963 588 399
www.aldeiasdeportugal.pt

Le Centre National du Tourisme en espace rural met en valeur de nombreuses propositions de logement dans les villages de la région, le plus souvent en gîte traditionnel. Des circuits à thème sont également proposés. Rien de tel pour s'imbiber de la culture locale et humer le terroir local. Visitez le site Internet bien documenté qui vous délivrera de précieuses informations sur la région. Sinon, sur place l'accueil est chaleureux. Pour se programmer de splendides activités, loger dans de merveilleux endroits et goûter à de formidables spécialités régionales.

MERCEARIA DA VILA €

Rua Cardeal Saraiva, 34/36
✆ +351 258 753 562
www.merceariadavila.pt
Ouvert de 9h à 19h. Fermé le mardi.

Une ancienne mercerie aux vitrines remplies d'antiquités et de vieux journaux. En exposition parmi les jolis gâteaux, nous avons été séduits par celui au chocolat. La maison propose également des petits plats. Parfait pour une pause gourmande. Pour les amateurs de thé, la gamme est large. Par ailleurs, la maison loue à bon prix d'élégantes chambres à l'étage, elles sont très agréables et bien décorées. Chacune d'entre elles porte le nom d'un condiment, épice ou douceur telle la chambre en sucre ou encore celle du thé vert. N'hésitez pas à y jeter un coup d'œil !

CASA DO PINHEIRO €

629 Rua General Norton de Matos
✆ +351 258 943 971
Chambre double à partir de 65 €. Réductions accordées pour plusieurs nuits consécutives.

Un bel hôtel particulier de 6 chambres en plein centre du village à la fois paisible et raffiné. La demeure qui date du XVIIIe siècle a du caractère avec ses veilles photos, ses beaux meubles anciens et les chambres ont beaucoup de charme. Elles sont élégamment décorées et lumineuses. La piscine et le jardin agrémentent l'ensemble. Au petit déjeuner, on se retrouve tous autour d'une grande table majestueuse. L'accueil est chaleureux et les conseils pour visiter la région sont donnés (et reçus) avec le plus grand bonheur. Bon rapport qualité-prix.

BOCADOS €

Carreiros, Arca R. São Mamede de Arca 89,
✆ +351 963 804 215
restaurantebocados.com
Entre 20 et 25 €. Fermé le lundi midi.

Une petite salle dans une maison de village mais pas n'importe quelle petite salle : celle d'un établissement rare et hospitalier ! Tout y est excellent, des *pesticos* (truite fumée, tarte aillée, champignons rôtis…) aux plats (*pato com arroz*, *entrecosto no forno*), en passant par les desserts (*toucinho do céu*, *pudim de Abade de Priscos*). Chaque plat est cuisiné avec subtilité et présenté avec beaucoup de soin. Excellente carte des vins sélectionnés avec précision. Un moment très agréable dans une ambiance chaleureuse. Réservation conseillée.

CASA DO ARRABALDE €€

Lugar Além da Ponte
✆ +351 258 742 442
www.casadoarrabalde.com
Chambre simple à 65 €, double à 80 €, appartement meublé de 100 à 140 €. Petit déjeuner inclus.

Une maison seigneuriale du début du XIXe siècle restaurée avec beaucoup de charme et de raffinement. Elle est classée « habitation de tourisme rural ». L'établissement propose 3 chambres et 3 maisons meublées pour 2 à 5 personnes. Les chambres ont conservé une décoration traditionnelle de plutôt bon goût. Elles sont grandes et lumineuses et permettent un sommeil apaisé. Les propriétaires pourront vous conseiller sur les activités à pratiquer dans les environs. Accueil par ailleurs chaleureux et disponible. Pour un séjour authentique.

ENCANADA €

Passeio 25 de Abril
✆ +351 258 941 189
Ouvert tous les jours sauf le mardi de 11h à 22h. Le lundi uniquement le midi. Entre 15 et 20 € le plat.

Peut-être le restaurant le plus connu de Ponte de Lima avec ses belles nappes et ses serviettes en tissu. Situé en bord de fleuve, la vue de la terrasse est imprenable. Après un assortiment de *queijo*, *presunto*, et olives, des plats comme l'*arroz de sarrabulho* (porc mariné accompagné de riz), le *bacalhau à Encanada* (morue aux oignons) ou la côte de bœuf grillée (la viande de cette région est d'une saveur peu commune !) vous rempliront de bonheur. Les desserts sont parfaits : le *leite creme queimado* (crème brûlée) ou le *pudim de laranja* (crème caramel à l'orange) !

ADEGA COOPERATIVA DE PONTE DE LIMA

Rua Conde de Bertiandos
✆ +351 258 909 700
www.adegapontelima.com
Ouvert tous les jours de 8h à midi puis de 13h à 17h. Samedi matin uniquement. Fermé le dimanche.

L'Adega de Ponte de Lima a été fondée en 1959. Elle regroupe 2 000 producteurs, familles et travailleurs, formant ainsi la plus grande entreprise de Ponte de Lima. Lors de votre visite à l'espace vente et dégustation, vous choisirez par exemple un *vinho verde* branco de cépage Loureiro, fruité, agréable et plein d'arômes. Les œnologues qui vous accueilleront seront de bon conseil. Un agréable moment au cœur d'un des savoir-faire régionaux et nationaux.

CADEIA DAS MULHERES

A côté de l'office de tourisme.
✆ +351 258 938 462
Ouvert de mardi à dimanche de 9h30 à 21h.

Bienvenue dans l'ancienne prison des femmes de Ponte de Lima ! Cet impressionnant édifice en pierre et bois a été rénové. Il est désormais beaucoup tentant d'y franchir son épaisse porte puisqu'on y vend une large gamme de produits gourmands de la région (vins, confitures, chocolat, miel). La maison sert également des boissons et des tapas. A l'étage, un petit amphithéâtre où l'on peut assister à des films et des conférences. Un endroit plus qu'original pour trouver de bons produits ou de jolis souvenirs. Entrez donc faire un tour, vous en ressortirez !

CENTRE ÉQUESTRE VALE DO LIMA

Quinta da Sobreira, Feitosa
✆ +351 924 429 581
www.centroequestrevaledolima.com
Balade à cheval de 1 à 3 heures entre 25 et 150 €. Toutes les expériences sur le site Internet.

Ce qui vous intéressera le plus ici ce sont évidemment les balades à dos de cheval dans les environs qui durent entre 1 et 2 heures. Pour aller plus loin, deux circuits de plusieurs jours à cheval sont proposés par le centre : « L'ecovia pelo rio Lima » d'une durée de 5 jours et 4 nuits, et la « Serra d'Arga », un peu plus difficile, d'une durée de 8 jours et 7 nuits. Vous serez hébergé au fil du parcours dans des habitations de tourisme rural. Restaurant et bar au centre équestre.

PARC NATIONAL DE PENEDA-GERÊS ★★

En forme de fer à cheval, le seul parc national du Portugal (depuis 1971) couvre une zone de près de 70 000 hectares comprise entre le plateau de Castro Laboreiro (1 335 mètres) au nord et celui de Mourela (1 380 mètres) à l'est. Se succèdent la Serra da Peneda, la Serra do Soajo, la Serra Amarela et la Serra do Gerês, massif du Monte Gerês culminant à 1 556 mètres d'altitude. C'est une véritable « petite Suisse » portugaise.

Dans les environs, Ponte da Barca est une ravissante petite ville qui se présente comme la version miniature de Ponte de Lima. Son nom, da Barca, provient du bac utilisé pour transporter les passagers de l'autre côté du Rio. Le mercredi, la ville s'anime avec le marché. Un bon point de chute également pour aller à la découverte du parc de Peneda-Gerês. Dans cette zone montagneuse, Gerês est une très bonne option pour partir à la découverte du parc naturel. Le village de Rio Caldo, situé à l'entrée sud du parc, peut servir de base pour des randonnées et des excursions dans la réserve naturelle. A proximité, un lac aidera à se rafraîchir en été. Melgaço, au nord du parc national, proche de la frontière espagnole sur la N202, est une cité médiévale possédant un château accompagné de sa gracieuse Torre de Menagem. Arcos de Valvedez, gros village calme dominant le Rio Vez, constitue un autre point d'entrée pour se balader dans le parc national de Peneda-Gerês.

Parc national de Peneda-Gerês.

CASCATA PORTELA DO HOMEM

N308-1

Visite libre toute l'année.

Cette cascade est l'une des plus faciles d'accès du parc Peneda-Gerês, c'est donc l'une des plus connues. Elle se trouve près de la frontière espagnole, presque au bout de la route qui part de Gerês. Il faut néanmoins marcher pour y accéder. Garez-vous à la frontière et marchez 800 mètres jusqu'au pont d'où vous la remarquerez. A droite de la cascade se trouve un petit chemin que vous pourrez emprunter pour être plus au calme s'il y a du monde. Le chemin mène aux mines de Carris (20 km), mais attention, il arrive de se perdre. Emportez un GPS ou une carte.

NATURAL.PT - PLANIFICATION DE RANDONNÉES

https://natural.pt

Les randonnées dans le parc Peneda-Gerês sont tellement nombreuses et variées qu'il n'était pas possible de toutes les référencer dans le guide. C'est pourquoi le site natural.pt est là pour vous accompagner dans la planification de randonnées dans le parc, mais pas que. Il vous donnera de précieux conseils pour votre venue. À savoir que natural.pt couvre tout le Portugal. Pour Peneda-Gerês, entrez son nom dans la barre d'infos. Il faut, il est vrai, un peu fouiller.

Parc national de Penada-Gerês.

SANCTUAIRE SAINT-BENOÎT DE LA PORTE OUVERTE

N304

✆ +351 253 390 180

www.sbento.pt

Contacter le sanctuaire pour une visite guidée.

Ce sanctuaire se situe à Rio Caldo, aux portes du parc national Peneda-Gerês, et offre un sublime panorama. Il est préférable de venir le visiter en voiture car son accès, en hauteur, n'est pas facile autrement. Le site du sanctuaire São Bento da Porta Aberta a commencé par accueillir une chapelle (parée de beaux azulejos) érigée en un an, en 1614, afin que les chrétiens locaux disposent d'un lieu de culte. Le sanctuaire tel que vous le découvrirez date du XIXe siècle.

CASA DOS SANTOS €

182 N304

Chambre double entre 35 et 50 €. Studio environ 60 €. Wifi.

Ce petit hôtel reste une bonne option pour les petits budgets de passage à Gerês. Les chambres sont sobres mais plutôt lumineuses et propres. Elles sont parfois un peu petites, il ne faut donc pas être trop chargé. L'environnement extérieur tout autour des chambres est si agréable que par beau temps on apprécie de lézarder sur la terrasse. Possibilité d'opter pour un petit studio avec un coin pour cuisiner, mais là aussi c'est l'espace qui fait défaut. Une option correcte qui peut dépanner pour une nuit à condition de ne pas être trop exigeant.

ADELAIDE HOTEL €€

45 Rua De Arnassó
✆ +351 253 39 00 20
www.adelaidehotel.pt
Chambre double à partir de 50 €, petit déjeuner inclus. Wifi.

Avec une vue imprenable sur la Serra de Gerês, l'Adelaide Hotel vous accueille pour un séjour reposant et confortable. Les chambres sont assez sobres mais lumineuses et plutôt grandes. Certaines disposent d'un balcon, d'autres de lits jumeaux. Sur place, une piscine extérieure accessible de juin à septembre, un espace spa et détente, un restaurant de cuisine portugaise. Le petit déjeuner est complet et parfait pour démarrer votre journée. Accueil professionnel et disponible. Une option de logement au bon rapport qualité-prix.

HOTEL SÃO BENTO DA PORTA ABERTA €€

2993 Avenida de São Bento da Porta Aberta
✆ +351 253 141 580
www.hotel.sbento.pt
Chambre double à partir de 70 €, petit déjeuner inclus. Wifi.

Juste à côté du monastère Saint-Benoît, situé dans le parc Peneda-Gerês et facile d'accès, cet hôtel est un hébergement de choix pour votre séjour dans le parc naturel. Il comprend environ 40 chambres et suites, spacieuses, lumineuses, décorées de façon moderne et bien équipées. Vous voici prêt à profiter de l'endroit. Pour vous détendre, un spa et un restaurant servant une bonne cuisine portugaise. Accueil de qualité et disponible. Bon rapport qualité-prix. En été, pensez à réserver.

LURDES CAPELA €

77 Avinguda Manuel Gomes de Almeida
Ouvert de 11h30 à 14h30 et de 18h30 à 21h30.

Lurdes Capela, au cœur du parc national, non loin du parc des thermes, est un bon restaurant pour déguster une cuisine portugaise et régionale. Les portions sont généreuses et les produits mis en valeur dans l'assiette, non dénaturés. On vous proposera alors des poissons entiers frais, des pièces de viande, accompagnés de pommes de terre, riz, et/ou de légumes finement assaisonnés. Les quelques desserts à la carte (comme le flan caramélisé) terminent bien le repas. Les vins ont été bien sélectionnés pour accompagner le repas. Service agréable.

SABER AO BORRALHO €

1158 Rua 25 de Abril
Ouvert du vendredi au dimanche de 12h à 14h30 et de 19h à 21h ; mercredi et jeudi de 12h à 14h. Environ 30 € le repas.

Dans le petit village de Soajo, au nord-ouest du parc, le Saber Ao Borralho vous accueille dans un cadre typique de la région du Minho pour déguster un repas aux multiples saveurs régionales et portugaises. Les portions sont généreuses, les plats constitués principalement de pièces de viande accompagnées de légumes ou de féculents (déception pour les végétariens donc). Les desserts sont succulents et offrent de terminer le repas sur une douce note sucrée. De bons vins, un service de qualité et souriant, n'hésitez pas à vous arrêter ici.

PARC THERMAL DE GERÊS

✆ +351 253 391 113
www.termasdogeres.pt
Se renseigner sur le site Internet.

Le petit village qui a donné son nom au parc national est aussi un lieu de thermalisme avec ses sources d'eau chaude que vous apercevrez avec d'autres commerces en vous promenant dans la rue Dr. Manuel Gomes de Almeida. Elles sont plutôt réservées aux personnes ayant des maladies chroniques. En annexe, le parc thermal (entrée un euro) vous permettra de profiter de son cadre verdoyant et de son calme et, pourquoi pas, de monter dans une barque pour vous balader sur le petit étang en ramant. Une sorte d'endroit incontournable de Peneda-Gerês.

WATER PARK GERÊS

Praia do Alqueirão, Rio Caldo
✆ +351 915 658 866
www.waterparkgeres.pt
Ouvert tous les jours de juin à septembre de 10h à 20h. Accès parc la journée : 18 €, paddle 1h : 10 €.

Ce parc aquatique, situé à Rio Caldo, en face de la marina, vous fera passer de bons moments entre amis et en famille. C'est l'occasion de se baigner (sans payer), de s'amuser dans le parcours de structures gonflables installées dans l'eau (glissades en toute sécurité assurées !). Vous aurez aussi l'occasion de vous essayer ou perfectionner au stand-up paddle, entre 30 minutes et plusieurs heures. L'été, quand le parc est ouvert, l'eau est à environ 24 °C, une excellente température pour la baignade. Une adresse à retenir et expérimenter.

PASSPORT

ORGANISER SON SÉJOUR

Porto est une destination qui demande assez peu de préparation, sauf la réservation de son hôtel et de son vol. En basse saison, il est tout à fait faisable de prendre un vol dix jours à une semaine avant son départ, idem pour l'hébergement. En cette saison, Porto reste agréable à visiter, hormis les nombreuses précipitations qui surviendront forcément. La fin de l'été est appréciable, quand les touristes sont partis et les Portuans revenus à leur rythme quotidien. Pour votre budget, bien que les prix aient considérablement augmenté ces dernières années, il reste encore des lieux pas chers. Les Portugais parlent très bien l'anglais et quelques-uns le français. Vous n'aurez pas de mal à vous faire comprendre. C'est une ville très sûre, sauf quelques pickpockets dans les quartiers touristiques. Vous pourrez rentrer à pied le soir sans aucun souci. C'est donc une destination parfaite pour partir en famille, ou seule si vous êtes une femme.

ORGANISER SON SÉJOUR

ARGENT

Nous sommes dans l'Union européenne donc dans la zone euro. La seule chose qui diffère, ce sera les dessins sur les pièces de monnaie !

BUDGET / BONS PLANS

Malgré les augmentations intempestives après le passage à l'euro et depuis le boom du tourisme, le coût de la vie au Portugal reste un peu moins cher que dans les grandes villes de France. Il vous faudra prendre en compte la saison touristique qui fera augmenter le prix de votre hébergement. En effet, les prix augmentent jusqu'à 15 % en été (surtout au niveau des hébergements). Cela vaut surtout au niveau des villes balnéaires. Niveau prix : 1 litre d'essence coûte en moyenne 1,50 €, 1 café entre 0,60 et 2 €, 1 bière entre 1 et 3 €.

- Petit budget : de 20 € (en dormant en camping, en auberge de jeunesse ou en hostel nouvelle génération) à 70 € (en logeant en pension modeste).
- Budget moyen : environ 60 € (hébergé en residencial très convenable ou chambre d'hôtes correcte).
- Gros budget : à partir de 150 € (en logeant en hôtel de grand confort ou de charme).

PASSEPORT ET VISAS

Pour les ressortissants de l'Union européenne, la carte d'identité suffit. Pour les mineurs non accompagnés, une autorisation de sortie du territoire est exigée (formulaires dans les mairies ou commissariats de police). Il n'est pas demandé de visa aux Canadiens si leur séjour est d'une durée inférieure à trois mois. Pour les Suisses, il est nécessaire de présenter une carte d'identité ou un passeport en cours de validité.

© GAFFERA - ISTOCKPHOTO.COM

PERMIS DE CONDUIRE

Vous pouvez tout à fait louer une voiture avec votre permis de conduire français et votre pièce d'identité.

SANTÉ

En le disant vite, le système médical est équivalent à celui de la France ; le Portugal fait partie de l'Union européenne, mais franchement, on vous conseille fortement d'être en bonne santé ! Ce n'est pas que le Portugal manque de médecins compétents, mais le système est vraiment à deux vitesses, une médecine pour ceux qui ont les moyens et puis une médecine publique pour les autres, généralement dans des hôpitaux où les salles sont souvent combles... La consultation est gratuite dans les établissements publics si vous avez une Carte vitale européenne (à demander au préalable sur www.ameli.fr), mais dans tous les cas, comme les Portugais, vous devrez tout de même payer un ticket modérateur de 5 € pour une consultation classique, et de 20 € en cas d'urgence. Comptez environ 45 € pour une simple consultation dans le privé... En ce qui concerne les médecins francophones au Portugal, le consulat français en a la liste. En cas de problème grave ou d'accident, c'est aussi le consulat qui est averti et qui prévient ensuite la famille. Celle-ci décide ou non du rapatriement.

SÉCURITÉ

Le seul gros véritable et réel danger auquel vous pouvez être confronté à Porto, où quelques pickpockets sont en action, c'est le vol. Faites aussi particulièrement attention à ne rien laisser dans vos voitures, car les voleurs fonctionnent à plusieurs et sont plutôt bien organisés. Hors de question cependant de devenir parano : il faut juste retrouver les réflexes de vigilance que l'on perd en vacances ! Ceux qui se déplacent en voiture doivent rester très prudents sur les routes et essayer d'anticiper au maximum quelques comportements d'automobilistes autochtones incohérents voire suicidaires. Pour les femmes voyageant seules, vous ne rencontrerez pas de réelle difficulté. Cependant, si le Portugais reste très respectueux, le touriste éméché l'est souvent un peu moins.

L'ASSURANCE VOYAGE, LE BON RÉFLEXE POUR PARTIR L'ESPRIT TRANQUILLE

avec CATHERINE DIBOUES, responsable du marché voyage, chez Allianz Travel

© ELIZAVETA - STOCK.ADOBE.COM

En cas d'annulation de voyage, peut-on bénéficier d'un remboursement des frais engagés ?

L'assurance voyage propose une indemnisation lorsque l'on doit abandonner son projet de séjour pour une raison indépendante de sa volonté, y compris en cas de COVID-19. Contrairement aux idées reçues, les assurances liées aux cartes bancaires ne proposent pas toutes une assurance annulation.

Que se passe-t-il en cas de retard de vol ?

Avec l'assurance voyage Allianz Travel, les frais supplémentaires liés à l'attente sont remboursés, à partir de 2h de retard. Il peut s'agir des frais de restauration, de transport lors d'un changement d'aéroport ou d'une éventuelle nuit d'hôtel.

L'assurance voyage couvre-t-elle la perte ou le dommage des bagages ?

Allianz Travel indemnise les voyageurs en cas de bagages endommagés ou perdus par la compagnie aérienne. Cela comprend l'indemnisation du bagage et son contenu.

Les frais médicaux sont-ils pris en charge en cas de problème de santé dans l'Union européenne ?

Les pays européens ont des accords avec l'administration française. Avant de partir, il faut demander la carte européenne d'assurance maladie. La sécurité sociale et la mutuelle prennent alors en charge les frais médicaux, selon leurs barèmes. Les frais médicaux étant majoritairement plus élevés qu'en France, l'assurance voyage permet de se voir rembourser du reste à charge.

En cas de souci de santé sur place, notamment en cas de COVID-19, que faut-il faire ?

En cas de doute ou pour des symptômes légers, nous proposons un service de téléconsultation médicale, par téléphone et en visio, qui permet d'être conseillé et orienté par un professionnel ainsi que d'obtenir une ordonnance si besoin. Pour une situation plus grave, il est nécessaire d'appeler les urgences locales. Une fois à l'hôpital et dans un état stable, il faut contacter Allianz Travel pour déclencher les procédures de prises en charge. Notre centre d'assistance fonctionne 24h/24, 7j/7.

DÉCALAGE HORAIRE

1 heure de décalage avec la France : quand il est midi à Paris, il est 11h à Porto tout au long de l'année. Au Portugal, le passage à l'heure d'été s'effectue le dernier dimanche de mars, et le passage à l'heure d'hiver le dernier dimanche d'octobre.

LANGUES PARLÉES

La langue parlée au Portugal est le portugais. Elle s'exprime différemment selon la région ou le pays lusophone d'origine de votre interlocuteur.

En ce qui concerne les langues étrangères, les Portugais sont plutôt doués et pas mal d'entre eux pratiquent un français plus qu'honorable. Quoi qu'il arrive il sera toujours très bien vu de dire bonjour (« bom dia » ou « olá ! ») en enchaînant sur quelques mots de portugais pour établir un dialogue. Les mots portugais provenant de racines latines, pour nous, francophones, la difficulté réside surtout dans la prononciation qui a une fâcheuse tendance à supprimer les voyelles.

En effet, il est parfois plus facile de comprendre en lisant que de capter ce qui est dit à l'oral ; le brésilien, plus chantant et plus lent, est souvent plus compréhensible.

COMMUNIQUER

Pas d'angoisse pour les accros au *telemóvel* (portable) : ça passe ! Quel que soit votre réseau, il est adapté au Portugal. Le réseau couvre très bien Porto et ses alentours, mais il est parfois aléatoire dans les petites agglomérations reculées. Vous trouverez facilement du wifi gratuit sur certaines places, dans les parcs et jardins mais aussi dans les hôtels et restaurants.

ELECTRICITÉ ET MESURES

Le Portugal est branché sur 220 volts CA, 50 Hz comme le reste de l'Europe continentale. Les prises sont les mêmes qu'en France. Les Portugais ont adopté le système métrique international. Ils parlent donc comme les Français en mètres et kilogrammes.

BAGAGES

A Porto, les bonnes chaussures de marche ne conviennent pas qu'aux seuls randonneurs, car les rues escarpées demandent un vrai effort aux pieds. L'idéal : des chaussures solides, confortables, imperméables pour la pluie et semi-légères. N'oubliez pas qu'il ne fait jamais très chaud, alors prévoyez une petite laine. Entre novembre et février prévoyez un parapluie et un imper car il pleut souvent.

LES PHRASES CLÉS

Bonjour, je voudrais réserver un billet aller/retour pour…
Bom dia, queria reservar um bilhete de ida e volta para…

J'ai raté mon avion. Je voudrais échanger mon billet s'il vous plaît.
Perdi o meu avião. Queria trocar o meu bilhete, se faz favor.

Mon vol est très en retard. Ma correspondance sera bien assurée ?
O meu voo está com muito atraso. A minha correspondência está garantida?

Mes bagages ont été égarés, à qui dois-je m'adresser ?
Perderam as minhas bagagens, com quem posso falar?

Louez-vous des voitures avec chauffeur ?
Alugam carros com motorista?

Je n'ai presque plus d'essence. Où se trouve la station-service la plus proche ?
Não tenho muita gasolina . Onde está o posto de gasolina mais próximo?

S'Y RENDRE

Il est très facile de partir à Porto sans passer par une agence ou un tour-opérateur. La plupart des hébergements possèdent un site Internet, ou sont référencés sur des plateformes de réservation. Vous aurez donc accès à tous les bons plans. Vous pouvez également faire les réservations de certaines attractions à l'avance en ligne (spectacles notamment). Le plus simple pour se rendre à Porto est de venir en avion. Les prix sont variables selon la saison. Cela peut être très bon marché en hiver et plus cher en été. Par les compagnies low-cost, les tarifs seront évidemment les plus avantageux, mais le confort moindre. Si vous souhaitez visiter la vallée du Douro et les villes du nord du Portugal, la location d'une voiture sera la bienvenue. Vous pourrez ainsi visiter à votre rythme. Si vous avez le courage, vous pouvez venir en bus avec correspondance ou en voiture, mais là cela prendra beaucoup de temps...

CP (CAMINHOS DE FERRO PORTUGUESES)

LISBONNE

✆ +351 218 050 653

www.cp.pt

Le prix du billet dépend du nombre de zones traversées. Contact une fois sur place : 808 109 110.

Pour rejoindre Porto depuis la France, il faut se rendre tout d'abord à Madrid avec la SNCF. De là, prendre un autre train via la RENFE jusqu'à Vigo Urzáiz/Guixar, puis emprunter le réseau ferroviaire portugais. Compter environ 19h de trajet. Porto comprend différentes gares ferroviaires, dont la gare principale São Bento Station, la gare Campanha à l'est de la ville et la gare Vila Nova de Gaia, légèrement plus excentrée au sud.

EASYJET

✆ 09 77 40 77 70

Cette compagnie low cost à l'image jeune, tendance et dynamique propose, en s'y prenant bien à l'avance, des tarifs intéressants pour Porto depuis Paris-CDG, Genève, Basel-Mulhouse Toulouse, Nantes ou Lyon. Billets bon marché s'ils sont réservés plus de deux mois à l'avance. Si vous prévoyez d'enregistrer un bagage en soute, le supplément, lors de l'achat du billet, augmente s'il est payé à l'aéroport le jour du départ. Le plus simple : faire l'enregistrement en ligne, avec l'impression papier du billet ou sur l'application mobile.

KELBILLET

www.kelbillet.com

Kelbillet est un site comparateur regroupant les principales compagnies desservant les meilleures destinations européennes : SNCF, BlaBlaCar, Thalys, OuiBus, Air France, EasyJet, Flixbus, Air France, Thalys, etc. Vous souhaitez trouver un billet de train pas cher, mais aussi un billet de bus, avion, ou du covoiturage ? Ou bien acheter un billet de train à un autre voyageur ? Revendre un billet que vous ne pouvez utiliser ou vous faire rembourser ? KelBillet.com est un très bon plan. Ce site propose de nombreux billets pour voyager en France et en Europe.

RYANAIR

✆ 08 92 56 21 50

www.ryanair.com

La compagnie relie chaque jour Porto à Marseille et à Paris-Beauvais. Pour se rendre à l'aéroport de Beauvais, un service de bus payant est mis à la disposition des passagers titulaires d'un titre de transport au départ de Paris-Porte Maillot. On aime souvent ses prix, mais ses conditions de voyages un peu moins. Pour vous rendre à Porto sans supplément, par exemple, il vous faudra voyager avec un sac qui se place sous le siège passager. Mais ces conditions de transports mises à part, il faut reconnaître à Ryanair des rotations intéressantes à prix très doux.

TAP AIR PORTUGAL

✆ 0 820 319 320

https://www.flytap.com/fr-fr/

TAP Portugal assure plusieurs vols quotidiens pour Porto au départ de Paris. En faisant escale à Lisbonne, vous pourrez enfin rejoindre Porto depuis Nice, Toulouse, Lyon et Marseille. La flotte de Tap Portugal est composée de Airbus, Embraer et ATR. La compagnie aérienne propose un programme pour cumuler les miles, qui sont automatiquement crédités sur votre compte. Leur programme de fidélité vous permet de décompter 5 euros par trajet. Si vous avez un bagage en soute, cela vaut le coup de regarder le prix des billets sur leur site.

MISTERFLY

www.misterfly.com

Ouvert du lundi au vendredi de 9h à 21h. Le samedi de 10h à 20h.

MisterFly.com est le nouveau-né de la toile pour la réservation de billets d'avion. Son concept innovant repose sur un credo : transparence tarifaire ! Cela se concrétise par un prix affiché dès la première page de la recherche, c'est-à-dire qu'aucun frais de dossier ou frais bancaire ne viendront alourdir la facture finale. Idem pour le prix des bagages ! L'accès à cette information se fait dès l'affichage des vols correspondant à la recherche. La possibilité d'ajouter des bagages en supplément à l'aller, au retour ou aux deux... tout est flexible !

TRANSAVIA

✆ 08 92 05 88 88

www.transavia.com

Transavia est une filiale low cost de la compagnie Air France/KLM. La compagnie assure, au départ de Paris Orly et de l'aéroport de Nantes-Atlantique, des liaisons à bas prix vers Porto : deux à trois fois par jour depuis Paris-Orly, et de une à quatre fois par semaine depuis Nantes-Atlantique, selon la saison. Le trajet dure environ 1h. Le prix du billet ne comprend qu'un bagage à main/bagage cabine n'excédant pas les 10 kg. Pour le bagage en soute de 20 kg, comptez un supplément d'environ 30 € par vol, environ 50 € pour un bagage de 30 kg.

OPTION WAY

✆ 04 22 46 05 23

www.optionway.com

Option Way est l'agence de voyages en ligne au service des voyageurs. L'objectif est de rendre la réservation de billets d'avion facile en vous faisant économiser. 3 bonnes raisons de choisir Option Way :

- la transparence comme mot d'ordre. Finies les mauvaises surprises, les prix sont tout compris, sans frais cachés ;
- des solutions exclusives qui vous permettent d'acheter vos vols au meilleur prix ;
- le service client, basé en France, joignable gratuitement, composé de véritables experts de l'aérien. Ils sont là pour vous, n'hésitez pas à les contacter.

EASY VOLS

✆ 08 99 19 98 79

www.easyvols.fr

Pour voyager malin, il faut faire ses recherches en toute efficacité, sans perdre trop de temps à jongler d'un site à un autre. Pour trouver le bon vol au bon prix, l'idéal est la plateforme comparatrice de vols. Easyvols permet de comparer en temps réel les prix des billets d'avion chez plus de 700 compagnies aériennes et pas seulement des compagnies low-cost. Vous pouvez économiser jusqu'à 70 % du prix si vous êtes prêts à saisir au vol les meilleures offres. Des avis avisés de clients sont aussi consultables sur le site Internet.

FLIXBUS

www.flixbus.fr

Réservation en ligne (+ 3 000 destinations dans 39 pays). Wifi gratuit. Destinations de vacances. Voyage d'affaires.

Ce réseau propose plus de 200 destinations en France et une trentaine au Portugal (dont Lisbonne, Porto, Coïmbre, Faro). C'est aujourd'hui la deuxième compagnie des « cars Macron » à être encore en marche en France. Tarifs ultra-compétitifs, services à la demande, wifi, prises, accès pour les personnes à mobilité réduite, mais aussi offres adaptées aux jeunes, cette compagnie a de quoi séduire. Évidemment, il y a des contreparties, les trajets sont longs (entre 24h et 28h pour un Paris-Porto) et selon les dates, les prix peuvent flamber.

SÉJOURS ET CIRCUITS

Porto est une destination moins privilégiée par les touristes que Lisbonne. Pour autant, les agences de voyage proposent bel et bien des séjours organisés, comprenant soit juste Porto (vol + hôtel), soit plusieurs étapes. Il est possible d'aller de Porto à Lisbonne (ou inversement) via plusieurs options proposées par les agences, comme celle « Du Douro au Tage ». Le plus intéressant consiste à faire appel à une agence pour visiter la vallée du Douro (en croisière), les charmantes villes du Minho ou de la côte atlantique. Des séjours à thème existent également, de plusieurs jours, comme pratiquer le surf, randonner, ou découvrir le vin. A vous de trouver le circuit qui siéra le mieux à vos envies. Vous l'aurez compris, Porto offre différents séjours, entre escapade romantique, sport, nature et patrimoine. Une fois visitée, vous souhaiterez y revenir pour renouveler le plaisir de cette charmante destination.

ALMA VOYAGES

573, route de Toulouse
VILLENAVE-D'ORNON
✆ 05 56 87 58 46
www.alma-voyages.com
Ouvert du lundi au vendredi de 9h à 17h30 et le samedi de 9h à 12h.

Chez Alma Voyages, les conseillers connaissent parfaitement les destinations proposées et chaque client est suivi par un agent attitré ! Une large offre de voyages, avec émission de devis pour les voyages sur mesure, vous sera alors proposée. Alma Voyages pratique les meilleurs prix du marché et travaille notamment avec Kuoni, Beachcombers, Jet Tour, Marmara, Look Voyages... Si vous trouvez moins cher ailleurs, l'agence s'alignera sur ce tarif et vous bénéficierez en plus, d'un bon d'achat de 30 euros sur le prochain voyage... Catalogue sur le site Internet.

AMPLITUDES

60, rue Sainte-Anne
PARIS (2e)
✆ 01 44 50 18 58
www.amplitudes.com
Tous les jours sauf dimanche 10h-19h, samedi jusqu'à 18h.

Spécialiste du voyage sur mesure depuis 1991, Amplitudes propose plusieurs autotours au Portugal. Les séjours « D'amour et de vin de Porto » et « Porto et la Vallée du Douro en famille », de 7 jours chacun, conduisent le voyageur de Porto à la Vallée du Douro. Le circuit « Chemins de Lusitanie » (15 jours) vous emmène à travers les villes majeures. Les différentes propositions sont disponibles sur le site Internet, mais il est aussi possible d'aborder la conversation au sein des agences. Bons plans voyages, conseils d'experts, l'équipe vous sera d'une grande aide.

LA BALAGUÈRE

✆ 05 62 97 46 46
www.labalaguere.com
Ouvert du lundi au vendredi de 9h à 17h et le samedi de 10h à 12h et de 14h à 17h30.

La Balaguère, spécialisée dans la randonnée et le trek, propose des séjours avec ou sans guide, pour les familles et petits groupes, pour tous les niveaux, du débutant au marcheur expérimenté. Vous craquerez sans doute pour le circuit « Porto et Peneda-Gerês, sur les traces du loup », une rando accompagnée aux beaux jours d'avril à octobre. L'occasion notamment d'arpenter le magnifique centre-ville de Porto, de découvrir les traditions pastorales du Nord du Portugal, mais aussi de longer cascades, forêts de chênes et villages authentiques...

CERCLE DES VOYAGES

31, avenue de l'Opéra - **PARIS** (1er)
✆ 01 40 15 15 19
www.cercledesvoyages.com
Tous les jours sauf dimanche 9h-20h, samedi 10h-18h30.

Les conseillers du Cercle des Vacances sont des spécialistes qui partageront avec vous leurs conseils et leurs petits secrets pour faire de votre voyage une expérience inoubliable et personnalisée. Confiez-leur vos habitudes de voyages, les différentes régions que vous souhaitez découvrir et élaborez ensemble un voyage sur mesure, qui vous ressemble. Pour Porto, l'agence propose un *city break* de trois jours. Au programme, visite du centre historique classé au patrimoine de l'Unesco, escapades dans la vallée du Douro en *rabelos* traditionnel... Un must !

CLIO

34, rue du Hameau
PARIS (15e)
✆ 01 53 68 82 82
www.clio.fr
Agence ouverte du lundi au vendredi de 10h à 18h, le samedi sur rendez-vous.

En choisissant Clio, vous optez pour une conception du voyage originale et enrichissante. On vous propose un itinéraire pour vous faire découvrir les différentes facettes d'un pays, d'une ville ou d'une région. On vous apporte l'éclairage nécessaire pour mieux apprécier son histoire et son patrimoine. Et on vous met dans un petit groupe de personnes réunies par leur goût commun de la découverte culturelle. Pour explorer les trésors du Portugal, optez pour la « Croisière sur le Douro » à la découverte de Lisbonne, Porto, Braga, Salamanque.

COMPTOIR DES VOYAGES

2-18, rue Saint-Victor - **PARIS** (5e)
✆ 01 53 10 30 15
www.comptoirdesvoyages.fr
Ouvert du lundi au samedi de 10h à 18h.
Egalement des agences à Marseille, Nice, Lyon, Toulouse, Bordeaux et Lille.

Avec plus de 30 ans d'expérience, Comptoir des Voyages a comme concept la vente des destinations et séjours sur mesure animés par de vrais spécialistes originaires ou ayant vécu dans le pays de votre choix. L'agence, aux idées que l'on peut moduler à l'infini, vous donne la possibilité de personnaliser vos vacances à l'aide des conseillers-spécialistes de votre destination, pour un voyage de rêve un peu partout dans le monde. Vous pouvez en effet construire un voyage selon vos intérêts et, surtout, selon votre budget. Vous n'avez qu'à suivre la recette !

FUN & FLY - SPORT AWAY

2, rue Louise-Weiss - **TOULOUSE**
✆ 05 67 31 16 11
www.fun-and-fly.com
Du lundi au vendredi de 8h30 à 18h30 et le samedi de 10h à 17h.

Fun & Fly - Sport Away propose des séjours version grand large aux amateurs de vagues ! Surf, windsurf, kitesurf et stand-up paddle : 4 activités de glisse maritime déclinées en diverses formules. Débutant ou expert, en famille ou en bande de mordus, en quête de fiesta ou en mode découvertes insolites, vous trouverez ici le voyage qui vous convient vers l'une des nombreuses destinations disponibles. Au Portugal, des séjours surf, kitesurf, windsurf et stand-up paddle sont proposés à Viana do Castelo, un spot aux eaux peu profondes et adapté à tous les niveaux.

NATIONAL TOURS

15, quai Lamartine
RENNES
✆ 02 99 78 46 98
www.nationaltours.fr
Plusieurs autres agences en France.

National Tours, c'est une quarantaine de destinations touristiques, approchées selon le cas en avion ou en autocar, pour une centaine de programmes différents. Une croisière de 8 jours, intitulée, « O'fil du Douro », vous permettra de découvrir les richesses du Nord Portugal. À bord du M/S Queen Isabel, vous pourrez visiter les attraits, entre autres, de Porto, Braga, Guimarães, vous assisterez à une soirée fado, vous traverserez les vallées encaissées du Douro, vous passerez la soirée à la Quinta da Avessada, qui produit le célèbre Moscatel...

NOMADE AVENTURE

40, rue de la Montagne-Sainte-Geneviève
PARIS (5e) ✆ 01 46 33 71 71
www.nomade-aventure.com
Ouvert du lundi au samedi de 9h30 à 18h30.
Circuits sur mesure. Activités.

Nomade Aventure est une agence qui vous change de vos habitudes sédentaires. Avec ses voyages placés sous le thème de la nature, de la culture et de la rencontre, elle vous propulse vers de nouvelles aventures. Loin des meutes de touristes, vous mettrez à profit les bonnes connaissances des agents sur la région en profitant à la fois de circuits originaux et de spots incontournables. Les circuits « Van, vignes et rando autour de Porto » et « Porto et les secrets du Douro » vous font visiter la région de Porto en train ou en van et découvrir les merveilles du Nord.

TSELANA TRAVEL

14, rue des Deux Ponts
PARIS (2e)
✆ 01 55 35 00 30
www.tselana.com
Du lundi au vendredi de 10h à 19h et le week-end sur rendez-vous.

Créée en 2003 par trois passionnés des paysages désertiques de l'Afrique australe, African Tselana est aujourd'hui devenue Tselana Travel et propose un très large choix de destinations sur tous les continents pour des voyages à l'écart des circuits touristiques habituels. Tselana Travel associe vos envies (aventure, insolite, romantique, famille, désert, voyage de noces, plongée, zen, safari...) à sa connaissance approfondie des destinations pour vous proposer un voyage sur mesure incomparable placé sous le signe du luxe et du raffinement.

LASTMINUTE

✆ +39 0892 586 132

www.lastminute.com

Des vols secs à prix négociés, dégriffés ou publics sont disponibles sur Lastminute, agence de voyage en ligne créée en 1998. On y trouve également des week-ends, des séjours, de la location de voiture... Mais surtout, Lastminute est le spécialiste des offres de dernière minute permettant ainsi aux vacanciers de voyager à petits prix sans avoir à s'y prendre plusieurs semaines à l'avance. Que ce soit pour un week-end ou une semaine, une croisière ou simplement un vol, des promos sont proposées et renouvelées très régulièrement.

PORTUGAL A2Z WALKING & BIKING

✆ +351 911 122 293

www.portugal-a2z.com/fr/

Ouvert du lundi au vendredi de 9h à 18h.

Ce spécialiste du voyage à vélo et à pied vous emmène vivre des expériences au Portugal. Son équipe d'experts locaux vous conduira à la découverte du pays, de sa gastronomie, de sa culture et de ses gens. Quelle que soit votre option, parcours guidé ou autoguidé en toute liberté, elle s'adapte à votre rythme et à vos envies. Au programme : randonnée pédestre dans les vignobles du Douro, dans la Serra da Estrela ou sur la côte Vicentina, circuits à vélo dans les villages historiques…

PROMOVACANCES

✆ 01 55 33 44 44

www.promovacances.com

Promovacances est une agence de voyage en ligne qui propose de nombreux séjours touristiques, des week-ends, ainsi qu'un très large choix de billets d'avion à tarifs négociés sur vols charters et réguliers, des locations, des hôtels à prix réduits. En plus de cette importante offre, n'hésitez pas à guetter en ligne des promotions de dernière minute et les bons plans du jour. Enfin, des informations pratiques sont à consulter en ligne pour préparer votre voyage : santé, formalités, aéroports, voyagistes, compagnies aériennes.

BILLETSDISCOUNT

✆ 01 40 15 15 12

www.billetsdiscount.com

Promotions toute l'année.

Le site Internet permet de comparer les tarifs de vol de nombreuses compagnies à destination de tous les continents. Outre la page principale avec la recherche générale, des onglets spécifiques (Antilles, océan Indien, Océanie, Afrique, Amérique du Nord et Asie) permettent de cibler davantage les recherches. À noter qu'un bagage supplémentaire en soute de 23 kg est inclus dans le prix du billet. Il est possible de payer son billet d'avion en 4 fois contre une somme modique. Un service pour les enfants non accompagnés (de 4 à 12 ans) est également proposé.

UCPA

12, rue des Halles - **PARIS** (1er) ✆ 3260

www.ucpa-vacances.com

Agence ouverte du lundi au vendredi de 9h à 20h, le samedi de 9h à 19h. Nocturne le jeudi jusqu'à 22h.

Cette association unique en France propose depuis 1965 des vacances sportives à destination des adultes, mais aussi des enfants et des adolescents. Au Portugal, un séjour randonnée « Serra da Estrela, vallée du Douro » est proposé pour découvrir la région de façon ludique et sportive. Au programme : découverte de la vallée agricole de Sabugueiro, ascension soutenue au point culminant de la Serra da Estrela, visite d'une *quinta* pour tout apprendre sur la fabrication du porto, traversée des vignes en terrasse. Le séjour se termine par une randonnée urbaine à Porto.

QUOTATRIP

www.quotatrip.com

Voyages sur mesure.

QuotaTrip est une nouvelle plateforme de réservation de voyage en ligne qui met en relation des voyageurs à la recherche d'expériences authentiques et uniques et des agences de voyages locales sélectionnées pour leurs compétences et leur sérieux. Le réseau de QuotaTrip couvre près de 200 destinations dans le monde entier. Le but de ce rapprochement est simple : proposer un séjour entièrement personnalisé aux utilisateurs. QuotaTrip promet ainsi l'assurance d'un voyage serein, sur mesure, sans intermédiaires et sans frais supplémentaires.

INTERVIEW

LE VOYAGE-SUR-MESURE

AVEC STEVEN LE CHEVALIER ET MATHIEU VALLY DE QUOTATRIP

Quel est le concept de l'agence QuotaTrip ?

Quotatrip est la première plateforme de mise en relation entre voyageurs et agences locales. Grâce à elle, les voyageurs peuvent enfin échanger en direct avec des agences qui sont sur place et concevoir un voyage unique, au meilleur prix et 100% personnalisé.

Pourquoi voyager avec des agences locales ?

À l'inverse des agences traditionnelles, les agences locales sont des expertes de la destination choisie. Ce sont aussi les mieux placées pour concevoir des séjours qui sortent des sentiers battus. Elles sont ainsi en mesure de répondre à l'ensemble des envies, le voyageur rentre dans l'univers de l'equi-tourisme = le tourisme sans intermédiaire.

Quels sont les autres avantages pour les voyageurs ?

Il y a une multitude d'avantages. Cela permet notamment de ne pas voyager comme tout le monde, d'organiser de manière simple et rapide un séjour sur mesure et au meilleur prix. Fini les mauvaises surprises, les voyageurs posent toutes les questions qu'ils souhaitent et bénéficient d'un accompagnement sur mesure, de la conception du projet jusqu'à sa réalisation en toute sécurité car les agences référencées sont sélectionnées et recommandées par les journalistes des guides du Petitfute en toute impartialité.

Les démarches sont-elle simples à effectuer ?

Les sites de voyage en ligne font perdre beaucoup de temps aux internautes sans pour autant répondre entièrement à leurs désirs. QuotaTrip propose un formulaire simple et rapide qui permet de décrire les souhaits, les envies et les besoins. L'internaute reçoit aussitôt gratuitement et sans engagement les offres de trois ou quatre agences locales avec qui il peut ensuite échanger afin de personnaliser son projet grâce à la messagerie mise en place.

Quelles sont les destinations proposées ?

Notre plateforme propose plus de 21 000 projets de voyage sur plus de 100 destinations à travers le monde. De l'Amérique latine en passant par l'Asie et l'Afrique, nos mille agences partenaires sont là pour répondre à vos projets de voyage.

Décrivez votre projet de voyage. Echangez en direct avec les agences locales et partez au meilleur prix.

***Plus d'informations** : quotatrip.com*

© D.R

© D.R

© D.R

SE DÉPLACER

Le réseau routier autour de Porto s'est nettement amélioré depuis quelques années. Il permet d'atteindre facilement toutes les villes et tous les villages (Braga, Vila Real, Ponte de Lima, Guimarães...). Vous trouverez de nombreux loueurs sur place. Les prix pratiqués sont très variables selon la période, et selon si la réservation est faite par Internet ou sur place (attention à bien avoir une carte de crédit et non de débit au risque d'avoir à payer l'assurance tous risques). Le Portugal possède par ailleurs un bon réseau d'autocars (Rede - www.rede-expressos.pt, Eurolines - www.eurolines.fr, Intercentro - www.internorte.pt) : sensiblement plus cher que le train pour de petites distances, mais beaucoup plus économique pour de longues distances. Il est donc tout à fait faisable de se déplacer en autonomie autour de Porto pour avancer à votre rythme et visiter les lieux qui vous plaisent le plus.

TURISPRIME

583 Rua do Barreiro
✆ +351 210 410 377
www.turisprime.pt

Ouvert tous les jours de 9h à 20h. A partir d'une vingtaine d'euros pour une voiture éco.

Si vous cherchez à louer une voiture pour vous déplacer, faites appel à cette agence de location située à Porto mais aussi dans d'autres villes du Portugal comme Lisbonne ou Faro. Turisprime propose des véhicules de différentes catégories, allant de la mini à la monospace, en passant par l'automatique. Compétence et efficacité à prix doux. Réservation sur leur site Internet très facile. Attention, comme pour toute location de voiture, il vous faudra une carte de crédit pour laisser une caution. Vérifiez auprès de votre banque.

NORTHROAD - RENT A MOTO & VELO / TOURS

Rua do Infante D. Henrique, 117a
✆ +351 309 968 534
www.northroad.pt

Ouvert tous les jours de 9h à 13h et de 14h à 19h l'été. L'hiver de 10h à 13h et de 14h à 18h. Scooter à partir de 20 €.

Située sur les bords du Douro, c'est la boutique tout indiquée pour découvrir la ville en deux-roues. On peut y louer vélos (électriques ou non), tandems, scooters et motos. L'accueil est très sympathique et prodigue des conseils pour organiser une petite balade. Northroad propose aussi des tours à moto guidés ou auto-guidés (à faire de façon autonome et à son propre rythme) de plusieurs jours pour découvrir le Portugal et même partir jusqu'en Espagne avec un guide passionné.

TT3WAYS PORTO - RENT A BIKE

290 Av. de Gustavo Eiffel
✆ +351 913 074 570
https://fr.tt3ways.pt/

Vélo électrique : 25 €/jour ; scooter à partir de 40 €/jour. Caution de 50 € vélo simple et 100 € véhicules électriques.

Voici un moyen original de visiter Porto et ses alentours. TT3Ways, installé sur les bords du Douro, propose la location de vélos, vélos électriques, scooters, et même voitures anciennes comme des 2CV. Réservez sur leur site Internet, en leur envoyant un mail, ou directement à l'agence. L'équipe vous accueille avec le sourire et reste à disposition pour toute question. Une fois équipé, il ne vous restera plus qu'à arpenter la ville et à en profiter.

VIEGUINI

7 Rua Nova da Alfândega
✆ +351 914 306 838
www.vieguini.pt

Ouvert de 9h à 19h. Location de vélo : 6 €, 2 heures, 14 € par jour ; tandem : 10 €, 2 heures. Scooter : 30 € par jour.

Située dans le centre historique de Porto, Vieguini est une agence de location vélos, tandems et scooters, au bon rapport qualité-prix. Pour ceux qui souhaiteraient découvrir la capitale du nord et ses alentours, en suivant idéalement les pistes cyclables très bien aménagées, autrement qu'à pied ou en transports en commun, voici une bonne adresse. Vieguini propose également des balades en vélo en groupe (à partir de 4 personnes). L'équipe est aux petits soins et disponible à toute heure de la journée pour vous aider en cas de problème lors de la location.

S'INFORMER

Porto et le nord du Portugal vivent au rythme d'une actualité plus ou moins importante selon les périodes de l'année et les événements qui surviennent. Pour vous informer sur place ou avant votre départ, consultez les sites d'information portugais (pour la plupart des journaux en version Web), dédiés à l'actualité de Porto ou mondiaux (comme France24). Bien que la plupart soient uniquement en portugais, si vous ne parlez pas la langue, il est possible de comprendre les gros titres. Concernant l'aspect touristique, il en va de même : en recherchant sur Internet la destination de Porto, vous tomberez sur divers blogs de voyage, vous apportant un complément d'informations à votre séjour. Enfin, le site officiel du tourisme portugais est une mine d'or avant ou pendant votre voyage. Pour tout renseignement sur les conditions de déplacement entre la France et le Portugal, consultez le site de la diplomatie française (www.diplomatie.gouv.fr).

CÂMARA MUNICIPAL DO PORTO - MAIRIE

✆ +351 220 100 220
https://www.cm-porto.pt/
Ouvert de 9h à 17h du lundi au vendredi.

Le site Internet de la mairie de Porto délivre un grand nombre d'informations sur la ville. Il n'est malheureusement disponible qu'en portugais. La plus intéressante des rubriques pour les touristes est sans contexte « Cultura », où vous trouverez une liste importante de galeries d'art, musées, théâtres, monuments du patrimoine à visiter. Le site renvoie également au portail d'informations de l'actualité sur Porto : www.porto.pt/en, en portugais ou en anglais.

VISIT PORTUGAL

www.visitportugal.com/fr

Visit Portugal est le site officiel du tourisme au Portugal. Il propose une version en français. En parcourant le site Internet, vous trouverez des informations générales (comment venir, se déplacer, se loger, se restaurer, cartes et brochures...) sur le Portugal, et plus précises sur Porto et le Nord. Pour cela, cliquez sur « Régions » et « Porto et le Nord ». Les différentes rubriques vous donneront accès à plusieurs propositions de séjours et d'activités à pratiquer. C'est un site très utile pour préparer son voyage au Portugal.

SAPO.PT

www.sapo.pt
Les unes de journaux et de magazines sont à consulter dans la rubrique « Jornais » avec un lien vers leur site Internet.

Sapo signifie « grenouille » en portugais. Le nom du petit animal emblématique de ce site Internet est en fait l'acronyme de Servidor de Apontadores Portugueses Online (serveur portugais de liens Internet en traduction grossière). Créé au départ comme moteur de recherche portugais, dans les années 1990, Sapo a pour mission de regrouper au même endroit les informations les plus pertinentes, que ce soit sur l'actualité, le *lifestyle*, le sport ou encore le voyage. Bien qu'uniquement en portugais, vous devriez y trouver des informations intéressantes...

DESTINATION PORTUGAL

3, rue Chateaubriand - **CHAMALIÈRES**
Destination Portugal, le trimestriel indispensable à tous les amoureux du pays. Prix au numéro : 7,95 €.

Depuis quelques années, le Portugal est devenu l'une des destinations les plus prisées des Français comme en témoigne le nombre sans cesse croissant de Français s'expatriant au Portugal. Le trimestriel *Destination Portugal* est sans doute le premier magazine français à avoir pris en compte ce phénomène. Pas étonnant, donc, qu'il soit devenu le bi-média (revue disponible également au format digital) désormais incontournable de tous les amoureux de la destination et ce, que ce soit pour y passer ses prochaines vacances ou pour s'y établir.

RESTER

Beaucoup de personnes ne sont jamais reparties après être venues en vacances au Portugal, sachez-le ! Mais vous le comprendrez vite lors de votre voyage... Espace Schengen oblige, vous n'avez besoin d'aucun visa pour travailler au Portugal. Par contre, vous devrez sûrement changer de résidence fiscale et prévenir les impôts français de votre déménagement. Sans oublier de peut-être vous mettre au *recibos verdes*, la facture obligatoire à émettre pour les autoentrepreneurs au Portugal. Si vous avez de l'argent de côté, vous pouvez investir dans l'immobilier, il y a encore de bonnes affaires à faire aujourd'hui. Même si la plupart des jeunes viennent monter leur start-up à Lisbonne (pour une meilleure fiscalité, la main-d'œuvre et le dynamisme de la capitale notamment), Porto est tout aussi accueillante. Le site Internet des expatriés (www.expat.com) donne de précieux conseils pour tous ceux désirant s'installer au Portugal.

AEFE

23, place de Catalogne
PARIS (14e)
✆ 01 53 69 30 90
www.aefe.fr

Cette agence, sous tutelle du ministère des Affaires étrangères, anime et gère un réseau de près de 500 établissements d'enseignement français à l'étranger, dans près de 140 pays. Des centaines de milliers d'élèves, dont une forte proportion de Français, fréquentent ces établissements. Offres d'emploi à l'international pour les titulaires de la fonction publique et informations sur la politique pédagogique émaillent le site Internet de cet organisme qui soutient également l'association Anciens des lycées français du monde est particulièrement bien fait.

MINISTÈRE DE L'EUROPE ET DES AFFAIRES ÉTRANGÈRES

www.diplomatie.gouv.fr

Site Internet officiel pour connaître les formalités d'entrée et séjour dans le pays. Dans la rubrique « Services aux Français », vous trouverez un guide de l'expatriation, les modalités de demandes de documents officiels. Sur la page d'accueil en sélectionnant le pays, vous obtenez les contacts des ambassades. Dans l'espace politique, économie et socio-culturel, quantité d'informations et de communications utiles pour qui s'intéresse aux réalités du pays.

CIDJ

www.cidj.com

Le Centre d'Information et de Documentation Jeunesse a été créé en 1969, sous la tutelle du ministère de la Jeunesse et des Sports. Le site Internet est bien fait et très complet. La rubrique « Partir à l'étranger » fournit des informations pratiques aux jeunes qui ont pour projet d'aller vivre à l'étranger. Il y a une rubrique spécifique dédiée à chacun des thèmes suivants : travail, étude, stage, volontariat international et séjours linguistiques. Pour vous aider dans vos démarches, vous pouvez avoir un entretien gratuit avec un conseiller du CIDJ.

SECOURS CATHOLIQUE

106, rue du Bac
PARIS (7e)
✆ 01 45 49 73 00
www.secours-catholique.org

C'est à Lourdes qu'a été créé en 1946 le Secours Catholique. Aujourd'hui cette association fédère un réseau de plusieurs dizaines de milliers de bénévoles autour de 76 délégations, 2 400 lieux d'accueil et 3 700 équipes locales. Son but : lutter contre la pauvreté, les inégalités et l'exclusion. Il interpelle opinion et pouvoirs publics tout en proposant des solutions dans la durée. Il forme aussi de jeunes bénévoles, surtout en France, pour une durée de 9 mois au minimum, leur offrant ainsi le statut de Volontaire Civil National.

ACTION CONTRE LA FAIM

102, rue de Paris - **MONTREUIL**
✆ 01 70 84 70 70
www.actioncontrelafaim.org
Par téléphone de 9h à 13h et de 14h à 18h.
ONG internationale spécialisée dans la lutte contre la faim dans le monde, active dans les domaines de la nutrition, santé, sécurité alimentaire, de l'eau, de l'assainissement. L'association intervient dans des situations de crise. Le but étant de rendre les populations autonomes d'un point de vue de la nutrition, en apportant une aide concrète et en formant les intervenants locaux qui prendront le relais. Ses missions de volontariat durent de trois mois à un an en Afrique, Asie, Amérique, Europe centrale, dans le Caucase, au Moyen-Orient et dans les Caraïbes.

BUSINESS FRANCE

77, Boulevard Saint-Jacques
PARIS (14e)
✆ 01 40 73 30 00
Ouvert en semaine de 8h30 à 18h30.
L'Agence pour le développement international des entreprises françaises travaille en étroite collaboration avec les missions économiques. Le site Internet recense toutes les actions menées, les ouvrages publiés, les événements programmés et renvoie sur la page du Volontariat International en Entreprise (VIE). Fondée en 2015, cette structure est née de la fusion entre Ubifrance et l'Agence française pour les investissements internationaux. Elle est affiliée au Ministère de l'Europe et des Affaires étrangères et au Ministère de l'Économie et des Finances.

WEP FRANCE

95, avenue Ledru Rollin
PARIS (11e)
✆ 01 48 06 26 26
www.wep.fr
WEP propose plus de 50 projets éducatifs et séjours linguistiques dans une trentaine de pays pour une durée allant de une semaine à 18 mois. Quel que soit votre projet d'études ou de volontariat à l'étranger, vous trouverez sur le site de WEP une rubrique qui y sera consacrée : étudier au lycée, dans une université, partir en séjour linguistique, faire une expérience professionnelle dans le cadre d'un stage ou vivre en immersion dans une famille. Possibilité également de planifier des programmes combinés (études et projet humanitaire par exemple).

CAPCAMPUS

www.capcampus.com
CapCampus fut l'un des premiers portails étudiants français en ligne. Dans la rubrique dédiée aux stages et aux premiers emplois, vous trouverez aussi des offres pour l'étranger, classées par pays. Celles pour les Etats-Unis ne sont pas très nombreuses, le mieux est de consulter le site régulièrement pour ne pas passer à côtés des offres intéressantes. Le site est également utile pour se familiariser avec la vie aux Etats-Unis, car il propose également toutes les informations pratiques pour bien préparer son départ et son séjour à l'étranger.

DE BRITO PROPERTIES

62 Rua Domingos Sequeira
LISBONNE
✆ +351 214 083 101
www.debritoproperties.com
N'hésitez pas à pousser la porte de cette agence immobilière franco-portugaise ! Accueil chaleureux en français avec une grande expertise du marché immobilier au Portugal. Elle propose appartements, villas, maisons de caractère ou propriétés dans tout le pays et aussi de rechercher sur mesure le bien de vos rêves. Mais beaucoup plus que cela, elle vous conseillera et vous accompagnera dans les démarches administratives tout au long de votre projet d'investissement au Portugal. Vous aurez toujours un conseiller consacré au succès de votre projet.

CLUB TELI

Les Clarets
SAINT-PIERRE-D'ENTREMONT
✆ 04 79 85 24 63
www.teli.asso.fr
L'adhésion est à 45 €.
Le Club Teli est une association d'aide à la mobilité internationale créée voici bientôt 30 ans, forte de 4 000 adhérents en France et dans 65 pays. Si vous souhaitez séjourner à l'étranger, quel que soit votre projet, vous trouverez par le biais de ce club des infos et des offres de stages, de jobs d'été et de travail pour francophones. Si vous avez besoin d'aide pour envoyer des candidatures, le Club peut vous aider à mettre votre CV aux normes du pays où vous souhaitez partir. Pour bénéficier de ces aides et informations, il faut adhérer.

INDEX

P

Q

R

S

EDITION

Directeurs de collection et auteurs : Dominique AUZIAS et Jean-Paul LABOURDETTE
Auteurs : Delphine CALMO, Sarah DEHAUT, Christophe SIMS, Harold BOGROS, Elsa LOUPIAC, Juliana HACK, Jean-Paul LABOURDETTE, Dominique AUZIAS et alter
Directeur Editorial : Stéphan SZEREMETA
Rédaction Monde : Laure CHATAIGNON, Morgane VESLIN, Pierre-Yves SOUCHET, Natalia COLLIER, Julie BEZ
Rédaction France : Briséis CREAC'H-MENUT, Audrey VEDOVOTTO, Marie VIGNERON, Nicolas WODARCZAK, Mélanie PEILLET

FABRICATION

Maquette et Montage : Romain AUDREN, Julie BORDES, Delphine PAGANO
Iconographie et Cartographie : Anne DIOT, Julien DOUCET

WEB ET NUMERIQUE

Directeur Web : Louis GENEAU de LAMARLIERE
Technical Project Manager : Hervé MARION
Développeurs : Guillaume BARBET, Adeline CAUX
Intégrateur Web : Mickael LATTES, Antoine DION
Webdesigner : Caroline LAFFAITEUR
Community Traffic Manager : Alice BARBIER, Noémie LE SAUX
Content Manager : Aliénor de PERIER

DIRECTION COMMERCIALE

Directeur commercial : Guillaume VORBURGER
Coordinatrice des Régies commerciales : Manon GUERIN
Account Manager Marketplace : Leila ROUGEOT
Responsable Régies locales : Michel GRANSEIGNE
Responsables Développement régie inter : Jean-Marc FARAGUET, Guillaume LABOUREUR et Camille ESMIEU
Assistante commerciale Régie internationale : Leila ANTRI-BOUZAR
Chefs de Publicité Régie nationale : Caroline AUBRY, François BRIANCON-MARJOLLET, Perrine DE CARNE MARCEIN, Jonathan TOUTOUX
Régie PORTO : Maria SOBRAL

DIFFUSION ET PROMOTION

Directrice des Ventes : Bénédicte MOULET assistée d'Aissatou DIOP
Responsable des ventes : Jean-Pierre GHEZ assisté de Nelly BRION
Relations Presse-Partenariats : Jean-Mary MARCHAL

ADMINISTRATION

Président : Jean-Paul LABOURDETTE
Directrice des Ressources Humaines : Dina BOURDEAU assistée de Sandra DOS REIS et Eva BAELEN
Directrice Administrative et Financière : Valérie DECOTTIGNIES
Comptabilité : Guillaume PETIT, Aminata BAGAYOKO, Jeannine DEMIRDJIAN et Adama DIABY
Recouvrement : Fabien BONNAN assisté de Sandra BRIJLALL
Responsable informatique : Elie NZUZI-LEBA

PETIT FUTÉ PORTO

LES NOUVELLES EDITIONS DE L'UNIVERSITE
18, rue des Volontaires - 75015 Paris.
✆ 01 53 69 70 00 - Fax 01 42 73 15 24
Internet : www.petitfute.com
SAS au capital de 1 000 000 € - RC PARIS B 309 769 966
Couverture : Porto © Sean Pavone - iStockPhoto.com / Mosaïques de Igreja do Carmo © RossHelen - iStockPhoto.com
Impression : IMPRIMERIE CHIRAT - 42540 Saint-Just-la-Pendue
Achevé d'imprimer : mai 2023
Dépôt légal : 14/06/2023
ISBN : 9782305093055

Pour nous contacter par email, indiquez le nom de famille en minuscule suivi de @petitfute.com
Pour le courrier des lecteurs : info@petitfute.com

IMPRIMÉ EN FRANCE